LA LOGIQUE

OU

L'ART DE PENSER

Tous nos exemplaires sont revêtus de notre griffe.

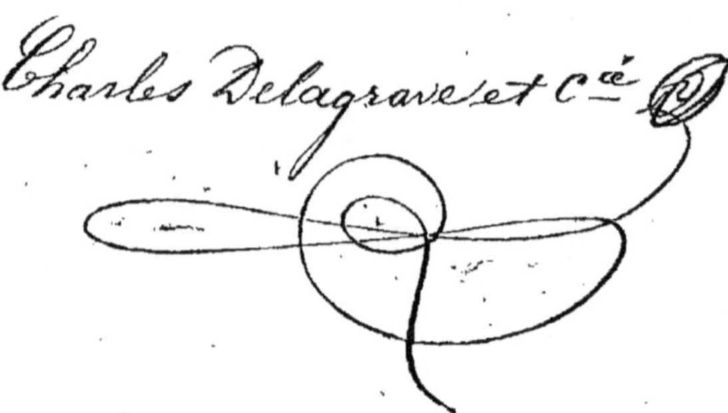

DE LA MÊME COLLECTION

BOSSUET. ÉCRITS PHILOSOPHIQUES, contenant le traité de la Connaissance de Dieu et de soi-même, le traité sur le Libre Arbitre et la Logique, avec des notes et une introduction, par M. BRISBARRE, professeur de philosophie au collége Rollin. 1 fort vol. in-18 jésus, br.. **3 50**

On vend séparément :

— TRAITÉ DE LA CONNAISSANCE DE DIEU ET DE SOI-MÊME, avec des notes, par M. BRISBARRE. 1 vol. in-18 jésus, br.. **1 50**

DESCARTES. DISCOURS DE LA MÉTHODE pour bien conduire sa raison et chercher la vérité dans les sciences. Nouv. édition avec introduction, analyse et notes, par M. J. CARRÉ, ex-professeur de philosophie au lycée de Saint-Quentin. 1 vol. in-18 jésus, br. **» 70**

FÉNELON. TRAITÉ DE L'EXISTENCE DE DIEU ET DE SES ATTRIBUTS. Nouvelle édition, avec une introduction et des notes, par M. JEANNEL, professeur de philosophie à la Faculté des lettres de Montpellier. 1 vol. in-18 jésus, br. *(Sous presse.)*

PASCAL. OPUSCULES, comprenant : de l'Autorité en matière de philosophie ; — Réflexions sur la géométrie en général ; — de l'Art de persuader. Nouvelle édition où le texte authentique a été restitué ; avec introduction et notes, par M. E. HAVET, professeur de littérature au Collége de France. 1 vol. in-18 jésus, br...... **» 75**

PARIS. — J. CLAYE, IMPRIMEUR, 7, RUE SAINT BENOIT.

LA

LOGIQUE

OU

L'ART DE PENSER

OUVRAGE CONNU SOUS LE NOM DE

LOGIQUE DE PORT-ROYAL

NOUVELLE ÉDITION

PUBLIÉE AVEC DES ARGUMENTS, DES NOTES
ET UNE TABLE ANALYTIQUE

PAR

ÉMILE CHARLES
Professeur de philosophie au lycée Louis-le-Grand.

PARIS
CH. DELAGRAVE ET Cie, LIBRAIRES-ÉDITEURS
RUE DES ÉCOLES, 78

1869

C.

AVANT-PROPOS

Cette édition de la Logique de Port-Royal reproduit exactement le texte de celle qui fut publiée en 1683. On y a joint des arguments, des notes et une table analytique.

Les arguments résument pour chacune des parties les vérités les plus substantielles de la science, en laissant de côté des digressions dont l'intérêt a diminué. Ils ont, comme tout travail de ce genre, l'inconvénient d'omettre des considérations importantes ; et l'analyse très-brève, qui s'y trouve condensée, ne peut suppléer à la lecture de certains chapitres qui, par la justesse des idées, la profondeur des aperçus et l'admirable simplicité du langage, méritent d'être étudiés et méditées comme des modèles du genre philosophique.

Dans la rédaction des notes, on s'est proposé deux buts. Le premier et le plus simple a pu être atteint sans grands développements et peut être compris sans longues explications : c'était d'expliquer les difficultés, de signaler les passages essentiels, de relever les erreurs, et de marquer les lacunes. On n'a pu, au contraire, pour parvenir au second, se dispenser de développements en apparence excessifs, quitte à encourir le reproche d'ajouter à un texte, qui passe pour aride et difficile, des complications nouvelles.

On a essayé de dissiper l'illusion commune des auteurs du livre et de la plupart des critiques qui l'ont apprécié. Les uns se sont imaginé qu'ils avaient recueilli de l'ancienne logique, telle qu'elle avait été étudiée si longtemps, avec trop de complaisance sans doute, mais non sans profit, tout ce qu'il est nécessaire d'en savoir ; et qu'ils avaient supprimé seulement des subtilités d'école, dignes de tout le mépris qu'ils ne leur ont pas ménagé. C'est une erreur qui a eu pour effet d'énerver cette science sévère mais solide, par condescendance pour une fausse délicatesse d'esprit. Il a donc fallu, dans quelques mots, laisser entrevoir que cette réaction contre Aristote et l'école n'a pas toujours été un progrès, et qu'en brisant avec le fatras de la scolastique, les auteurs n'ont pas gardé une juste mesure. Les critiques à leur tour, en louant sans réserve Arnauld et Nicole de leur judicieuse sévérité, affirment généralement que la logique a été créée par Aristote, et portée du premier coup à une telle perfection, qu'on n'a pu rien y ajouter. Il a donc été nécessaire de montrer que plusieurs des théories empruntées au grand philosophe grec ont été heureusement complétées. On s'est appuyé, pour l'indiquer, sur les travaux des logiciens modernes, et surtout sur ceux de William Hamilton, moins connus en France que ses autres écrits, bien qu'ils ne méritent pas moins d'attention. Il sera ainsi possible d'avoir une idée sommaire de ce qu'était la logique avant Port-Royal et de ce qu'elle est devenue depuis.

Enfin, les livres de cette sorte ne sont pas de ceux qui peuvent aujourd'hui être communément lus et étudiés d'un bout à l'autre. Ce sont des ouvrages à consulter, et il est bon d'indiquer aux esprits studieux, mais pressés, les ressources qu'ils y peuvent trouver. Le seul moyen efficace, c'était de dresser, suivant la méthode si estimable des éditeurs d'autrefois, un inventaire des sujets les plus importants, une sorte de dictionnaire abrégé de logique : c'est l'objet de la table analytique qu'on trouvera à la fin de ce volume.

LA LOGIQUE

OU

L'ART DE PENSER

AVERTISSEMENT

SUR LA CINQUIÈME ÉDITION.

On a fait diverses additions importantes à cette nouvelle édition de la Logique, dont l'occasion a été que les ministres se sont plaints de quelques remarques qu'on y avait faites[1]; ce qui a obligé d'éclaircir et de soutenir les endroits qu'ils ont voulu attaquer. On verra, par ces éclaircissements, que la raison et la foi s'accordent parfaitement, comme étant des ruisseaux de la même source, et que l'on ne saurait guère s'éloigner de l'une sans s'écarter de l'autre[2]. Mais quoique ce soient des contestations théologiques qui ont donné lieu à ces

1. Les ministres de la religion réformée, dont on discute les opinions en plusieurs passages ; la quatrième édition porte ce titre significatif : *La logique ou l'art de penser, revu et corrigé par celui qui en est l'auteur, et augmenté en plusieurs endroits, dans laquelle augmentation il a détruit tous les faux raisonnements dont les calvinistes se servent contre les catholiques, et qu'ils ont tâché d'établir sur les principes de la logique.*

2. C'est la doctrine constante que le grand Arnauld oppose à la fois aux protestants, et à ceux des catholiques qui ont des préventions contre la philosophie et en particulier contre le cartésianisme.

additions, elles ne sont pas moins propres ni moins naturelles à la logique; et on les aurait pu faire, quand il n'y aurait jamais eu de ministres au monde qui auraient voulu obscurcir les vérités de la foi par de fausses subtilités.

AVIS.

La naissance de ce petit ouvrage est due entièrement au hasard, et plutôt à une espèce de divertissement qu'à un dessein sérieux. Une personne de condition entretenant un jeune seigneur[1], qui dans un âge peu avancé faisait paraître beaucoup de solidité et de pénétration d'esprit, lui dit qu'étant jeune, il avait trouvé un homme qui l'avait rendu, en quinze jours, capable de répondre sur une partie de la logique. Ce discours donna occasion à une autre personne qui était présente, et qui n'avait pas grande estime pour cette science[2], de répondre en riant, que si Monseigneur.... voulait en prendre la peine, on s'engagerait bien à lui apprendre en quatre ou cinq jours tout ce qu'il y avait d'utile dans la logique. Cette proposition faite en l'air ayant servi quelque temps d'entretien, on se résolut d'en faire l'essai; mais comme on ne jugea pas les logiques ordinaires assez courtes, ni assez nettes, on eut l'idée d'en faire un petit abrégé qui ne fût que pour lui[3].

C'est l'unique vue qu'on avait lorsqu'on se mit en devoir d'y travailler, et l'on ne pensait pas y employer plus d'un jour; mais quand on voulut s'y appliquer, il vint dans l'esprit tant de réflexions nouvelles qu'on fut obligé de les écrire pour s'en décharger: ainsi, au lieu d'un jour, on y en employa quatre ou cinq, pendant lesquels on forma le corps de cette logique, à laquelle on a depuis ajouté diverses choses.

Or, quoiqu'on y ait embrassé beaucoup plus de matières qu'on ne s'était engagé de faire d'abord, néanmoins l'essai en réussit comme on se l'était promis; car ce jeune seigneur l'ayant lui-même réduite en quatre tables, il en apprit facile-

1. Honoré d'Albert, duc de Chevreuse, fils de ce duc de Luynes qui traduisit en français les *Méditations* de Descartes.

2. C'est Arnauld, et son dédain pour la logique n'est que trop visible dans le cours de l'ouvrage.

3. Les logiques *ordinaires*, c'est-à-dire les commentaires ou les abrégés de l'*Organon* d'Aristote, sont au moins aussi courtes que celle-ci, et tout aussi nettes; elles sont plus subtiles, plus difficiles, et moins intéressantes.

ment une par jour, sans même qu'il eût presque besoin de personne pour l'entendre[1]. Il est vrai qu'on ne doit pas espérer que d'autres que lui y entrent avec la même facilité, son esprit étant tout à fait extraordinaire dans toutes les choses qui dépendent de l'intelligence.

Voilà la rencontre qui a produit cet ouvrage ; mais, quelque sentiment qu'on en ait, on ne peut, au moins avec justice, en désapprouver l'impression, puisqu'elle a été plutôt forcée que volontaire : car plusieurs personnes en ayant tiré des copies manuscrites, ce qu'on sait assez ne pouvoir se faire sans qu'il s'y glisse beaucoup de fautes, on a eu avis que les libraires se disposaient à l'imprimer; de sorte qu'on a jugé plus à propos de le donner au public, correct et entier, que de permettre qu'on l'imprimât sur des copies défectueuses; mais c'est aussi ce qui a obligé d'y faire diverses additions qui l'ont augmenté de près d'un tiers, parce qu'on a cru devoir étendre ces vues plus loin qu'on n'avait fait en ce premier essai[2]. C'est le sujet du discours suivant, où l'on explique la fin qu'on s'y est proposée, et la raison des matières qu'on y a traitées.

1. Pour savoir si l'on doit admirer ce résultat, il faudrait connaître d'abord combien de temps il mit à réduire la logique en quatre tables; ensuite ce que ces tables contenaient, et enfin combien de jours il en a gardé le souvenir.

2. La première idée de l'ouvrage fut conçue vers 1655 ; la première édition paraissait en 1662. La cinquième, que l'on reproduit ici, est de 1683.

PREMIER DISCOURS

OU L'ON FAIT VOIR LE DESSEIN DE CETTE NOUVELLE LOGIQUE[1].

ARGUMENT ANALYTIQUE.

Ce discours a pour but de montrer, en premier lieu, quel est le don le plus précieux de l'esprit; puis quels sont les moyens de l'acquérir, et enfin comment cet ouvrage se propose d'y aider.

I. Rien n'est plus estimable que la justesse de l'esprit, et toutes les études doivent avoir pour but de former le jugement ; c'est le résultat le plus désirable de toutes les sciences, qui en elles-mêmes ne seraient qu'un amusement assez vain, indigne d'occuper une intelligence aussi grande que celle de l'homme, et de lui ravir un temps si précieux. Mais cette qualité est aussi rare qu'elle est considérable. L'erreur, l'incertitude, les préjugés, l'absurdité, les raisonnements extravagants se multiplient dans les sciences, et même dans la vie civile, et notre premier intérêt est de nous corriger de ces défauts.

II. Mais comment y remédier ? Le sens commun n'est pas une qualité si commune que l'on pense ; ceux mêmes qui en sont pourvus n'échappent pas à la précipitation de l'esprit, au défaut d'attention, qui les entraîne à des jugements téméraires ; à la présomption, qui leur fait honte de douter et d'ignorer, ou qui, par un excès contraire, les précipite dans une incrédulité qu'ils prennent pour de la force d'esprit. Le seul moyen de se défendre de ces surprises, c'est d'apporter une attention exacte à nos jugements et à nos pensées ; et puisque les hommes ne se trompent pas toujours, c'est d'observer les règles qu'ils suivent quand ils raisonnent bien, et d'en tirer une méthode pour rendre la recherche de la vérité plus facile et plus sûre. Tel est l'objet de la logique, dont les philosophes exagèrent sans doute l'efficacité, mais qui a une utilité certaine, et qu'il serait d'ailleurs humiliant d'ignorer tout à fait. Voilà le dessein qu'on s'est proposé dans cet ouvrage, en ajoutant aux règles du raisonnement des réflexions nou-

1. Ce discours paraît écrit par Nicole; on y retrouve la marque de son esprit, et on y reconnaît son style; une note de Racine lui attribue ces deux discours préliminaires. On a cependant soutenu qu'Arnauld en était l'auteur et on s'est appuyé sur ce passage d'une lettre écrite en 1660 à Mme de Sablé : « Je vous envoie un discours qui vous divertira une demi-heure, que nous avons pensé mettre à la tête de nos logiques. » Arnauld n'y indique nullement qu'il ait écrit lui-même ce discours.

velles sur les moyens de bien juger, qu'on a empruntées surtout à Descartes et à Pascal.

III. Quant aux matières épineuses, qui sont le fond des livres ordinaires, on ne les a ni tout à fait rejetées, ni reproduites avec toute leur subtilité. En les proscrivant on se serait montré complaisant pour une fausse délicatesse de l'esprit, qui recule devant les sujets difficiles, ou pour un dégoût blâmable qui ridiculise l'emploi de certains termes artificiels. En leur laissant trop de place, on aurait surchargé ce livre de questions d'école, qui sont de peu d'usage, et ont peu de crédit, même parmi ceux qui les enseignent.

Il n'y a rien de plus estimable que le bon sens et la justesse de l'esprit dans le discernement du vrai et du faux. Toutes les autres qualités d'esprit ont des usages bornés; mais l'exactitude de la raison est généralement utile dans toutes les parties et dans tous les emplois de la vie. Ce n'est pas seulement dans les sciences qu'il est difficile de distinguer la vérité de l'erreur, mais aussi dans la plupart des sujets dont les hommes parlent et des affaires qu'ils traitent. Il y a presque partout des routes différentes, les unes vraies, les autres fausses, et c'est à la raison d'en faire le choix. Ceux qui choisissent bien sont ceux qui ont l'esprit juste; ceux qui prennent le mauvais parti sont ceux qui ont l'esprit faux; et c'est la première et la plus importante différence qu'on peut mettre entre les qualités de l'esprit des hommes [1].

Ainsi, la principale application qu'on devrait avoir, serait de former son jugement et de le rendre aussi exact qu'il le peut être; et c'est à quoi devrait tendre la plus grande partie de nos études. On se sert de la raison comme d'un instrument pour acquérir les sciences, et l'on devrait se servir, au contraire, des sciences comme d'un instrument pour perfectionner sa raison; la justesse de l'esprit étant infiniment plus considérable que toutes les connaissances spéculatives aux-

1. Ces paroles semblent en contradiction avec une opinion bien connue de Descartes : « Le bon sens, dit-il, est la chose du monde la mieux partagée..... La puissance de bien juger et distinguer le vrai d'avec le faux est naturellement égale en tous les hommes. » Mais peut-être au fond y a-t-il beaucoup d'ironie dans ces lignes du grand philosophe, qui paraît railler ceux qui se croient « si bien pourvus de bon sens et qui, difficiles à contenter en toute autre chose, n'ont pas coutume d'en désirer plus qu'ils n'en ont. » *Discours de la méthode*, Ire partie. Il s'accorde au moins avec Nicole pour dire : « Ce n'est pas assez d'avoir l'esprit bon, mais le principal c'est de l'appliquer bien. »

quelles on peut arriver par le moyen des sciences les plus véritables et les plus solides : ce qui doit porter les personnes sages à ne s'y engager qu'autant qu'elles peuvent servir à cette fin, et à n'en faire que l'essai et non l'emploi des forces de leur esprit[1].

Si l'on ne s'y applique dans ce dessein, on ne voit pas que l'étude de ces sciences spéculatives, comme de la géométrie, de l'astronomie et de la physique, soit autre chose qu'un amusement assez vain, ni qu'elles soient beaucoup plus estimables que l'ignorance de toutes ces choses, qui a au moins cet avantage qu'elle est moins pénible et qu'elle ne donne pas lieu à la sotte vanité que l'on tire souvent de ces connaissances stériles et infructueuses[2].

Non-seulement ces sciences ont des recoins et des enfoncements fort peu utiles, mais elles sont toutes inutiles, si on les considère en elles-mêmes et pour elles-mêmes. Les hommes ne sont pas nés pour employer leur temps à mesurer des lignes, à examiner les rapports des angles, à considérer les divers mouvements de la matière ; leur esprit est trop grand, leur vie trop courte, leur temps trop précieux pour l'occuper à de si petits objets; mais ils sont obligés d'être justes, équitables, judicieux dans tous leurs discours, dans toutes leurs actions et dans toutes les affaires qu'ils manient, et c'est à quoi ils doivent particulièrement s'exercer et se former[3].

Ce soin et cette étude est d'autant plus nécessaire qu'il est étrange combien c'est une qualité rare que cette exactitude de jugement. On ne rencontre partout que des esprits

1. Il ne faut pas s'arrêter à l'apparente exagération de cette pensée qui reste pleine de justesse et d'à-propos. Sans doute la science en elle-même peut être un but, et l'étude qu'on en fait n'est pas toujours une simple gymnastique; mais dans l'éducation elle est avant tout un moyen et « un instrument pour perfectionner sa raison. »

2. Ce sont là des idées qu'on ne peut admettre sans réserves; l'auteur en revient presque à l'arrêt que Socrate a prononcé contre les sciences spéculatives. Les progrès de la science sont toujours des progrès de la raison. Aristote était plus près de la vérité en prononçant que la plus inutile des sciences est la plus noble.

3. Malebranche prononce la même sentence et l'étend aux sciences d'expérience (*Recherche de la vérité,* préface, liv. II, partie II). Il est superflu de remarquer que les sciences, « si on les considère en elles-mêmes et pour elles-mêmes, » ne sont pas inutiles; sans doute la destinée de l'homme n'est pas de mesurer des lignes, mais la vérité en soi est un bien, et l'homme est aussi « obligé » de la rechercher.

faux, qui n'ont presque aucun discernement de la vérité; qui prennent toutes choses d'un mauvais biais; qui se payent des plus mauvaises raisons, et qui veulent en payer les autres; qui se laissent emporter par les moindres apparences; qui sont toujours dans l'excès et dans les extrémités; qui n'ont point de serre pour se tenir fermes dans les vérités qu'ils savent, parce que c'est plutôt le hasard qui les y attache qu'une solide lumière; ou qui s'arrêtent, au contraire, à leur sens avec tant d'opiniâtreté, qu'ils n'écoutent rien de ce qui pourrait les détromper; qui décident hardiment ce qu'ils ignorent, ce qu'ils n'entendent pas, et ce que personne n'a peut-être jamais entendu; qui ne font point de différence entre parler et parler, ou qui ne jugent de la vérité des choses que par le ton de la voix : celui qui parle facilement et gravement a raison; celui qui a quelque peine à s'expliquer, ou qui fait paraître quelque chaleur, a tort. Ils n'en savent pas davantage[1].

C'est pourquoi il n'y a point d'absurdités si insupportables qui ne trouvent des approbateurs. Quiconque a dessein de piper le monde est assuré de trouver des personnes qui seront bien aises d'être pipées; et les plus ridicules sottises rencontrent toujours des esprits auxquels elles sont proportionnées. Après que l'on voit tant de gens infatués des folies de l'astrologie judiciaire, et que des personnes graves traitent cette matière sérieusement, on ne doit plus s'étonner de rien. Il y a une constellation dans le ciel qu'il a plu à quelques personnes de nommer Balance, et qui ressemble à une balance comme à un moulin à vent; la balance est le symbole de la justice : donc ceux qui naîtront sous cette constellation seront justes et équitables. Il y a trois autres signes dans le Zodiaque, qu'on nomme l'un Bélier, l'autre Taureau, l'autre Capricorne, et qu'on eût pu aussi bien appeler Éléphant, Crocodile et Rhinocéros; le bélier, le taureau et le capricorne sont des animaux qui ruminent: donc ceux qui prennent médecine lorsque la lune est sous ces constellations sont en danger de la revomir. Quelque extravagants que soient ces raisonnements, il se trouve des personnes qui les débitent, d'autres qui s'en laissent persuader.

1. C'est comme le résumé des erreurs qui seront décrites plus bas, IIIe partie, ch. xx.

Cette fausseté d'esprit n'est pas seulement cause des erreurs que l'on mêle dans les sciences, mais aussi de la plupart des fautes que l'on commet dans la vie civile, des querelles injustes, des procès mal fondés, des avis téméraires, des entreprises mal concertées. Il y en a peu qui n'aient leur source dans quelque erreur et dans quelque faute de jugement; de sorte qu'il n'y a point de défaut dont on ait plus d'intérêt de se corriger.

Mais autant cette correction est souhaitable, autant est-il difficile d'y réussir, parce qu'elle dépend beaucoup de la mesure d'intelligence que nous apportons en naissant [1]. Le sens commun n'est pas une qualité si commune que l'on pense. Il y a une infinité d'esprits grossiers et stupides que l'on ne peut réformer en leur donnant l'intelligence de la vérité, mais en les retenant dans les choses qui sont à leur portée, et en les empêchant de juger de ce qu'ils ne sont pas capables de connaître [2]. Il est vrai néanmoins qu'une grande partie des faux jugements des hommes ne vient pas de ce principe, et qu'elle n'est causée que par la précipitation de l'esprit et par le défaut d'attention, qui fait que l'on juge témérairement de ce que l'on ne connaît que confusément et obscurément [3]. Le peu d'amour que les hommes ont pour la vérité fait qu'ils ne se mettent pas en peine la plupart du temps de distinguer ce qui est vrai de ce qui est faux [4]. Ils laissent entrer dans leur âme toutes sortes de discours et de maximes; ils aiment mieux les supposer pour véritables que de les examiner; s'ils ne les entendent pas, ils veulent croire que d'autres les entendent bien; et ainsi ils se remplissent la mémoire d'une infinité de choses fausses, obscures et non entendues, et raisonnent ensuite sur ces principes, sans

1. Descartes n'est pas loin de penser que toutes les intelligences sont primitivement égales, et Rousseau soutient ce paradoxe.

2. On ne peut empêcher personne de juger; on ne le doit pas non plus; le mieux c'est de rendre « les esprits grossiers et stupides » capables de bien juger. C'est plus difficile que de les condamner sommairement à l'ignorance.

3. Voir la première règle de la méthode de Descartes. Comparer Bossuet. *Connaissance de Dieu, etc.*, ch. 1er § 16.

4. D'autres moralistes sont moins sévères pour la nature humaine, et ne lui refusent pas un amour très-vif de la vérité; le mal c'est que les hommes n'aient pas toujours le temps ni les moyens de le satisfaire.

presque considérer ni ce qu'ils disent ni ce qu'ils pensent [1].

La vanité et la présomption contribuent encore beaucoup à ce défaut. On croit qu'il y a de la honte à douter et à ignorer, et l'on aime mieux parler et décider au hasard que de reconnaître qu'on n'est pas assez informé des choses pour en porter jugement [2]. Nous sommes tous pleins d'ignorance et d'erreurs, et cependant on a toutes les peines du monde à tirer de la bouche des hommes cette confession si juste et si conforme à leur condition naturelle : je me trompe, et je n'en sais rien.

Il s'en trouve d'autres, au contraire, qui, ayant assez de lumières pour connaître qu'il y a quantité de choses obscures et incertaines, et voulant, par une autre sorte de vanité, témoigner qu'ils ne se laissent pas aller à la crédulité populaire, mettent leur gloire à soutenir qu'il n'y a rien de certain. Ils se déchargent ainsi de la peine de les examiner, et, sur ce mauvais principe, ils mettent en doute les vérités les plus constantes, et la religion même. C'est la source du pyrrhonisme, qui est une autre extravagance de l'esprit humain, qui, paraissant contraire à la témérité de ceux qui croient et décident tout, vient néanmoins de la même source, qui est le défaut d'attention; car comme les uns ne veulent pas se donner la peine de discerner les erreurs, les autres ne veulent pas prendre celle d'envisager la vérité avec le soin nécessaire pour en apercevoir l'évidence. La moindre lueur suffit aux uns pour les persuader de choses très-fausses, et elle suffit aux autres pour les faire douter des choses les plus certaines; mais, dans les uns et dans les autres, c'est le même défaut d'application qui produit des effets si différents.

La vraie raison place toutes choses dans le rang qui leur convient [3]; elle fait douter de celles qui sont douteuses, rejeter celles qui sont fausses, et reconnaître de bonne foi

1. C'est pour éviter ce danger que Descartes entreprend de se défaire de toutes ses opinions.

2. Voir plus bas, IIIe partie, ch. XX.

3. « C'est une partie de bien juger que de douter quand il faut; celui qui juge certain ce qui est certain, et douteux ce qui est douteux, est un bon juge. » Bossuet, *Connaissance de Dieu, etc.*, ch. Ier, § 16. Pascal dit de même dans ses *Pensées :* « Il faut savoir douter où il faut, assurer où il faut. Qui ne fait ainsi n'entend pas la force de la raison. » Voir aussi plus bas, IVe partie, ch. Ier. Le scepticisme n'est donc pas une garantie contre l'erreur, et s'abstenir de juger c'est parfois un faux jugement.

celles qui sont évidentes, sans s'arrêter aux vaines raisons des pyrrhoniens, qui ne détruisent pas l'assurance raisonnable que l'on a des choses certaines, non pas même dans l'esprit de ceux qui les proposent. Personne ne douta jamais sérieusement qu'il y a une terre, un soleil et une lune, ni si le tout est plus grand que sa partie. On peut bien faire dire extérieurement à sa bouche qu'on en doute, parce que l'on peut mentir; mais on ne peut pas le faire dire à son esprit. Ainsi le pyrrhonisme n'est pas une secte de gens qui soient persuadés de ce qu'ils disent, mais c'est une secte de menteurs [1]. Aussi se contredisent-ils souvent en parlant de leur opinion, leur cœur ne pouvant s'accorder avec leur langue [2], comme on peut le voir dans Montaigne, qui a tâché de le renouveler au dernier siècle.

Car, après avoir dit que les académiciens [3] étaient différents des pyrrhoniens, en ce que les académiciens avouaient qu'il y avait des choses plus vraisemblables que les autres, ce que les pyrrhoniens ne voulaient pas reconnaître, il se déclare pour les pyrrhoniens en ces termes : *L'avis,* dit-il, *des pyrrhoniens est plus hardi, et quant et quant plus vraisemblable* [4]. Il y a donc des choses plus vraisemblables que les autres, et ce n'est pas pour faire une pointe qu'il parle ainsi : ce sont des paroles qui lui sont échappées sans y penser, et qui naissent du fond de la nature, que le mensonge des opinions ne peut étouffer [5].

1. Le véritable rôle du sceptique c'est d'être muet, a dit Spinoza. Hume à son tour remarque que le grand destructeur du scepticisme c'est l'action, le mouvement, les occupations de la vie commune.

2. « Je mets en fait qu'il n'y a jamais eu de pyrrhonien effectif; la nature soutient la raison impuissante et l'empêche d'extravaguer à ce point. » Pascal, *Pensées,* art. 8.

3. Les philosophes de la nouvelle Académie, dont les plus connus furent Arcésilas et Carnéade, professaient que rien n'est certain, mais qu'il y a des choses probables. Ce probabilisme est un compromis entre le scepticisme absolu et le dogmatisme. Montaigne en a montré lui-même toute l'inconséquence : « Cette apparence de vérisimilitude, augmentez-la; cette once de vérisimilitude qui incline la balance, multipliez-la de cent, de mille onces; il en adviendra enfin que la balance prendra party tout à faict... » Liv. II, ch. XII.

4. Montaigne, *Essais,* liv. I, ch. XII, p. 283.

5. Nicole oppose à Montaigne la critique que ce dernier dirige contre les probabilistes: « Comment se laissent-ils plier à la vraysemblance, s'ils ne connaissent le vray; ou nous pouvons juger tout à faict ou tout à faict nous ne le pouvons pas. » Id., *ibid.* Le mot *vraisemblable* ne se trouve pas dans l'édition de 1581.

Mais le mal est que dans les choses qui ne sont pas si sensibles, ces personnes, qui mettent leur plaisir à douter de tout, empêchent leur esprit de s'appliquer à ce qui pourrait les persuader, ou ne s'y appliquent qu'imparfaitement, et ils tombent par là dans une incertitude volontaire à l'égard des choses de la religion, parce que cet état de ténèbres qu'ils se procurent leur est agréable et leur paraît commode [1] pour apaiser les remords de leur conscience et pour contenter librement leurs passions.

Ainsi, comme ces déréglements d'esprit, qui paraissent opposés, l'un portant à croire légèrement ce qui est obscur et incertain, et l'autre à douter de ce qui est clair et certain, ont néanmoins le même principe, qui est la négligence à se rendre attentif autant qu'il faut pour discerner la vérité, il est visible qu'il faut y remédier de la même sorte, et que l'unique moyen de s'en garantir est d'apporter une attention exacte à nos jugements et à nos pensées. C'est la seule chose qui soit absolument nécessaire pour se défendre des surprises; car ce que les académiciens disaient, qu'il était impossible de trouver la vérité, si on n'en avait des marques, comme on ne pourrait reconnaître un esclave fugitif qu'on chercherait si on n'avait des signes pour le distinguer des autres, au cas qu'on le rencontrât, n'est qu'une vaine subtilité [2]. Comme il ne faut point d'autres marques pour distinguer la lumière des ténèbres, que la lumière même qui se fait sentir, ainsi il n'en faut point d'autres pour reconnaître la vérité, que la clarté même qui l'environne, et qui se soumet l'esprit et le persuade malgré qu'il en ait; de sorte que toutes les raisons de ces philosophes ne sont pas plus capables d'empêcher l'âme de se rendre à la vérité, lorsqu'elle en est fortement pénétrée, qu'elles sont

1. Montaigne a dit : « Le doute est un oreiller commode pour les têtes bien faites. »

2. Carnéade insistait beaucoup sur cet argument familier à tous les sceptiques anciens : il faut un signe pour reconnaître la vérité, κριτήριον; or nul philosophe n'a pu l'indiquer, et d'ailleurs le problème est insoluble : car il faudrait un second critérium pour garantir la vérité de celui qu'on adopterait, et ainsi de suite jusqu'à l'infini. « Pour juger des apparences que nous recevons des subjects, il nous fauldrait un instrument judicatoire; pour vérifier cet instrument, il nous y fault de la démonstration; pour vérifier la démonstration, un instrument; nous voylà au rouet. » Montaigne, liv. II, ch. XII.

capables d'empêcher les yeux de voir, lorsque étant ouverts, ils sont frappés par la lumière du soleil [1].

Mais, parce que l'esprit se laisse quelquefois abuser par de fausses lueurs, lorsqu'il n'y apporte pas l'attention nécessaire, et qu'il y a bien des choses que l'on ne connaît que par un long et difficile examen, il est certain qu'il serait utile d'avoir des règles pour s'y conduire de telle sorte que la recherche de la vérité en fût et plus facile et plus sûre; et ces règles sans doute ne sont pas impossibles; car, puisque les hommes se trompent quelquefois dans leurs jugements, et que, quelquefois aussi, ils ne se trompent pas, qu'ils raisonnent tantôt bien et tantôt mal, et qu'après avoir mal raisonné, ils sont capables de reconnaître leur faute, ils peuvent remarquer, en faisant des réflexions sur leurs pensées, quelle méthode ils ont suivie lorsqu'ils ont bien raisonné, et quelle a été la cause de leur erreur lorsqu'ils se sont trompés, et former ainsi des règles sur ces réflexions, pour éviter à l'avenir d'être surpris [2].

C'est proprement ce que les philosophes entreprennent, et sur quoi ils nous font des promesses magnifiques. Si on veut les en croire, ils nous fournissent, dans cette partie qu'ils destinent à cet effet, et qu'ils appellent Logique, une lumière capable de dissiper toutes les ténèbres de notre esprit; ils corrigent toutes les erreurs de nos pensées, et ils nous donnent des règles si sûres, qu'elles nous conduisent infailliblement à la vérité [3], et si nécessaires tout ensemble, que sans elles il est impossible de la connaître avec une entière certitude [4]. Ce sont les éloges qu'ils donnent eux-mêmes à leurs préceptes. Mais, si l'on considère ce que l'expérience nous fait voir de l'usage que ces philosophes en font,

1. « Comme la lumière se manifeste elle-même en même temps qu'elle nous découvre les objets visibles, ainsi l'évidence, qui est la garantie de toutes les vérités, est à elle-même sa propre garantie. » Reid, *Essai* VI. C'est dire que tout ne se démontre pas, et commenter cet aphorisme : « *Verum index sui et falsi.* »

2. On ne peut mieux démontrer que la méthode est utile et qu'elle est possible.

3. Les philosophes, ceux du moins que nous admirons, n'ont jamais eu cette ridicule confiance, et Nicole ne pourrait citer aucun nom un peu considérable pour confirmer son assertion.

4. Qu'il n'y ait pas de certitude sans méthode, c'est sans doute une erreur; mais il est simplement vrai que sans méthode il n'y a pas de science.

et dans la logique et dans les autres parties de la philosophie, on aura beaucoup de sujet de se défier de la vérité de ces promesses [1].

Néanmoins, parce qu'il n'est pas juste de rejeter absolument ce qu'il y a de bon dans la Logique, à cause de l'abus qu'on peut en faire, et qu'il n'est pas vraisemblable que tant de grands esprits, qui se sont appliqués avec tant de soin aux règles du raisonnement, n'aient rien du tout trouvé de solide, et enfin parce que la coutume a introduit une certaine nécessité de savoir au moins grossièrement ce que c'est que Logique [2], on a cru que ce serait contribuer en quelque sorte à l'utilité publique, que d'en tirer ce qui peut le plus servir à former le jugement. Et c'est proprement le dessein qu'on s'est proposé dans cet ouvrage, en y ajoutant plusieurs nouvelles réflexions qui sont venues dans l'esprit en écrivant, et qui en font la plus grande et peut-être la plus considérable partie [3].

Car il semble que les philosophes ordinaires [4] ne se soient guère appliqués qu'à donner des règles des bons et des mauvais raisonnements. Or, quoique l'on ne puisse pas dire que ces règles soient inutiles, puisqu'elles servent quelquefois à découvrir le défaut de certains arguments embarrassés, et à disposer ses pensées d'une manière plus convaincante [5], néanmoins on ne doit pas aussi croire que cette utilité s'étende bien loin, la plupart des erreurs des hommes ne consistant pas à se laisser tromper par de mauvaises conséquences, mais à se laisser aller à de faux jugements dont on tire de mauvaises

1. « Qui a pris de l'entendement en la logique? où sont ses belles promesses? » Montaigne.

2. Il y a heureusement des raisons plus sérieuses que la coutume pour maintenir la logique à son rang parmi les sciences.

3. La plus *considérable*, c'est-à-dire celle qui mérite le plus de considération. Sans doute « les nouvelles réflexions » ajoutées à la Logique par Arnauld et Nicole ne sont pas à dédaigner; mais, malgré l'opinion favorable de l'auteur, elles ne sont pas pour nous « la plus considérable partie de l'ouvrage. »

4. Les philosophes de l'école, par opposition aux cartésiens.

5. Cette utilité même est contestable : ce qui n'empêche pas que cette partie de la logique ne soit, comme théorie, un exemple admirable de la puissance de l'esprit humain. L'auteur se méprend : ce ne sont pas des règles pour raisonner, ce sont les lois du raisonnement; elles n'apprennent pas à penser, mais comment on pense. Elles ne servent guère plus aux opérations intellectuelles, que la connaissance de 'anatomie aux mouvements du corps.

conséquences [1]. C'est à quoi ceux qui jusqu'ici ont traité de la Logique ont peu cherché de remèdes, et ce qui fait le principal sujet des nouvelles réflexions qu'on trouvera partout dans ce livre [2].

On est obligé néanmoins de reconnaître que ces réflexions, qu'on appelle nouvelles, parce qu'on ne les voit pas dans les logiques communes, ne sont pas toutes de celui qui a travaillé à cet ouvrage, et qu'il en a emprunté quelques-unes des livres d'un célèbre philosophe de ce siècle, qui a autant de netteté d'esprit qu'on trouve de confusion dans les autres [3]. On en a aussi tiré quelques autres d'un petit écrit non imprimé, qui avait été fait par feu M. Pascal, et qu'il avait intitulé : *De l'Esprit géométrique ;* et c'est ce qui est dit, dans le chapitre XII de la première partie, de la différence des définitions de noms et des définitions de choses, et les cinq règles qui sont expliquées dans la quatrième partie, que l'on y a beaucoup plus étendues qu'elles ne le sont dans cet écrit.

Quant à ce qu'on a tiré des livres ordinaires de la logique, voici ce qu'on y a observé :

Premièrement, on a eu dessein de renfermer dans celle-ci tout ce qui était véritablement utile dans les autres, comme les règles des figures, les divisions des termes et des idées, quelques réflexions sur les propositions. Il y avait d'autres choses qu'on jugeait assez inutiles, comme les catégories et les lieux [4]; mais parce qu'elles étaient courtes, faciles et communes, on n'a pas cru devoir les omettre, en avertissant néanmoins du jugement qu'on doit en faire, afin qu'on ne les crût pas plus utiles qu'elles ne sont [5].

1. La vérité c'est que l'homme n'a que deux manières de se tromper : de fausses inductions ou de faux raisonnements, des erreurs ou des sophismes, et que les premières sont plus nombreuses et plus difficiles à éviter que les seconds. En ce sens l'observation de Nicole est juste : les faux jugements dont il parle, ce sont des inductions hasardées d'où l'on tire ensuite des conséquences mauvaises. Quant aux jugements primitifs, ils sont toujours vrais, et nous n'avons aucun moyen de les contrôler.

2. « Le but des études doit être de diriger l'esprit de manière à ce qu'il porte des jugements solides et vrais sur tout ce qui se présente à lui. » Descartes, *Règles pour la direction de l'esprit*. Règle première.

3. Descartes était convaincu que la philosophie ne commençait guère qu'à lui ; il avait inspiré à tout son siècle ce dédain pour le passé, dont on voit ici la trace.

4. Sur les catégories voy. le ch. III de la IIe partie ; et pour les lieux communs, la IIIe partie, ch. XVII et XVIII.

5. On verra plus bas que ce jugement est trop sévère.

On a été plus en doute sur certaines matières assez épineuses et peu utiles, comme les conversions des propositions, la démonstration des règles des figures, mais enfin on s'est résolu de ne pas les retrancher, la difficulté même n'en étant pas entièrement inutile [1]. Car il est vrai que, lorsqu'elle ne se termine à la connaissance d'aucune vérité, on a raison de dire :

Stultum est difficiles habere nugas [2].

Mais on ne doit pas l'éviter de même, quand elle mène à quelque chose de vrai, parce qu'il est avantageux de s'exercer à entendre les vérités difficiles.

Il y a des estomacs qui ne peuvent digérer que les viandes légères et délicates ; et il y a de même des esprits qui ne peuvent s'appliquer à comprendre que les vérités faciles et revêtues des ornements de l'éloquence. L'un et l'autre est une délicatesse blâmable, ou plutôt une véritable faiblesse. Il faut rendre son esprit capable de découvrir la vérité, lors même qu'elle est cachée et enveloppée, et de la respecter sous quelque forme qu'elle paraisse. Si on ne surmonte cet éloignement et ce dégoût, qu'il est facile à tout le monde de concevoir de toutes les choses qui paraissent un peu subtiles et scolastiques, on étrécit insensiblement son esprit, et on le rend incapable de comprendre ce qui ne se connaît que par l'enchaînement de plusieurs propositions : et, ainsi, quand une vérité dépend de trois ou quatre principes qu'il est nécessaire d'envisager tout à la fois, on s'éblouit, on se rebute, et l'on se prive par ce moyen de la connaissance de plusieurs choses utiles, ce qui est un défaut considérable.

La capacité de l'esprit s'étend et se resserre par l'accoutumance [3], et c'est à quoi servent principalement les mathématiques, et généralement toutes les choses difficiles, comme celles dont nous parlons; car elles donnent une certaine étendue à l'esprit, et elles l'exercent à s'appliquer davantage et à se tenir plus ferme dans ce qu'il connaît [4].

1. Nicole juge des questions d'après leurs applications : il est guidé par cette fausse opinion que la logique est seulement un art.

2. Martial, liv. II, épigramme 86.

3. C'est-à-dire que l'esprit s'habitue à l'activité ou à l'inertie.

4. Ces vues si élevées n'ont pas cessé d'être vraies, quoiqu'elles soient en contradiction avec les préjugés de notre temps.

Ce sont les raisons qui ont porté à ne pas omettre ces matières épineuses, et à les traiter même aussi subtilement qu'en aucune autre Logique. Ceux qui n'en seront pas satisfaits peuvent s'en délivrer en ne les lisant pas; car on a eu soin pour cela de les en avertir à la tête même des chapitres, afin qu'ils n'aient pas sujet de s'en plaindre, et que s'ils les lisent, ce soit volontairement.

On n'a pas cru aussi devoir s'arrêter au dégoût de quelques personnes, qui ont en horreur certains termes artificiels, qu'on a formés pour retenir plus facilement les diverses manières de raisonner, comme si c'étaient des mots de magie, et qui font souvent des railleries assez froides sur *baroco* et *baralipton*, comme tenant du caractère de pédant [1]; parce que l'on a jugé qu'il y avait plus de bassesse dans ces railleries que dans ces mots. La vraie raison et le bon sens ne permettent pas qu'on traite de ridicule ce qui ne l'est point. Or, il n'y a rien de ridicule dans ces termes, pourvu qu'on n'en fasse pas un trop grand mystère; et que, comme ils n'ont été faits que pour soulager la mémoire, on ne veuille pas les faire passer dans l'usage ordinaire, et dire, par exemple, qu'on va faire un argument en *bocardo* ou en *felapton*, ce qui serait en effet très-ridicule [2].

On abuse quelquefois beaucoup de ce reproche de pédanterie, et souvent on y tombe en l'attribuant aux autres. La pédanterie est un vice d'esprit et non de profession, et il y a des pédants de toutes robes, de toutes conditions et de tous états. Relever des choses basses et petites, faire une vaine montre de sa science, entasser du grec et du latin sans jugement, s'échauffer sur l'ordre des mois attiques, sur les habits des Macédoniens et sur de semblables disputes de nul usage; piller un auteur en lui disant des injures, déchirer outrageusement ceux qui ne sont pas de notre sentiment sur l'intelligence d'un passage de Suétone et sur l'étymologie d'un mot, comme s'il y agissait de la religion et de l'État; vouloir faire soulever tout le monde contre un homme qui n'estime pas assez Cicéron, comme contre un perturbateur du repos public, ainsi que Jules Scaliger a tâché de faire contre

1. Voir Molière, *le Mariage forcé*.
2. Voir plus bas, IIIe partie, ch. VIII.

Érasme[1]; s'intéresser pour la réputation d'un ancien philosophe, comme si l'on était son proche parent, c'est proprement ce qu'on peut appeler la pédanterie; mais il n'y en a point à entendre ni à expliquer des mots artificiels assez ingénieusement inventés, et qui n'ont pour but que le soulagement de la mémoire, pourvu qu'on en use avec les précautions que l'on a marquées.

Il ne reste plus qu'à rendre raison pourquoi on a omis grand nombre de questions qu'on trouve dans les logiques ordinaires, comme celles qu'on traite dans les prolégomènes[2], l'universel *a parte rei* [3], les relations[4] et plusieurs autres semblables; et sur cela il suffirait presque de répondre qu'elles appartiennent plutôt à la métaphysique qu'à la logique. Mais il est vrai néanmoins que ce n'est pas ce qu'on a principalement considéré; car quand on a jugé qu'une matière pouvait être utile pour former le jugement, on a peu regardé à quelle science elle appartenait. L'arrangement de nos diverses connaissances est libre, comme celui des lettres d'une imprimerie; chacun a droit d'en former différents ordres, selon son besoin, quoique, lorsqu'on en forme, on les doive ran-

1. Érasme, dans un dialogue intitulé *Ciceronianus*, s'était moqué des imitateurs maladroits du grand écrivain, non sans attaquer Cicéron lui-même. Jules César Scaliger écrivit pour lui répondre des pamphlets d'une extrême violence, qu'il appela *Declamationes eloquentiæ romanæ vindices*. Avant de mourir il en témoigna du regret, et les retrancha de ses œuvres choisies.

2. Les prolégomènes des traités de logique, souvent intitulés *Quæstiones proœmiales*, traitaient des questions générales, *de Dialectica in communi*, si la logique est une science, si elle a un objet réel, si elle est nécessaire, etc., etc.

3. On sait quelles longues discussions furent soulevées par la philosophie scolastique à propos de la nature des idées générales, qu'on appelait les universaux. Ces qualités, communes à plusieurs êtres, sont identiques en chacun et pourtant multipliées avec les individus; leur unité est-elle réelle, l'humanité qui est en Socrate est-elle en nature la même que celle qui est en Platon? ou bien est-ce une unité logique, sans objet réel et constituée par une opération de l'intelligence? Les scotistes, partisans de Duns Scot, soutenaient la première opinion, et prétendaient que ce qui fait l'universalité de l'idée, c'est l'universalité même de l'objet, *dari universale a parte rei*. — Les thomistes professaient en général la doctrine opposée : *non datur unitas naturæ communis seu universale a parte rei, sed tantum per mentem*.

4. La logique scolastique avait multiplié les questions et les distinctions à propos des rapports, des relations, et des relatifs τὰ πρός τι, *relationes, relata*. Ces rapports, qui résultent de la comparaison, *ordo unius ad alterum*, sont-ils du fait des choses ou de l'esprit qui les rapproche? Combien y en a-t-il? quelles en sont les conditions? etc., etc.

ger de la manière la plus naturelle[1]. Il suffit qu'une matière nous soit utile pour nous en servir, et la regarder non comme étrangère, mais comme propre. C'est pourquoi on trouvera ici quantité de choses de physique et de morale, et presque autant de métaphysique qu'il est nécessaire d'en savoir[2], quoique l'on ne prétende point pour cela avoir emprunté rien de personne[3]. Tout ce qui sert à la Logique lui appartient; et c'est une chose entièrement ridicule que les gênes que se donnent certains auteurs, comme Ramus et les ramistes[4], quoique d'ailleurs fort habiles gens, qui prennent autant de peine pour borner les juridictions de chaque science, et faire qu'elles n'entreprennent pas les unes sur les autres, que l'on en prend pour marquer les limites des royaumes et régler les ressorts des parlements.

Ce qui a porté aussi à retrancher entièrement des questions d'école, n'est pas simplement de ce qu'elles sont difficiles et de peu d'usage : on en a traité quelques-unes de cette nature; mais c'est qu'ayant toutes ces mauvaises qualités[5], on a cru de plus qu'on pourrait se dispenser d'en parler sans choquer personne, parce qu'elles sont peu estimées.

Car il faut mettre une grande différence entre les questions inutiles dont les livres de philosophie sont remplis. Il y en a qui sont assez méprisées par ceux mêmes qui les traitent, et il y en a, au contraire, qui sont célèbres et autorisées, et qui ont beaucoup de cours dans les écrits de personnes d'ailleurs estimables.

Il semble que c'est un devoir auquel on est obligé à l'égard de ces opinions communes et célèbres, quelque fausses qu'on les croie, de ne pas ignorer ce qu'on en dit. On doit cette

1. S'il y a une manière naturelle de les ranger, l'arrangement n'en est pas libre : la méthode le détermine et non « le besoin. »

2. Il y a très-peu de métaphysique dans l'ouvrage; c'est dire qu'il n'est pas nécessaire d'en savoir beaucoup.

3. De personne, c'est-à-dire d'aucune autre science.

4. Pierre de la Ramée, plus connu sous le nom de Ramus, né en 1515 et mort dans le massacre de la Saint-Barthélemy, prit à tâche de combattre la méthode de la philosophie scolastique, son langage et son respect exagéré pour Aristote. Le reproche qu'on lui adresse ici peut passer pour un éloge. Nicole fait trop bon marché des divisions; les sciences ne peuvent faire de progrès que si le cadre en est fixé, et il n'est pas moins important d'en marquer les limites que celles des États.

5. La phrase est mal construite et la pensée sans justesse.

civilité, ou plutôt cette justice, non à la fausseté, car elle n'en mérite point, mais aux hommes qui en sont prévenus, de ne pas rejeter ce qu'ils estiment sans l'examiner. Et ainsi il est raisonnable d'acheter, par la peine d'apprendre ces questions, le droit de les mépriser.

Mais on a plus de liberté dans les premières, et celles de logique, que nous avons crû devoir omettre, sont de ce genre : elles ont cela de commode qu'elles ont peu de crédit, non-seulement dans le monde où elles sont inconnues, mais parmi ceux-là mêmes qui les enseignent. Personne, Dieu merci, ne prend intérêt à l'universel *a parte rei*, à l'être de raison [1], ni aux secondes intentions [2] ; et ainsi on n'a pas lieu d'appréhender que quelqu'un se choque de ce qu'on n'en parle point; outre que ces matières sont si peu propres à être mises en français, qu'elles auraient été plus capables de décrier la philosophie de l'École que de la faire estimer.

Il est bon aussi d'avertir qu'on s'est dispensé de suivre toujours les règles d'une méthode tout à fait exacte, ayant mis beaucoup de choses dans la quatrième partie qu'on aurait pu rapporter à la seconde et à la troisième; mais on l'a fait à dessein, parce qu'on a jugé qu'il était utile de voir en un même lieu tout ce qui était nécessaire pour rendre une science parfaite; ce qui est le plus grand ouvrage de la méthode dont on traite dans la quatrième partie; et c'est pour cette raison

1. On a vu plus haut ce qu'il faut entendre par l'universel *a parte rei*. On appelait être de raison, *ens rationis*, ce qui dans la connaissance appartient à l'esprit et non pas à l'objet; c'est la part de l'intelligence, *quod pendet a mente*. Il est, disent les scolastiques, effectif, *effectivum*, comme par exemple l'opération même de l'intelligence qui est réelle, mais seulement dans l'esprit; ou bien subjectif, *subjectivum*, comme la science qui en résulte; ou enfin objectif, *objectivum*, comme la chose représentée en tant qu'elle est une idée, par exemple une montagne d'or. Si cette chose ne peut avoir aucune existence hors de l'esprit, c'est alors surtout qu'elle est un être de raison. C'est ce dernier sens qui a prévalu, et on appelle aujourd'hui être de raison une conception à laquelle rien ne répond dans la réalité, une abstraction réalisée. Les traités élémentaires de logique renfermaient toujours une suite de chapitres sur ce sujet : *An ens rationis sit, quid sit, quotuplex sit? Per quam potentiam fiat ens rationis? An entia rationis fiant ab intellectu divino vel angelico*, etc., etc.

2. Quand l'esprit connaît, il s'applique à l'objet, *intendit;* la notion qu'il en prend s'appelait pour cette raison *intentio*. On distinguait la première intention de la seconde : connaître un homme actuellement présent, c'est une première intention; remarquer qu'il fait partie du genre animal, c'est une seconde intention.

qu'on a réservé de parler en ce lieu-là des axiomes et des démonstrations [1].

Voilà à peu près les vues que l'on a eues dans cette Logique. Peut-être qu'avec tout cela il y aura fort peu de personnes qui en profitent, ou qui s'aperçoivent du fruit qu'elles en tireront, parce qu'on ne s'applique guère d'ordinaire à mettre en usage des préceptes par des réflexions expresses [2]; mais on espère néanmoins que ceux qui l'auront lue avec quelque soin pourront en prendre une teinture qui les rendra plus exacts et plus solides dans leurs jugements, sans même qu'ils y pensent, comme il y a de certains remèdes qui guérissent les maux, en augmentant la vigueur et en fortifiant des parties [3]. Quoi qu'il en soit, au moins n'incommodera-t-elle pas longtemps personne, ceux qui sont un peu avancés pouvant la lire et apprendre en sept ou huit jours; et il est difficile que, contenant une si grande diversité de choses, chacun n'y trouve de quoi se payer de la peine de sa lecture.

1. La théorie des axiomes aurait pu se joindre à celle de la proposition, et en parlant du syllogisme il était logique de traiter de la démonstration. Mais il ne faut pas croire Nicole lorsqu'il avance « qu'on s'est dispensé de suivre toujours les règles d'une méthode tout à fait exacte; » puisque lui-même reconnaît qu'on a sacrifié un ordre apparent à un autre plus réel.

2. C'est-à-dire qu'une fois prise, l'habitude de la méthode mène l'esprit, sans qu'il en ait conscience.

3. Les organes, *partes*.

SECOND DISCOURS

CONTENANT LA RÉPONSE AUX PRINCIPALES OBJECTIONS QU'ON A FAITES CONTRE CETTE LOGIQUE.

ARGUMENT ANALYTIQUE.

Ce discours a pour but de répondre à trois objections principales qu'on a opposées aux éditions précédentes de la Logique.

I. On blâme d'abord le titre, *l'Art de penser,* et on propose de le remplacer par cet autre, *l'Art de raisonner ;* mais la logique a pour but de donner des règles pour toutes les actions de l'esprit, et le mot de pensée les enferme toutes.

II. On reprend aussi la multitude des exemples empruntés à d'autres sciences, telles que la rhétorique, la morale, la physique, la métaphysique, la géométrie. Mais on a voulu par là faire lire cette logique « avec un peu moins de chagrin qu'on ne fait des autres ; » et surtout montrer les applications utiles de principes en eux-mêmes très-abstraits. La logique n'est faite que pour servir d'instrument aux autres sciences ; et on doit marquer comment elles s'en servent. La rhétorique ne peut-elle puiser dans cette science des conseils pour s'éloigner de certaines mauvaises manières de parler et d'écrire ; pour discerner les bonnes et les mauvaises figures, pour ne prendre jamais pour beau ce qui est faux, etc. ? Quelques erreurs de morale ne sont-elles pas des fautes de logique ? La métaphysique, par quelques-unes de ses questions, telles que l'origine des idées, la distinction de l'âme et du corps, n'est-elle pas un exemple de l'usage des règles de l'esprit ? Enfin on n'a pris à la physique et à la géométrie que des applications claires et faciles, ou des exemples intéressants pour tout le monde.

III. On accuse les auteurs d'avoir tiré d'Aristote des exemples de définitions défectueuses et de mauvais raisonnements, ce qui paraît naître d'un désir secret de rabaisser ce philosophe. Mais ils ont voulu chercher ces exemples dans un auteur célèbre et connu, et prouver qu'un grand esprit peut tomber dans l'erreur ; ils ne pouvaient mieux choisir, puisque Aristote a encore une autorité considérable ; ils rendent hommage à ce grand génie, admirent toutes les belles choses qu'on trouve dans sa Rhétorique, dans ses livres de Politique et de Morale, dans l'Histoire des animaux, dans les Analytiques ; ils critiquent seulement quelques propositions fausses, tirées surtout de sa Physique et de sa Métaphysique. On doit du respect aux grands hommes, mais la vérité a aussi ses droits. Il faut se garder de heurter le consentement des hommes; mais Aristote est aujourd'hui discuté; il serait aussi injuste de l'approuver en tout, qu'il l'a été de le condamner généralement.

Tous ceux qui se portent à faire part au public de quelques ouvrages doivent en même temps se résoudre à avoir autant de juges que de lecteurs, et cette condition ne doit leur paraître ni injuste ni onéreuse; car, s'ils sont vraiment désintéressés, ils doivent en avoir abandonné la propriété en les rendant publics, et les regarder ensuite avec la même indifférence qu'ils feraient des ouvrages étrangers [1].

Le seul droit qu'ils peuvent s'y réserver légitimement est celui de corriger ce qu'il y aurait de défectueux, à quoi ces divers jugements qu'on fait des livres sont extrêmement avantageux; car ils sont toujours utiles lorsqu'ils sont justes, et ils ne nuisent de rien lorsqu'ils sont injustes, parce qu'il est permis de ne les pas suivre.

La prudence veut néanmoins qu'en plusieurs rencontres on s'accommode à ces jugements, qui ne nous semblent pas justes; parce que s'ils ne nous font pas voir que ce qu'on reprend soit mauvais, ils nous font voir au moins qu'il n'est pas proportionné à l'esprit de ceux qui le reprennent. Or, il est sans doute meilleur, lorsqu'on peut le faire sans tomber en quelque plus grand inconvénient, de choisir un tempérament si juste, qu'en contentant les personnes judicieuses, on ne mécontente pas ceux qui ont le jugement moins exact [2]; puisque l'on ne doit pas supposer qu'on n'aura que des lecteurs habiles et intelligents.

Ainsi il serait à désirer qu'on ne considérât les premières éditions des livres que comme des essais informes, que ceux qui en sont auteurs proposent aux personnes de lettres, pour en apprendre leurs sentiments; et qu'ensuite, sur les différentes vues que leur donneraient ces différentes pensées, ils y travaillassent tout de nouveau pour mettre leurs ouvrages dans la perfection où ils sont capables de les porter.

C'est la conduite qu'on aurait bien désiré de suivre dans la seconde édition de cette Logique, si l'on avait appris plus de

1. Les auteurs ont donné l'exemple de ce désintéressement, puisque leur ouvrage est resté anonyme.

2. Nicole pratiqua toujours ces maximes; sans être sceptique en philosophie, il a l'horreur des contestations.

choses de ce qu'on a dit dans le monde de la première[1]. On a fait néanmoins ce qu'on a pu, et l'on a ajouté, retranché et corrigé plusieurs choses suivant les pensées de ceux qui ont eu la bonté de faire savoir ce qu'ils y trouvaient à redire.

Et premièrement, pour le langage, on a suivi presque en tout les avis de deux personnes[2], qui se sont donné la peine de remarquer quelques fautes qui s'y étaient glissées par mégarde, et certaines expressions qu'ils ne croyaient pas être du bon usage; et l'on ne s'est dispensé de s'attacher à leurs sentiments que, lorsqu'en ayant consulté d'autres, on a trouvé les opinions partagées, auquel cas on a cru qu'il était permis de prendre le parti de la liberté.

On trouvera plus d'additions que de changements ou de retranchements pour les choses, parce qu'on a été moins averti de ce qu'on y reprenait. Il est vrai néanmoins que l'on a su quelques objections générales qu'on faisait contre ce livre, auxquelles on n'a pas cru devoir s'arrêter, parce qu'on s'est persuadé que ceux mêmes qui les faisaient seraient aisément satisfaits, lorsqu'on leur aurait représenté les raisons qu'on a eues en vue dans les choses qu'ils blâmaient; et c'est pourquoi il est utile de répondre ici aux principales de ces objections.

Il s'est trouvé des personnes qui ont été choquées du titre d'*Art de penser*, au lieu duquel ils voulaient qu'on mît l'*Art de bien raisonner*; mais on les prie de considérer que la logique ayant pour but de donner des règles pour toutes les actions de l'esprit[3], et aussi bien pour les idées simples, que pour les jugements et pour les raisonnements, il n'y avait guère d'autre mot qui enfermât toutes ces différentes actions; et certainement celui de pensée les comprend toutes; car les simples idées sont des pensées, les jugements sont des pensées, et les raisonnements sont des pensées[4]. Il est vrai que l'on eût pu dire, l'*art de bien penser*, mais cette addition n'était

1. La première édition avait paru en 1662; la deuxième est de 1664.

2. On peut conjecturer que ces deux personnes sont Saci et Lancelot. Il n'en reste pas moins dans l'ouvrage beaucoup de négligences de style.

3. S'il en est ainsi, comment ne serait-elle pas utile? Mais Nicole se trompe, et la logique n'est pas un art. Descartes aurait pu lui enseigner qu'elle a pour but de nous apprendre ce que sont « ces actions de l'esprit, mais que notre esprit les sait faire d'avance. » P. CXXXI.

4. Le langage de Descartes est plus précis. Il distingue la connaissance immédiate de la vérité, qu'il appelle intuition, et celle des conséquences « qui s'en

pas nécessaire, étant assez marquée par le mot d'*art* qui signifie de soi-même une méthode de bien faire quelque chose, comme Aristote même le remarque; et c'est pourquoi on se contente de dire, l'art de peindre, l'art de conter, parce qu'on suppose qu'il ne faut point d'art pour mal peindre ni pour mal conter.

On a fait une objection beaucoup plus considérable contre cette multitude de choses tirées de différentes sciences que l'on trouve dans cette Logique; et, parce qu'elle en attaque tout le dessein, et nous donne ainsi lieu de l'expliquer, il est nécessaire de l'examiner avec plus de soin. A quoi bon, disent-ils, toute cette bigarrure de rhétorique, de morale, de physique, de métaphysique, de géométrie? Lorsque nous pensons trouver des préceptes de logique, on nous transporte tout d'un coup dans les plus hautes sciences, sans s'être informé si nous les avons apprises. Ne devait-on pas supposer, au contraire, que si nous avions déjà toutes ces connaissances, nous n'aurions pas besoin de cette Logique? Et n'eût-il pas mieux valu nous en donner une toute simple et toute nue, où les règles fussent expliquées par des exemples tirés des choses communes, que de les embarrasser de tant de matières qui les étouffent?

Mais ceux qui raisonnent de cette sorte n'ont pas assez considéré qu'un livre ne saurait guère avoir de plus grand défaut que de n'être pas lu, puisqu'il ne sert qu'à ceux qui le lisent; et qu'ainsi tout ce qui contribue à faire lire un livre, contribue aussi à le rendre utile [1]. Or, il est certain que, si on avait suivi leur pensée, et que l'on eût fait une Logique toute sèche, avec les exemples ordinaires d'animal et de cheval, quelque exacte et quelque méthodique qu'elle eût pu être, elle n'eût fait qu'augmenter le nombre de tant d'autres, dont le monde est plein, et qui ne se lisent point. Au lieu que c'est justement cet amas de différentes choses qui a donné quelque cours à celle-ci, et qui l'a fait lire avec un peu moins de chagrin qu'on ne fait les autres.

Mais ce n'est pas là néanmoins la principale vue qu'on a eue

déduisent nécessairement, » ou déduction. Cette dernière opération, ajoute-t-il, « n'emprunte pas un grand secours des liens dans lesquels la dialectique embarrasse la raison humaine, en pensant la conduire. »

1. Nicole dira lui-même plus bas que « ce n'est pas la principale vue qu'on a eue dans ce mélange. »

dans ce mélange, que d'attirer le monde à la lire, en la rendant plus divertissante que ne le sont les logiques ordinaires. On prétend, de plus, avoir suivi la voie la plus naturelle et la plus avantageuse de traiter cet art, en remédiant, autant qu'il se pouvait, à un inconvénient qui en rend l'étude presque inutile.

Car l'expérience fait voir que sur mille jeunes gens qui apprennent la logique, il n'y en a pas dix qui en sachent quelque chose six mois après qu'ils ont achevé leur cours. Or, il semble que la véritable cause de cet oubli ou de cette négligence si commune soit que toutes les matières que l'on traite dans la logique étant d'elles-mêmes très-abstraites et très-éloignées de l'usage, on les joint encore à des exemples peu agréables, et dont on ne parle jamais ailleurs; et ainsi l'esprit, qui ne s'y attache qu'avec peine, n'a rien qui l'y retienne attaché, et perd aisément toutes les idées qu'il en avait conçues, parce qu'elles ne sont jamais renouvelées par la pratique.

De plus, comme ces exemples communs ne font pas assez comprendre que cet art puisse être appliqué à quelque chose d'utile, ils s'accoutument à renfermer la logique dans la logique, sans l'étendre plus loin, au lieu qu'elle n'est faite que pour servir d'instrument aux autres sciences[1]; de sorte que, comme ils n'en ont jamais vu de vrai usage, ils ne la mettent aussi jamais en usage, et ils sont bien aises même de s'en décharger comme d'une connaissance basse et inutile.

On a donc cru que le meilleur remède de cet inconvénient était de ne pas tant séparer qu'on fait d'ordinaire la logique des autres sciences auxquelles elle est destinée[2], et de la joindre tellement, par le moyen des exemples, à des connaissances solides, que l'on vît en même temps les règles et la pratique; afin que l'on apprît à juger de ces sciences par la logique, et que l'on retînt la logique par le moyen de ces sciences.

Ainsi, tant s'en faut que cette diversité puisse étouffer les préceptes, que rien ne peut plus contribuer à les faire bien entendre, et à les faire mieux retenir, que cette diversité,

1. Ramus disait déjà des logiciens de son temps : « Ils n'ont jamais regardé leurs règles qu'à l'ombre des disputes de l'École; ils n'ont jamais amené la logique à la poussière, au grand soleil de l'usage de chaque jour; ils ne l'ont jamais appelée à la bataille des exemples humains. »

2. C'est encore demander à la logique, en dépit des avis de Descartes, ce que la scolastique et Ramus avaient vainement tenté d'en tirer.

parce qu'ils sont d'eux-mêmes trop subtils pour faire impression sur l'esprit, si on ne les attache à quelque chose de plus agréable et de plus sensible.

Pour rendre ce mélange plus utile, on n'a pas emprunté au hasard des exemples de ces sciences ; mais on en a choisi les points les plus importants, et qui pouvaient le plus servir de règles et de principes, pour trouver la vérité dans les autres matières que l'on n'a pas pu traiter.

On a considéré, par exemple, en ce qui regarde la rhétorique[1], que le secours qu'on pouvait en tirer pour trouver des pensées, des expressions et des embellissements n'était pas si considérable. L'esprit fournit assez de pensées, l'usage donne les expressions ; et pour les figures et les ornements, on n'en a toujours que trop. Ainsi, tout consiste presque à s'éloigner de certaines mauvaises manières d'écrire et de parler, et surtout d'un style artificiel et rhétoricien, composé de pensées fausses et hyperboliques, et de figures forcées, qui est le plus grand de tous les vices. Or, l'on trouvera peut-être autant de choses utiles dans cette Logique pour connaître et pour éviter ces défauts, que dans les livres qui en traitent expressément. Le chapitre dernier de la première partie, en faisant voir la nature du style figuré, apprend en même temps l'usage que l'on doit en faire, et découvre la vraie règle par laquelle on doit discerner les bonnes et les mauvaises figures. Celui où l'on traite des lieux en général peut beaucoup servir à retrancher l'abondance superflue des pensées communes. L'article où l'on parle des mauvais raisonnements où l'éloquence engage insensiblement, en apprenant à ne prendre jamais pour beau ce qui est faux, propose, en passant, une des plus importantes règles de la véritable rhétorique, et qui peut plus que toute autre former l'esprit à une manière d'écrire simple, naturelle et judicieuse[2]. Enfin ce que l'on dit, dans le même chapitre, du soin que l'on doit avoir de n'irriter point la malignité de ceux à qui l'on parle, donne lieu d'éviter un très-grand nombre de défauts, d'autant plus dangereux qu'ils sont plus difficiles à remarquer.

Pour la morale, le sujet principal que l'on traitait n'a pas

1. La rhétorique n'est pas une science.
2. C'est la définition du style de Nicole, et c'en est l'éloge.

permis qu'on en insérât beaucoup de choses. Je crois néanmoins qu'on jugera que ce que l'on en voit dans le chapitre des fausses idées des biens et des maux dans la première partie, et dans celui des mauvais raisonnements que l'on commet dans la vie civile, est de très-grande étendue, et donne lieu de reconnaître une grande partie des égarements des hommes.

Il n'y a rien de plus considérable dans la métaphysique que l'origine de nos idées, la séparation des idées spirituelles et des images corporelles, la distinction de l'âme et du corps et les preuves de son immortalité, fondées sur cette distinction[1]; et c'est ce que l'on verra assez amplement traité dans la première et dans la quatième partie.

On trouvera même en divers lieux la plus grande partie des principes généraux de la physique, qu'il est très-facile d'allier[2]; et l'on pourra tirer assez de lumière de ce que l'on a dit de la pesanteur, des qualités sensibles, des actions des sens, des facultés attractives, des vertus occultes, des formes substantielles[3], pour se détromper d'une infinité de fausses idées que les préjugés de notre enfance ont laissées dans notre esprit.

Ce n'est pas qu'on puisse se dispenser d'étudier toutes ces choses avec plus de soin dans les livres qui en traitent expressément; mais on a considéré qu'il y avait plusieurs personnes qui, ne se destinant pas à la théologie, pour laquelle il est nécessaire de savoir exactement la philosophie de l'École, qui en est comme la langue[4], se peuvent contenter d'une connaissance plus générale de ces sciences. Or, encore qu'ils ne puissent pas trouver dans ce livre-ci tout ce qu'ils doivent en apprendre, on peut dire néanmoins, avec vérité, qu'ils y trouveront presque tout ce qu'ils doivent en retenir.

Ce que l'on objecte, qu'il y a quelques-uns de ces exemples

1. Bien que l'on ne doive pas limiter avec trop de rigueur l'objet de la métaphysique, il est certain que plusieurs de ces questions appartiennent plutôt à la psychologie, et il est sûr que d'autres très « considérables » ont été omises.

2. Que l'on peut facilement réunir.

3. Voir plus bas, Ire partie, ch. IX et XI.

4. La confusion de la théologie et de la philosophie est, comme on sait, un des défauts de la scolastique. Le traité le plus considérable de saint Thomas a pour titre : *Summa theologiæ,* et est son œuvre philosophique capitale.

qui ne sont pas assez proportionnés à l'intelligence de ceux qui commencent[1], n'est véritable qu'à l'égard des exemples de géométrie; car, pour les autres, ils peuvent être entendus de tous ceux qui ont quelque ouverture d'esprit, quoiqu'ils n'aient jamais rien appris de philosophie; et peut-être même qu'ils seront plus intelligibles à ceux qui n'ont encore aucun préjugé, qu'à ceux qui auront l'esprit rempli des maximes de la philosophie commune [2].

Pour les exemples de géométrie, il est vrai qu'ils ne seront pas compris de tout le monde; mais ce n'est pas un grand inconvénient, car on ne croit pas qu'on en trouve guère que dans des discours exprès et détachés que l'on peut facilement passer, ou dans des choses assez claires par elles-mêmes, ou assez éclaircies par d'autres exemples, pour n'avoir pas besoin de ceux de géométrie.

Si l'on examine, de plus, les endroits où l'on s'en est servi, on reconnaîtra qu'il était difficile d'en trouver d'autres qui y fussent aussi propres, n'y ayant guère que cette science qui puisse fournir des idées bien nettes et des propositions incontestables [3].

On a dit, par exemple, en parlant des propriétés réciproques, que c'en était une des triangles rectangles, que le carré de l'hypoténuse est égal au carré des côtés [4]. Cela est clair et certain à tous ceux qui l'entendent; et ceux qui ne l'entendent pas peuvent le supposer, et ne laissent pas de comprendre la chose à laquelle on applique cet exemple.

Mais, si l'on eût voulu se servir de celui qu'on apporte d'ordinaire, qui est la risibilité, que l'on dit être une propriété de l'homme, on eût avancé une chose assez obscure et très-contestable; car, si l'on entend par le mot de risibilité le pouvoir de faire une certaine grimace qu'on fait en riant, on ne voit pas pourquoi on ne pourrait pas dresser des bêtes à

1. La logique étant considérée comme l'instrument de toutes les sciences, elle doit précéder toutes les autres; ainsi le veut un préjugé scolastique dont Port-Royal ne s'est pas défait.

2. Descartes préfère à la science des livres « les simples raisonnements que peut faire naturellement un homme de bon sens. »

3. Nicole tenait de Descartes et de Pascal cette prédilection pour la géométrie; comme si on ne pouvait ailleurs trouver des idées nettes et des propositions incontestables.

4. Voir plus bas, Ire partie, ch. VII.

faire cette grimace, et peut-être même qu'il y en a qui la font [1]. Que si on enferme dans ce mot, non-seulement le changement que le ris fait dans le visage, mais aussi la pensée qui l'accompagne et qui le produit, et qu'ainsi l'on entende par risibilité le pouvoir de rire en pensant; toutes les actions des hommes deviendront des propriétés réciproques en cette manière, n'y en ayant point qui ne soient propres à l'homme seul, si on les joint avec la pensée. Ainsi, l'on dira que c'est une propriété de l'homme de marcher, de boire, de manger, parce qu'il n'y a que l'homme qui marche, qui boive et qui mange en pensant. Pourvu qu'on l'entende de cette sorte, nous ne manquerons pas d'exemples de propriétés; mais encore ne seront-ils pas certains dans l'esprit de ceux qui attribuent des pensées aux bêtes, et qui pourront aussi bien leur attribuer le ris avec la pensée; au lieu que celui dont on s'est servi est certain dans l'esprit de tout le monde.

On a voulu montrer de même en un endroit, qu'il y avait des choses corporelles que l'on concevait d'une manière spirituelle et sans se les imaginer [2]; et sur cela on a rapporté l'exemple d'une figure de 1000 angles que l'on conçoit nettement par l'esprit, quoiqu'on ne puisse s'en former d'image distincte qui en représente les propriétés; et l'on a dit, en passant, qu'une des propriétés de cette figure était que tous ses angles étaient égaux à 1996 angles droits. Il est visible que cet exemple prouve fort bien ce qu'on voulait faire voir en cet endroit.

Il ne reste plus qu'à satisfaire à une plainte plus odieuse que quelques personnes font, de ce qu'on a tiré d'Aristote des exemples de définitions défectueuses et de mauvais raisonnements; ce qui leur paraît naître d'un désir secret de rabaisser ce philosophe [3].

1. La faculté de rire, en latin scolastique *risibilitas*, était citée comme le propre de l'homme, et même *proprium quod omni, soli, et semper convenit*. C'était donc une propriété *réciproque*, et l'on peut dire : *homo est risibile, risibile est homo*.

2. Ce langage manque de rigueur; les propriétés d'un chiliogone ne sont pas une chose corporelle; l'exemple n'en est pas moins bon pour prouver « qu'entendre s'étend beaucoup plus loin qu'imaginer. » (Bossuet.) Voir plus bas, Ire partie, ch. Ier.

3. Ce reproche est fondé; mais outre les explications que Nicole y oppose, il faut se souvenir qu'en ce temps il était utile d'attaquer Aristote, dont les doc-

Mais ils n'auraient jamais formé un jugement si peu équitable, s'il avaient assez considéré les vraies règles que l'on doit garder en citant des exemples de fautes, qui sont celles qu'on a eues en vue en citant Aristote.

Premièrement, l'expérience fait voir que la plupart de ceux qu'on propose d'ordinaire sont peu utiles, et demeurent peu dans l'esprit, parce qu'ils sont formés à plaisir, et qu'ils sont si visibles et si grossiers, que l'on juge comme impossible d'y tomber. Il est donc plus avantageux, pour faire retenir ce qu'on dit de ces défauts, et pour les faire éviter, de choisir des exemples réels tirés de quelque auteur considérable dont la réputation excite davantage à se garder de ces sortes de surprises, dont on voit que les plus grands hommes sont capables.

De plus, comme on doit avoir pour but de rendre tout ce qu'on écrit aussi utile qu'il le peut être, il faut tâcher de choisir des exemples de fautes qu'il soit bon de ne pas ignorer ; car ce serait fort inutilement qu'on se chargerait la mémoire de toutes les rêveries de Fludd, de van Helmont et de Paracelse [1]. Il est donc meilleur de chercher de ces exemples dans des auteurs si célèbres, qu'on soit même en quelque sorte obligé d'en connaître jusqu'aux défauts.

Or, tout cela se rencontre parfaitement dans Aristote ; car rien ne peut porter plus puissamment à éviter une faute que de faire voir qu'un si grand esprit y est tombé ; et sa philosophie est devenue si célèbre par le grand nombre de personnes de mérite qui l'ont embrassée, que c'est une nécessité de savoir même ce qu'il pourrait y avoir de défectueux. Ainsi, comme l'on jugeait très-utile que ceux qui liraient ce livre apprissent, en passant, divers points de cette philosophie, et

trines bien ou mal comprises avaient été longtemps imposées comme des dogmes. Huit ans après la publication de la *Logique*, l'Université préparait encore une requête au Parlement, pour faire renouveler les édits contre les novateurs; mais les temps étaient changés, et il ne reste de cette tentative que l'arrêt burlesque composé en 1671, par Boileau, en faveur de « maître Aristote, ancien professeur en grec dans le collége du lycée, contre une inconnue, la raison, et certains quidams factieux prenant les noms de gassendistes, cartésiens, malebranchistes et pourchotistes. »

1. Paracelse était mort depuis plus de cent ans; mais Fludd et van Helmont seulement depuis une vingtaine d'années. Leurs noms sont ici rapprochés parce que tous les trois mêlèrent à des travaux et à des recherches utiles les rêveries d'une imagination égarée par le mysticisme, et les pratiques des sciences occultes.

que néanmoins il n'est jamais utile de se tromper, on les a rapportés pour les faire connaître, et l'on a marqué en passant le défaut qu'on y trouvait, pour empêcher qu'on ne s'y trompât.

Ce n'est donc pas pour rabaisser Aristote, mais, au contraire, pour l'honorer autant que l'on peut en des choses où l'on n'est pas de son sentiment, que l'on a tiré ces exemples de ses livres; et il est visible d'ailleurs que les points où on l'a repris sont de très-peu d'importance, et ne touchent point le fond de sa philosophie, que l'on n'a eu nulle intention d'attaquer [1].

Que si l'on n'a pas rapporté de même plusieurs choses excellentes que l'on trouve partout dans les livres d'Aristote, c'est qu'elles ne se sont pas présentées dans la suite du discours; mais si on eût trouvé l'occasion, on l'eût fait avec joie, et l'on n'aurait pas manqué de lui donner les justes louanges qu'il mérite; car il est certain qu'Aristote est en effet un esprit très-vaste et très-étendu, qui découvre dans les sujets qu'il traite un grand nombre de suites et de conséquences; et c'est pourquoi il a très-bien réussi en ce qu'il a dit des passions dans le second livre de sa Rhétorique.

Il y a aussi plusieurs belles choses dans ses livres de Politique et de Morale, dans les Problèmes et dans l'Histoire des animaux; et, quelque confusion que l'on trouve dans ses Analytiques, il faut avouer néanmoins que presque tout ce qu'on sait des règles de la Logique est pris de là [2]. De sorte qu'il n'y a point en effet d'auteur dont on ait emprunté plus de choses dans cette Logique que d'Aristote, puisque le corps des préceptes lui appartient.

Il est vrai qu'il semble que le moins parfait de ses ouvrages soit sa Physique, comme c'est aussi celui qui a été le plus longtemps condamné et défendu dans l'Église, ainsi qu'un savant homme l'a fait voir dans un livre exprès [3]. Mais

1. Cette réserve est plus habile que sincère.

2. Aujourd'hui que l'on n'a plus à craindre la tyrannie d'Aristote, on peut trouver que les louanges de Nicole sont trop modérées; il ne parle pas même de la *Métaphysique*, un des monuments les plus admirables de la philosophie.

3. En 1209 on condamnait à Paris deux philosophes, Amaury de Bène et David de Dinant, et on défendait sous peine d'excommunication « d'enseigner les doctrines d'Aristote sur la philosophie naturelle, de transcrire ses ouvrages, de les lire, et de les avoir en quelque façon que ce fût. » Cette prohibition fut renouvelée en 1215 et en 1231, et levée en 1237 sous le pontificat de Grégoire IX. On

encore le principal défaut qu'on peut y trouver n'est pas qu'elle soit fausse, mais c'est, au contraire, qu'elle est trop vraie, et qu'elle ne nous apprend que des choses qu'il est impossible d'ignorer. Car qui peut douter que toutes choses ne soient composées de matière et d'une certaine forme de cette matière? Qui peut douter qu'afin que la matière acquière une nouvelle manière et une nouvelle forme, il faut qu'elle ne l'eût pas auparavant, c'est-à-dire qu'elle en eût la privation[1]? Qui peut douter enfin de ces autres principes métaphysiques, que tout dépend de la forme; que la matière seule ne fait rien; qu'il y a un lieu, des mouvements, des qualités, des facultés? Mais après qu'on a appris toutes ces choses, il ne semble pas qu'on ait appris rien de nouveau, ni qu'on soit plus en état de rendre raison d'aucun des effets de la nature[2].

Que s'il se trouvait des personnes qui prétendissent qu'il n'est permis en aucune sorte de témoigner qu'on n'est pas du sentiment d'Aristote, il serait aisé de leur faire voir que cette délicatesse n'est pas raisonnable.

Car si l'on doit de la déférence à quelques philosophes, ce ne peut être que par deux raisons: ou dans la vue de la vérité qu'ils auraient suivie, ou dans la vue de l'opinion des hommes qui les approuvent.

Dans la vue de la vérité, on leur doit du respect lorsqu'ils ont raison; mais la vérité ne peut obliger de respecter la fausseté en qui que ce soit.

incriminait surtout la doctrine de l'éternité du monde. L'ouvrage cité par Nicole est le livre de Launoi, *De varia Aristotelis fortuna*.

1. Il y a, suivant Aristote, deux principes des choses naturelles, la matière et la forme. Dans une sphère d'airain on peut distinguer l'airain, qui aurait pu aussi bien être un cube, et la forme sphérique. Ces deux éléments sont inséparables. Chaque substance, ayant sa forme, est *privée* de toute autre. La *privation*, qu'on définissait *terminus a quo generationis*, le terme d'où part la génération, est donc comme un troisième principe, qui explique les changements. La critique railleuse de Nicole n'a pas grande portée; la distinction de la matière et de la forme a été l'objet des débats les plus sérieux de la scolastique; elle est sans doute inutile dans la physique telle que les modernes la conçoivent, bien que Cuvier n'hésite pas à en reconnaître la profondeur et l'importance; mais elle tient à une doctrine métaphysique sur la nature de l'être; Aristote n'a pas écrit un traité de physique, mais de philosophie naturelle.

2. La remarque est juste en soi, mais Aristote ne cherchait pas à rendre raison des effets de la nature; il faisait la métaphysique de la matière. On ne peut trop répéter que sa *Physique* est un traité de philosophie, et les questions qu'il agite, pour être négligées par les physiciens, n'en ont pas moins un grand intérêt pour le philosophe.

Pour ce qui regarde le consentement des hommes dans l'approbation d'un philosophe, il est certain qu'il mérite aussi quelque respect, et qu'il y aurait de l'imprudence de le choquer, sans user de grandes précautions; et la raison est qu'en attaquant ce qui est reçu de tout le monde, on se rend suspect de présomption, en croyant avoir plus de lumières que les autres.

Mais, lorsque le monde est partagé touchant les opinions d'un auteur, et qu'il y a des personnes considérables de côté et d'autre, on n'est plus obligé à cette réserve, et l'on peut librement déclarer ce qu'on approuve ou ce qu'on n'approuve pas dans ces livres sur lesquels les personnes de lettres sont divisées, parce que ce n'est pas tant alors préférer son sentiment à celui de cet auteur et de ceux qui l'approuvent, que se ranger au parti de ceux qui lui sont contraires en ce point.

C'est proprement l'état où se trouve maintenant la philosophie d'Aristote. Comme elle a eu diverses fortunes, ayant été en un temps généralement rejetée, et en un autre généralement approuvée, elle est réduite maintenant à un état qui tient le milieu entre ces extrémités : elle est soutenue par plusieurs personnes savantes, et elle est combattue par d'autres qui ne sont pas en moindre réputation. L'on écrit tous les jours librement en France, en Flandre, en Angleterre, en Allemagne, en Hollande, pour et contre la philosophie d'Aristote : les conférences de Paris sont partagées aussi bien que les livres, et personne ne s'offense qu'on s'y déclare contre lui. Les plus célèbres professeurs ne s'obligent plus à cette servitude de recevoir aveuglément tout ce qu'ils trouvent dans ses livres, et il y a même de ses opinions qui sont généralement bannies; car qui est le médecin qui voulût soutenir maintenant que les nerfs viennent du cœur, comme Aristote l'a cru, puisque l'anatomie fait voir clairement qu'ils tirent leur origine du cerveau; ce qui a fait dire à saint Augustin : *Qui ex puncto cerebri et quasi centro sensus omnes quinaria distributione diffudit?* Et qui est le philosophe qui s'opiniâtre à dire que la vitesse des choses pesantes croît dans la même proportion que leur pesanteur, puisqu'il n'y a personne qui ne puisse se désabuser de cette opinion d'Aristote, en laissant tomber d'un lieu élevé deux choses très-inégalement pesantes, dans lesquelles on ne remarquera néanmoins que très-peu d'inégalité de vitesse?

Tous les états violents ne sont pas d'ordinaire de longue durée, et toutes les extrémités sont violentes [1]. Il est trop dur de condamner généralement Aristote comme on a fait autrefois, et c'est une gêne bien grande que de se croire obligé de l'approuver en tout, et de le prendre pour la règle de la vérité des opinions philosophiques, comme il semble qu'on ait voulu le faire ensuite. Le monde ne peut demeurer longtemps dans cette contrainte, et se remet insensiblement en possession de la liberté naturelle et raisonnable, qui consiste à approuver ce qu'on juge vrai, et à rejeter ce qu'on juge faux [2].

Car la raison ne trouve pas étrange qu'on la soumette à l'autorité dans des sciences qui, traitant des choses qui sont au-dessus de la raison, doivent suivre une autre lumière qui ne peut être que celle de l'autorité divine; mais il semble qu'elle soit bien fondée à ne pas souffrir que dans les sciences humaines qui font profession de ne s'appuyer que sur la raison, on l'asservisse à l'autorité contre la raison [3].

C'est la règle que l'on a suivie en parlant des opinions des philosophes, tant anciens que nouveaux. On n'a considéré dans les uns et dans les autres que la vérité, sans épouser généralement les sentiments d'aucun en particulier, et sans se déclarer aussi généralement contre aucun.

De sorte que tout ce qu'on doit conclure, quand on a rejeté quelque opinion ou d'Aristote ou d'un autre, est que l'on n'est pas du sentiment de cet auteur en cette occasion; mais on n'en peut nullement conclure que l'on n'en soit pas en d'autres points, et beaucoup moins qu'on ait quelque aversion de lui, et quelque désir de le rabaisser. On croit que cette disposition sera approuvée par toutes les personnes équitables, et qu'on ne reconnaîtra dans tout cet ouvrage qu'un désir sincère de contribuer à l'utilité publique, autant qu'on pouvait le faire par un livre de cette nature, sans aucune passion contre personne.

1. Aphorisme de l'École : *Omne violentum non durat.*

2. C'est le grand principe du cartésianisme, et en même temps la devise de l'esprit philosophique.

3. Voir Pascal, *de l'Autorité en matière de philosophie.*

LA LOGIQUE

OU L'ART DE PENSER

La logique est l'art de bien conduire sa raison dans la connaissance des choses, tant pour s'instruire soi-même que pour en instruire les autres [1].

Cet art consiste dans les réflexions que les hommes ont

1. Il n'est pas facile de définir la logique. Deux opinions sont en présence : les uns, comme la plupart des scolastiques, Kant et Hamilton, font de la logique la plus abstraite des sciences, une sorte de géométrie des conditions de la pensée, ayant pour objet le raisonnement, « mais seulement dans sa possibilité formelle. » Les autres, à commencer par Aristote qui définissait l'analytique (le nom de logique est postérieur,) en lui donnant pour objet la démonstration et la science démonstrative, considèrent la logique comme l'art de diriger l'entendement, d'en régler les opérations, en un mot ils en font surtout une méthode. De ce côté se trouvent de grandes autorités, et c'est ainsi que Descartes et tous les cartésiens, Arnauld, Nicole, Malebranche, Spinoza, Clauberge, l'ont entendue ; c'est ainsi que Bacon et toute l'école de Locke, jusqu'à Condillac, l'ont définie. On peut reprocher à la définition qu'on vient de lire de confondre l'art avec la science, confusion qui n'intéresse pas seulement la grammaire. Si la logique est l'art de penser, elle est la maîtresse de toutes les sciences, elle les renferme et les domine toutes ; ceux qui la savent sont supérieurs à tous les autres, et les siècles qui l'ont cultivée avec prédilection doivent être parmi les plus grands. Or, aucune de ces conséquences ne se vérifie, et il est bien certain que beaucoup des questions de la logique appartiennent à la pure spéculation. Peut-être doit-on concilier les deux opinions, contraires, réunir dans la définition ces deux mots, des lois et des règles, et voir dans la logique une science pratique, comme le dit Bossuet, ayant à la fois pour objet l'étude des lois formelles de la pensée, et la direction des facultés dans leurs opérations. Il est toujours difficile de marquer les limites qui la séparent de la psychologie. La question de la nature de la logique a été traitée par M. Barthélemy Saint-Hilaire, dans la préface de sa traduction de l'*Organon* d'Aristote. Plus récemment M. Waddington y a consacré un chapitre de ses intéressants *Essais de Logique*. Il s'y prononce contre Hamilton et ses imitateurs, et donne raison à Port-Royal.

faites sur les quatre principales observations de leur esprit : *concevoir, juger, raisonner* et *ordonner* [1].

On appelle *concevoir*, la simple vue que nous avons des choses qui se présentent à notre esprit, comme lorsque nous nous représentons un soleil, une terre, un arbre, un rond, un carré, la pensée, l'être, sans en former aucun jugement exprès, et la forme par laquelle nous nous représentons ces choses s'appelle *idée* [2].

On appelle *juger*, l'action de notre esprit par laquelle, joignant ensemble diverses idées, il affirme de l'une qu'elle est l'autre, ou nie de l'une qu'elle soit l'autre, comme lorsqu'ayant l'idée de la terre et l'idée du rond, j'affirme de la terre qu'elle est ronde, ou je nie qu'elle soit ronde [3].

On appelle *raisonner*, l'action de notre esprit par laquelle il forme un jugement de plusieurs autres ; comme lorsqu'ayant jugé que la véritable vertu doit être rapportée à Dieu, et que la vertu des païens ne lui était pas rapportée, il en conclut que la vertu des païens n'était pas une véritable vertu [4].

On appelle ici *ordonner*, l'action de l'esprit par laquelle, ayant sur un même sujet, comme sur le corps humain, diverses idées, divers jugements et divers raisonnements, il les

1. On ne compte le plus souvent dans l'École que les trois premières opérations. Port-Royal y ajoute la méthode. Quant à cette théorie psychologique des actes de l'intelligence, elle a été surtout enseignée et exprimée dans toute sa netteté par la Scolastique, qui a cru la trouver dans Aristote.

2. Nous avons en effet le pouvoir de concevoir par réminiscence de simples idées sans affirmation ni négation, mais non celui de les acquérir primitivement par un acte propre. C'est une opération secondaire, une abstraction, secondée par le langage qui analyse tout pour tout exprimer. A l'origine, toute idée est enfermée dans un jugement.

3. On juge en effet de cette manière : on a deux idées et on les compare pour en découvrir le rapport; mais il y a d'autres jugements tout primitifs, sans comparaison, sans idées antérieures, et hors desquels il n'y a rien qui ressemble à ce qu'on appelle ici des idées. C'est par ceux-là seuls que nous connaissons les choses réelles; les autres portent sur des notions abstraites. Le jugement ici défini est un vrai raisonnement. En effet, si c'est en regardant la terre que je vois qu'elle est ronde, je n'ai pas besoin d'avoir conçu préalablement les deux idées séparées; je perçois à la fois la substance et la qualité. Si au contraire cette qualité n'est pas visible, je ne pourrais l'attribuer à la terre sans un vrai raisonnement, et à condition que j'aie déjà perçu des objets ronds.

4. Le raisonnement est encore un jugement; c'est un jugement dérivé qui n'est possible qu'à la suite de certains autres, et qui porte sur les rapports entre les idées abstraites. C'est de lui seulement qu'il est juste de dire qu'il suppose préalablement l'acquisition des idées.

dispose en la manière la plus propre pour faire connaître ce sujet. C'est ce qu'on appelle encore *méthode*[1].

Tout cela se fait naturellement, et quelquefois mieux par ceux qui n'ont appris aucune règle de la logique que par ceux qui les ont apprises[2].

Ainsi, cet art ne consiste pas à trouver le moyen de faire ces opérations, puisque la nature seule nous les fournit en nous donnant la raison; mais à faire des réflexions sur ce que la nature nous fait faire[3], qui nous servent à trois choses.

La première est d'être assurés que nous usons bien de notre raison, parce que la considération de la règle nous y fait faire une nouvelle attention;

La seconde est de découvrir et d'expliquer plus facilement l'erreur ou le défaut qui peut se rencontrer dans les opérations de notre esprit; car il arrive souvent que l'on découvre, par la seule lumière naturelle, qu'un raisonnement est faux, et qu'on ne découvre pas néanmoins la raison pourquoi il est faux, comme ceux qui ne savent pas la peinture peuvent être choqués du défaut d'un tableau, sans pouvoir néanmoins expliquer quel est ce défaut qui les choque;

La troisième est de nous faire mieux connaître la nature de notre esprit par les réflexions que nous faisons sur ces actions; ce qui est plus excellent en soi, quand on n'y regarderait que la seule spéculation, que la connaissance de toutes les choses corporelles, qui sont infiniment au-dessous des spirituelles.

Que si les réflexions que nous faisons sur nos pensées

1. On ne peut pas dire que la méthode soit une opération de l'esprit; c'est un mode commun à toutes les opérations. En résumé, cette division repose sur une psychologie très-inexacte; mais elle est commode et on peut dire qu'il y a à considérer : 1° nos jugements d'intuition; 2° les idées que nous en dégageons; 3° les opérations que nous faisons pour saisir les rapports entre ces idées abstraites. Chacun de ces actes a ses lois fixes, et la logique, comme science, a pour but de les déterminer; comme art, elle donne des règles pour en assurer la bonne exécution.

2. N'est-ce pas un art singulier que celui où les ignorants peuvent exceller et dépasser les plus habiles? Si la logique est l'art dont on parle ici, pourquoi les auteurs semblent-ils le dédaigner? si c'est autre chose, pourquoi ne le disent-ils pas?

3. Si ces mots ont un sens, ils signifient que la logique n'apprend pas seulement à penser, mais surtout comment on pense.

n'avaient jamais regardé que nous-mêmes, il aurait suffi de les considérer en elles-mêmes, sans les revêtir d'aucunes paroles ni d'aucuns autres signes; mais parce que nous ne pouvons faire entendre nos pensées les uns aux autres qu'en les accompagnant de signes extérieurs, et que même cette accoutumance est si forte que, quand nous pensons seuls, les choses ne se présentent à notre esprit qu'avec les mots dont nous avons accoutumé de les revêtir en parlant aux autres, il est nécessaire dans la logique de considérer les idées jointes aux mots, et les mots joints aux idées [1].

De tout ce que nous venons de dire, il s'ensuit que la logique peut être divisée en quatre parties, selon les diverses réflexions que l'on fait sur ces quatre opérations de l'esprit.

1. Aristote appelle la pensée le discours intérieur, et la parole, le discours extérieur. L'étymologie même du mot de logique, ἡ λογικὴ ἐπιστήμη, πραγματεία, employé par les commentateurs grecs, rappelle ces rapports.

PREMIÈRE PARTIE

CONTENANT LES RÉFLEXIONS SUR LES IDÉES, OU SUR LA PREMIÈRE ACTION DE L'ESPRIT QUI S'APPELLE *CONCEVOIR*.

ARGUMENT ANALYTIQUE.

La logique est l'art de bien conduire sa raison pour découvrir la vérité et pour l'enseigner ; sans doute, elle ne nous apprend pas le moyen de penser, mais elle sert surtout à nous donner plus de sûreté dans nos opérations intellectuelles, à nous faire discerner plus aisément l'erreur, et enfin à nous instruire de la nature de notre intelligence. Elle se divise en autant de parties qu'il y a d'opérations de l'esprit ; or, nous pouvons concevoir les idées, les assembler dans des jugements, former un jugement de plusieurs autres, et enfin mettre de l'ordre dans tout cela. Donc, il y a quatre parties dans la logique : 1° de l'idée ; 2° du jugement ; 3° du raisonnement, 4° de la méthode.

On parlera d'abord des idées.

On peut les considérer en elles-mêmes et dans leur origine, les diviser d'après leurs objets, les distinguer suivant leur simplicité et leur composition, leur universalité et leur particularité, et enfin suivant leur clarté et leur obscurité. Tout peut donc se réduire à quatre questions principales.

§ I. Il ne faut pas confondre l'idée avec l'image des choses sensibles que nous pouvons nous représenter, par exemple, l'idée d'un triangle avec l'image de cette figure ; il y a bien des choses que nous connaissons et que nous ne pouvons cependant imaginer, comme la pensée, ou l'affirmation et la négation. Il y a donc idée pour l'esprit chaque fois que nous concevons une chose, et chaque fois aussi que nous proférons une parole en nous comprenant. Car les mots expriment des idées. Et l'on voit par là combien est fausse l'assertion de Gassendi, qui prétend que nous n'avons par la raison aucune idée de Dieu, bien que nous en connaissions le nom. Chacun, en prononçant ce mot, conçoit l'objet même qu'il désigne. On doit faire le même jugement de l'opinion de Hobbes qui réduit le raisonnement à une sorte d'arithmétique, où les mots sont comme des nombres que nous combinons ou que nous séparons.

Les idées étant ainsi étudiées en elles-mêmes et dans leur rapport avec les mots, il reste à se demander quelle en est l'origine. Une maxime répétée dans l'École, *nihil est in intellectu quod non prius fuerit in sensu,* tranche la question de la manière la plus arbitraire et la plus inexacte, en réduisant toute connaissance à la perception des choses matérielles et aux combinaisons que nous pouvons faire de ces premiers éléments. On peut la réfuter en demandant à ceux qui la professent de quelles images sensibles peut être formée l'idée de l'être ou celle de la pensée ; si ces objets ont quelque qualité qui puisse affecter nos sens ; si nous nous représentons toujours Dieu sous une forme corporelle ? La vérité, c'est que l'impression des objets extérieurs sur nos organes n'est qu'une occasion donnée à l'esprit de concevoir les idées de ces objets, et que, dans cette acception, on peut dire que nulle idée ne vient des sens [1]. (Chap. I.)

§ II. Les idées ont hors de l'esprit ou en lui-même des objets ; on peut donc d'abord les distinguer par les choses mêmes que nous connaissons. Or, ces choses sont ou des substances, des êtres, ou des qualités, ou enfin les qualités et les substances dans leur rapport, c'est-à-dire l'objet dans sa réalité. Car on ne peut séparer l'être et la manière d'être ou le mode que par une pure abstraction. Dans le langage, les substances sont désignées par des substantifs, les modes séparés par d'autres substantifs, termes abstraits, comme *dureté* ou *justice ;* et enfin les choses modifiées par les adjectifs qui expriment, il est vrai, distinctement le mode, mais confusément son rapport avec la substance [2].

Ce qu'il y a d'important, c'est de bien distinguer le mode de la substance. On évitera toute erreur en suivant ce principe : le mode ne peut être conçu clairement sans l'idée d'une substance à laquelle il appartienne ; et cette substance, on peut, au contraire, la concevoir sans penser au mode. Quant aux substances, elles sont distinctes toutes les fois qu'on peut nier l'une de l'autre, sans altérer l'idée qu'on a de celle-ci. Ainsi, je puis nier l'étendue de la pensée, sans rien changer à l'idée que j'ai de la pensée. Donc le corps et l'âme, c'est-à-dire l'étendue et la pensée, sont deux substances différentes.

Il faut ajouter à ces considérations deux remarques : la première, c'est que la classification des objets de nos connaissances a été essayée par Aristote qui les a réduits à dix classes, qu'on appelle les dix catégories. La seconde, c'est que certaines idées, outre qu'elles ont un objet direct, excitent dans l'esprit celle d'un autre objet, dont l'autre est le signe. Il y a alors, à vrai dire, deux connaissances : celle de l'objet que l'on perçoit et celle de la chose qu'il représente, qui est invisible ou absente, et que l'on conçoit. (Chap. 2 à 5.)

§ III. Les idées peuvent être soumises à un travail de l'esprit qui les transforme ou les modifie : elles deviennent ainsi *abstraites, générales,*

1. On s'est attaché dans ces analyses, placées en tête de chaque partie, à résumer le plus exactement possible les sujets les plus instructifs qui s'y trouvent traités ; on n'y a mêlé aucune critique : les notes placées au bas des pages y pourvoient.

2. Cette doctrine a été appréciée dans les notes du chapitre II.

complexes, et il importe de comprendre le sens de ces dénominations.

Dans la réalité, les choses sont concrètes, c'est-à-dire que la substance et ses diverses qualités forment un tout inséparable. Mais nous avons le pouvoir d'isoler ces éléments, et c'est ce qu'on appelle *précision* ou *abstraction d'esprit*, procédé analogue à la division, mais qui en diffère, parce que les éléments ainsi séparés sont en réalité inséparables. On peut considérer un mode sans la substance ou sans les autres modes auxquels il est joint, et penser à un attribut sans penser à un autre, qui n'en est distinct que pour l'esprit. Les idées deviennent alors *abstraites*.

De même toute chose réelle est individuelle; mais si nous ne considérons dans un objet que les qualités qui lui sont communes avec d'autres, nous formons des idées *universelles* qui réunissent dans une unité logique les caractères communs à un grand nombre d'individus. L'ensemble de ces caractères, réunis et combinés, désignés par un seul mot, constitue ce qu'on appelle la *compréhension* de l'idée; et le nombre des individus qu'elle représente par ce qu'ils ont de commun forme son *étendue* ou son extension. On ne peut rien retrancher à la compréhension d'une idée sans la transformer en une autre; mais on peut restreindre le nombre des individus auxquels on l'applique, c'est-à-dire son extension, et alors on la rend particulière. Toute idée dont l'extension n'est plus entière est dite *particulière*. Les idées universelles ont été classées par les anciens logiciens, qui distinguent ce que dans l'École on nomme les *cinq universaux :* le *genre,* c'est-à-dire une idée qui en contient d'autres, qui elles-mêmes sont encore générales; l'*espèce*, une idée au-dessous de laquelle il n'y a plus que des idées individuelles; la *différence,* ou le caractère qui distingue une espèce de toutes celles du même genre; le *propre,* autre caractère qui est lié à la différence, comme la faculté de parler à la raison; l'*accident* ou mode accidentel sans lequel on peut concevoir encore l'idée, comme l'homme peut être conçu sans l'idée de la prudence.

Enfin on appelle *complexe* une idée qui est formée de plusieurs autres, exprimées dans le langage par des termes distincts, comme l'adjectif ou la proposition incidente; par exemple: un homme prudent ou un homme qui est prudent. Ces termes ajoutés sont ou de simples explications, ou des déterminations qui restreignent l'extension de l'idée. Souvent la détermination laisse encore place à l'équivoque: quand on dit: *la véritable religion*, l'idée de religion est circonscrite; mais comme on peut se faire des notions très-diverses sur le caractère de la vérité dans la religion, il peut arriver que les hommes n'attachent pas à cette détermination le même sens. (Chap. 5 à 9.)

§ IV. Les idées peuvent être claires ou obscures, et distinctes ou confuses, ce qui, pour ne pas trop subtiliser, peut se ramener à une seule différence. Ces caractères se montrent par des exemples plutôt qu'ils ne se définissent. Les idées claires sont celles que nous avons de nous-mêmes, de nos facultés, de l'étendue, de ses qualités essentielles, de l'être, de la durée, du nombre et de Dieu lui-même. Les idées obscures sont d'abord celles que nous nous formons des qualités relatives de la matière, comme de la couleur, de la chaleur, de la pesanteur; elles sont obscures, parce que nous mettons dans les objets ce que nous éprouvons nous-mêmes à leur présence, comme lorsque quelqu'un s'imagine que le sentiment de la couleur ou celui de la température est dans l'objet coloré et échauffé, ou qu'un corps tombe par une certaine qualité occulte qui y est renfermée, et que nous appelons pesanteur. Il y faut joindre certaines idées tirées de la morale, les préjugés que nous nous formons sur le bonheur et les erreurs qui nous le représentent dans la richesse, dans l'admiration ou la crainte que nous inspirons à nos semblables.

Quelles sont les causes de cette obscurité? D'abord nous recevons la plupart de nos opinions dès l'enfance, à un moment où la raison n'a pas la force de les contrôler; puis nous démêlons mal des idées très-différentes, et nous y ajoutons des idées accessoires; enfin et surtout nous les attachons à des mots souvent mal définis. Que d'idées diverses sont excitées par ces mots d'âme, de sens, de sentiment et d'autres semblables! Quels sont les remèdes à cette obscurité? l'attention et la considération, et surtout, pour le langage, la définition des mots. Nous avons le droit de nous faire à nous-mêmes notre propre langue, et de fixer les sens des mots, comme s'ils étaient nouveaux. Ces définitions sont arbitraires, elles sont incontestables, elles peuvent servir de principes; en quoi elles diffèrent de la définition de la chose qu'on ne peut confondre avec elles sans s'exposer à de graves erreurs. Dans l'usage, il faut se garder pourtant de définir tous les mots, ce qui est inutile, puisqu'il en est de parfaitement clairs, et impossible, puisqu'il faut bien s'arrêter à des termes qui servent à définir les autres; il faut aussi éviter de changer, sans raison, les définitions déjà reçues et de s'éloigner de l'usage commun. Enfin, quand on se propose d'expliquer en quel sens un mot est communément pris, on n'a pas le droit d'en décider à sa volonté; et, dans ce cas, on devra considérer non pas seulement l'idée principale, mais d'autres encore que le terme excite, et qu'on peut appeler accessoires. C'est ainsi que certains termes, qui ne désignent rien de blâmable, emportent une idée fâcheuse, et que d'autres, qui servent à désigner des choses honteuses, peuvent être honnêtement employés. C'est ainsi que le style figuré exprime, outre l'idée pure, la passion, les sentiments de celui qui parle, ou l'image toute vive de la chose exprimée.

Comme nous ne pouvons avoir aucune connaissance de ce qui est hors de nous, que par l'entremise des idées qui sont en nous [1], les réflexions que l'on peut faire sur nos idées

1. Les idées ne sont pas des intermédiaires, et cette phrase n'a pas de sens. Dire que nous ne pouvons avoir aucune connaissance sans les idées, c'est dire qu'on ne peut connaître sans connaître. On voit ici l'influence de la fausse doctrine des idées intermédiaires, seul objet de la connaissance, dont Arnauld fut pourtant le premier à relever l'inexactitude : « Si par idées on entend quelque

sont peut-être ce qu'il y a de plus important dans la logique, parce que c'est le fondement de tout le reste.

On peut réduire ces réflexions à cinq chefs, selon les cinq manières dont nous considérons les idées :

La première, selon leur nature et leur origine ;

La deuxième, selon la principale différence des objets qu'elles représentent;

La troisième, selon leur simplicité ou composition, où nous traiterons des abstractions et précisions d'esprit ;

La quatrième, selon leur étendue ou restriction, c'est-à-dire leur universalité, particularité, singularité ;

La cinquième, selon leur clarté et obscurité, ou distinction et confusion.

CHAPITRE PREMIER.

Des idées selon leur nature et leur origine.

Le mot d'*idée* est du nombre de ceux qui sont si clairs qu'on ne peut les expliquer par d'autres, parce qu'il n'y en a point de plus clairs et de plus simples [1].

Mais tout ce qu'on peut faire pour empêcher qu'on ne s'y trompe, est de marquer la fausse intelligence qu'on pourrait donner à ce mot, en le restreignant à cette seule façon de concevoir les choses, qui se fait par l'application de notre esprit aux images qui sont peintes dans notre cerveau [2], et qui s'appelle *imagination*.

chose de réel qui existe indépendamment du langage, et qui soit un intermédiaire entre les êtres et l'esprit, je dis qu'il n'y a absolument pas d'idées. » (Cousin.)

1. Il ne faudrait pas abuser de cette remarque, si juste au fond. Le mot d'idée n'est pas si clair qu'on veut le dire. Une preuve c'est que pour les uns il représente quelque chose de réel, et que pour les autres il n'est que l'opération du moi : Bossuet dit : « Il faut définir les idées. » Et il propose cette définition : « Ce qui représente à l'entendement la vérité de l'objet entendu. » (*Logique*, I, 2.)

2. Malebranche est aussi d'avis que les choses laissent dans le cerveau une trace matérielle; les cartésiens en général font la part très-large au corps, et lui attribuent beaucoup de phénomènes, qu'une analyse plus rigoureuse rattache à l'âme. Le cerveau a son rôle dans les conceptions de l'imagination; mais les images mentales que nous nous formons n'y sont ni peintes, ni gravées; ce ne sont pas des empreintes. « Grossière imagination dit Bossuet, qui ferait l'âme corporelle, et la cire intelligente! »

Car, comme saint Augustin remarque souvent, l'homme, depuis le péché, s'est tellement accoutumé à ne considérer que les choses corporelles dont les images entrent par les sens dans notre cerveau, que la plupart croient ne pouvoir concevoir une chose, quand ils ne se la peuvent imaginer, c'est-à-dire se la représenter sous une image corporelle, comme s'il n'y avait en nous que cette seule manière de penser et de concevoir [1].

Au lieu qu'on ne peut faire réflexion sur ce qui se passe dans notre esprit, qu'on ne reconnaisse que nous concevons un très-grand nombre de choses sans aucune de ces images, et qu'on ne s'aperçoive de la différence qu'il y a entre l'imagination et la pure intellection. Car lors, par exemple, que je m'imagine un triangle, je ne le conçois pas seulement comme une figure terminée par trois lignes droites; mais, outre cela, je considère ces trois lignes comme présentes par la force et l'application intérieure de mon esprit, et c'est proprement ce qui s'appelle *imaginer*. Que si je veux penser à une figure de mille angles, je conçois bien, à la vérité, que c'est une figure composée de mille côtés, aussi facilement que je conçois qu'un triangle est une figure composée de trois côtés seulement; mais je ne puis m'imaginer les mille côtés de cette figure, ni, pour ainsi dire, les regarder comme présents avec les yeux de mon esprit [2].

Il est vrai néanmoins que la coutume que nous avons de nous servir de notre imagination, lorsque nous pensons aux choses corporelles, fait souvent qu'en concevant une figure de mille angles, on se représente confusément quelque figure; mais il est évident que cette figure, qu'on se représente alors par l'imagination, n'est point une figure de mille angles, puisqu'elle ne diffère nullement de ce que je me représenterais si je pensais à une figure de dix mille angles, et qu'elle ne sert en aucune façon à découvrir les propriétés qui font la différence d'une figure de mille angles d'avec tout autre polygone.

Je ne puis donc proprement m'imaginer une figure de mille angles, puisque l'image que j'en voudrais peindre dans mon

1. Les matérialistes ont en effet plus d'imagination qu'ils ne le croient, et regardent comme des chimères les choses qu'ils ne peuvent se figurer.

2. L'imagination ne peut nous représenter avec quelque netteté que des figures très-simples; au delà de l'hexagone tout est confondu.

imagination me représenterait toute autre figure d'un grand nombre d'angles, aussitôt que celle de mille angles; et néanmoins je puis la concevoir très-clairement et très-distinctement, puisque j'en puis démontrer toutes les propriétés, comme que tous ses angles ensemble sont égaux à mille neuf cent quatre-vingt-seize angles droits; et, par conséquent, c'est autre chose de s'imaginer, et autre chose de concevoir.

Cela est encore plus clair par la considération de plusieurs choses que nous concevons très-clairement, quoiqu'elles ne soient en aucune sorte du nombre de celles que l'on peut s'imaginer; car, que concevons-nous plus clairement que notre pensée lorsque nous pensons [1]? Et cependant il est impossible de s'imaginer une pensée, ni d'en peindre aucune image dans notre cerveau. Le *oui* et le *non* n'y peuvent aussi en avoir aucune : celui qui juge que la terre est ronde, et celui qui juge qu'elle n'est pas ronde, ayant tous deux les mêmes choses peintes dans le cerveau, savoir, la terre et la rondeur, mais l'un y ajoutant l'affirmation, qui est une action de son esprit [2], laquelle il conçoit sans aucune image corporelle, et l'autre une action contraire, qui est la négation, laquelle peut encore moins avoir d'image.

Lors donc que nous parlons des idées, nous n'appelons point de ce nom les images qui sont peintes en la fantaisie, mais tout ce qui est dans notre esprit, lorsque nous pouvons dire avec vérité que nous concevons une chose, de quelque manière que nous la concevions [3].

D'où il s'ensuit que nous ne pouvons rien exprimer par nos paroles, lorsque nous entendons ce que nous disons, que de cela même il ne soit certain que nous avons en nous l'idée de la chose que nous signifions par nos paroles, quoique cette idée soit quelquefois plus claire et plus distincte, et quelquefois plus obscure et plus confuse, comme nous l'expliquerons

1. Concevoir est pris ici pour connaître; nous dirions percevoir.

2. Sans doute l'affirmation est une action de l'esprit, mais elle ne se sépare pas de l'idée. On reconnaît ici la doctrine de la connaissance telle que Descartes l'expose dans la troisième méditation. L'idée est conçue par l'entendement, l'affirmation s'y ajoute par la réaction de la volonté.

3. Φαντασία, l'imagination. On voit que l'auteur tient à définir l'idée, quoiqu'il l'ait déclarée indéfinissable.

plus bas [1]; car il y aurait de la contradiction entre dire que je sais ce que je dis en prononçant un mot, et que néanmoins je ne conçois rien en le prononçant que le son même du mot [2].

Et c'est ce qui fait voir la fausseté de deux opinions très-dangereuses qui ont été avancées par des philosophes de ce temps.

La première est que nous n'avons aucune idée de Dieu [3]; car si nous n'en avions aucune idée, en prononçant le nom de Dieu, nous n'en concevrions que ces quatre lettres D, i, e, u, et un Français n'aurait rien davantage dans l'esprit en entendant le nom de Dieu, que si, en entrant dans une synagogue et étant entièrement ignorant de la langue hébraïque, il entendait prononcer en hébreu Adonaï ou Eloha.

Et quand les hommes ont pris le nom de Dieu, comme Caligula et Domitien, ils n'auraient commis aucune impiété, puisqu'il n'y a rien dans ces lettres ou ces deux syllabes *Deus*, qui ne puisse être attribué à un homme, si on n'y attachait aucune idée, d'où vient qu'on n'accuse point un Hollandais d'être impie pour s'appeler *Ludovicus Dieu* [4]. En quoi donc cousistait l'impiété de ces princes, sinon en ce que laissant à ce mot *Deus* une partie au moins de son idée, comme est celle d'une nature excellente et adorable, ils s'appropriaient ce nom avec cette idée?

Mais, si nous n'avions point d'idées de Dieu, sur quoi pourrions-nous fonder tout ce que nous disons de Dieu, comme, qu'il n'y en a qu'un, qu'il est éternel, tout-puissant, tout bon, tout sage, puisqu'il n'y a rien de tout cela enfermé dans ce son *Dieu*, mais seulement dans l'idée que nous avons de Dieu et que nous avons jointe à ce nom?

Et ce n'est aussi que par là que nous refusons le nom de Dieu à toutes les fausses divinités, non pas que ce mot ne

1. Voir plus bas, chapitre IX.

2. Le mot, par cela même qu'il existe, répond toujours au moins à une idée de l'esprit. Seulement il est possible que cette idée n'ait pas d'objet réel.

3. Hobbes exclut des recherches de la philosophie tout ce qui concerne Dieu, parce que « dans les êtres où il n'y a lieu ni à composition, ni à division, ni à plus ou moins, il n'y a matière à aucun raisonnement. » (*Logique*, ch. I.) Gassendi soutient contre Descartes que nous n'avons pas l'idée de l'être infini : « Il n'y a pas lieu de dire que nous ayons aucune idée véritable de Dieu. » *Cinquième objection*. Ce sont ces opinions que l'auteur a ici en vue.

4. Louis Dieu, théologien de Leyde. Voir le *Dictionnaire historique* de Bayle.

puisse leur être attribué, s'il était pris matériellement, puisqu'il leur a été attribué par les païens; mais parce que l'idée qui est en nous du souverain Être, et que l'usage a liée à ce mot de *Dieu*, ne convient qu'au seul vrai Dieu.

La seconde de ces fausses opinions est ce qu'un Anglais [1] a dit : « Que le raisonnement n'est peut-être autre chose qu'un assemblage et enchaînement de noms par ce mot *est*. D'où il s'ensuivrait que par la raison nous ne concluons rien du tout touchant la nature des choses, mais seulement touchant leurs appellations; c'est-à-dire que nous voyons simplement si nous assemblons bien ou mal les noms des choses selon les conventions que nous avons faites à notre fantaisie, touchant leurs significations. »

A quoi cet auteur ajoute : « Si cela est, comme il peut être, le raisonnement dépendra des mots, les mots de l'imagination, et l'imagination dépendra peut-être, comme je le crois, du mouvement des organes corporels; et ainsi notre âme (*mens*) ne sera autre chose qu'un mouvement dans quelques parties du corps organique [2]. »

Il faut croire que ces paroles ne contiennent qu'une objection éloignée du sentiment de celui qui la propose; mais comme, étant prises assertivement, elles iraient à ruiner l'immortalité de l'âme [3], il est important d'en faire voir la

1. Cet Anglais est Hobbes, l'adversaire de Descartes, l'un des plus vigoureux esprits du XVIIe siècle, celui qui peut-être a donné au matérialisme sa forme la plus régulière. Il professait en logique un nominalisme excessif, réduisait toutes les opérations de la pensée à un calcul où les mots figuraient comme les nombres dans l'arithmétique : *Veritas in dicto, non in re, consistit*. Les paroles qui suivent sont extraites de ses objections aux *Méditations* de Descartes, et portent sur la deuxième méditation. Toute l'école de Hobbes a exagéré l'importance des mots, et Condillac est fidèle à la pensée du maître quand il dit : « Les sciences ne sont que des langues bien faites. »

2. Les matérialistes contemporains se sont bornés à déterminer quelle était cette partie du corps, et sans rien changer du reste à la proposition de Hobbes, ils ont résumé leur doctrine dans cette expression : « La pensée est un mouvement du cerveau. » Aussi la réponse que Descartes oppose à Hobbes n'a-t-elle rien perdu de sa justesse : « Et certes de la même façon qu'il conclut que l'esprit est un mouvement, il pourrait aussi conclure que la terre est le ciel, pour ce qu'il n'y a point de choses au monde entre lesquelles il n'y ait autant de convenance, qu'il y en a entre le mouvement et l'esprit. »

3. Il n'y a pas de place dans la théorie de Hobbes, qui fait de l'âme un corps, pour Dieu ni pour l'immortalité ; mais il laisse à l'homme, à côté de la science qui nie, l'inspiration et la foi qui affirment, et lui permet de croire au prix d'une inconséquence.

fausseté, ce qui ne sera pas difficile, car les conventions dont parle ce philosophe ne peuvent avoir été que l'accord que les hommes ont fait de prendre de certains sons pour être signes des idées que nous avons dans l'esprit. De sorte que si, outre les noms, nous n'avions en nous-mêmes les idées des choses, cette convention aurait été impossible, comme il est impossible par aucune convention de faire entendre à un aveugle ce que veut dire le mot de rouge, de vert, de bleu, parce que, n'ayant point ces idées, il ne peut les joindre à aucun son [1].

De plus, les diverses nations ayant donné divers noms aux choses, et même aux plus claires et aux plus simples, comme à celles qui sont les objets de la géométrie, ils n'auraient pas les mêmes raisonnements touchant les mêmes vérités, si le raisonnement n'était qu'un assemblage de noms par le mot *est*.

Et comme il paraît, par ces divers mots, que les Arabes, par exemple, ne sont point convenus avec les Français pour donner les mêmes significations aux sons, ils ne pourraient aussi convenir dans leurs jugements et leurs raisonnements, si leurs raisonnements dépendaient de cette convention.

Enfin, il y a une grande équivoque dans ce mot d'*arbitraire*, quand on dit que la signification des mots est arbitraire, car il est vrai que c'est une chose purement arbitraire que de joindre une telle idée à un tel son plutôt qu'à un autre; mais les idées ne sont point des choses arbitraires et qui dépendent de notre fantaisie, au moins celles qui sont claires et distinctes, et, pour le montrer évidemment, c'est qu'il serait ridicule de s'imaginer que des effets très-réels pussent dépendre de choses purement arbitraires. Or, quand un homme a conclu par son raisonnement que l'axe de fer qui passe par les deux meules du moulin pourrait tourner sans faire tourner celle de dessous, si, étant rond, il passait par un trou rond; mais qu'il ne pourrait tourner sans faire tourner celle de dessus, si, étant carré, il était emboîté dans un trou carré de cette meule de dessus, l'effet qu'il a prétendu s'ensuit infailliblement, et, par conséquent, son raisonnement n'a point été un assem-

1. Cette réponse peut s'opposer à tous ceux qui font naître la pensée du langage; on voit aussi par là qu'Arnauld semble attribuer l'origine du langage à une convention, mais qu'en tout cas il ne songe pas à l'expliquer par une révélation et y voit une invention de l'homme.

blage de noms, selon une convention qui aurait entièrement dépendu de la fantaisie des hommes, mais un jugement solide et effectif de la nature des choses par la considération des idées qu'il en a dans l'esprit, lesquelles il a plu aux hommes de marquer par de certains noms.

Nous voyons donc assez ce que nous entendons par le mot d'*idées ;* il ne reste plus qu'à dire un mot de leur origine.

Toute la question est de savoir si toutes nos idées viennent de nos sens, et si l'on doit passer pour vraie cette maxime commune : *Nihil est in intellectu quod non prius fuerit in sensu* [1].

C'est le sentiment d'un philosophe qui est estimé dans le monde, et qui commence sa Logique par cette proposition : *Omnis idea ortum ducit a sensibus : Toute idée tire son origine des sens* [2]. Il avoue néanmoins que toutes nos idées n'ont pas été dans nos sens telles qu'elles sont dans notre esprit, mais il prétend qu'elles ont au moins été formées de celles qui ont passé par nos sens, ou par composition, comme lorsque des images séparées de l'or et d'une montagne, on s'en fait une montagne d'or ; ou par ampliation et diminution, comme lorsque de l'image d'un homme d'une grandeur ordinaire, on s'en forme un géant ou un pygmée ; ou par accommodation et proportion, comme lorsque de l'idée d'une maison qu'on a vue, on s'en forme l'image d'une maison qu'on n'a pas vue. Et ainsi, dit-il, nous concevons Dieu, qui ne peut tomber sous le sens, sous l'image d'un vénérable vieillard.

Selon cette pensée, quoique toutes nos idées ne fussent pas semblables à quelque corps particulier que nous ayons vu ou qui ait frappé nos sens, elles seraient néanmoins toutes corporelles, et ne nous représenteraient rien qui ne fût entré dans nos sens au moins par parties. Et ainsi nous ne concevrions rien que par des images semblables à celles qui se forment dans le cerveau, quand nous voyons ou nous nous imaginons des corps [3].

1. C'est la maxime du sensualisme péripatéticien. Les scolastiques en faisaient honneur à Aristote, qui peut-être ne l'aurait pas admise. On sait que Leibnitz la trouvait vraie, à condition d'y ajouter cette réserve : *nisi intellectus ipse.*

2. Gassendi, *Institutiones logicæ,* I, 2.

3. Ce langage manque de rigueur : il ne se forme pas d'*images* dans le cerveau quand nous voyons les corps ; ce ne sont pas des images que nous voyons, mais les

Mais, quoique cette opinion lui soit commune avec plusieurs des philosophes de l'École, je ne craindrai point de dire qu'elle est très-absurde et aussi contraire à la religion qu'à la véritable philosophie ; car, pour ne rien dire que de clair, il n'y a rien que nous concevions plus distinctement que notre pensée même, ni de proposition qui puisse nous être plus claire que celle-là : *Je pense, donc je suis*. Or, nous ne pourrions avoir aucune certitude de cette proposition, si nous ne concevions distinctement ce que c'est qu'*être* et ce que c'est que *penser*[1] ; et il ne faut point nous demander que nous expliquions ces termes, parce qu'ils sont du nombre de ceux qui sont si bien entendus par tout le monde, qu'on les obscurcirait en voulant les expliquer. Si donc on ne peut nier que nous n'ayons en nous les idées de l'être et de la pensée, je demande par quel sens elles sont entrées. Sont-elles lumineuses ou colorées, pour être entrées par la vue? d'un son grave et aigu, pour être entrées par l'ouïe? d'une bonne ou mauvaise odeur, pour être entrées par l'odorat? de bon ou de mauvais goût, pour être entrées par le goût? froides ou chaudes, dures ou molles, pour être entrées par l'attouchement[2]? Que si l'on dit qu'elles ont été formées d'autres images sensibles, qu'on nous dise quelles sont ces autres images sensibles dont on prétend que les idées de l'être et de la pensée ont été formées, et comment elles ont pu être formées, ou par composition, ou par ampliation, ou par diminution, ou par proportion[3]. Que si

corps eux-mêmes. Le cerveau est l'organe nécessaire à cette opération. Quant à l'imagination, tous les philosophes du XVIIe siècle sont unanimes à l'attacher à un mouvement cérébral.

1. C'est une interprétation erronée du *cogito, ergo sum ;* Descartes, qui semble parfois y donner lieu, la répudie pourtant. On semble dire en effet que, pour être certains de notre existence, nous devons tout d'abord entendre ce que c'est qu'être et que penser. Mais ce sont là des idées générales et abstraites, formées par un travail laborieux de l'esprit, et que nous n'aurions jamais si nous ne nous apercevions pas nous-mêmes comme existant et pensant. La proposition de Descartes n'est pas un raisonnement, et ne suppose pas avant elle d'autre vérité.

2. La réfutation est ingénieuse, on n'en est pourtant pas satisfait. C'est qu'elle s'appliquerait aussi bien aux idées qui ont les sens pour origine; on ne dira d'aucune d'elles qu'elle est lumineuse ou colorée, grave ou aiguë ; l'idée des choses corporelles n'est pas corporelle. Mais si on applique cette critique aux objets de ces idées, à la pensée et à l'être, si on se demande si ces objets sont lumineux, colorés, etc., on fait cesser toute confusion.

3. Les idées de l'être et de la pensée sont en effet générales et abstraites; il fallait dire : « Les idées de mon être et de ma pensée. »

l'on ne peut rien répondre à tout cela qui ne soit déraisonnable, il faut avouer que les idées de l'être et de la pensée ne tirent en aucune sorte leur origine des sens, mais que notre âme a la faculté de les former de soi-même [1], quoiqu'il arrive souvent qu'elle est excitée à le faire par quelque chose qui frappe les sens; comme un peintre peut être porté à faire un tableau par l'argent qu'on lui promet, sans qu'on puisse dire pour cela que le tableau a tiré son origine de l'argent.

Mais ce qu'ajoutent ces mêmes auteurs, que l'idée que nous avons de Dieu tire son origine des sens, parce que nous le concevons sous l'idée d'un vieillard vénérable, est une pensée qui n'est digne que des anthropomorphites [2], ou qui confond les véritables idées que nous avons des choses spirituelles avec les fausses imaginations que nous en formons par une mauvaise accoutumance de se vouloir tout imaginer, au lieu qu'il est aussi absurde de se vouloir imaginer ce qui n'est point corporel que de vouloir ouïr des couleurs et voir des sons.

Pour réfuter cette pensée, il ne faut que considérer que si nous n'avions point d'autre idée de Dieu que celle d'un vieillard vénérable, tous les jugements que nous ferions de Dieu nous devraient paraître faux, lorsqu'ils seraient contraires à cette idée; car nous sommes portés naturellement à croire que nos jugements sont faux, quand nous voyons clairement qu'ils sont contraires aux idées que nous avons des choses; et ainsi nous ne pourrions juger avec certitude que Dieu n'a point de parties, qu'il n'est point corporel, qu'il est partout, qu'il est invisible, puisque tout cela n'est point conforme à l'idée d'un vénérable vieillard. Que si Dieu s'est quelquefois représenté sous cette forme, cela ne fait pas que ce soit là l'idée que nous en devrions avoir, puisqu'il faudrait aussi que nous n'eussions

1. Ces idées seraient innées au sens que Descartes donne à ce mot. En réalité notre âme n'a pas la faculté de les former de soi-même. Je perçois un être qui est moi, une pensée qui est une opération du moi; je connais d'une autre façon d'autres hommes qui pensent et qui existent, d'autres choses qui existent sans penser. Je forme ainsi les idées générales d'être et de pensée, qui ne dépassent pas le niveau de l'expérience. Il reste toujours vrai que les sens tout seuls n'en rendraient pas compte.

2. On appelle proprement anthropomorphisme l'erreur qui prête à Dieu la forme de l'homme ἀνθρώπου μορφήν, parce qu'elle est la plus belle; mais par extension on désigne par le même terme le préjugé si commun, même en philosophie, qui nous porte à donner à Dieu nos qualités et même nos défauts; ce qui a fait dire que si Dieu a fait l'homme à son image, l'homme le lui a bien rendu...

point d'autre idée du Saint-Esprit que celle d'une colombe, parce qu'il s'est représenté sous la forme d'une colombe; ou que nous conçussions Dieu comme un son, parce que le son du nom de Dieu nous sert à nous en réveiller l'idée.

Il est donc faux que toutes nos idées viennent de nos sens[1]; mais on peut dire, au contraire, que nulle idée qui est dans notre esprit ne tire son origine des sens, sinon par occasion, en ce que les mouvements qui se font dans notre cerveau, qui est tout ce que peuvent faire nos sens[2], donnent occasion à l'âme de se former diverses idées qu'elle ne se formerait pas sans cela[3], quoique presque toujours ces idées n'aient rien de semblable à ce qui se fait dans les sens et dans le cerveau[4], et qu'il y ait de plus un très-grand nombre d'idées qui, ne tenant rien du tout d'aucune image corporelle, ne peuvent, sans une absurdité visible, être rapportées à nos sens.

Que si l'on objecte qu'en même temps que nous avons l'idée des choses spirituelles comme de la pensée, nous ne laissons pas de former quelque image corporelle, au moins du son qui la signifie, on ne dira rien de contraire à ce que nous avons prouvé; car cette image du son de *pensée*[5] que nous nous ima-

1. Conclusion certaine; la discussion, si on en presse les résultats, a dû établir : 1° que certains faits et certains êtres, comme la pensée et nous-mêmes, nous sont connus sans que l'intelligence emploie à les percevoir aucun organe apparent; 2° que nous avons une idée certaine de Dieu. Par conséquent, outre les sens, il faut supposer dans l'esprit la conscience et la raison; et outre les corps, il faut admettre dans la réalité le moi et Dieu.

2. « Aucunes idées ne nous sont présentées par les sens telles que nous les formons par la pensée. » (Descartes.) On distingue aujourd'hui dans une langue précise, les sens qui sont les pouvoirs de l'esprit, et les organes qui reçoivent les impressions. On prouve ici très-bien que l'organe ne peut faire l'idée; mais les habitudes du langage ne permettraient plus de dire que « nulle idée ne tire son origine des sens. » Mais le plus souvent on entend par idées des notions universelles; et il est juste de dire que les sens n'en donnent aucune.

3. Dire que l'impression, sans laquelle nous ne connaissons pas les objets extérieurs, donne seulement l'occasion à l'âme de se former des idées, c'est parler en apparence comme l'auteur du système des causes occasionnelles. Mais par ce mot d'idées qu'il n'a pas voulu définir, l'auteur entend le plus souvent des conceptions générales, et alors son assertion devient rigoureusement vraie. Voir Bossuet, *la Logique*, I, 34. « Toutes nos idées sont universelles. »

4. Presque toujours, ce n'est pas assez dire. Une idée n'a jamais rien de semblable à un mouvement organique; mais beaucoup de nos idées dépendent de ces mouvements. Les cartésiens n'ont jamais admis l'action directe du corps sur l'âme. Voilà pourquoi les impressions de l'un ne sont, à leur avis, pour l'autre, que des occasions de se former des idées.

5. Nous ne pensons jamais avec quelque clarté, sans imaginer rapidement

ginons n'est point l'image de la pensée même, mais seulement d'un son; et elle ne peut servir à nous la faire concevoir qu'en tant que l'âme, s'étant accoutumée, quand elle conçoit ce son, de concevoir aussi la pensée, se forme en même temps une idée toute spirituelle de la pensée, qui n'a aucun rapport avec celle du son, mais qui y est seulement liée par l'accoutumance; ce qui se voit en ce que les sourds, qui n'ont point d'images des sons, ne laissent pas d'avoir des idées de leurs pensées, au moins lorsqu'ils font réflexion sur ce qu'ils pensent.

CHAPITRE II.

Des idées considérées selon leurs objets.

Tout ce que nous concevons est représenté à notre esprit, ou comme chose, ou comme manière de chose, ou comme chose modifiée[1].

J'appelle *chose* ce que l'on conçoit comme subsistant par soi-même, et comme le sujet de tout ce que l'on y conçoit. C'est ce que l'on appelle autrement substance.

J'appelle *manière de chose*, ou *mode*, ou *attribut*, ou *qualité*[2], ce qui étant conçu dans la chose, et comme ne pouvant

le son même des mots qui pourraient exprimer notre pensée. Mais l'auteur a raison de soutenir que ce fait, ingénieusement observé, n'a pas les conséquences que Gassendi, et plus explicitement Hobbes, ont voulu en tirer.

1. Il faut bien entendre que nous ne pouvons *percevoir* que des choses modifiées, c'est-à-dire à la fois les êtres et leurs manières d'être; mais par abstraction nous pouvons isoler les uns des autres. Ce n'est donc pas ici une classification des idées suivant leurs objets; car il n'y a de réel hors de l'esprit, et de subsistant par soi-même que des substances qui ont des modes; mais c'est une distinction entre des idées abstraites, abstraction de la substance, abstraction de la qualité, et l'idée de la réalité concrète désignée sous ces mots : chose modifiée.

2. Les termes mode et attribut ne sont pas exactement synonymes, et Arnauld lui-même, on le verra plus bas, ne les confond pas. Descartes a défini les trois mots dont on se sert ici, et a conclu : « Parce que je ne dois concevoir en Dieu aucune variété ni changement, je ne dis pas qu'il y ait en lui des modes ou des qualités, mais plutôt des attributs; et même dans les choses créées, ce qui se trouve toujours en elles de même sorte, comme l'existence et la durée en la chose qui existe et qui dure, je le nomme attribut et non pas mode ou qualité. » Spinoza a retenu cette distinction.

subsister sans elle, la détermine à être d'une certaine façon, et la fait nommer telle.

J'appelle *chose modifiée,* lorsqu'on considère la substance comme déterminée par une certaine manière ou mode.

C'est ce qui se comprendra mieux par des exemples.

Quand je considère un corps, l'idée que j'en ai me représente une chose ou une substance, parce que je le considère comme une chose qui subsiste par soi-même, et qui n'a point besoin d'aucun sujet pour exister.

Mais quand je considère que ce corps est rond, l'idée que j'ai de la rondeur ne me représente qu'une manière d'être, ou un mode que je conçois ne pouvoir subsister naturellement sans le corps dont il est rondeur.

Et enfin, quand, joignant le mode avec la chose, je considère un corps rond, cette idée me représente une chose modifiée.

Les noms qui servent à exprimer les choses s'appellent *substantifs* ou *absolus,* comme terre, soleil, esprit, Dieu.

Ceux aussi qui signifient premièrement et directement les modes, parce qu'en cela ils ont quelque rapport avec les substances, sont aussi appelés substantifs et absolus, comme dureté, chaleur, justice, prudence[1].

Les noms qui signifient les choses comme modifiées, marquant premièrement et directement la chose, quoique plus confusément, et indirectement le mode, quoique plus distinctement, sont appelés *adjectifs* ou *connotatifs,* comme rond, dur, juste, prudent[2].

Mais il faut remarquer que notre esprit, étant accoutumé

1. Les mots qui signifient premièrement les modes ne sont pas des substantifs, mais des adjectifs. Seulement, quand nous considérons une ou plusieurs qualités, communes à un nombre plus ou moins grand de substances, sans penser directement à aucune substance particulière, ce mode abstrait nous l'exprimons comme s'il subsistait par lui-même; ce qui nous permet de marquer bien plus explicitement qu'il est commun à plusieurs êtres. Ces termes généraux et abstraits, le grammairien les appelle et doit les appeler des substantifs; pour le philosophe ils sont des qualificatifs, et ne diffèrent des adjectifs proprement dits que par un plus haut degré d'abstraction.

2. Les adjectifs expriment l'idée des modes, mais on ne peut penser à la qualité sans concevoir quelque substance; c'est même la raison qui substitue aux vrais adjectifs ces substantifs abstraits, dont on vient de parler, et où l'abstraction est poussée à ce point, que le mode est regardé comme une sorte d'être de raison, qui se retrouve identiquement dans diverses substances.

de connaître la plupart des choses comme modifiées [1], parce qu'il ne les connaît presque que par les accidents ou qualités qui nous frappent les sens, divise souvent la substance même dans son essence en deux idées, dont il regarde l'une comme sujet, et l'autre comme mode. Ainsi, quoique tout ce qui est en Dieu soit Dieu même, on ne laisse pas de le concevoir comme un être infini, et de regarder l'infinité comme un attribut de Dieu, et l'être comme sujet de cet attribut. Ainsi l'on considère souvent l'homme comme le sujet de l'humanité, *habens humanitatem,* et par conséquent comme une chose modifiée [2].

Et alors on prend pour mode l'attribut essentiel qui est la chose même, parce qu'on le conçoit comme dans un sujet. C'est proprement ce qu'on appelle abstrait des substances, comme humanité, corporéité, raison [3].

Il est néanmoins très-important de savoir ce qui est véritablement mode, et ce qui ne l'est qu'en apparence; parce qu'une des principales causes de nos erreurs est de confondre les modes avec les substances, et les substances avec les modes. Il est donc de la nature du véritable mode, qu'on puisse concevoir sans lui clairement et distinctement la substance dont il est mode; et que néanmoins on ne puisse pas réciproquement concevoir clairement ce mode, sans concevoir en même temps le rapport qu'il a à la substance dont il est mode, et sans laquelle il ne peut naturellement exister [4].

Ce n'est pas qu'on ne puisse concevoir le mode sans faire

1. Quand on dit : Dieu est infini, on n'exprime pas une proposition identique comme celle-ci : Dieu est Dieu. L'infinité est alors conçue comme une des perfections de Dieu, un de ses attributs, et non pas comme son être. On ajoutera que Dieu est parfait, qu'il est sage, qu'il est juste, etc. Il n'y a peut être pas grande rigueur dans ce langage, puisqu'en effet toutes les perfections de Dieu peuvent s'exprimer par ce seul mot, l'infinité. Mais si le mot infini était ici le signe de la substance, pourquoi ne dirait-on pas aussi : Dieu est divin?

2. Ce que l'École appelait abstrait des substances, c'est en réalité l'idée de toutes les qualités communes à une classe d'êtres, ou essentielles à un seul. On voit qu'ici Arnauld distingue entre le mode et l'attribut qu'il avait d'abord confondus.

3. Ce signe distinctif peut servir à discerner entre un mode et une substance, mais non pas entre tous les modes et la substance qui en est le sujet. Car peut-on dire qu'il soit possible de concevoir l'idée d'une substance, sans celle d'aucun attribut? Il faut donc ici encore faire avec Descartes une différence entre le mode et l'attribut.

4. Arnauld interprète ici les idées de Descartes, dont on trouvera l'expression résumée dans les *Principes de la philosophie,* I, 56 à 65.

une attention distincte et expresse à son sujet ; mais ce qui montre que la notion du rapport à la substance est enfermée au moins confusément dans celle du mode, c'est qu'on ne saurait nier ce rapport du mode, qu'on ne détruise l'idée qu'on en avait; au lieu que, quand on conçoit deux choses et deux substances, l'on peut nier l'une de l'autre sans détruire les idées qu'on avait de chacune.

Par exemple, je puis bien concevoir la prudence, sans faire attention distincte à un homme qui soit prudent ; mais je ne puis concevoir la prudence, en niant le rapport qu'elle a à un homme ou à une autre nature intelligente, qui ait cette vertu.

Et, au contraire, lorsque j'ai considéré tout ce qui convient à une substance étendue, qu'on appelle corps, comme l'extension, la figure, la mobilité, la divisibilité ; et que d'autre part je considère tout ce qui convient à l'esprit et à la substance qui pense, comme de penser, de douter, de se souvenir, de vouloir, de raisonner, je puis nier de la substance étendue tout ce que je conçois de la substance qui pense, sans cesser pour cela de concevoir très-distinctement la substance étendue et tous les autres attributs qui y sont joints, et je puis réciproquement nier de la substance qui pense tout ce que j'ai conçu de la substance étendue, sans cesser pour cela de concevoir très-distinctement tout ce que je conçois dans la substance qui pense.

Et c'est ce qui fait voir aussi que la pensée n'est point un mode de la substance étendue, parce que l'étendue et toutes les propriétés qui la suivent se peuvent nier de la pensée, sans qu'on cesse pour cela de bien concevoir la pensée[1].

On peut remarquer sur le sujet des modes, qu'il y en a qu'on peut appeler intérieurs, parce qu'on les conçoit dans la substance, comme rond, carré ; et d'autres qu'on peut nommer extérieurs, parce qu'ils sont pris de quelque chose qui n'est pas dans la substance, comme aimé, vu, désiré, qui sont des noms pris des actions d'autrui ; et c'est ce qu'on appelle dans l'École *dénomination externe*[2].

1. Cette réflexion n'a pas arrêté Spinoza, qui a rattaché la pensée et l'étendue à une seule substance.

2. Les premiers de ces modes appartiennent aux choses considérées en elles-mêmes, et les seconds aux choses considérées dans leurs rapports avec d'autres.

Que si ces modes sont tirés de quelque manière dont on conçoit les choses, on les appelle *secondes intentions*[1]. Ainsi être sujet, être attribut, sont des secondes intentions, parce que ce sont des manières sous lesquelles on conçoit les choses qui sont prises de l'action de l'esprit qui a lié ensemble deux idées en affirmant l'une de l'autre.

On peut remarquer encore qu'il y a des modes qu'on peut appeler substantiels, parce qu'ils nous représentent de véritables substances appliquées à d'autres substances, comme des modes et des manières : habillé, armé, sont des modes de cette sorte.

Il y en a d'autres qu'on peut appeler simplement réels, et ce sont les véritables modes qui ne sont pas des substances, mais des manières de la substance.

Il y en a enfin qu'on peut appeler négatifs, parce qu'ils nous représentent la substance avec une négation de quelque mode réel ou substantiel[2].

Que si les objets représentés par ces idées, soit de substances, soit de modes, sont en effet tels qu'ils nous sont représentés, on les appelle véritables; que s'ils ne sont pas tels, elles sont fausses en la manière qu'elles le peuvent être; et c'est ce qu'on appelle dans l'École *êtres de raison,* qui consistent ordinairement dans l'assemblage que l'esprit fait de deux idées réelles en soi, mais qui ne sont pas jointes dans la vérité pour en former une même idée; comme celle qu'on peut se former d'une montagne d'or, est un être de raison, parce qu'elle est composée des deux idées de montagne et d'or, qu'elle représente comme unies, quoiqu'elles ne le soient point véritablement[3].

1. Voir plus haut, page 20, note 2.

2. « Par exemple, de ce qu'un homme a perdu la vue, on a dit qu'il était aveugle; et puis en regardant l'aveuglement comme un espèce d'être privatif, on a dit qu'il avait en lui l'aveuglement. Mais tout cela est impropre, etc. » Bossuet, *la Logique,* 1, 15.

3. Voir plus haut, page 20, note 1.

CHAPITRE III.

Des dix catégories d'Aristote.

On peut rapporter à cette considération des idées selon leurs objets les dix catégories d'Aristote, puisque ce ne sont que diverses classes auxquelles ce philosophe a voulu réduire tous les objets de nos pensées, en comprenant toutes les substances sous la première, et tous les accidents sous les neuf autres[1]. Les voici.

I. La substance, qui est ou spirituelle, ou corporelle[2], etc.

II. La quantité, qui s'appelle discrète, quand les parties n'en sont point liées, comme le nombre;

Continue, quand elles sont liées; et alors elle est ou successive comme le temps, le mouvement;

Ou permanente[3], qui est ce qu'on appelle autrement l'espace, ou l'étendue en longueur, largeur, profondeur; la longueur seule faisant les lignes, la longueur et la largeur les surfaces, et les trois ensemble les solides.

III. La qualité, dont Aristote fait quatre espèces.

La 1re comprend *les habitudes,* c'est-à-dire les dispositions d'esprit ou de corps, qui s'acquièrent par des actes réitérés, comme les sciences, les vertus, les vices, l'adresse de peindre, d'écrire, de danser.

La 2e, les *puissances naturelles,* telles que sont les facultés

1. On tranche ici une question très-controversée. Ce ne sont pas tant les objets de nos pensées que leurs éléments les plus simples qu'Aristote a voulu distinguer, et pour cela il a cherché à classer les termes les plus généraux, ceux qui entrent dans la définition de tous les autres et ne peuvent eux-mêmes être définis, les formes mêmes de toute énonciation, τὰ σχήματα τῆς κατηγορίας. Mais il est impossible d'étudier les mots sans toucher aux idées qu'ils désignent, et par suite aux objets de ces idées. Des critiques d'une grande autorité pensent comme Arnauld que les catégories sont une énumération des objets auxquels la pensée peut s'attacher, et que cette doctrine est plutôt métaphysique qu'elle n'est logique. « Le livre des catégories offrant seulement une classification objective des choses réelles n'est pas logique, mais métaphysique. » (Hamilton.)

2. Cette division n'appartient pas à Aristote; il discerne seulement les individus qui sont les vraies substances, οὐσίαι κυριώταται καὶ πρῶται, et les espèces qui ne sont que des substances secondaires.

3. Ce sont les choses dont les parties ont relativement les unes aux autres une position fixe. Reid a analysé après Aristote l'idée de quantité, sans y rien ajouter d'essentiel.

de l'âme ou du corps, l'entendement, la volonté, la mémoire, les cinq sens, la puissance de marcher.

La 3ᵉ, *les qualités sensibles*, comme la dureté, la mollesse, la pesanteur, le froid, le chaud, les couleurs, le son, les odeurs, les divers goûts.

La 4ᵉ, *la forme et la figure*, qui est la détermination extérieure de la quantité, comme être rond, carré, sphérique, cubique[1].

IV. La RELATION, ou le rapport d'une chose à une autre, comme de père, de fils, de maître, de valet, de roi, de sujet ; de la puissance à son objet, de la vue à ce qui est visible ; et tout ce qui marque comparaison, comme semblable, égal, plus grand, plus petit.

V. L'AGIR, ou en soi-même, comme marcher, danser, connaître, aimer ; ou hors de soi, comme battre, couper, rompre, éclairer, chauffer.

VI. PATIR, être battu, être rompu, être éclairé, être échauffé.

VII. OÙ, c'est-à-dire ce qu'on répond aux questions qui regardent le lieu, comme être à Rome, à Paris, dans son cabinet, dans son lit, dans sa chaise.

VIII. QUAND, c'est-à-dire ce qu'on répond aux questions qui regardent le temps, comme : quand a-t-il vécu ? il y a cent ans. Quand cela s'est-il fait ? hier.

IX. La SITUATION, être assis, debout, couché, devant, derrière, à droite, à gauche.

X. AVOIR, c'est-à-dire avoir quelque chose autour de soi pour servir de vêtement, ou d'ornement, ou d'armure, comme être habillé, être couronné, être chaussé, être armé[2].

1. Les divisions de la qualité (ποιότης, τὸ ποιόν), ne sont pas ici rapportées avec une entière exactitude. La première comprend bien les habitudes, ἕξεις καὶ διαθέσεις ; mais la deuxième concerne seulement la puissance physique, κατὰ δύναμιν φυσικήν, par exemple la légèreté à la course, et aussi la dureté, la, mollesse, qui se trouvent ici confondues dans la suivante. La troisième est définie par Aristote παθητικαὶ ποιότητες καὶ πάθη ; et ce ne sont pas seulement des qualités sensibles, car il ajoute que ces affections concernent aussi l'âme, etc., etc.

2. Voici une phrase des *Topiques* où Aristote énumère les dix catégories : ἔστι δὲ ταῦτα τὸν ἀριθμὸν δέκα, τι ἔστι, ποσὸν, ποῖον, πρός τι, ποῦ, ποτέ, κεῖσθαι, ἔχειν, ποιεῖν, πάσχειν. On en a donné des exemples dans ces deux vers aujourd'hui bien oubliés, dont chaque mot représente une des catégories :

Arbor sex servos ardore refrigerat ustos ;
Ruri cras stabo, nec tunicatus ero.

Voilà les dix catégories d'Aristote, dont on fait tant de mystère, quoique, à dire le vrai, ce soit une chose de soi très-peu utile, et qui non-seulement ne sert guère à former le jugement, ce qui est le but de la vraie logique, mais qui souvent y nuit beaucoup[1], pour deux raisons qu'il est important de remarquer.

La première est qu'on regarde ces catégories comme une chose établie sur la raison et sur la vérité, au lieu que c'est une chose tout arbitraire, et qui n'a de fondement que l'imagination d'un homme qui n'a eu aucune autorité de prescrire une loi aux autres, qui ont autant de droit que lui d'arranger d'une autre sorte les objets de leurs pensées, chacun selon sa manière de philosopher[2]. Et, en effet, il y en a qui ont compris en ce distique tout ce que l'on considère selon une nouvelle philosophie[3] en toutes les choses du monde :

Mens, mensura, quies, motus, positura, figura
Sunt cum materiâ cunctarum exordia rerum.

C'est-à-dire que ces gens-là se persuadent que l'on peut rendre raison de toute la nature en n'y considérant que ces sept choses ou modes : 1. *Mens,* l'esprit ou la substance qui pense. 2. *Materia,* le corps ou la substance étendue. 3. *Mensura,* la grandeur ou la petitesse de chaque partie de la matière. 4. *Positura,* leur situation à l'égard les unes des autres. 5. *Figura,* leur figure. 6. *Motus,* leur mouvement. 7. *Quies,* leur repos ou moindre mouvement[4].

1. On peut reprocher aux catégories d'Aristote de n'être ni assez distinctes ni assez réduites ; c'est la partie faible de sa logique, mais l'idée en elle-même était féconde, et ne mérite pas ce dédain.

2. Cette critique est vraiment étrange : on pourrait l'opposer à toutes les sciences, même aux plus parfaites ; quelle que soit *l'imagination* d'un philosophe, il lui sera difficile de ne pas reconnaître que parmi nos idées les unes ont rapport à des substances et les autres à des accidents, et que parmi ceux-ci la qualité se distingue de la quantité, celle-ci du lieu et du temps, etc., etc.

3. Celle de Descartes.

4. Arnauld se réfute lui-même par l'exemple qu'il invoque. Il y a si peu d'arbitraire dans les catégories d'Aristote, que celles des cartésiens plus incomplètes et plus superficielles rentrent dans les premières : l'esprit et la matière, la position, la figure, la grandeur, sont dans les catégories de la substance, du lieu, de la qualité, de la relation, etc. Quant au mouvement, Aristote a marqué avec profondeur qu'il peut être un changement dans la substance, dans la quantité, dans la qualité ou dans le lieu.

La seconde raison qui rend l'étude des catégories dangereuse est qu'elle accoutume les hommes à se payer de mots, à s'imaginer qu'ils savent toutes choses, quand ils n'en connaissent que des noms arbitraires qui ne forment dans l'esprit aucune idée claire et distincte, comme on le fera voir en un autre endroit.

On pourrait encore parler ici des attributs des lullistes[1]: *bonté, puissance, grandeur*, etc.; mais en vérité c'est une chose si ridicule que l'imagination qu'ils ont, qu'appliquant ces mots métaphysiques à tout ce qu'on leur propose, ils pourront rendre raison de tout, qu'elle ne mérite seulement pas d'être réfutée.

Un auteur de ce temps[2] a dit, avec grande raison, que les règles de la logique d'Aristote servaient seulement à prouver à un autre ce que l'on savait déjà, mais que l'art de Lulle ne servait qu'à faire discourir sans jugement de ce qu'on ne savait pas. L'ignorance vaut beaucoup mieux que cette fausse science, qui fait que l'on s'imagine savoir ce qu'on ne sait point. Car, comme saint Augustin a très-judicieusement remarqué dans le livre *de l'Utilité de la créance*, cette disposition d'esprit est très-blâmable pour deux raisons : l'une, que celui qui s'est faussement persuadé qu'il connaît la vérité se rend par là incapable de s'en faire instruire ; l'autre, que cette présomption et cette témérité est une marque d'un esprit qui n'est pas bien fait: *Opinari, duas ob res turpissimum est : quod discere non potest qui sibi jam se scire persuasit, et per se ipsa temeritas non bene affecti animi signum est*[3]. Car le mot *opinari*, dans la pureté de la langue latine, signifie la disposition d'un esprit qui consent trop légèrement à des choses incertaines, et qui croit ainsi savoir ce qu'il ne sait pas. C'est

1. Raymond Lulle, né vers 1235, dans l'île de Majorque, prit à trente ans après une vie agitée, l'habit de Saint-François et se consacra à la philosophie et à la conversion des infidèles. Il périt en Afrique à l'âge de quatre-vingts ans, victime de son zèle religieux. C'était un esprit enthousiaste, *doctor illuminatus*, comme l'appelèrent ses contemporains, porté au mysticisme, et passionné pour les sciences occultes et pour la logique. Sa méthode, *ars lulliana*, consistait en une analyse tout abstraite de l'idée de l'être et de ses attributs, qu'il distribuait en des tableaux, qui devaient être pour les pensées à peu près ce que la table de Pythagore est pour les nombres, et dont il suffisait de savoir le mécanisme pour pouvoir résoudre les questions les plus difficiles.

2. C'est Descartes, *Discours de la méthode*, IIe partie.

3. Saint Augustin, *De utilitate credendi*, XI.

pourquoi tous les philosophes soutenaient *sapientem nihil opinari;* et Cicéron, en se blâmant lui-même de ce vice, dit qu'il était *magnus opinator*[1].

CHAPITRE IV.

Des idées des choses et des idées des signes.

Quand on considère un objet en lui-même et dans son propre être, sans porter la vue de l'esprit à ce qu'il peut représenter, l'idée qu'on en a est une idée de chose, comme l'idée de la terre, du soleil; mais quand on ne regarde un certain objet que comme en représentant un autre, l'idée qu'on en a est une idée de signe[2], et ce premier objet s'appelle *signe*. C'est ainsi qu'on regarde d'ordinaire les cartes et les tableaux. Ainsi le signe enferme deux idées: l'une de la chose qui représente, l'autre de la chose représentée, et sa nature consiste à exciter la seconde par la première[3].

On peut faire diverses divisions des signes; mais nous nous contenterons ici de trois qui sont de plus grande utilité.

Premièrement, il y a des signes certains qui s'appellent en grec[4] τεκμήρια, comme la respiration l'est de la vie des animaux; et il y en a qui ne sont que probables et qui sont appelés en grec σημεῖα, comme la pâleur n'est qu'un signe probable de grossesse dans les femmes.

La plupart des jugements téméraires viennent de ce que l'on confond ces deux espèces de signes, et que l'on attribue

1. *Académiques*, II, 20. Cicéron ne se reproche pas de « consentir trop légèrement à des choses incertaines, » puisqu'au contraire il professe que rien n'est certain, qu'il y a seulement des choses probables : *Nihil enim arbitror posse percipi.*

2. Il y a alors deux idées : celle de l'objet ou du fait qu'on *perçoit*, et celle de la chose absente ou invisible que l'on *conçoit*. L'objet perçu devient un signe par rapport à l'objet conçu, auquel l'association des idées l'a rattaché.

3. Arnauld s'inspire dans tout ce chapitre de saint Augustin : *Des principes de la dialectique*, ch. III; *De la doctrine chrétienne*, liv. II, ch. I. Cette définition des signes est l'une des plus exactes que l'on puisse proposer. Il reste à déterminer comment l'une des deux idées *excite* la seconde. Voir Jouffroy : *Faits et pensées sur les signes.*

4. Aristote appelle σημεῖον le genre des signes, et τεκμήριον, *signum necessarium*, celui qui est démonstratif.

un effet à une certaine cause, quoiqu'il puisse aussi naître d'autres causes, et qu'ainsi il ne soit qu'un signe probable de cette cause[1].

2° Il y a des signes joints aux choses, comme l'air du visage, qui est signe des mouvements de l'âme, est joint à ces mouvements qu'il signifie[2]; les symptômes, signes des maladies, sont joints à ces maladies; et pour me servir d'exemples plus grands, comme l'arche, signe de l'Église, était jointe à Noé et à ses enfants qui étaient la véritable Église de ce temps-là; ainsi nos temples matériels, signes des fidèles, sont souvent joints aux fidèles; ainsi la colombe, figure du Saint-Esprit, était jointe au Saint-Esprit; ainsi le lavement du baptême, figure de la régénération spirituelle, est joint à cette régénération.

Il y a aussi des signes séparés des choses, comme les sacrifices de l'ancienne loi, signes de Jésus-Christ immolé, étaient séparés de ce qu'ils représentaient.

Cette division des signes donne lieu d'établir ces maximes:

1° Qu'on ne peut jamais conclure précisément ni de la présence du signe à la présence de la chose signifiée, puisqu'il y a des signes de choses absentes, ni de la présence du signe à l'absence de la chose signifiée, puisqu'il y a des signes de choses présentes[3]. C'est donc par la nature particulière du signe qu'il en faut juger.

2° Que, quoique une chose dans un état ne puisse être signe d'elle-même dans ce même état, puisque tout signe demande une distinction entre la chose représentante et celle qui est représentée[4], néanmoins il est très-possible qu'une chose dans un certain état se représente dans un autre état, comme

1. Il y a ici quelque confusion : le rapport du signe à la chose signifiée est de tout autre nature que celui de l'effet à la cause : l'effet révèle bien qu'il a une cause, mais non pas quelle elle est, et souvent la cause d'un fait est distincte de la chose qu'il signifie; le signe peut exister sans celle-ci; l'effet ne peut être sans la cause.

2. Cette distinction est à l'usage des théologiens. En réalité on peut dire que tantôt la chose signifiée est présente, que tantôt elle est absente; dans les deux cas elle est invisible et ne peut être perçue.

3. Elles sont présentes, mais imperceptibles.

4. Une chose ne peut en effet être à soi-même son propre signe. Il y a toujours là deux opérations de l'esprit: la perception d'un objet actuellement présent et la conception d'une chose absente ou qu'on ne peut percevoir.

il est très-possible qu'un homme dans sa chambre se représente prêchant ; et qu'ainsi la seule distinction d'état suffit entre la chose figurante et la chose figurée, c'est-à-dire qu'une même chose peut être dans un certain état chose figurante, et dans un autre chose figurée.

3° Qu'il est très-possible qu'une même chose cache et découvre une autre chose en même temps, et qu'ainsi ceux qui ont dit que *rien ne paraît par ce qui le cache,* ont avancé une maxime très-peu solide ; car la même chose, pouvant être en même temps et chose et signe, peut cacher comme chose ce qu'elle découvre comme signe[1]. Ainsi la cendre chaude cache le feu comme chose et le découvre comme signe. Ainsi les formes empruntées par les anges les couvraient comme chose et les découvraient comme signe. Ainsi les symboles eucharistiques cachent le corps de Jésus-Christ comme chose et le découvrent comme symbole.

4° L'on peut conclure que la nature du signe consistant à exciter dans les sens par l'idée de la chose figurante celle de la chose figurée, tant que cet effet subsiste, c'est-à-dire tant que cette double idée est excitée, le signe subsiste, quand même cette chose serait détruite en sa propre nature. Ainsi il n'importe que les couleurs de l'arc-en-ciel, que Dieu a prises pour signe qu'il ne détruirait plus le genre humain par un déluge, soient réelles et véritables, pourvu que nos sens aient toujours la même impression, et qu'ils se servent de cette impression pour concevoir la promesse de Dieu.

Il n'importe de même que le pain de l'eucharistie subsiste en sa propre nature, pourvu qu'il excite toujours dans nos sens l'image d'un pain, qui nous serve à concevoir de quelle sorte le corps de Jésus-Christ est la nourriture de nos âmes, et comment les fidèles sont unis entre eux.

La troisième division des signes est qu'il y en a de naturels qui ne dépendent pas de la fantaisie des hommes, comme une image qui paraît dans un miroir est un signe naturel de celui qu'elle représente, et qu'il y en a d'autres qui ne sont que d'institution et d'établissement, soit qu'ils aient quelque rap-

1. « Comme toutes choses parlent de Dieu à ceux qui le connaissent, et qu'elles le découvrent à tous ceux qui l'aiment, ces mêmes choses le cachent à tous ceux qui ne le connaissent pas. » Pascal, lettre IV.

port éloigné avec la chose figurée, soit qu'ils n'en aient point du tout. Ainsi les mots sont signes d'institution des pensées, et les caractères, des mots [1]. On expliquera, en traitant des propositions, une vérité importante sur ces sortes de signes, qui est que l'on en peut, en quelques occasions, affirmer les choses signifiées [2].

CHAPITRE V.

Des idées considérées selon leur composition ou simplicité. Où il est parlé de la manière de connaître par abstraction ou précision[3].

Ce que nous avons dit en passant dans le chapitre II, que nous pouvions considérer un mode sans faire une réflexion distincte sur la substance dont il est mode, nous donne occasion d'expliquer ce qu'on appelle *abstraction d'esprit*.

Le peu d'étendue de notre esprit fait qu'il ne peut comprendre parfaitement les choses un peu composées qu'en les considérant par parties, et comme par les diverses faces qu'elles peuvent recevoir. C'est ce qu'on peut appeler généralement connaître par abstraction.

Mais comme les choses sont différemment composées, et qu'il y en a qui le sont de parties réellement distinctes, qu'on appelle parties intégrantes, comme le corps humain, les diverses parties d'un nombre, il est bien facile alors de concevoir que notre esprit peut s'appliquer à considérer une partie sans considérer l'autre, parce que ces parties sont réellement distinctes, et ce n'est pas même ce qu'on appelle *abstraction* [4].

1. Beaucoup de critiques croient aujourd'hui que tout n'est pas arbitraire dans l'application des mots aux idées; quant aux caractères de l'écriture telle que nous la pratiquons, ce sont bien des signes de mots; mais d'autres peuples s'en servent pour exprimer les idées elles-mêmes.

2. Voir plus bas, IIe partie, ch. XIV.

3. Le mot de *précision*, dans la langue scolastique, est synonyme de celui d'abstraction; on le définit ainsi : *separatio unius ab altero*. Comme cette opération a pour résultat de distinguer des idées qu'on pourrait confondre, on comprend comment on a pu appeler *précises* des connaissances distinctes.

4. C'est plutôt la division. On pourrait encore en distinguer l'analyse qui isole les parties constituantes d'un tout. « La précision, dit Bossuet, peut être définie

Or, il est si utile dans ces choses-là même de considérer plutôt les parties séparément que le tout, que sans cela on ne peut avoir presque aucune connaissance distincte; car, par exemple, le moyen de pouvoir connaître le corps humain, qu'en le divisant en toutes ses parties similaires et dissimilaires, et en leur donnant à toutes différents noms? Toute l'arithmétique est aussi fondée sur cela; car on n'a pas besoin d'art pour compter les petits nombres, parce que l'esprit les peut comprendre tout entiers; et ainsi tout l'art consiste à compter par parties ce qu'on ne pourrait compter par le tout, comme il serait impossible, quelque étendue d'esprit qu'on eût, de multiplier deux nombres de huit ou neuf caractères chacun, en les prenant tout entiers.

La seconde connaissance par partie est quand on considère un mode sans faire attention à la substance, ou deux modes qui sont joints ensemble dans une même substance en les regardant chacun à part. C'est ce qu'ont fait les géomètres qui ont pris pour objet de leur science le corps étendu en longueur, largeur et profondeur. Car, pour le mieux connaître, ils se sont premièrement appliqués à le considérer, selon une seule dimension qui est la longueur; et alors ils lui ont donné le nom de *ligne*. Ils l'ont considéré ensuite selon deux dimensions, la longueur et la largeur, et ils l'ont appelé *surface*. Et puis, considérant toutes les trois dimensions ensemble, longueur, largeur et profondeur, ils l'ont appelé *solide* ou *corps* [1].

On voit par là combien est ridicule l'argument de quelques sceptiques qui veulent faire douter de la certitude de la géométrie, parce qu'elle suppose des lignes et des surfaces qui ne sont point dans la nature; car les géomètres ne supposent point qu'il y ait des lignes sans largeur ou des surfaces sans profondeur; mais ils supposent seulement qu'on peut considérer la longueur sans faire attention à la largeur; ce qui est

l'action que fait notre esprit en séparant par la pensée des choses en effet inséparables. »

1. On pourrait objecter à cette explication que l'on ne peut abstraire des corps que les qualités qui s'y trouvent; or les propriétés des solides, tels que les mathématiciens les considèrent, ne se rencontrent pas dans les corps qui sont susceptibles d'être dilatés, contractés, et qui sont impénétrables. La géométrie considère une sorte d'étendue idéale, et ce ne sont pas les attributs mêmes des choses réelles qu'elle abstrait, mais les conditions de leur existence.

indubitable, comme lorsqu'on mesure la distance d'une ville à une autre, on ne mesure que la longueur des chemins, sans se mettre en peine de leur largeur[1].

Or, plus on peut séparer les choses en divers modes, et plus l'esprit devient capable de les bien connaître ; et ainsi nous voyons que tant qu'on n'a point distingué dans le mouvement la détermination vers quelque endroit, du mouvement même, et même diverses parties dans une même détermination, on n'a pu rendre de raison claire de la réflexion et de la réfraction, ce qu'on a fait aisément par cette distinction, comme on peut voir dans le chapitre II de la *Dioptrique* de Descartes.

La troisième manière de concevoir les choses par abstraction est quand une même chose ayant divers attributs, on pense à l'un sans penser à l'autre, quoiqu'il n'y ait entre eux qu'une distinction de raison[2] ; et voici comment cela se fait. Si je fais, par exemple, réflexion que je pense, dans l'idée que j'ai de moi qui pense, je puis m'appliquer à la considération d'une chose qui pense, sans faire attention que c'est moi, quoique en moi, moi et celui qui pense ne soit que la même chose ; et ainsi l'idée que je concevrai d'une personne qui pense pourra représenter non-seulement moi, mais toutes les autres personnes qui pensent[3]. De même, ayant figuré sur le papier un triangle équilatère, si je m'attache à le considérer au lieu où il est avec tous les accidents qui le déterminent, je n'aurai l'idée que d'un seul triangle ; mais si je détourne mon esprit de la considération de toutes ces circonstances particulières, et que je ne l'applique qu'à penser

1. L'abstraction n'enferme aucune affirmation : elle ne peut donc entraîner aucune erreur : « C'est autre chose de considérer ou la chose sans son attribut, ou l'attribut sans la chose, ou un attribut sans un autre ; autre chose de nier l'attribut de la chose, ou la chose de l'attribut, ou un attribut d'un autre. » Bossuet, *la Logique*, I, 23. Aussi disait-on dans l'École : *abstrahentium non est mendacium.*

2. Les logiciens se servaient alors beaucoup de ces termes, distinction réelle, distinction de raison : la première se trouve dans les choses qui ne sont pas moins distinctes, soit qu'on y pense, soit qu'on n'y pense pas ; la seconde, c'est notre esprit qui la fait, en séparant des choses qui en effet sont unies.

3. Arnauld décrit ici la généralisation qui suppose en effet toujours une abstraction, toute idée générale étant abstraite ; mais il n'est pas très-exact de dire, pour expliquer le fait qu'on vient de rapporter, que l'on pense à un attribut sans penser à l'autre ; ce à quoi l'on ne pense pas, c'est à l'existence individuelle, à la substance personnelle.

que c'est une figure bornée par trois lignes égales, l'idée que je m'en formerai me représentera d'une part plus nettement cette égalité des lignes, et de l'autre sera capable de me représenter tous les triangles équilatères. Que si je passe plus avant, et que, ne m'arrêtant plus à cette égalité des lignes, je considère seulement que c'est une figure terminée par trois lignes droites, je me formerai une idée qui peut représenter toutes sortes de triangles. Si ensuite, ne m'arrêtant point au nombre des lignes, je considère seulement que c'est une surface plate, bornée par des lignes droites, l'idée que je me formerai pourra représenter toutes les figures rectilignes, et ainsi je puis monter de degré en degré jusqu'à l'extension. Or, dans ces abstractions, on voit toujours que le degré inférieur comprend le supérieur avec quelque détermination particulière, comme *moi* comprend ce qui pense, et le triangle équilatère comprend le triangle, et le triangle la figure rectiligne ; mais que le degré supérieur étant moins déterminé peut représenter plus de choses [1].

Enfin il est visible que, par ces sortes d'abstractions, les idées, de singulières, deviennent communes, et les communes plus communes, et ainsi cela nous donnera lieu de passer à ce que nous avons à dire des idées considérées selon leur universalité ou particularité [2].

CHAPITRE VI.

Des idées considérées selon leur généralité, particularité et singularité.

Quoique toutes les choses qui existent soient singulières [3], néanmoins, par le moyen des abstractions que nous venons

1. C'est-à-dire que moins une idée a de compréhension, et plus elle peut s'attribuer à un grand nombre d'êtres.

2. « L'universalité est l'ouvrage de la précision, par laquelle l'esprit considère en quoi plusieurs choses conviennent, sans considérer ou sans savoir en quoi précisément elles diffèrent. » Bossuet, *la Logique*, I, 30.

3. Il faut supposer avant toutes choses que dans la nature tout est individuel et particulier... La première propriété qui convient à une chose existante, c'est l'unité individuelle. » Bossuet, *la Logique*, I, 29.

d'expliquer, nous ne laissons pas d'avoir tous plusieurs sortes d'idées, dont les unes ne nous représentent qu'une seule chose, comme l'idée que chacun a de soi-même[1], et les autres en peuvent également représenter plusieurs, comme lorsque quelqu'un conçoit un triangle sans y considérer autre chose, sinon que c'est une figure à trois lignes et à trois angles; l'idée qu'il en a formée peut lui servir à concevoir tous les autres triangles[2].

Les idées qui ne représentent qu'une seule chose s'appellent singulières ou individuelles, et ce qu'elles représentent, *des individus;* et celles qui en représentent plusieurs s'appellent universelles, communes, générales.

Les noms qui servent à marquer les premières s'appellent propres, *Socrate, Rome, Bucéphale,* et ceux qui servent à marquer les dernières, communs et appellatifs, comme *homme, ville, cheval*[3]; et tant les idées universelles que les noms communs se peuvent appeler termes généraux.

Mais il faut remarquer que les mots sont généraux en deux manières : l'une, que l'on appelle *univoque,* qui est lorsqu'ils sont liés avec des idées générales; de sorte que le même mot convient à plusieurs, et selon le son, et selon une même idée qui y est jointe : tels sont les mots dont on vient de parler, d'homme, de ville, de cheval.

L'autre, qu'on appelle *équivoque,* qui est lorsqu'un même son a été lié par les hommes à des idées différentes; de sorte que le même son convient à plusieurs, non selon une même idée, mais selon les idées différentes auxquelles il se trouve joint dans l'usage[4]: ainsi le mot *canon* signifie une machine

1. Celles-là, bien entendu, sont concrètes et ne proviennent pas de l'abstraction.

2. Arnauld ne distingue jamais entre l'abstraction et la généralisation. On peut pourtant contester que toute idée abstraite soit par là même générale. En tous cas l'abstraction peut se faire et se fait, même quand on connaît un seul individu; pour généraliser il faut plusieurs perceptions et une comparaison.

3. Ces mots deviennent de véritables noms propres par l'addition d'un signe d'individualité : ce cheval, cette ville; ou par quelque autre déterminatif.

4. Les mots peuvent être communs, c'est-à-dire convenir à plusieurs choses de trois manières : 1° ce sont des *homonymes,* c'est-à-dire que le même son convient à des idées tout à fait différentes, et alors c'est une universalité d'équivoque; 2° l'analogie des idées a conduit à se servir des mêmes mots pour les exprimer, et alors les termes sont communs par analogie; 3° le nom est commun et l'idée est la même. « C'est là la propriété la plus essentielle de l'universel, qui doit

de guerre, et un décret de concile, et une sorte d'ajustement ; mais il ne les signifie que selon des idées toutes différentes.

Néanmoins cette universalité équivoque est de deux sortes. Car les différentes idées, jointes à un même son, ou n'ont aucun rapport naturel entre elles, comme dans le mot de *canon*, ou en ont quelqu'un, comme lorsqu'un mot étant principalement joint à une idée, on ne le joint à une autre idée que parce qu'elle a un rapport de cause ou d'effet, ou de signe, ou de ressemblance à la première; et alors ces sortes de mots équivoques s'appellent *analogues ;* comme quand le mot de *sain* s'attribue à l'animal, à l'air et aux viandes. Car l'idée jointe à ce mot est principalement la santé qui ne convient qu'à l'animal ; mais on y joint une autre idée approchante de celle-là, qui est d'être cause de la santé, qui fait qu'on dit qu'un air est sain, qu'une viande est saine, parce qu'ils servent à conserver la santé.

Mais quand nous parlons ici de mots généraux, nous entendons les univoques qui sont joints à des idées universelles et générales. Or, dans ces idées universelles, il y a deux choses qu'il est très-important de bien distinguer : la *compréhension* et l'*étendue*.

J'appelle *compréhension* de l'idée les attributs qu'elle enferme en soi, et qu'on ne peut lui ôter sans la détruire, comme la compréhension de l'idée du triangle enferme extension, figure, trois lignes, trois angles, et l'égalité de ces trois angles à deux droits, etc.

J'appelle *étendue* de l'idée les sujets à qui cette idée convient; ce qu'on appelle aussi les inférieurs d'un terme général, qui, à leur égard, est appelé supérieur, comme l'idée du triangle en général s'étend à toutes les diverses espèces de triangle.

Mais, quoique l'idée générale s'étende indistinctement à tous les sujets à qui elle convient, c'est-à-dire à tous ses inférieurs[1], et que le nom commun les signifie tous, il y a néan-

convenir univoquement à tous ses inférieurs, *prædicatur univoce,* c'est-à-dire qu'au même mot doit répondre la même idée. » Bossuet.

1. Le terme universel est considéré comme un tout, et les *inférieurs* en sont les parties; on les appelle dans l'École les *parties subjectives,* parce qu'on les range au-dessous du terme qui les contient.

moins cette différence entre les attributs qu'elle comprend et les sujets auxquels elle s'étend, qu'on ne peut lui ôter aucun de ses attributs sans la détruire, comme nous avons déjà dit ; au lieu qu'on peut la resserrer, quant à son étendue, ne l'appliquant qu'à quelqu'un des sujets auxquels elle convient, sans que pour cela on la détruise[1].

Or, cette restriction ou resserrement de l'idée générale, quant à son étendue, peut se faire en deux manières :

La première est, par une autre idée distincte et déterminée qu'on y joint, comme lorsqu'à l'idée générale du triangle, je joins celle d'avoir un angle droit ; ce qui resserre cette idée à une seule espèce de triangle, qui est le triangle rectangle.

L'autre, en y joignant seulement une idée indistincte et indéterminée de partie, comme quand je dis, quelque triangle ; et on dit alors que le terme commun devient particulier, parce qu'il ne s'étend plus qu'à une partie des sujets auxquels il s'étendait auparavant, sans que néanmoins on ait déterminé quelle est cette partie à laquelle on l'a resserré.

CHAPITRE VII.

Des cinq sortes d'idées universelles, genres, espèces, différences, propres, accidents.

Ce que nous avons dit dans les chapitres précédents nous donne moyen de faire entendre en peu de paroles les cinq Universaux qu'on explique ordinairement dans l'école[2].

1. La compréhension d'une idée c'est la somme des caractères distinctifs, des attributs, que l'on a réunis pour la former ; son extension c'est la somme des objets d'où l'on a abstrait ces caractères pour former l'idée. Si on retranche quelque attribut, l'idée est dénaturée ; mais si l'on diminue le nombre des objets où l'on a pris les caractères communs, la notion n'est pas détruite. Quelques logiciens grecs appellent la première la profondeur de l'idée βάθος, et la seconde la largeur πλάτος ; on désigne encore l'une par le mot *complexus* et l'autre par ceux de *regio*, *sphæra*, *quantitas ambitus*. Plus une idée a de compréhension, c'est-à-dire d'attributs distinctifs, plus elle est déterminée, et par conséquent moins elle a d'extension ; la compréhension est à son maximum dans l'idée individuelle, à son minimum dans l'idée générale d'*être* ou d'*existence*, et l'extension ne peut au contraire être plus restreinte que dans l'une, ni plus vaste que dans l'autre.

2. Un philosophe d'Alexandrie, Porphyre, a composé sous le titre d'*Introduction*

Car lorsque les idées générales nous représentent leurs objets comme des choses[1], et qu'elles sont marquées par des termes appelés substantifs ou absolus, on les appelle *genres* ou *espèces*.

Du genre.

On les appelle genres quand elles sont tellement communes, qu'elles s'étendent à d'autres idées qui sont encore universelles, comme le quadrilatère est genre à l'égard du parallélogramme et du trapèze; la substance est genre à l'égard de la substance étendue qu'on appelle corps, et de la substance qui pense qu'on appelle esprit.

De l'espèce.

Et ces idées communes, qui sont sous une plus commune et plus générale, s'appellent espèces; comme le parallélogramme et le trapèze sont les espèces du quadrilatère, le corps et l'esprit sont les espèces de la substance.

Et ainsi la même idée peut être genre, étant comparée à une autre qui est plus générale, comme corps, qui est un genre au regard du corps animé et du corps inanimé, et une espèce au regard de la substance; et le quadrilatère, qui est un genre au regard du parallélogramme et du trapèze, est une espèce au regard de la figure.

Mais il y a une autre notion du mot d'espèce, qui ne convient qu'aux idées qui ne peuvent être genres, c'est lorsqu'une idée n'a sous soi que des individus et des singuliers, comme le cercle n'a sous soi que des cercles singuliers, qui sont tous d'une même espèce[2]. C'est ce qu'on appelle espèce dernière, *species infima*.

Il y a un genre qui n'est point espèce, savoir, le suprême

aux catégories, εἰσαγωγή, un petit traité où il définit les termes universels, *universalia*, d'où l'on a fait le mot d'universaux. Cette classification était devenue classique; elle a perdu beaucoup de son intérêt, car les modernes distinguent surtout les idées générales d'après les degrés de leur extension.

1. Arnauld ne veut pas dire que ces objets soient des choses, mais que nous nous les représentons comme tels. Voir un peu plus bas.

2. Rigoureusement il n'y a pas de cercles singuliers, le cercle est une pure conception, mais on le représente par une figure visible.

de tous les genres[1], soit que ce genre soit l'être, soit que ce soit la substance, ce qu'il est de peu d'importance de savoir, et qui regarde plus la métaphysique que la logique.

J'ai dit que les idées générales qui nous représentent leurs objets comme des choses sont appelées genres ou espèces. Car il n'est pas nécessaire que les objets de ces idées soient effectivement des choses et des substances; mais il suffit que nous les considérions comme des choses, en ce que, lors même que ce son des modes, on ne les rapporte point à leurs substances, mais à d'autres idées de modes moins générales ou plus générales comme la figure, qui n'est qu'un mode au regard du corps figuré, est un genre au regard des figures curvilignes et rectilignes, etc.[2]

Et au contraire les idées qui nous représentent leurs objets comme des choses modifiées, et qui sont marquées par des termes adjectifs ou connotatifs, si on les compare avec les substances que ces termes connotatifs signifient confusément, quoique directement, soit que dans la vérité ces termes connotatifs signifient des attributs essentiels, qui ne sont en effet que la chose même[3], soit qu'ils signifient de vrais modes, on ne les appelle point alors genres ni espèces, mais, ou *différences*, ou *propres*, ou *accidents*.

On les appelle *différences*, quand l'objet de ces idées est un attribut essentiel qui distingue une espèce d'une autre, comme étendu, pesant, raisonnable.

On les appelle *propres*, quand leur objet est un attribut qui appartient en effet à l'essence de la chose, mais qui n'est pas le premier que l'on considère dans cette essence, mais seulement une dépendance de ce premier, comme divisible, immortel, docile.

Et on les appelle *accidents communs*, quand leur objet est un vrai mode qui peut être séparé, au moins par l'esprit, de

1. C'est le *genus generalissimum* des scolastiques. On avait dressé un tableau qu'on appelait *arbor porphyriana*, ou *scala prœdicamentalis*, reproduisant la série des idées générales, depuis le genre suprême, *substantia*, jusqu'à l'espèce dernière, *species infima*, ou *specialissima*.

2. Voilà un premier défaut de la division de Porphyre; les membres n'en sont pas opposés. La différence, le propre, l'accident, sont des espèces ou des genres.

3. *Ce qui constitue la chose même, sa nature ou son essence, principium constitutivum*, c'est l'attribut essentiel, différence ou propre, distingué ici des « vrais modes, » c'est-à-dire des accidents.

la chose dont il est dit accident, sans que l'idée de cette chose soit détruite dans notre esprit, comme rond, dur, juste, prudent. C'est ce qu'il faut expliquer plus particulièrement.

De la différence.

Lorsqu'un genre a deux espèces[1], il faut nécessairement que l'idée de chaque espèce comprenne quelque chose qui ne soit pas compris dans l'idée du genre ; autrement, si chacune ne comprenait que ce qui est compris dans le genre, ce ne serait que le genre; et comme le genre convient à chaque espèce, chaque espèce conviendrait à l'autre[2]. Ainsi le premier attribut essentiel que comprend chaque espèce de plus que le genre s'appelle sa différence; et l'idée que nous en avons est une idée universelle, parce qu'une seule et même idée peut nous représenter cette différence partout où elle se trouve, c'est-à-dire dans tous les inférieurs de l'espèce[3].

Exemple. Le corps et l'esprit sont les deux espèces de la substance. Il faut donc qu'il y ait dans l'idée du corps quelque chose de plus que dans celle de la substance, et de même dans celle de l'esprit. Or, la première chose que nous voyons de plus dans le corps, c'est l'étendue; et la première chose que nous voyons de plus dans l'esprit, c'est la pensée. Et ainsi la différence du corps sera l'étendue, et la différence de l'esprit sera la pensée, c'est-à-dire que le corps sera une substance étendue, et l'esprit une substance qui pense[4].

De là on peut voir: 1° que la différence a deux regards; l'un au genre qu'elle divise et partage; l'autre à l'espèce qu'elle constitue et qu'elle forme, faisant la principale partie de ce qui est enfermé dans l'idée de l'espèce selon sa compréhension; d'où vient que toute espèce peut être exprimée par un seul nom, comme esprit, corps; ou par deux mots, savoir, par celui du genre, et par celui de sa différence joints

1. Un genre a toujours plusieurs espèces ; le moins qu'il peut en avoir, c'est deux.

2. C'est-à-dire, pourrait s'affirmer de l'autre, et se confondre avec elle.

3. Les inférieurs de l'espèce, si on donne à ce mot son sens rigoureux, ce sont des individus, *partes subjectivæ*. Il faut l'entendre ici surtout d'espèces moins générales.

4. On reconnaît la doctrine cartésienne *res cogitans, res extensa*.

ensemble; ce qu'on appelle définition, comme substance qui pense, substance étendue [1].

On peut voir en second lieu que, puisque la différence constitue l'espèce et la distingue des autres espèces, elle doit avoir la même étendue que l'espèce, et ainsi qu'il faut qu'elles puissent se dire réciproquement l'une de l'autre, comme tout ce qui pense est esprit, et tout ce qui est esprit pense [2].

Néanmoins il arrive assez souvent que l'on ne voit dans certaines choses aucun attribut qui soit tel, qu'il convienne à toute une espèce, et qu'il ne convienne qu'à cette espèce; et alors on joint plusieurs attributs ensemble, dont l'assemblage, ne se trouvant que dans cette espèce, en constitue la différence. Ainsi les Platoniciens, prenant les démons pour des animaux raisonnables aussi bien que l'homme, ne trouvaient pas que la différence de raisonnable fût réciproque à l'homme; c'est pourquoi ils y en ajoutaient une autre, comme mortel, qui n'est pas non plus réciproque à l'homme, puisqu'elle convient aux bêtes; mais toutes deux ensemble ne conviennent qu'à l'homme [3]. C'est ce que nous faisons dans l'idée que nous nous formons de la plupart des animaux.

Enfin, il faut remarquer qu'il n'est pas toujours nécessaire que les deux différences qui partagent un genre soient toutes deux positives, mais que c'est assez qu'il y en ait une, comme deux hommes sont distingués l'un de l'autre, si l'un a une charge que l'autre n'a pas, quoique celui qui n'a pas de charge

1. Voilà pourquoi les définitions sont des propositions identiques que l'on peut convertir sans changements. Le sujet et l'attribut y sont d'une égale extension : le sujet exprimant l'espèce, et l'attribut le genre, plus la différence, c'est-à-dire encore l'espèce.

2. On voit par là combien est subtile la distinction de l'espèce et de la différence.

3. En d'autres termes, il y a des espèces qu'on définit par deux attributs, qui chacun à part sont communs à d'autres espèces, mais ne se trouvent réunis que dans celle-là. Par exemple, ceux qu'Arnauld désigne sous le nom de platoniciens, et par là il faut entendre surtout les philosophes de l'école d'Alexandrie, interprétant le *Timée*, imaginent certains êtres animés, doués de raison et d'immortalité, des dieux visibles et engendrés, τὰ περὶ θεῶν ὁρατῶν καὶ γεννητῶν (*Timée*, XII), qu'ils appellent aussi δαίμονας, expression que Cicéron traduit par *lares*, et Arnauld par *démons*. Dès lors ils ne pouvaient plus définir l'homme un animal raisonnable, puisque ces dieux sont animés et raisonnables ; il fallait indiquer cet autre attribut *mortel* qui convient aux bêtes, mais ne se trouve réuni à la raison que dans l'espèce humaine : ὁ γὰρ ἄνθρωπος πλέον ἔχει τοῦ ζώου τὸ λογικὸν καὶ τὸ θνητόν. Porphyre, *Introduction*, etc., III, 16.

n'ait rien que l'autre n'ait. C'est ainsi que l'homme est distingué des bêtes en général, en ce que l'homme est un animal qui a un esprit, *animal mente præditum,* et que la bête est un pur animal, *animal merum.* Car l'idée de la bête en général n'enferme rien de positif qui ne soit dans l'homme ; mais on y joint seulement la négation de ce qui est en l'homme, savoir l'esprit. De sorte que toute la différence qu'il y a entre l'idée d'animal et celle de bête est que l'idée d'animal n'enferme pas la pensée dans sa compréhension, mais ne l'exclut pas aussi et l'enferme même dans son étendue, parce qu'elle convient à un animal qui pense ; au lieu que l'idée de bête l'exclut dans sa compréhension, et ainsi ne peut convenir à l'animal qui pense[1].

Du propre.

Quand nous avons trouvé la différence qui constitue une espèce, c'est-à-dire son principal attribut essentiel qui la distingue de toutes les autres espèces, si, considérant plus particulièrement sa nature, nous y trouvons encore quelque attribut qui soit nécessairement lié avec ce premier attribut, et qui par conséquent convienne à toute cette espèce et à cette seule espèce, *omni et soli,* nous l'appelons propriété ; et étant signifié par un terme connotatif, nous l'attribuons à l'espèce comme son propre ; et parce qu'il convient aussi à tous les inférieurs de l'espèce, et que la seule idée que nous en avons une fois formée peut représenter cette propriété partout où elle se trouve, on en a fait le quatrième des termes communs et universaux[2].

Exemple. Avoir un angle droit est la différence essentielle du triangle rectangle. Et parce que c'est une dépendance nécessaire de l'angle droit que le carré du côté qui le soutient soit égal aux carrés des deux côtés qui le comprennent, l'égalité de ces carrés est considérée comme la propriété du triangle

1. Le genre animal se distribue en deux espèces : l'homme et la bête ; la différence de l'homme, c'est qu'il est raisonnable ; celle de la bête est purement négative, puisque c'est le défaut de raison.

2. Le propre est lié de près à la différence, et il n'est pas toujours facile de l'en discerner ; c'est, dit Bossuet, une suite de l'essence de la chose ; la faculté de parler, étant une suite de la raison, est la propriété de l'homme.

rectangle, qui convient à tous les triangles rectangles, et qui ne convient qu'à eux seuls.

Néanmoins, on a quelquefois étendu plus loin ce nom de propre et on en a fait quatre espèces[1].

La 1re est celle que nous venons d'expliquer, *quod convenit omni, et soli, et semper,* omme c'est le propre de tout cercle, du seul cercle, et toujours, que les lignes tirées du centre à la circonférence soient égales.

La 2e, *quod convenit omni, sed non soli,* comme on dit qu'il est propre à l'étendue d'être divisible, parce que toute étendue peut être divisée, quoique la durée, le nombre et la force le puissent être aussi.

La 3e est *quod convenit soli, sed non omni,* comme il ne convient qu'à l'homme d'être médecin ou philosophe, quoique tous les hommes ne le soient pas.

La 4e, *quod convenit omni et soli, sed non semper,* dont on rapporte pour exemple le changement de la couleur du poil en blanc, *canescere;* ce qui convient à tous les hommes et aux seuls hommes, mais seulement dans la vieillesse.

De l'accident.

Nous avons déjà dit dans le chapitre second qu'on appelait mode ce qui ne pouvait exister naturellement que par la substance, et ce qui n'était point nécessairement lié avec l'idée d'une chose, en sorte qu'on peut bien concevoir la chose sans concevoir le mode, comme on peut bien concevoir un homme sans le concevoir prudent; mais on ne peut concevoir la prudence sans concevoir, ou un homme, ou une autre nature intelligente qui soit prudente.

Or, quand on joint une idée confuse et indéterminée de substance avec une idée distincte de quelque mode, cette idée est capable de représenter toutes les choses où sera ce mode,

1. Cette division est empruntée à Porphyre, ch. v, περὶ τοῦ ἰδίου, ainsi que la plupart des exemples; mais on a ici interverti l'ordre de l'énumération. La première espèce du propre est celle que les scolastiques appelaient *proprium quarto modo,* « la plus excellente sorte de propriété. » On peut dire d'elle qu'elle se confond avec la différence; il serait aussi difficile de dire en quoi la troisième et la quatrième diffèrent des simples accidents.

comme l'idée de prudent, tous les hommes prudents ; l'idée de rond, tous les corps ronds ; et alors cette idée, exprimée par un terme connotatif *prudent, rond,* est ce qui fait le cinquième universel qu'on appelle accident, parce qu'il n'est pas essentiel à la chose à qui on l'attribue ; car s'il l'était, il serait différence ou propre [1].

Mais il faut remarquer ici, comme on l'a déjà dit, que quand on considère deux substances ensemble, on peut en considérer une comme mode de l'autre [2]. Ainsi un homme habillé peut être considéré comme un tout composé de cet homme et de ses habits ; mais être habillé, au regard de cet homme, est seulement un mode ou une façon d'être sous laquelle on le considère, quoique ses habits soient des substances. C'est pourquoi être habillé n'est qu'un cinquième universel.

En voilà plus qu'il n'en faut touchant les cinq universaux qu'on traite dans l'école avec tant d'étendue ; car il sert de très-peu de savoir qu'il y a des genres, des espèces, des différences, des propres et des accidents ; mais l'importance est de reconnaître les vrais genres des choses, les vraies espèces de chaque genre, leurs vraies différences, leurs vraies propriétés, et les accidents qui leur conviennent [3] ; et c'est à quoi nous pourrons donner quelque lumière dans les chapitres suivants, après avoir dit auparavant quelque chose des termes complexes.

1. Porphyre dit avec plus de précision : Συμβεβεκὸς ἐστιν ὃ γίνεται καὶ ἀπογίνεται χωρὶς τῆς τοῦ ὑποκειμένου φθορᾶς. Ch. v. C'est à l'accident qu'appartiennent ces différentes façons d'être qu'on appelle précisément des modes.

2. Une substance ne doit jamais être considérée comme mode d'une autre, mais comme modifiée par elle ; cette modification peut être accidentelle, comme dans l'exemple qui suit.

3. Comment reconnaître tout cela, si l'on ignore qu'il y a des genres, des espèces, des différences ? Les mots sans doute peuvent être ignorés ; mais il faut toujours savoir que nos idées générales ont entre elles des rapports déterminés par leur extension ; qu'on appelle espèces celles qui sont contenues, et genres celles qui les contiennent ; que ces deux dénominations n'ont par conséquent aucune valeur absolue, si ce n'est tout au bas ou tout au haut de l'échelle ; et qu'enfin les qualités que la généralisation abstrait et considère, en négligeant toute idée d'une substance individuelle, sont plus ou moins essentielles, plus ou moins subordonnées, ce qui est marqué par ces mots de différence, de propre, d'accident.

CHAPITRE VIII.

Des termes complexes et de leur universalité ou particularité.

On joint quelquefois à un terme divers autres termes qui composent dans notre esprit une idée totale, de laquelle il arrive souvent qu'on peut affirmer ou nier ce qu'on ne pourrait pas affirmer ou nier de chacun de ces termes étant séparés; par exemple, ce sont des termes complexes, *un homme prudent, un corps transparent; Alexandre, fils de Philippe.*

Cette addition se fait quelquefois par le pronom relatif, comme si je dis : *Un corps qui est transparent; Alexandre qui est fils de Philippe; le pape qui est vicaire de Jésus-Christ.*

Et on peut dire même que si ce relatif n'est pas toujours exprimé, il est toujours en quelque sorte sous-entendu, parce qu'il peut s'exprimer, si l'on veut, sans changer la proposition.

Car c'est la même chose de dire: un corps transparent, ou un corps qui est transparent.

Ce qu'il y a de plus remarquable dans ces termes complexes, est que l'addition que l'on fait à un terme est de deux sortes : l'une qu'on peut appeler *explication*, et l'autre *détermination*[1].

Cette addition peut s'appeler seulement *explication* quand elle ne fait que développer, ou ce qui était enfermé dans la compréhension de l'idée du premier terme, ou du moins ce qui lui convient comme un de ses accidents, pourvu qu'il lui convienne généralement et dans toute son étendue; comme si je dis : *L'homme, qui est un animal doué de raison,* ou *l'homme qui désire naturellement d'être heureux,* ou *l'homme qui est mortel.* Ces additions ne sont que des explications, parce qu'elles ne changent point du tout l'idée du mot d'homme, et ne la restreignent point à ne signifier qu'une partie des hommes, mais marquent seulement ce qui convient à tous les hommes.

Toutes les additions qu'on ajoute aux noms qui marquent

1. Cette distinction très-fondée est la raison de la différence entre les propositions incidentes explicatives et déterminatives, que les grammairiens ont conservée.

distinctement un individu sont de cette sorte; comme quand on dit : *Paris, qui est la plus grande ville de l'Europe; Jules César, qui a été le plus grand capitaine du monde; Aristote, le prince des philosophes; Louis XIV, roi de France.* Car les termes individuels, distinctement exprimés, se prennent toujours dans toute leur étendue, étant déterminés tout ce qu'ils le peuvent être[1].

L'autre sorte d'addition, qu'on peut appeler *détermination,* est quand ce qu'on ajoute à un mot général en restreint la signification, et fait qu'il ne se prend plus pour ce mot général dans toute son étendue, mais seulement pour une partie de cette étendue; comme si je dis: *Les corps transparents, les hommes savants, un animal raisonnable.* Ces additions ne sont point de simples explications, mais des déterminations, parce qu'elles restreignent l'étendue du premier terme; en faisant que le mot de corps ne signifie plus qu'une partie des corps, le mot d'homme, qu'une partie des hommes, le mot d'animal, qu'une partie des animaux.

Et ces additions sont quelquefois telles, qu'elles rendent individuel un mot général, quand on y ajoute des conditions individuelles, comme quand je dis : *Le pape qui est aujourd'hui,* cela détermine le mot général de pape à la personne unique et singulière d'Alexandre VII.

On peut de plus distinguer deux sortes de termes complexes, les uns dans l'expression, et les autres dans le sens seulement.

Les premiers sont ceux dont l'addition est exprimée, tels que sont tous les exemples qu'on a rapportés jusqu'ici.

Les derniers sont ceux dont l'un des termes n'est point exprimé, mais seulement sous-entendu, comme quand nous disons en France *le Roi,* c'est un terme complexe dans le sens, parce que nous n'avons pas dans l'esprit, en prononçant ce mot de roi, la seule idée générale qui répond à ce mot; mais nous y joignons mentalement l'idée de Louis XIV qui est maintenant roi de France. Il y a une infinité de termes, dans les discours ordinaires des hommes, qui sont complexes en cette

1. C'est-à-dire qu'un terme singulier est pris dans toute son extension; auss les logiciens considèrent comme universelle la proposition qui a pour sujet un nom propre.

manière, comme le nom de *Monsieur* dans chaque famille.

Il y a même des mots qui sont complexes dans l'expression pour quelque chose, et qui le sont encore dans le sens pour d'autres; comme quand on dit : *Le prince des philosophes*, c'est un terme complexe dans l'expression, puisque le mot de prince est déterminé par celui de philosophe; mais au regard d'Aristote que l'on marque dans les écoles par ce mot, il n'est complexe que dans le sens, puisque l'idée d'Aristote n'est que dans l'esprit, sans être exprimée par aucun son qui le distingue en particulier.

Tous les termes connotatifs ou adjectifs, ou sont parties d'un terme complexe quand leur substantif est exprimé, ou sont complexes dans le sens, quand il est sous-entendu; car comme il a été dit dans le chapitre II, ces termes connotatifs marquent directement un sujet, quoique plus confusément, et indirectement une forme ou un mode, quoique plus distinctement; et ainsi ce sujet n'est qu'une idée fort générale et fort confuse, quelquefois d'un être, quelquefois d'un corps qui est pour l'ordinaire déterminé par l'idée distincte de la forme qui lui est jointe; comme *album* signifie une chose qui a de la blancheur; ce qui détermine l'idée confuse de chose à ne représenter que celles qui ont cette qualité.

Mais ce qui est de plus remarquable dans ces termes complexes, est qu'il y en a qui sont déterminés dans la vérité à un seul individu, et qui ne laissent pas de conserver une certaine universalité équivoque qu'on peut appeler une équivoque d'erreur, parce que les hommes demeurant d'accord que ce terme ne signifie qu'une chose unique, faute de bien discerner quelle est véritablement cette chose unique, l'appliquent les uns à une chose et les autres à une autre; ce qui fait qu'il a besoin d'être encore déterminé ou par diverses circonstances ou par la suite du discours, afin que l'on sache précisément ce qu'il signifie.

Ainsi le mot de *véritable religion* ne signifie qu'une seule et unique religion, qui est dans la vérité la catholique, n'y ayant que celle-là de véritable. Mais parce que chaque peuple et chaque secte croit que sa religion est la véritable, ce mot est très-équivoque dans la bouche des hommes, quoique par erreur. Et si on lit dans un historien qu'un prince a été zélé pour la véritable religion, on ne saurait dire ce qu'il a entendu par là, si on ne sait de quelle religion a été cet historien; car si c'est un protestant, cela voudra dire la religion protestante; si c'est un Arabe mahométan qui parlât ainsi de son prince, cela voudra dire la religion mahométane, et on ne pourrait juger que ce serait la religion catholique, si on ne savait que cet historien est catholique.

Les termes complexes, qui sont ainsi équivoques par erreur, sont principalement ceux qui enferment des qualités dont les sens ne jugent point, mais seulement l'esprit, sur lesquelles il est facile que les hommes aient divers sentiments[1].

Si je dis, par exemple: Il n'y avait que des hommes de six pieds qui fussent enrôlés dans l'armée de Marius, ce terme complexe d'hommes de six pieds n'est pas sujet à être équivoque par erreur, parce qu'il est bien aisé de mesurer des hommes pour juger s'ils ont six pieds. Mais si l'on eût dit qu'on ne devait enrôler que des vaillants hommes, le terme de vaillants hommes eût été plus sujet à être équivoque par erreur, c'est-à-dire à être attribué à des hommes qu'on eût crus vaillants, et qui ne l'eussent pas été en effet.

Les termes de comparaison sont aussi fort sujets à être équivoques par erreur: *Le plus grand géomètre de Paris, le plus savant homme, le plus adroit, le plus riche*. Car, quoique ces termes soient déterminés par des conditions individuelles, n'y ayant qu'un seul homme qui soit le plus grand géomètre de Paris, néanmoins ce mot peut être facilement attribué à plusieurs, quoiqu'il ne convienne qu'à un seul dans la vérité, parce qu'il est fort aisé que les hommes soient partagés de sentiments sur ce sujet, et qu'ainsi plusieurs donnent ce nom à celui que chacun croit avoir cet avantage par-dessus les autres.

Les mots de *sens d'un auteur*, de *doctrine d'un auteur sur un tel sujet*, sont encore de ce nombre, surtout quand un auteur n'est pas si clair qu'on ne dispute quelle a été son opinion, comme nous voyons que les philosophes disputent

1. Observation profonde, qui explique la différence entre les sciences qu'on appelle positives, et la philosophie. Les résultats des premières peuvent toujours se vérifier par l'expérience ou par le calcul; ceux des autres ne pouvant être directement contrôlés offrent prise à de perpétuelles contradictions.

tous les jours, touchant les opinions d'Aristote, chacun le tirant de son côté[1]. Car, quoique Aristote n'ait qu'un seul et unique sens sur un tel sujet, néanmoins, comme il est différemment entendu, ces mots de *sentiment d'Aristote* sont équivoques par erreur, parce que chacun appelle sentiment d'Aristote ce qu'il a compris être son véritable sentiment ; et ainsi, l'un comprenant une chose et l'autre une autre, ces termes de sentiment d'Aristote sur un tel sujet, quelque individuels qu'ils soient en eux-mêmes, pourront convenir à plusieurs choses, savoir : à tous les divers sentiments qu'on lui aura attribués, et ils signifieront dans la bouche de chaque personne ce que chaque personne aura conçu être le sentiment de ce philosophe[2].

Mais, pour mieux comprendre en quoi consiste l'équivoque de ces termes, que nous avons appelés équivoques par erreur, il faut remarquer que ces mots sont connotatifs, ou expressément, ou dans le sens. Or, comme nous avons déjà dit, on doit considérer, dans les mots connotatifs, le sujet, qui est directement, mais confusément exprimé, et la forme ou le mode, qui est distinctement, quoique indirectement exprimé[3]. Ainsi le blanc signifie confusément un corps et la blancheur distinctement ; sentiment d'Aristote signifie confusément quelque opinion, quelque pensée, quelque doctrine, et distinctement la relation de cette pensée à Aristote, auquel on l'attribue[4].

Or, quand il arrive de l'équivoque dans ces mots, ce n'est pas proprement à cause de cette forme ou de ce mode, qui, étant distinct, est invariable ; ce n'est pas aussi à cause du sujet confus, lorsqu'il demeure dans cette confusion ; car, par

1. Cette obscurité d'Aristote n'est pas toujours de son fait; les traducteurs y ont largement contribué, et ses ouvrages d'ailleurs sont souvent mutilés.

2. Il ne faut pas trop s'en plaindre. C'est en interprétant ainsi de diverses manières un texte supposé infaillible, que les philosophes du moyen âge ont pu conserver quelque liberté.

3. A cette assertion souvent répétée il faut toujours répondre que l'adjectif exprime directement et distinctement un mode ; seulement il est vrai que l'imagination y joint presque toujours la conception d'une chose individuelle qui en soit le sujet. (Voir plus haut, ch. II.)

4. Sentiment d'Aristote signifie, à proprement parler, Aristote en tant qu'il pense, qu'il exprime sa pensée : l'idée est celle de la personne, de la substance, et d'un mode exprimé ici par un substantif abstrait. Les langues anciennes y substituent même souvent un adjectif ou un participe.

exemple, le mot de *prince des philosophes* ne peut jamais être équivoque, tant qu'on n'appliquera cette idée de prince des philosophes à aucun individu distinctement connu ; mais l'équivoque arrive seulement, parce que l'esprit, au lieu de ce sujet confus, y substitue souvent un sujet distinct et déterminé, auquel il attribue la forme et le mode[1]. Car, comme les hommes sont de différents avis sur ce sujet, ils peuvent donner cette qualité à diverses personnes, et les marquer ensuite par ce mot, qu'ils croient leur convenir, comme autrefois on entendait Platon par le nom de prince des philosophes, et maintenant on entend Aristote.

Le mot de *véritable religion* n'étant pas joint avec l'idée distincte d'aucune religion particulière, et demeurant dans son idée confuse[2], n'est point équivoque, puisqu'il ne signifie que ce qui est en effet la véritable religion. Mais lorsque l'esprit a joint cette idée de véritable religion à une idée distincte d'un certain culte particulier distinctement connu, ce mot devient très-équivoque et signifie, dans la bouche de chaque peuple, le culte qu'il prend pour véritable.

Il en est de même de ces mots, *sentiment d'un tel philosophe sur une telle matière;* car, demeurant dans leur idée générale, ils signifient simplement et en général la doctrine que ce philosophe a enseignée sur cette matière, comme ce qu'a enseigné Aristote sur la nature de notre âme, *id quod sensit talis scriptor ;* et cet *id*, c'est-à-dire cette doctrine, demeurant dans son idée confuse sans être appliquée à une idée distincte, ces mots ne sont nullement équivoques; mais lorsqu'au lieu de cet *id* confus, de cette doctrine confusément conçue, l'esprit substitue une doctrine distincte et un sujet distinct, alors, selon les différentes idées distinctes qu'on y pourra substituer, ce terme deviendra équivoque[3]. Ainsi,

1. C'est simplement dire que l'erreur n'est pas dans la conception d'un attribut, mais dans l'acte intellectuel qui l'affirme d'un sujet; que le terme soit complexe ou non, il n'importe.

2. L'idée n'est pas confuse pour être une simple conception; la notion d'une véritable religion est très-distincte ; on pourrait l'analyser et en déterminer les conditions; de plus elle ne devient pas équivoque quand on l'attribue à un culte particulier; elle cesse de l'être, mais elle devient vraie ou fausse.

3. Ces réflexions, comme les précédentes, sont subtiles : on peut en contester l'à-propos, car elles s'appliqueraient aussi bien à des termes incomplexes ; on peut aussi douter de leur justesse; il n'y a nulle équivoque dans ces mots *doctrine d'Aris-*

l'opinion d'Aristote touchant la nature de notre âme est un mot équivoque dans la bouche de Pomponace[1], qui prétend qu'il l'a crue mortelle, et dans celle de plusieurs autres interprètes de ce philosophe, qui prétendent, au contraire, qu'il l'a crue immortelle, aussi bien que ses maîtres Platon et Socrate[2]. Et de là il arrive que ces sortes de mots peuvent souvent signifier une chose à qui la forme exprimée indirectement ne convient pas. Supposant, par exemple, que Philippe n'ait pas été véritablement père d'Alexandre, comme Alexandre lui-même le voulait faire croire, le mot de *fils de Philippe,* qui signifie en général celui qui a été engendré par Philippe, étant appliqué par erreur à Alexandre, signifiera une personne qui ne serait pas véritablement le fils de Philippe[3].

Le mot de *sens de l'Écriture,* étant appliqué par un hérétique à une erreur contraire à l'Écriture, signifiera dans sa bouche cette erreur qu'il aura crue être le sens de l'Écriture, et qu'il aura, dans cette pensée, appelée le sens de l'Écri-

tote; il ne peut y en avoir, quelque idée qu'on se fasse de cette doctrine. Car ils ne pourront jamais, comme le mot *canon,* qu'on a pris pour exemple (ch. VI), être liés à des idées différentes. On pourra, il est vrai, interpréter l'opinion d'Aristote de diverses façons tout opposées, mais on peut se faire aussi des idées très-différentes d'Aristote lui-même. Dira-t-on pour cela que ce terme devient équivoque? Il faudrait alors en dire autant de tous les mots qui expriment des objets sur la nature desquels on peut discuter, et en présence des théories multipliées sur la constitution du soleil, prétendre que ce terme *soleil* est équivoque.

1. Pierre Pomponazzi, né à Mantoue en 1462, s'est rendu célèbre en opposant au péripatétisme de la scolastique, qui dénaturait les doctrines d'Aristote, une philosophie fondée sur une connaissance plus exacte des textes. Il enseignait que le prince des philosophes a prouvé que Dieu n'est pas une providence, que le monde est éternel, et que l'âme n'est pas immortelle. Il osa proposer cette dernière doctrine dans un ouvrage *de Immortalitate,* tout en déclarant, par une réserve plus ou moins sincère, qu'il croyait en qualité de chrétien ce qu'il ne pouvait admettre comme philosophe. Au fond, il paraît avoir interprété correctement l'opinion d'Aristote sur la nature de l'âme. Aujourd'hui encore, les critiques les plus éminents sont partagés d'avis sur cette question d'histoire ; mais il faut reconnaître qu'un système qui fait de l'âme une simple forme du corps, dont elle est aussi inséparable que « la forme de la hache est inséparable de la hache, » n'est guère compatible avec le dogme de l'immortalité. Aristote parle bien d'une intelligence « qui seule est séparée, impassible, sans mélange avec quoi que ce soit, » mais celle-là ne fait pas partie de l'âme : c'est l'intelligence toujours en acte, c'est Dieu lui-même.

2. Platon n'admet pas seulement que les âmes sont immortelles, mais même qu'elles sont éternelles ; elles ne peuvent naître ni mourir.

3. Il signifiera toujours le fils de Philippe, mais il sera faussement attribué à Alexandre.

ture. C'est pourquoi les calvinistes n'en sont pas plus catholiques, pour protester qu'ils ne suivent que la parole de Dieu; car ces mots de *parole de Dieu* signifient dans leur bouche toutes les erreurs, qu'ils prennent faussement pour la parole de Dieu.

CHAPITRE IX.

De la clarté et distinction des idées, et de leur obscurité et confusion.

On peut distinguer dans une idée la clarté d'avec la distinction, et l'obscurité d'avec la confusion; car on peut dire qu'une idée nous est claire quand elle nous frappe vivement, quoiqu'elle ne soit point distincte, comme l'idée de la douleur nous frappe très-vivement, et, selon cela, peut être appelée claire; et néanmoins elle est fort confuse, en ce qu'elle nous représente la douleur comme dans la main blessée, quoiqu'elle ne soit que dans notre esprit[1].

Néanmoins on peut dire que toute idée est distincte en tant que claire, et que leur obscurité ne vient que de leur confusion, comme dans la douleur le seul sentiment qui nous frappe est clair et est distinct aussi; mais ce qui est confus, qui est que ce sentiment soit dans notre main, ne nous est point clair[2].

1. La cause de la douleur est dans la main; mais la sensation est éprouvée par l'âme. Peut-être exagère-t-on ici la confusion qui se fait dans l'idée, car nous disons : J'ai mal à la main, et non pas : Ma main a mal.

2. Descartes maintient plus fermement la différence entre la clarté et la distinction : « J'appelle claire la connaissance qui est présente et manifeste à un esprit attentif..... et distincte celle qui est tellement précise et différente de toutes les autres, qu'elle ne comprend en soi que ce qui paraît manifestement à celui qui la considère comme il faut. » *Principes*, I, 45. Il ajoute ensuite : « La connaissance peut quelquefois être claire sans être distincte; mais elle ne peut jamais être distincte qu'elle ne soit claire par le même moyen. » Et il cite l'exemple qu'on vient de lire. En somme, on peut envisager une idée en elle-même et dans ses rapports avec les autres; dans le premier cas elle est claire ou obscure, dans le second elle est distincte ou confuse. Or, comme nous ne connaissons rien en soi-même, mais chaque chose dans ses rapports avec d'autres, il est bien difficile d'admettre qu'une connaissance puisse être claire, si elle n'est distincte. On croirait plus volontiers qu'elle peut être distincte sans être claire : l'idée que nous avons de Dieu est distincte et se sépare de toutes les autres, mais elle n'est pas aussi claire que nous le voudrions.

Prenant donc pour une même chose la clarté et la distinction des idées, il est très-important d'examiner pourquoi les unes sont claires et les autres obscures.

Mais c'est ce qui se connaît mieux par des exemples que par tout autre moyen, et ainsi nous allons faire un dénombrement des principales de nos idées qui sont claires et distinctes, et des principales de celles qui sont confuses et obscures.

L'idée que chacun a de soi-même, comme d'une chose qui pense, est très-claire, et de même aussi l'idée de toutes les dépendances de notre pensée, comme juger, raisonner, douter, vouloir, désirer, sentir, imaginer [1].

Nous avons aussi des idées fort claires de la substance étendue et de ce qui lui convient, comme figure, mouvement, repos [2]; car quoique nous puissions feindre qu'il n'y a aucun corps ni aucune figure, ce que nous ne pouvons pas feindre de la substance qui pense, tant que nous pensons, néanmoins nous ne pouvons pas nous dissimuler à nous-mêmes que nous ne concevions clairement l'étendue et la figure.

Nous concevons aussi clairement l'être, l'existence, la durée, l'ordre, le nombre, pourvu que nous pensions seulement que la durée de chaque chose est un mode ou une façon, dont nous considérons cette chose, en tant qu'elle continue d'être, et que pareillement l'ordre et le nombre ne diffèrent pas en effet des choses ordonnées et nombrées [3].

Toutes ces idées-là sont si claires, que souvent, en voulant les éclaircir davantage et ne pas se contenter de celles que nous formons naturellement, on les obscurcit.

Nous pouvons aussi dire que l'idée que nous avons de Dieu

1. On reconnaît le principe cartésien que l'âme est plus aisée à connaître que le corps.

2. L'idée claire c'est celle de l'étendue abstraite, géométrique, mais non pas de la substance réelle, de la force capable d'agir sur nos organes. Il n'y a rien de plus obscur que l'idée de la matière.

3. Ces lignes sont littéralement empruntées à Descartes : *Principes de la philosophie*, I, 55. Descartes ajoute que « le temps lui-même n'est rien hors de la véritable durée des choses, qu'une façon de penser. » La durée est une abstraction, c'est le mode d'existence des choses finies et successives; mais c'est une propriété réelle des objets et du moi lui-même, et il ne faut pas avec Descartes affirmer « qu'elle n'est point hors de notre pensée. »

en cette vie est claire en un sens, quoiqu'elle soit obscure en un autre sens et très-imparfaite.

Elle est claire en ce qu'elle suffit pour nous faire connaître en Dieu un très-grand nombre d'attributs que nous sommes assurés ne se trouver qu'en Dieu seul ; mais elle est obscure, si on la compare à celle qu'ont les bienheureux dans le ciel[1], et elle est imparfaite en ce que notre esprit, étant fini, ne peut concevoir que très-imparfaitement un objet infini. Mais ce sont différentes conditions, en une idée, d'être parfaite et d'être claire ; car elle est parfaite, quand elle nous représente tout ce qui est en son objet, et elle est claire, quand elle nous en représente assez pour le concevoir clairement et distinctement[2].

Les idées confuses et obscures sont celles que nous avons des qualités sensibles, comme des couleurs, des sons, des odeurs, des goûts, du froid, du chaud, de la pesanteur, etc., comme aussi de nos appétits, de la faim, de la soif, de la douleur corporelle, etc., et voici ce qui fait que ces idées sont confuses[3].

Comme nous avons été plus tôt enfants qu'hommes, et que les choses extérieures ont agi sur nous en causant divers sentiments dans notre âme par les impressions qu'elles faisaient sur notre corps, l'âme, qui voyait que ce n'était pas par sa volonté que ces sentiments s'excitaient en elle, mais qu'elle ne les avait qu'à l'occasion de certains corps, comme qu'elle sentait de la chaleur en s'approchant du feu, ne s'est pas contentée de juger qu'il y avait quelque chose hors d'elle, qui était cause qu'elle avait ces sentiments, en quoi elle ne se serait pas trompée; mais elle a passé plus outre, ayant cru que ce qui était dans ces objets était entièrement semblable aux sentiments[4] ou aux idées qu'elle avait à leur occasion ; et

1. Pour comparer deux idées il faut les avoir, et ici nous n'en possédons qu'une seule.

2. Réponse très-juste à ceux qui prétendent, comme Pascal, que nous ne connaissons le tout de rien, et qu'il est impossible de connaître les parties sans connaître le tout. *Pensées*, art. III, 26.

3. Descartes, *Principes*, I, 66 à 75. *Sixième Méditation*.

4. Le mot de sentiments n'a guère pris que de nos jours un sens précis en psychologie. Dans la langue de Descartes et du XVIIe siècle, il désigne à la fois la connaissance des choses extérieures et le plaisir ou la douleur qui y sont souvent attachés.

de ces jugements elle en a formé des idées[1], en transportant ces sentiments de chaleur, de couleur, etc., dans les choses mêmes qui sont hors d'elle ; et ce sont là ces idées obscures et confuses que nous avons des qualités sensibles, l'âme ayant ajouté ces faux jugements à ce que la nature lui faisait connaître[2].

Et comme ces idées ne sont point naturelles, mais arbitraires, on y a agi avec une grande bizarrerie. Car, quoique la chaleur et la brûlure ne soient que deux sentiments, l'un plus faible et l'autre plus fort, on a mis la chaleur dans le feu, et l'on a dit que le feu a de la chaleur ; mais on n'y a pas mis la brûlure ou la douleur qu'on sent en s'en approchant de trop près, et on ne dit point que le feu a de la douleur[3].

Mais si les hommes ont bien vu que la douleur n'est pas dans le feu qui brûle la main, peut-être qu'ils se sont encore trompés, en croyant qu'elle est dans la main que le feu brûle; au lieu qu'à le bien prendre, elle n'est que dans l'esprit,

1. Expression qui contredit la théorie des quatre opérations de l'esprit, telle qu'elle a été exposée au début, et suivant laquelle les jugements se forment des idées.

2. Descartes admet que la matière a deux sortes de qualités : les unes, qu'on a appelées après lui premières, l'étendue, la forme, le mouvement, la divisibilité, lui sont inhérentes, elles ne cesseraient pas d'être ce qu'elles sont pour nous quand même nous ne les connaîtrions pas; c'est la raison qui les affirme. Les autres, que l'on appelle secondes, comme la couleur, la température, etc., n'existent pas dans les objets, ne sont pas de leur essence, mais sont des sentiments de l'âme : « Le feu n'est pas chaud, dit Malebranche, l'herbe n'est pas verte; car la chaleur que l'on sent et les couleurs que l'on voit ne sont que dans l'âme. » Les adversaires du cartésianisme se sont souvent moqués de ce paradoxe. Au fond il est l'expression un peu outrée de la vérité : il est évident qu'il n'y a rien dans les objets de semblable à ce qui se passe en nous, quand nous voyons la lumière, ou que nous sentons la chaleur. Mais Descartes ne niait pas qu'il y eût en eux une cause capable de nous modifier de cette façon, et si on l'entend ainsi, Malebranche convient « que le feu est chaud et que l'herbe est verte. » Il faudrait ajouter que toutes les qualités des corps, aussi bien l'étendue que les autres, sont relatives et qu'elles ne sont pour nous que les effets produits sur nos organes par des causes inconnues. Elles ne sont donc pas inhérentes à la matière, mais dépendent de son action sur nous. Si l'on supprime le système nerveux, il n'y a ni couleur, ni son, ni étendue ; il reste toujours des forces capables de produire ces effets sur un être organisé comme nous le sommes.

3. Il y a ici une équivoque : le mot de chaleur a deux sens; il désigne à la fois une cause capable de produire, sur les corps extérieurs et sur nous, certains effets que nous observons, et l'effet produit sur nous-mêmes. Personne ne s'abuse au point de croire que le feu éprouve la sensation de la chaleur, pas plus que celle de la brûlure. « Ceux qui diraient que la chaleur n'est pas dans le feu, dit Bossuet, parleraient fort impertinemment. »

quoique à l'occasion de ce qui se passe dans la main ; parce que la douleur du corps n'est autre chose qu'un sentiment d'aversion, que l'âme conçoit de quelque mouvement contraire à la constitution naturelle de son corps[1].

C'est ce qui a été reconnu non-seulement par quelques anciens philosophes, comme les Cyrénaïques[2], mais aussi par saint Augustin en divers endroits. Les douleurs (dit-il dans le livre XIV de la *Cité de Dieu,* chap. XV) qu'on appelle corporelles, ne sont pas du corps, mais de l'âme, qui est dans le corps, et à cause du corps : *Dolores qui dicuntur carnis, animæ sunt in carne, et ex carne ;* car la douleur du corps, ajoute-t-il, n'est autre chose qu'un chagrin de l'âme, à cause de son corps, et l'opposition qu'elle a à ce qui se fait dans le corps, comme la douleur de l'âme qu'on appelle tristesse, est l'opposition qu'a notre âme aux choses qui arrivent contre notre gré : *Dolor carnis tantummodo offensio est animæ ex carne, et quædam ab ejus passione dissensio, sicuti animæ dolor, quæ tristitia nuncupatur, dissensio est ab his rebus quæ nobis nolentibus acciderunt.*

Et au livre de la *Genèse à la lettre,* chap. XIX : La répugnance que ressent l'âme de voir que l'action par laquelle elle gouverne le corps est empêchée par le trouble qui arrive dans son tempérament, est ce qui s'appelle douleur. *Cum afflictiones corporis moleste sentit (anima), actionem suam, qua illi regendo adest, turbato ejus temperamento impediri offenditur, et hæc offensio dolor vocatur*[3].

En effet, ce qui fait voir que la douleur qu'on appelle corporelle est dans l'âme, non dans le corps, c'est que les mêmes choses qui nous causent de la douleur, quand nous y pensons, ne nous en causent point lorsque notre esprit est fortement

1. Sans doute la deuleur n'est pas dans notre main, mais la cause de la douleur y est, et la souffrance que nous ressentons est distincte du sentiment d'aversion dont on parle ici, et qui l'accompagne souvent. Il y a là une action immédiate, inexplicable par suite, des organes sur l'âme.

2. L'école de Cyrène est surtout connue par sa morale fondée sur le plaisir. On ne sait trop pourquoi les disciples d'Aristippe sont cités ici à l'appui d'une explication qui les aurait fort étonnés. Peut-être Arnauld avait-il lu dans Diogène Laerte qu'ils appelaient la douleur, τραχῖαν κίνησιν, « un mouvement contraire à la constitution naturelle. »

3. Toutes ces explications tendent à confondre le sentiment avec l'idée ; la douleur n'est plus alors qu'une pensée. Mais elles mettent dans tout leur jour cette vérité que c'est l'âme qui sent.

occupé ailleurs, comme ce prêtre de Calame, en Afrique, dont parle saint Augustin dans le livre XIV de la *Cité de Dieu*, chap. XXIV, qui, toutes les fois qu'il voulait, s'aliénait tellement les sens, qu'il demeurait comme mort, et non-seulement ne sentait pas quand on le pinçait ou qu'on le piquait, mais non pas même quand on le brûlait. *Qui, quando ei placebat, ad imitatas quasi lamentantis hominis voces, ita se auferebat a sensibus, et jacebat simillimus mortuo, ut non solum vellicantes atque pungentes minime sentiret, sed aliquando etiam igne ureretur admoto, sine ullo doloris sensu, nisi postmodum ex vulnere*[1].

Il faut de plus remarquer que ce n'est pas proprement la mauvaise disposition de la main, et le mouvement que la brûlure y cause, qui fait que l'âme sent de la douleur ; mais qu'il faut que ce mouvement se communique au cerveau[2] par le moyen des petits filets enfermés dans les nerfs, comme dans des tuyaux, qui sont étendus comme de petites cordes, depuis le cerveau jusqu'à la main et les autres parties du corps[3] ; ce qui fait qu'on ne saurait remuer ces petits filets, qu'on ne remue aussi la partie du cerveau d'où ils tirent leur origine ; et c'est pourquoi si quelque obstruction empêche que ces filets de nerfs ne puissent communiquer leur mouvement au cerveau, comme il arrive dans la paralysie, il se peut faire qu'un homme voie couper et brûler sa main sans qu'il en sente de la douleur ; et au contraire, ce qui semble bien étrange, on peut avoir ce qu'on appelle mal à la main sans avoir de main, comme il arrive très-souvent à ceux qui ont la main coupée, parce que les filets des nerfs qui s'étendaient depuis la main jusqu'au cerveau, étant remués par

1. L'exemple de ce prêtre nommé Restitutus a souvent été reproduit, pour prouver que la volonté peut dominer la douleur. Il prouve tout au moins qu'elle peut en contenir l'expression. Il faut avouer en tout cas que cette insensibilité n'est jamais que passagère.

2. On a démontré de nos jours que la sensation survit au retranchement des lobes cérébraux ; l'organe central de la sensibilité est la face postérieure de la moelle épinière, et « lorsque l'on coupe la racine de l'un des nerfs qui en partent, l'animal perd le sentiment dans toutes les parties auxquelles le nerf se rend. » Flourens, *du Système nerveux*, p. 14.

3. C'est la physiologie de Descartes, qui ramène tout à des mouvements ; il y manque ici les esprits animaux qu'il fait circuler du centre à la circonférence et *vice versa*. Voir la *Sixième Méditation*, où toutes ces idées sont plus amplement expliquées.

quelque fluxion vers le coude, où ils se terminent, lorsqu'on a le bras coupé jusque-là, peuvent tirer la partie du cerveau à laquelle ils sont attachés en la même manière qu'ils la tiraient, lorsqu'ils s'étendaient jusqu'à la main, comme l'extrémité d'une corde peut être remuée de la même sorte, en la tirant par le milieu, qu'en la tirant par l'autre bout; et c'est ce qui est cause que l'âme alors sent la même douleur qu'elle sentait quand elle avait une main, parce qu'elle porte son attention au lieu d'où avait accoutumé de venir ce mouvement du cerveau; comme ce que nous voyons dans un miroir nous paraît au lieu où il serait, s'il était vu par des rayons droits; parce que c'est la manière la plus ordinaire de voir les objets[1].

Et cela peut servir à faire comprendre qu'il est très-possible qu'une âme séparée du corps soit tourmentée par le feu ou de l'enfer ou du purgatoire, et qu'elle sente la même douleur que l'on sent quand on est brûlé, puisque, lors même qu'elle était dans le corps, la douleur de la brûlure était en elle, et non dans le corps, et que ce n'était autre chose qu'une pensée de tristesse qu'elle ressentait à l'occasion de ce qui se passait dans le corps auquel Dieu l'avait unie. Pourquoi donc ne pourrions-nous pas concevoir que la justice de Dieu puisse tellement disposer une certaine portion de la matière à l'égard d'un esprit, que le mouvement de cette matière soit une occasion à cet esprit d'avoir des pensées affligeantes, qui est tout ce qui arrive à notre âme dans la douleur corporelle[2]?

Mais pour revenir aux idées confuses, celle de la pesanteur, qui paraît si claire, ne l'est pas moins que les autres dont nous venons de parler; car les enfants voyant des pierres et autres choses semblables, qui tombent en bas aussitôt qu'on cesse de les soutenir, ils ont formé de là l'idée d'une chose qui tombe, laquelle idée est naturelle et vraie, et de plus, de quelque cause de cette chute, ce qui est encore vrai.

1. En fait la sensation est toujours accompagnée de la perception de la partie des organes où l'impression se produit : cette perception peut-être parfois assez vague, et la région mal circonscrite. C'est ce qui explique les illusions dont on vient de lire l'exemple.

2. On voit ici plus clairement exprimée la confusion de la pensée et du sentiment, qui est en germe dans le cartésianisme.

Mais parce qu'ils ne voyaient rien que la pierre, et qu'ils ne voyaient point ce qui la poussait, par un jugement précipité, ils ont conclu que ce qu'ils ne voyaient point n'était point, et qu'ainsi la pierre tombait d'elle-même par un principe intérieur qui était en elle, sans que rien autre chose la poussât en bas[1], et c'est à cette idée confuse, et qui n'était née que de leur erreur, qu'ils ont attaché le nom de gravité et de pesanteur.

Et il leur est encore ici arrivé de faire des jugements tout différents de choses dont ils devaient juger de la même sorte. Car, comme ils ont vu des pierres qui se remuaient en bas vers la terre, ils ont vu des pailles qui se remuaient vers l'ambre, et des morceaux de fer ou d'acier qui se remuaient vers l'aimant; ils avaient donc autant de raison de mettre une qualité dans les pailles et dans le fer pour se porter vers l'ambre ou l'aimant, que dans les pierres pour se porter vers la terre. Néanmoins, il ne leur a pas plu de le faire; mais ils ont mis une qualité dans l'ambre pour attirer les pailles, et une dans l'aimant pour attirer le fer, qu'ils ont appelées des qualités attractives, comme s'il ne leur eût pas été aussi facile d'en mettre une dans la terre pour attirer les choses pesantes[2]. Mais, quoi qu'il en soit, ces qualités attractives ne sont nées, de même que la pesanteur, que d'un faux raisonnement, qui a fait croire qu'il fallait que le fer attirât l'aimant, parce qu'on ne voyait rien qui poussât l'aimant vers le fer; quoiqu'il soit impossible de concevoir qu'un corps en puisse attirer un autre, si le corps qui attire ne se meut lui-

1. Ce qui la pousse en bas, c'est la matière subtile, « qui par cela seul qu'elle se meut autour de la terre pousse vers elle tous les corps qu'on nomme pesants. » Voilà l'explication de Descartes, à laquelle ces lignes font allusion. Il est à remarquer qu'elle n'a pas perdu tout son crédit après les découvertes de Newton. Les lois que ce dernier a énoncées resteront éternellement vraies; mais la cause des mouvements ainsi réglés pourrait être mécanique; Newton lui-même n'est pas éloigné de le croire. Il parle quelque part d'un fluide très-subtil, *spiritus subtilissimus*, qui pénètre tous les corps, et par les actions duquel ils s'attirent; et il y a de nos jours de la part de plusieurs savants une tendance marquée, à ramener l'attraction à une impulsion causée par une sorte d'éther, dans lequel tous les corps seraient plongés.

2. Critique anticipée de la théorie de Newton qui date de 1665. Il est certain qu'entendue au pied de la lettre, l'attraction n'est qu'une hypothèse et a le défaut de rappeler les qualités occultes du moyen âge : aussi substitue-t-on à ce mot celui de gravitation, qui désigne un fait indubitable, sans en préjuger la cause.

même, et si celui qui est attiré ne lui est joint ou attaché par quelque lien[1].

On doit aussi rapporter à ces jugements de notre enfance l'idée qui nous représente les choses dures et pesantes, comme étant plus matérielles et plus solides que les choses légères et déliées, ce qui nous fait croire qu'il y a bien plus de matière dans une boîte pleine d'or, que dans une autre qui ne serait pleine que d'air ; car ces idées ne viennent que de ce que nous n'avons jugé dans notre enfance de toutes les choses extérieures, que par rapport aux impressions qu'elles faisaient sur nos sens : et ainsi, parce que les corps durs et pesants agissaient plus sur nous que les corps légers et subtils, nous nous sommes imaginé qu'ils contenaient plus de matière ; au lieu que la raison nous devait faire juger que chaque partie de la matière n'occupant jamais que sa place, un espace égal est toujours rempli d'une même quantité de matière[2].

De sorte qu'un vaisseau d'un pied cube n'en contient pas davantage étant plein d'or, qu'étant plein d'air ; et même il est vrai, en un sens, qu'étant plein d'air, il comprend plus de matière solide, par une raison qu'il serait trop long d'expliquer ici[3].

On peut dire que c'est de cette imagination que sont nées toutes les opinions extravagantes de ceux qui ont cru que notre âme était ou un air très-subtil composé d'atomes, comme Démocrite et les Épicuriens[4], ou un air enflammé, comme

1. On reconnaît encore ici la physique de Descartes, et le mécanisme qui en est l'explication fondamentale. Il est impossible de ne pas remarquer que la science contemporaine penche de ce côté, peut-être sans le savoir. Elle explique par des mouvements les phénomènes d'acoustique, de lumière, de chaleur, etc., et soupçonne que tous les autres ont la même cause. Seulement elle fonde sur des observations multipliées ce qui n'était de la part de Descartes qu'une hypothèse de génie.

2. « Il n'est pas possible qu'il y ait plus de matière ou de corps dans un vase lorsqu'il est plein de plomb ou d'or que lorsqu'il ne contient que de l'air et qu'il paraît vide : car la grandeur des parties dont un corps est composé ne dépend point de la pesanteur ou de la dureté que nous sentons à cette occasion, mais seulement de l'étendue qui est toujours égale dans un même vase. » Descartes, *Principes*, II, 19.

3. « Quand nous voyons qu'un corps est raréfié, nous devons penser qu'il y a plusieurs intervalles entre ses parties, lesquels sont remplis de quelque autre corps... Il y a des pores qui sont pleins de quelque autre corps. » Descartes, *Principes*, II, 6.

4. *Principio esse aio persubtilem, atque minutis*
Perquam corporibus factum constare (animum).
Lucrèce, livre III, 180.

les Stoïciens[1], ou une portion de la lumière céleste, comme les anciens Manichéens[2], et Flud même de notre temps, ou un vent délié, comme les Sociniens[3] : car toutes ces personnes n'auraient jamais cru qu'une pierre, du bois, de la boue, fussent capables de penser; et c'est pourquoi Cicéron, en même temps qu'il veut, comme les Stoïciens, que notre âme soit une flamme subtile[4], rejette comme une absurdité insupportable de s'imaginer qu'elle soit de terre, ou d'un air grossier : *Quid enim, obsecro te; terrane tibi aut hoc nebuloso, aut caliginoso cœlo, sata aut concreta esse videtur tanta vis memoriæ!* Mais ils se sont persuadé qu'en subtilisant cette matière, ils la rendraient moins matérielle, moins grossière et moins corporelle, et qu'enfin elle deviendrait capable de penser, ce qui est une imagination ridicule[5]; car une matière n'est plus subtile qu'une autre, qu'en ce qu'étant divisée en parties plus petites et plus agitées, elle fait d'une part moins de résistance aux autres corps, et s'insinue de l'autre plus facilement dans leurs pores; mais, divisée ou non divisée, agitée ou non agitée, elle n'en est ni moins matière, ni moins corporelle, ni plus capable de penser; étant impossible de s'imaginer qu'il y ait aucun rapport du mouvement ou de la figure de la matière subtile ou grossière avec la pensée[6], et

1 *Zenoni stoico animus ignis videtur.* » Cicéron, *Tusculanes*, I, 1. Dieu ou la nature étaient, pour les Stoïciens, « un feu artiste qui se propage par la génération. » L'âme qui en émane ne peut être qu'une étincelle de ce foyer.

2. Manès mêla au christianisme des opinions empruntées aux systèmes de l'Orient, et surtout à celui de Zoroastre, ce qui explique l'idée qu'il se faisait de l'âme. On a parlé plus haut de Flud.

3. Les Sociniens ont reçu leur nom des deux Socin qui propagèrent leur doctrine au milieu du XVIe siècle. « Ils refusaient de croire tout ce qui leur paraissait opposé aux lumières philosophiques, » et niaient par conséquent le péché originel, la trinité, et la divinité de Jésus-Christ. Arnauld est autorisé à parler de cette secte : car il lui fut reproché, comme à tout Port-Royal, d'y incliner.

4. C'est en effet l'opinion qui lui paraît la plus probable; l'âme est faite de la substance céleste, de celle qui brille dans la sphère du feu. *Tusculanes*, I, XVIII, XIX. C'est en ce sens qu'elle est divine et immortelle.

5. C'est ce que La Fontaine propose pour expliquer la nature de l'âme des bêtes :

> Je subtiliserais un morceau de matière...
> Quintessence d'atome, extrait de la lumière,
> Je ne sais quoi plus vif et plus mobile encor
> Que le feu...

6. C'est encore la simple réflexion qu'on peut opposer à ceux qui croient avoir défini la pensée, « un mouvement du cerveau. » Comme si on pouvait saisir la moindre analogie entre un mouvement et une pensée.

qu'une matière qui ne pensait pas lorsqu'elle était en repos comme la terre, ou dans un mouvement modéré comme l'eau, puisse parvenir à se connaître soi-même, si on vient à la remuer davantage, et à lui donner trois ou quatre bouillons de plus[1].

On pourrait étendre cela beaucoup davantage; mais c'est assez pour faire entendre toutes les autres idées confuses, qui ont presque toutes quelques causes semblables à ce que nous venons de dire.

L'unique remède à cet inconvénient, est de nous défaire des préjugés de notre enfance, et de ne rien croire de ce qui est du ressort de notre raison, par ce que nous en avons jugé autrefois, mais par ce que nous en jugeons maintenant, et ainsi nous nous réduirons à nos idées naturelles; et pour les confuses, nous n'en retiendrons que ce qu'elles ont de clair, comme qu'il y a quelque chose dans le feu qui est cause que je sens de la chaleur, que toutes les choses qu'on appelle pesantes sont poussées en bas par quelque cause, ne déterminant rien de ce qui peut être dans le feu qui me cause ce sentiment, ou de la cause qui fait tomber une pierre en bas, que je n'aie des raisons claires qui m'en donnent la connaissance[2].

CHAPITRE X.

Quelques exemples de ces idées confuses et obscures, tirés de la morale.

On a rapporté dans le chapitre précédent divers exemples de ces idées confuses, que l'on peut aussi appeler fausses,

1. « La terre et les cieux sont faits d'une même matière,... il n'y a qu'une même matière en tout l'univers... et toutes les propriétés que nous apercevons distinctement en elle se rapportent à cela seul, qu'elle peut être divisée et mue selon ses parties, etc. » Descartes, *Principes de la philosophie*, II, 22, 23.

2. La conclusion, on le voit, est empruntée comme tout le reste à Descartes. C'est un chapitre de physique, où, sous prétexte de réfuter quelques erreurs, l'auteur affirme les principes du cartésianisme. En somme, on en retiendra, pour la logique, que nous devons nous défier des idées conçues dans l'enfance, et faire, quand nous en sommes capables, un sincère examen de toutes nos croyances.

pour la raison que nous avons dite; mais parce qu'ils sont tous pris de la physique, il ne sera pas inutile d'y en joindre quelques autres tirés de la morale, les fausses idées que l'on se forme à l'égard des biens et des maux étant infiniment plus dangereuses.

Qu'un homme ait une idée fausse ou véritable, claire ou obscure, de la pesanteur, des qualités sensibles et des actions des sens, il n'en est ni plus heureux, ni plus malheureux; s'il en est un peu plus ou moins savant, il n'en est ni plus homme de bien ni plus méchant. Quelque opinion que nous ayons de toutes ces choses, elles ne changeront pas pour nous. Leur être est indépendant de notre science, et la conduite de notre vie est indépendante de la connaissance de leur être; ainsi, il est permis à tout le monde de s'en remettre à ce que nous en connaîtrons dans l'autre vie, et de se reposer généralement de l'ordre du monde sur la bonté et sur la sagesse de celui qui le gouverne[1].

Mais personne ne se peut dispenser de former des jugements sur les choses bonnes et mauvaises, puisque c'est par ces jugements qu'on doit conduire sa vie, régler ses actions, et se rendre heureux ou malheureux éternellement; et comme les fausses idées que l'on a de toutes ces choses sont la source des mauvais jugements que l'on en fait, il serait infiniment plus important de s'appliquer à les connaître et à les corriger, que non pas à réformer celles que la précipitation de nos jugements ou les préjugés de notre enfance nous font concevoir des choses de la nature, qui ne sont l'objet que d'une spéculation stérile[2].

Pour les découvrir toutes, il faudrait faire une morale tout entière; mais on n'a dessein ici que de proposer quelques exemples de la manière dont on les forme, en alliant ensemble diverses idées qui ne sont pas jointes dans la vérité, dont on compose ainsi de vains fantômes[3] après lesquels les hommes

1. L'intention de ces paroles est louable; il est certain que la vertu vaut mieux que la science, mais n'est-ce pas aussi un devoir que de chercher la vérité?

2. L'expression dépasse la pensée de l'auteur et la dénature; elle est moins d'un philosophe que d'un théologien mystique.

3. Dans tout ce chapitre Arnauld désigne par le mot de fantôme les erreurs de notre esprit. Il avait lu les ouvrages du chancelier Bacon, et peut-être retenu le mot d'*Idola*.

courent, et dont ils se repaissent misérablement toute leur vie.

L'homme trouve en soi l'idée du bonheur et du malheur, et cette idée n'est pas fausse ni confuse tant qu'elle demeure générale[1]; il a aussi des idées de petitesse, de grandeur, de bassesse, d'excellence; il désire le bonheur, il fuit le malheur; il admire l'excellence, il méprise la bassesse.

Mais la corruption du péché, qui le sépare de Dieu, en qui seul il pouvait trouver son véritable bonheur, et à qui seul par conséquent il en devait attacher l'idée, la lui fait joindre à une infinité de choses dans l'amour desquelles il s'est précipité, pour y chercher la félicité qu'il avait perdue; et c'est par là qu'il s'est formé une infinité d'idées fausses et obscures, en se représentant tous les objets de son amour comme étant capables de le rendre heureux, et ceux qui l'en privent comme le rendant misérable. Il a de même perdu par le péché la véritable grandeur et la véritable excellence, et ainsi il est contraint, pour s'aimer, de se représenter à soi-même autre qu'il n'est en effet; de se cacher ses misères et sa pauvreté, et d'enfermer dans son idée un grand nombre de choses qui en sont entièrement séparées, enfin de la grossir et de l'agrandir[2]; et voici la suite ordinaire de ces fausses idées.

La première et la principale pente de la concupiscence est vers le plaisir des sens, qui naît de certains objets extérieurs; et comme l'âme s'aperçoit que ce plaisir qu'elle aime lui vient de ces choses, elle y joint incontinent l'idée de bien, et celle de mal à ce qui l'en prive[3]. Ensuite, voyant que les richesses et la puissance humaine sont les moyens ordinaires de se rendre maître de ces objets de la concupiscence, elle commence à les regarder comme de grands biens, et par conséquent elle juge heureux les riches et les grands qui les possèdent, et malheureux les pauvres qui en sont privés.

Or, comme il y a une certaine excellence dans le bonheur,

1. C'est-à-dire, en tant qu'elle a pour objet le bien en soi ou Dieu. C'est, au dire de Malebranche, la source de toutes nos inclinations.

2. Pascal dit dans ses *Pensées* : « Il est dangereux de faire trop voir à l'homme sa grandeur sans sa bassesse, il est encore plus dangereux de lui faire ignorer l'un et l'autre; mais il est très-avantageux de lui représenter l'un et l'autre. » Peut-être Arnauld insiste-t-il plus que de raison, dans ce chapitre, sur le mauvais côté de la nature humaine. Voir sur le même sujet Pascal, art. IV, 1.

3. Arnauld est l'auteur d'une *Dissertation sur le prétendu bonheur du plaisir des sens*, dont il résume ici les idées.

elle ne sépare jamais ces deux idées, et elle regarde toujours comme grands tous ceux qu'elle considère comme heureux, et comme petits ceux qu'elle estime pauvres et malheureux; et c'est la raison du mépris que l'on fait des pauvres, et de l'estime que l'on fait des riches. Ces jugements sont si injustes et si faux, que saint Thomas croit que c'est ce regard d'estime et d'admiration pour les riches qui est condamné si sévèrement par l'apôtre saint Jacques, lorsqu'il défend de donner un siége plus élevé aux riches qu'aux pauvres dans les assemblées ecclésiastiques; car ce passage ne pouvant s'entendre à la lettre d'une défense de rendre certains devoirs extérieurs plutôt aux riches qu'aux pauvres, puisque l'ordre du monde, que la religion ne trouble point, souffre ces préférences, et que les saints mêmes les ont pratiquées, il semble qu'on doive l'entendre de cette préférence intérieure qui fait regarder les pauvres comme sous les pieds des riches, et les riches comme étant infiniment élevés au-dessus des pauvres[1].

Mais quoique ces idées et les jugements qui en naissent soient faux et déraisonnables, ils sont néanmoins communs à tous les hommes qui ne les ont pas corrigés; parce qu'ils sont produits par la concupiscence dont ils sont tous infectés[2]. Et il arrive de là que l'on ne se forme pas seulement ces idées des riches, mais que l'on sait que les autres ont pour eux les mêmes mouvements d'estime et d'admiration; de sorte que l'on considère leur état, non-seulement environné de toute la pompe et de toutes les commodités qui y sont jointes, mais aussi de tous ces jugements avantageux que l'on forme des riches, et que l'on connaît par les discours ordinaires des hommes et par sa propre expérience[3].

C'est proprement ce fantôme, composé de tous les admirateurs des riches et des grands que l'on conçoit environner leur trône, et les regarder avec des sentiments intérieurs de crainte, de respect et d'abaissement, qui fait l'idole des ambi-

1. Interprétation forcée. C'est peut-être le sens qu'il est bon de donner au passage de l'apôtre saint Jacques ; ce n'est certainement pas celui que l'écrivain sacré a conçu. On comprend mal du reste cette distinction entre la déférence intérieure et les actes qui n'ont d'autre effet que de la manifester.

2. « Tout ce qui est au monde est concupiscence de la chair, ou concupiscence des yeux, ou orgueil de la vie. » Pascal, *Pensées*, XXIV, 33.

3. Voir plus bas, partie II, ch. XX, les mêmes idées exprimées par Nicole.

tieux, pour lequel ils travaillent toute leur vie et s'exposent à tant de dangers.

Et pour montrer que c'est ce qu'ils recherchent et qu'ils adorent, il ne faut que considérer que s'il n'y avait au monde qu'un homme qui pensât, et que tout le reste de ceux qui auraient la figure humaine ne fussent que des statues automates; et que de plus ce seul homme raisonnable, sachant parfaitement que toutes ces statues, qui lui ressembleraient extérieurement, seraient entièrement privées de raison et de pensée, sût néanmoins le secret de les remuer par quelques ressorts, et d'en tirer tous les services que nous tirons des hommes, on peut bien croire qu'il se divertirait quelquefois aux divers mouvements qu'il imprimerait à ces statues; mais certainement il ne mettrait jamais son plaisir et sa gloire dans les respects extérieurs qu'il se ferait rendre par elles; il ne serait jamais flatté de leurs révérences, et même il s'en lasserait aussi tôt que l'on se lasse de marionnettes; de sorte qu'il se contenterait ordinairement d'en tirer les services qui lui seraient nécessaires, sans se soucier d'en amasser un plus grand nombre que ce qu'il en aurait besoin pour son usage.

Ce n'est donc pas les simples effets extérieurs de l'obéissance des hommes séparés de la vue de leurs pensées, qui sont l'objet de l'amour des ambitieux; ils veulent commander à des hommes et non à des automates, et leur plaisir consiste dans la vue des mouvements de crainte, d'estime et d'admiration qu'ils excitent dans les autres.

C'est ce qui fait voir que l'idée qui les occupe est aussi vaine et aussi peu solide que celle de ceux qu'on appelle proprement hommes vains, qui sont ceux qui se repaissent de louanges, d'acclamations, d'éloges, de titres et des autres choses de cette nature. La seule chose qui les en distingue est la différence des mouvements et des jugements qu'ils se plaisent d'exciter; car au lieu que les hommes vains ont pour but d'exciter des mouvements d'amour et d'estime pour leur science, leur éloquence, leur esprit, leur adresse, leur bonté, les ambitieux veulent exiter des mouvements de terreur, de respect et d'abaissement sous leur grandeur, et des idées conformes à ces jugements par lesquels on les regarde comme terribles, élevés, puissants. Ainsi, les uns et les autres mettent leur bonheur dans les pensées d'autrui[1]; mais les uns choisissent certaines pensées, et les autres d'autres.

Il n'y a rien de plus ordinaire que de voir ces vains fantômes, composés de faux jugements des hommes, donner le branle aux plus grandes entreprises, et servir de principal objet à toute la conduite de la vie des hommes.

Cette valeur, si estimée dans le monde, qui fait que ceux qui passent pour braves se précipitent sans crainte dans les plus grands dangers, n'est souvent qu'un effet de l'application de leur esprit à ces images vides et creuses qui le remplissent[2]. Peu de personnes méprisent sérieusement la vie[3]; et ceux qui semblent affronter la mort avec tant de hardiesse à une brèche ou dans une bataille tremblent comme les autres, et souvent plus que les autres, lorsqu'elle les attaque dans leur lit. Mais ce qui produit la générosité qu'ils font paraître en quelques rencontres, c'est qu'ils envisagent d'une part les railleries que l'on fait des lâches, et de l'autre les louanges qu'on donne aux vaillants hommes; et ce double fantôme, les occupant, les détourne de la considération des dangers et de la mort[4].

C'est par cette raison que ceux qui ont plus sujet de croire que les hommes les regardent, étant plus remplis de la vue de ces jugements, sont plus vaillants et plus généreux. Ainsi les capitaines ont d'ordinaire plus de courage que les soldats, et les gentilshommes que ceux qui ne le sont pas, parce qu'ayant plus d'honneur à perdre et à acquérir, ils en sont aussi plus vivement touchés. Les mêmes travaux, disait un grand capitaine, ne sont pas également pénibles à un général d'armée et à un soldat, parce qu'un général est soutenu par les jugements de toute une armée qui a les yeux sur lui, au lieu qu'un soldat n'a rien qui le soutienne que l'espérance d'une petite récompense et d'une basse réputation de bon

1. *Sapiunt alieno ex ore, petuntque*
Res ex auditis potius quam sensibus ipsis, Lucrèce, V, 1133.

2. « Nous perdons la vie avec joie pourvu qu'on en parle. » Pascal.

3. Le courage ne consiste pas à la mépriser; il n'y aurait pas alors de mérite à la sacrifier : « Il n'y a rien que les hommes aiment mieux à conserver et qu'ils ménagent moins que leur propre vie. » Labruyère, *de l'Homme*.

4. Morale un peu chagrine; Arnauld juge, dans tout ce chapitre, la nature humaine avec sévérité, peut-être avec injustice.

soldat, qui ne s'étend pas souvent au delà de la compagnie[1].

Qu'est-ce que se proposent ces gens qui bâtissent des maisons superbes beaucoup au-dessus de leur condition et de leur fortune? Ce n'est pas la simple commodité qu'ils y recherchent; cette magnificence excessive y nuit plus qu'elle n'y sert, et il est visible aussi que s'ils étaient seuls au monde, ils ne prendraient jamais cette peine, non plus que s'ils croyaient que tous ceux qui verraient leurs maisons n'eussent pour eux que des sentiments de mépris. C'est donc pour des hommes qu'ils travaillent, et pour des hommes qui les approuvent. Ils s'imaginent que tous ceux qui verront leur palais concevront des mouvements de respect et d'admiration pour celui qui en est le maître; et ainsi ils se représentent à eux-mêmes au milieu de leur palais, environnés d'une troupe de gens qui les regardent de bas en haut, et qui les jugent grands, puissants, heureux, magnifiques; et c'est pour cette idée qui les remplit qu'ils font toutes ces grandes dépenses et prennent toutes ces peines.

Pourquoi croit-on que l'on charge les carrosses de ce grand nombre de laquais? Ce n'est pas pour le service qu'on en tire, ils incommodent plus qu'ils ne servent; mais c'est pour exciter en passant, dans ceux qui les voient, l'idée que c'est une personne de grande condition qui passe; et la vue de cette idée, qu'ils imaginent que l'on formera en voyant ces carrosses, satisfait la vanité de ceux à qui ils appartiennent.

Si l'on examine de même tous les états, tous les emplois et toutes les professions qui sont estimés dans le monde, on trouvera que ce qui les rend agréables, et ce qui soulage les peines et les fatigues qui les accompagnent, est qu'ils présentent souvent à l'esprit des mouvements de respect, d'estime, de crainte, d'admiration que les autres ont pour nous.

Ce qui rend au contraire la solitude ennuyeuse, à la plupart du monde, est que, les séparant de la vue des hommes, elle les sépare aussi de celle de leurs jugements et de leurs pensées. Ainsi leur cœur demeure vide et affamé, étant privé

1. Labruyère a fortement exprimé cette pensée dans son chapitre *des Grands* : « Le soldat ne sent pas qu'il soit connu, il meurt obscur et dans la foule; il vivait de même à la vérité, mais il vivait... Jetez-moi dans les troupes comme un simple soldat, je suis Thersite; mettez-moi à la tête d'une armée dont j'aie à répondre à toute l'Europe, je suis Achille. »

de cette nourriture ordinaire, et ne trouvant pas dans soi-même de quoi se remplir. Et c'est pourquoi les philosophes païens ont jugé la vie solitaire si insupportable, qu'ils n'ont pas craint de dire que leur Sage ne voudrait pas posséder tous les biens du corps et de l'esprit, à condition de vivre toujours seul et de ne parler de son bonheur avec personne[1]. Il n'y a que la religion chrétienne qui ait pu rendre la solitude agréable, parce que, portant les hommes à mépriser ces vaines idées, elle leur donne en même temps d'autres objets plus capables d'occuper l'esprit, et plus dignes de remplir le cœur, pour lesquels ils n'ont point besoin de la vue et du commerce des hommes[2].

Mais il faut remarquer que l'amour des hommes ne se termine pas promptement à connaître les pensées et les sentiments des autres; mais qu'ils s'en servent seulement pour agrandir et pour rehausser l'idée qu'ils ont d'eux-mêmes, en y joignant et incorporant toutes ces idées étrangères, et s'imaginant, par une illusion grossière, qu'ils sont réellement plus grands, parce qu'ils sont dans une plus grande maison, et qu'il y a plus de gens qui les admirent, quoique toutes ces choses qui sont hors d'eux, et toutes ces pensées des autres hommes, ne mettant rien en eux, les laissent aussi pauvres et aussi misérables qu'ils étaient auparavant.

On peut découvrir par là ce qui rend agréable aux hommes plusieurs choses, qui semblent n'avoir rien d'elles-mêmes qui soit capable de les divertir et de leur plaire; car la raison du plaisir qu'ils y prennent, est que l'idée d'eux-mêmes se représente à eux plus grande qu'à l'ordinaire par quelque vaine circonstance que l'on y joint.

On prend plaisir à parler des dangers que l'on a courus, parce qu'on se forme sur ces accidents une idée qui nous représente à nous-mêmes, ou comme prudents, ou comme favorisés particulièrement de Dieu[3]. On aime à parler des mala-

1. Cicéron exprime cette pensée et ajoute : « *quis tam ferreus esset, qui eam vitam ferre posset, cuique non auferret fructum voluptatum omnium solitudo?* (*De amicitia*, 23). L'horreur de la solitude s'explique par des motifs plus honorables qu'on ne vient de le dire, et ne suppose pas toujours un calcul mesquin; elle est toute naturelle. Cf. Sénèque, lettre X.

2. Comparer Montaigne, livre I, ch. XLII. Sénèque, lettre LXXVI.

3. Cette réflexion peut augmenter notre plaisir, mais elle n'en est pas la cause

dies dont on est guéri, parce qu'on se représente à soi-même comme ayant beaucoup de force pour résister aux grands maux.

On désire remporter l'avantage en toutes choses, et même dans les jeux de hasard, où il n'y a nulle adresse, lors même qu'on ne joue pas pour le gain, parce que l'on joint à son idée celle d'heureux [1]: il semble que la fortune ait fait choix de nous, et qu'elle nous ait favorisés comme ayant égard à notre mérite. On conçoit même ce bonheur prétendu comme une qualité permanente qui donne droit d'espérer à l'avenir le même succès; et c'est pourquoi il y en a que les joueurs choisissent, et avec qui ils aiment mieux se lier qu'avec d'autres, ce qui est entièrement ridicule; car on peut bien dire qu'un homme a été heureux jusqu'à un certain moment; mais pour le moment suivant, il n'y a nulle probabilité plus grande qu'il le soit, que ceux qui ont été les plus malheureux.

Ainsi, l'esprit de ceux qui n'aiment que le monde n'a pour objet, en effet, que de vains fantômes qui l'amusent et l'occupent misérablement, et ceux qui passent pour les plus sages ne se repaissent, aussi bien que les autres, que d'illusions et de songes. Il n'y a que ceux qui rapportent leur vie et leurs actions aux choses éternelles, que l'on puisse dire avoir un objet solide, réel et subsistant, étant vrai à l'égard de tous les autres, qu'ils aiment la vanité et le néant, et qu'ils courent après la fausseté et le mensonge.

unique : l'activité de la mémoire et celle de l'imagination, la comparaison que nous pouvons faire entre nos inquiétudes d'autrefois et notre sécurité d'aujourd'hui, contribuent à nous faire trouver du charme à nous souvenir des épreuves passées, et à les raconter aux autres comme à nous-mêmes.

1. Pascal explique autrement le plaisir du jeu : « Ce n'est pas qu'il y ait en effet du bonheur, ni qu'on s'imagine que la vraie béatitude soit dans l'argent qu'on peut gagner au jeu... On n'en voudrait pas s'il était offert... Mais c'est le tracas qui nous détourne de penser à notre malheureuse condition et nous divertit. » *Pensées*, art. v, 1.

CHAPITRE XI.

D'une autre cause qui met de la confusion dans nos pensées et dans nos discours, qui est que nous les attachons à des mots.

Nous avons déjà dit que la nécessité que nous avons d'user de signes extérieurs pour nous faire entendre fait que nous attachons tellement nos idées aux mots, que souvent nous considérons plus les mots que les choses. Or c'est une des causes les plus ordinaires de la confusion de nos pensées et de nos discours[1].

Car il faut remarquer que, quoique les hommes aient souvent de différentes idées des mêmes choses, ils se servent néanmoins des mêmes mots pour les exprimer; comme l'idée qu'un philosophe païen a de la vertu, n'est pas la même que celle qu'en a un théologien, et néanmoins chacun exprime son idée par le même mot de vertu.

De plus, les mêmes hommes en différents âges ont considéré les mêmes choses en des manières très-différentes, et néanmoins ils ont toujours rassemblé toutes ces idées sous un même nom; ce qui fait que prononçant ce mot, ou l'entendant prononcer, on se brouille facilement, le prenant tantôt selon une idée, tantôt selon l'autre. Par exemple, l'homme ayant reconnu qu'il y avait en lui quelque chose, quoi que ce fût, qui faisait qu'il se nourrissait et qu'il croissait, a appelé cela *âme,* et a étendu cette idée à ce qui est de semblable, non-seulement dans les animaux, mais même dans les plantes. Et ayant vu encore qu'il pensait, il a encore appelé du nom d'*âme* ce qui était en lui le principe de la pensée; d'où il est arrivé que, par cette ressemblance de nom, il a pris pour la même chose ce qui pensait et ce qui faisait que le corps se nourrissait et croissait[2]. De même on a étendu également le

1. Ce sont ces erreurs que Bacon a désignées sous le titre de *Idola fori.* Voir sur ce même sujet Descartes, *Principes de la philosophie,* I, 71.

2. Cette confusion, si c'en est une, remonte à Aristote, qui enseigne que l'âme est à la fois le principe de la vie, celui des sentiments et des pensées; les scolastiques reconnaissent de même trois sortes d'âme : *anima vegetativa, sensitiva, intellectiva.* C'était une question controversée pour eux de savoir si elles sont distinctes ou non, c'est-à-dire s'il y a dans l'homme une ou plusieurs formes. Descartes tranche la difficulté par sa distinction de la pensée et de l'étendue et

mot de *vie* à ce qui est cause des opérations des animaux, et à ce qui nous fait penser, qui sont deux choses absolument différentes.

Il y a de même beaucoup d'équivoques dans les mots de *sens* et de *sentiments*, lors même qu'on ne prend ces mots que pour quelqu'un des cinq sens corporels; car il se passe ordinairement trois choses en nous, lorsque nous usons de nos sens, comme lorsque nous voyons quelque chose. La première est qu'il se fait de certains mouvements dans les organes corporels, comme dans l'œil et dans le cerveau[1]; la seconde, que ces mouvements donnent occasion à notre âme de concevoir quelque chose, comme lorsque en suite du mouvement qui se fait dans notre œil par la réflexion de la lumière dans des gouttes de pluie opposées au soleil, elle a des idées du rouge, du bleu et de l'orange[2]; la troisième est le jugement que nous faisons de ce que nous voyons, comme l'arc-en-ciel, à qui nous attribuons ces couleurs, et que nous concevons d'une certaine grandeur, d'une certaine figure et en une certaine distance[3]. La première de ces trois choses

par son explication toute mécanique de la vie. Aujourd'hui encore les opinions sont partagées : les uns attribuent le pouvoir vital à la cellule organisée, les autres, les vitalistes, à un principe distinct, le principe vital, qui sous un autre nom rappelle l'âme végétative de la scolastique; enfin les animistes persistent à soutenir que l'âme est à la fois la cause de la vie et celle de la pensée.

1. C'est ce qu'on appelle aujourd'hui communément une impression, et c'est comme on le dit fort bien ici, un fait organique.

2. A la suite de l'impression il se produit le plus souvent une sensation, c'est-à-dire un plaisir ou une douleur, et une perception, c'est-à-dire une connaissance, deux faits qu'Arnauld ne distingue pas, qui sont souvent en proportion inverse, comme l'avait remarqué Aristote, et dont le premier peut parfois disparaître. Il y a des perceptions où l'on ne distingue plus, peut-être par un effet de l'habitude, ucun mouvement de plaisir ni de douleur; mais il n'y a jamais de sensation sans une perception plus ou moins précise, qui parfois se réduit à celle de la partie des organes affectée par l'impression. Remarquez que l'auteur ne considère le mouvement des organes que comme une occasion donnée à l'âme de *concevoir* une idée. C'est la doctrine cartésienne, dont le dernier mot est la théorie des causes occasionnelles de Malebranche. La vérité c'est que l'impression est la cause de la perception, et qu'il y a là action directe des forces extérieures sur cette force simple qu'on appelle le moi.

3. L'idée du rouge, du bleu, etc., est déjà enfermée dans un jugement, et nous ne pouvons connaître les couleurs de l'arc-en-ciel sans affirmer qu'elles existent. Mais il est vrai qu'à la suite de ce jugement primitif nous en formons d'autres sur la grandeur et la distance; ce sont des jugements d'induction. En somme cette analyse de la connaissance des choses extérieures est d'une exactitude remarquable pour le temps, et les travaux ultérieurs des philosophes n'y ont rien changé

est uniquement dans notre corps, les deux autres sont seulement *en notre âme, quoiqu'à l'occasion de ce qui se passe* dans notre corps ; et néanmoins nous comprenons toutes les trois, *quoique si différentes, sous le même nom de sens* et de *sentiment*, ou de *vue*, d'*ouïe*, etc.[1] Car quand on dit que l'œil voit, que l'oreille ouït, cela ne peut s'entendre que selon le mouvement de l'organe corporel, étant bien clair que l'œil n'a aucune perception des objets qui le frappent, et que ce n'est pas lui qui en juge. On dit au contraire qu'on n'a pas vu une personne qui s'est présentée devant nous, et qui nous a *frappé les yeux, lorsque nous n'y avons pas fait réflexion*[2]. Et alors on prend le mot de *voir* pour la pensée qui se forme en notre âme, en suite de ce qui se passe dans notre œil et dans notre cerveau ; et selon cette signification du mot de voir, c'est l'âme qui voit et non pas le corps, comme Platon le soutient, et Cicéron après lui par ces paroles : *Nos enim ne nunc quidem oculis cernimus ea quæ videmus. Neque enim est ullus sensus in corpore. Viæ quasi quædam sunt ad oculos, ad aures, ad nares, a sede animi perforatæ. Itaque sæpe aut cogitatione aut aliqua vi morbi impediti, apertis atque integris et oculis et auribus, nec videmus, nec audimus ; ut facile intelligi possit, animum et videre et audire, non eas partes quæ quasi fenestræ sunt animi*[3]. Enfin on prend les mots de sens, de la vue, de l'ouïe, etc., pour la dernière de ces trois choses, c'est-à-dire pour les jugements que notre âme fait

d'essentiel, mais y ont ajouté de la précision. Ils ont aussi ramené à une seule faculté l'acte par lequel nous percevons chaque qualité à part, et celui par lequel nous les attribuons à un seul corps. Du temps d'Arnauld on admettait pour cette opération un sixième sens intérieur, *le sens commun*.

1. La confusion des termes subsiste toujours dans la langue commune, mais dans la science elle est dissipée. On appelle sensibilité, mot que Kant applique encore à la connaissance du monde extérieur, la faculté d'éprouver le plaisir ou la douleur, dont les deux grandes espèces se nomment sentiments et sensations. On appelle sens la faculté intellectuelle par laquelle nous connaissons les qualités des corps, c'est-à-dire l'intelligence en tant qu'elle se sert d'appareils organiques distincts, par lesquels elle perçoit les divers effets des forces naturelles. On distingue donc dans le sens deux idées, celle d'un pouvoir de l'esprit et celle d'un organe ; celle de la vue et de l'ouïe, et celle de l'œil et de l'oreille.

2. Remarque très-judicieuse : pour qu'une perception soit distincte, il ne faut pas seulement que l'objet soit présent, agisse sur une partie du système nerveux, et qu'il y ait un être intelligent, il faut encore que cet être soit actif et même attentif.

3. Cicéron, *Tusculanes*, liv. I, 20.

7

en suite des perceptions qu'elle a eues, à l'occasion de ce qui s'est passé dans les organes corporels, lorsque l'on dit que les sens se trompent, comme quand ils voient dans l'eau un bâton courbé, et que le soleil ne nous paraît que de deux pieds de diamètre. Car il est certain qu'il ne peut y avoir d'erreur ou de fausseté ni en tout ce qui se passe dans l'organe corporel, ni dans la seule perception de notre âme, qui n'est qu'une simple appréhension ; mais que toute l'erreur ne vient que de ce que nous jugeons mal[1] en concluant, par exemple, que le soleil n'a que deux pieds de diamètre, parce que sa grande distance fait que l'image qui s'en forme dans le fond de notre œil est à peu près de la même grandeur que celle qu'y formerait un objet de deux pieds, à une certaine distance plus proportionnée à notre manière ordinaire de voir[2]. Mais parce que nous avons fait ce jugement dès l'enfance, et que nous y sommes tellement accoutumés qu'il se fait au même instant que nous voyons le soleil, sans presque aucune réflexion, nous l'attribuons à la vue, et nous disons que nous voyons les objets petits ou grands, selon qu'ils sont plus proches ou plus éloignés de nous, quoique ce soit notre esprit et non notre œil qui juge de leur petitesse et de leur grandeur.

Toutes les langues sont pleines d'une infinité de mots semblables, qui, n'ayant qu'un même son, sont néanmoins signes d'idées entièrement différentes.

Mais il faut remarquer que quand un nom équivoque signifie deux choses qui n'ont nul rapport entre elles, et que les hommes n'ont jamais confondues dans leur pensée, il est presque impossible alors qu'on s'y trompe, et qu'il soit cause

1. On reconnaîtra ici, exprimée avec beaucoup de clarté, une distinction dont on ait souvent honneur à l'école écossaise : celle des perceptions naturelles, propre, à chaque sens, comme celle de la couleur ou du son, pour la vue ou l'ouïe, et des perceptions acquises, jugements dérivés des premiers, et grâce auxquels il nous uffit de voir la lumière réfléchie à la surface d'un objet, ou le son qu'il rend pour en inférer la forme, la distance, la nature. Les premières seules sont des perceptions, les secondes sont de véritables raisonnements, comme le marque Arnauld en se servant du mot *conclure*. Il peut y avoir des erreurs dans celles-ci, les autres sont infaillibles.

2. On ne peut mieux discerner ce qui dans nos jugements sur les choses extérieures revient à la perception, et ce qui est le résultat d'une induction. L'habitude en effet nous dissimule cette différence. La vue nous donne l'étendue de lumière du soleil, dans son rapport vrai avec nos organes. Si nous en concluons son étendue tangible, nous faisons un raisonnement hasardé.

d'aucune erreur ; comme on ne se trompera pas, si l'on a un peu de sens commun, par l'équivoque du mot *bélier*, qui signifie un animal et un signe du zodiaque. Au lieu que quand l'équivoque est venue de l'erreur même des hommes, qui ont confondu par méprise des idées différentes, comme dans le mot d'âme, il est difficile de s'en détromper, parce qu'on suppose que ceux qui se sont les premiers servis de ces mots les ont bien entendus ; et ainsi nous nous contentons souvent de les prononcer sans examiner jamais si l'idée que nous en avons est claire et distincte ; et nous attribuons même à ce que nous nommons d'un même nom, ce qui ne convient qu'à des idées de choses incompatibles, sans nous apercevoir que cela ne vient que de ce que nous avons confondu deux choses différentes sous un même nom[1].

CHAPITRE XII.

Du remède à la confusion qui naît dans nos pensées et dans nos discours de la confusion des mots, où il est parlé de la nécessité et de l'utilité de définir les mots dont on se sert, et de la différence de la définition des choses d'avec la définition des noms.

Le meilleur moyen pour éviter la confusion des mots qui se rencontrent dans les langues ordinaires est de faire une nouvelle langue et de nouveaux mots qui ne soient attachés qu'aux idées que nous voulons qu'ils représentent[2] ; mais, pour cela, il n'est pas nécessaire de faire de nouveaux sons, parce qu'on peut se servir de ceux qui sont déjà en usage, en les regardant comme s'ils n'avaient aucune signification, pour leur donner celle que nous voulons qu'ils aient, en désignant par d'autres mots simples, et qui ne soient point équi-

1. Ce chapitre est un des plus remarquables de la Logique, et renferme en germe presque toutes les vérités que Locke, Reid et leurs successeurs ont enseignées sur cette question. Seulement le lien qui le rattache aux autres est bien frêle ; et l'auteur en diminue la portée en ramenant à des questions de mots les problèmes qu'il y examine.

2. Pour en avertir les autres, il faudrait se servir de mots qu'ils pussent entendre, et sur le sens desquels on fût d'accord avec eux.

voques, l'idée à laquelle nous voulons les appliquer : comme si je veux prouver que notre âme est immortelle, le mot d'âme étant équivoque, comme nous l'avons montré, fera naître aisément de la confusion dans ce que j'aurai à dire : de sorte que pour l'éviter je regarderai le mot d'âme comme si c'était un son qui n'eût point encore de sens, et je l'appliquerai uniquement à ce qui est en nous le principe de la pensée, en disant : *J'appelle âme ce qui est en nous le principe de la pensée.*

C'est ce qu'on appelle la définition du mot, *definitio nominis,* dont les géomètres se servent si utilement[1], laquelle il faut bien distinguer de la définition de la chose, *definitio rei*[2].

Car dans la définition de la chose, comme peut être celle-ci : *L'homme est un animal raisonnable, le temps est la mesure du mouvement,* on laisse au terme qu'on définit, comme *homme* ou *temps,* son idée ordinaire, dans laquelle on prétend que sont contenues d'autres idées, comme *animal raisonnable* ou *mesure du mouvement,* au lieu que dans la définition du nom, comme nous avons déjà dit, on ne regarde que le son, et ensuite on détermine ce son à être signe d'une idée que l'on désigne par d'autres mots[3].

1. On verra plus loin s'il est exact de ramener les définitions en géométrie à de simples définitions de mots.

2. Cette distinction, vraie à quelques égards, se trouve déjà dans Aristote : ὁ ὁριζόμενος δείκνυσιν ἢ τί ἐστιν, ἢ τί σημαίνει τοὔνομα. *Derniers analytiques*, II, 7. Elle a été souvent discutée et contestée. Parmi les logiciens, les uns prétendent que toutes les définitions sont de mots, les autres qu'elles sont toujours des définitions de choses, d'autres encore qu'elles sont à la fois de choses et de mots. Arnauld soutient ici une quatrième opinion, qui paraît vraie, sauf quelque exagération. Il étend ce titre de définitions de mots à des propositions qui en réalité font connaître la nature des choses.

3. La différence entre ces deux définitions n'est pas claire. Dans les deux cas, on laisse au terme à définir « son idée ordinaire. » Seulement d'un côté on affirme simplement, comme le marque le verbe *est*; de l'autre on modifie l'affirmation en y joignant le mot *j'appelle* qui, peut se traduire ainsi : « Dans la langue que je parle, suivant les idées que j'admets. » Or cette restriction, même quand on ne l'énonce pas, est toujours sous-entendue dans une définition qui porte sur un objet dont la nature peut être discutée. Dans ce sens, toute définition serait une définition verbale, ce qu'on ne peut admettre. De plus, le langage et la pensée ne peuvent se séparer, puisque le mot est pour nous et pour les autres la pensée à son état de précision et de clarté; définir un mot, c'est donc définir l'idée, et si cette idée a un objet hors de notre esprit, c'est par là même se prononcer sur la nature de cet objet. Donc, en ce sens, toute définition de mots est

Il faut aussi prendre garde de ne pas confondre la définition de nom dont nous parlons ici, avec celle dont parlent quelques philosophes, qui entendent par là l'explication de ce qu'un mot signifie selon l'usage ordinaire d'une langue ou selon son étymologie; c'est de quoi nous pourrons parler en un autre endroit; mais ici on ne regarde, au contraire, que l'usage particulier auquel celui qui définit un mot veut qu'on le prenne, pour bien concevoir sa pensée, sans se mettre en peine si les autres le prennent dans le même sens[1].

Et de là il s'ensuit premièrement que les définitions de noms sont arbitraires, et que celles des choses ne le sont point; car chaque son étant indifférent de soi-même et par sa nature à signifier toutes sortes d'idées, il m'est permis, pour mon usage particulier, et pourvu que j'en avertisse les autres, de déterminer un son à signifier précisément une certaine chose, sans mélange d'aucune autre[2]; mais il en est tout autrement de la définition des choses; car il ne dépend point de la volonté des hommes que les idées comprennent ce qu'ils voudraient qu'elles comprissent; de sorte que si, en voulant les définir, nous attribuons à ces idées quelque chose qu'elles ne contiennent pas, nous tombons nécessairement dans l'erreur[3].

Ainsi, pour donner un exemple de l'un et de l'autre, si, dépouillant le mot *parallélogramme* de toute signification, je

une définition de choses. On ne peut admettre qu'il soit permis à chacun d'attribuer d'une manière arbitraire le sens, qu'il voudra imaginer, à un mot dont tout le monde se sert. Ce n'est légitime que dans un cas : c'est celui où pour une connaissance nouvelle on propose un terme nouveau, ou un autre qu'on détourne de son sens ordinaire.

1. On ne peut admettre cette prétention qui amènerait la confusion dans la langue; la définition de mots est, sauf le cas dont on a parlé dans la note précédente, une simple explication « de ce qu'un mot signifie selon l'usage ordinaire d'une langue, » τι σημαίνει, comme le dit très-bien Aristote. Des logiciens scrupuleux la désignent sous le nom d'explication. « C'est une proposition dans laquelle l'attribut développe sans exacte détermination quelques-uns des caractères appartenant au sujet : c'est un éclaircissement préliminaire pour préparer la voie à une détermination plus rigoureuse. » Hamilton, *Lectures on logic*, XXIV.

2. Quand une chose est désignée de tout temps par un mot, « on n'a pas le droit d'en parler comme si l'on venait de l'inventer, sans tenir compte de ce qu'elle a été jusque-là. » Waddington, *Essais de logique*, p. 45. Ne voit-on pas d'ailleurs que le langage n'a pas été fait pour « l'usage particulier? »

3. Les relations des termes généraux dans une langue sont fixées par celles des idées qu'ils expriment; si on détermine ces relations dans une définition, par cela même on détermine le sens des mots.

l'applique à signifier un triangle, cela m'est permis, et je ne commets en cela aucune erreur, pourvu que je ne le prenne qu'en cette sorte ; et je pourrai dire alors que le parallélogramme a trois angles égaux à deux droits ; mais si, laissant à ce mot sa signification et son idée ordinaire, qui est de signifier une figure dont les côtés sont parallèles, je venais à dire que le parallélogramme est une figure à trois lignes, parce que ce serait alors une définition de choses, elle serait très-fausse, étant impossible qu'une figure à trois lignes ait ses côtés parallèles.

Il s'ensuit, en second lieu, que les définitions des noms ne peuvent pas être contestées, par cela même qu'elles sont arbitraires; car vous ne pouvez pas nier qu'un homme n'ait donné à un son la signification qu'il dit lui avoir donnée, ni qu'il n'ait cette signification dans l'usage qu'en fait cet homme après nous en avoir avertis [1] ; mais pour les définitions des choses, on a souvent droit de les contester, puisqu'elles peuvent être fausses, comme nous l'avons montré.

Il s'ensuit troisièmement que toute définition de nom, ne pouvant être contestée, peut être prise pour principe, au lieu que les définitions des choses ne peuvent point du tout être prises pour principes [2], et sont de véritables propositions qui peuvent être niées par ceux qui y trouveront quelque obscurité, et par conséquent elles ont besoin d'être prouvées comme d'autres propositions, et ne doivent pas être supposées, à moins qu'elles ne fussent claires d'elles-mêmes comme des axiomes.

Néanmoins ce que je viens de dire, que la définition du nom peut être prise pour principe, a besoin d'explication ; car cela n'est vrai qu'à cause que l'on ne doit pas contester que

1. Cet homme ne parle plus notre langue ; il en a inventé une pour son usage particulier, et malheureusement il finira par vouloir nous l'imposer.

2. Il y a en effet des définitions qui peuvent être prises pour principes ; ce sont celles qui portent sur des conceptions de l'esprit sans rien affirmer des objets. Elles sont incontestables, si elles n'enferment pas de contradiction. Concevez-vous une surface limitée par trois droites qui se coupent ? Je l'appelle triangle. Mais je n'affirme pas qu'il y ait de pareilles surfaces ; il suffit que vous puissiez les concevoir. Ce ne sont pas pourtant des mots que je définis, mais des idées. Si au contraire je dis : J'appelle planète tout astre qui a un double mouvement, etc., la définition a besoin d'être prouvée, et le soin que je prends d'y ajouter le mot : J'appelle, ne la rend pas plus incontestable.

l'idée, qu'on a désignée, ne puisse être appelée du nom qu'on lui a donné; mais on n'en doit rien conclure à l'avantage de cette idée, ni croire, pour cela seul qu'on lui a donné un nom, qu'elle signifie quelque chose de réel. Car, par exemple, je puis définir le mot de *chimère* en disant : J'appelle chimère ce qui implique contradiction; et cependant il ne s'ensuivra pas de là que la chimère soit quelque chose[1]. De même, si un philosophe me dit : J'appelle pesanteur le principe intérieur qui fait qu'une pierre tombe sans que rien la pousse, je ne contesterai pas cette définition; au contraire, je la recevrai volontiers, parce qu'elle me fait entendre ce qu'il veut dire; mais je lui nierai que ce qu'il entend par ce mot pesanteur soit quelque chose de réel, parce qu'il n'y a point de tel principe dans les pierres[2].

J'ai voulu expliquer ceci un peu au long, parce qu'il y a deux grands abus qui se commettent sur ce sujet dans la philosophie commune[3]. Le premier est de confondre la définition de la chose avec la définition du nom, et d'attribuer à la première ce qui ne convient qu'à la dernière; car, ayant fait à leur fantaisie cent définitions, non de nom, mais de chose, qui sont très-fausses, et qui n'expliquent point du tout la vraie nature des choses ni les idées que nous en avons naturellement, ils veulent ensuite que l'on considère ces définitions comme des principes que personne ne peut contredire; et, si quelqu'un les leur nie, comme elles sont très-niables, ils prétendent qu'on ne mérite pas de disputer avec eux[4].

Le second abus est que, ne se servant presque jamais de définitions de noms pour en ôter l'obscurité et les fixer à de

1. Ce sera toujours quelque chose; ce seraient deux propositions opposées en qualité et en quantité, comme on le dira plus tard. Il n'y a pas de mots qui n'expriment au moins une idée.

2. C'est contester la définition, puisque c'est apprécier l'idée par les mots qui l'expriment; ce que vous ne contestez pas, c'est qu'il parle clairement; mais vous ne pouvez isoler les sons qu'il exprime, des choses dont ils sont l'expression.

3. Celle de l'École en opposition à celle de Descartes.

4. C'est la meilleure critique de la théorie qu'on propose, et qui introduit l'arbitraire le plus absolu dans le langage, et par suite dans la science. Ceux qu'Arnauld reprend avec tant de raison ne font qu'appliquer les conséquences de ses principes. S'il n'y a pas dans l'esprit un fond de notions communes désignées par des mots dont le sens n'est pas arbitraire, toute discussion manque de base, et chacun est maître de ses affirmations. A ce compte, on ne pourra pas critiquer la définition de la logique par les auteurs de Port-Royal, et ils répondront qu'ils ont bien le droit de dire : J'appelle logique l'art de penser.

certaines idées désignées clairement, ils les laissent dans leur confusion : d'où il arrive que la plupart de leurs disputes ne sont que des disputes de mots; et, de plus, qu'ils se servent de ce qu'il y a de clair et de vrai dans les idées confuses pour établir ce qu'elles ont d'obscur et de faux; ce qui se reconnaîtrait facilement si on avait défini les noms [1]. Ainsi les philosophes croient d'ordinaire que la chose du monde la plus claire est que le feu est chaud et qu'une pierre est pesante, et que ce serait une folie de le nier, et, en effet, ils le persuaderont à tout le monde, tant qu'on n'aura point défini les noms ; mais, en les définissant, on découvrira aisément si ce qu'on leur niera sur ce sujet est clair ou obscur; car il leur faut demander ce qu'ils entendent par le mot de chaud et par le mot de pesant. Que s'ils répondent que par chaud ils entendent seulement ce qui est propre à causer en nous le sentiment de la chaleur, et par pesant ce qui tombe en bas, n'étant point soutenu, ils ont raison de dire qu'il faut être déraisonnable pour nier que le feu soit chaud et qu'une pierre soit pesante; mais, s'ils entendent par chaud ce qui a en soi une qualité semblable à ce que nous nous imaginons, quand nous sentons de la chaleur, et par pesant ce qui a en soi un principe intérieur qui le fait aller vers le centre, sans être poussé par quoi que ce soit, il sera facile alors de leur montrer que ce n'est point leur nier une chose claire, mais très-obscure, pour ne pas dire très-fausse, que de leur nier qu'en ce sens le feu soit chaud et qu'une pierre soit pesante, parce qu'il est bien clair que le feu nous fait avoir le sentiment de la chaleur par l'impression qu'il fait sur notre corps; mais il n'est nullement clair que le feu ait rien en lui qui soit semblable à ce que nous sentons quand nous sommes auprès du feu; et il est de même fort clair qu'une pierre descend en bas quand on la laisse, mais il n'est nullement clair qu'elle y descende d'elle-même sans que rien la pousse en bas [2].

Voilà donc la grande utilité de la définition des noms, de faire comprendre nettement de quoi il s'agit, afin de ne pas

1. Locke parle de même : « Si les hommes voulaient dire quelles idées ils attachent aux mots dont ils se servent, il ne pourrait pas y avoir la moitié tant d'obscurité ou de dispute qu'il y en a. » *Essai*, etc. liv. III, ch. x.

2. On a expliqué le sens de cette discussion et de la théorie cartésienne des qualités sensibles et de la pesanteur plus haut, chapitre IX.

disputer inutilement sur des mots, que l'un entend d'une façon, et l'autre de l'autre, comme on fait si souvent, même dans les discours ordinaires.

Mais, outre cette utilité, il y en a encore une autre: c'est qu'on ne peut souvent avoir une idée distincte d'une chose qu'en y employant beaucoup de mots pour la désigner: or il serait importun, surtout dans les livres de science, de répéter toujours cette grande suite de mots. C'est pourquoi, ayant fait comprendre la chose par tous ces mots, on attache à un seul mot l'idée qu'on a conçue, et ce mot tient lieu de tous les autres[1]. Ainsi, ayant compris qu'il y a des nombres qui sont divisibles en deux également, pour éviter de répéter souvent tous ces termes, on donne un nom à cette propriété en disant : J'appelle tout nombre qui est divisible en deux également nombre pair : cela fait voir que toutes les fois qu'on se sert du mot qu'on a défini, il faut substituer mentalement la définition en la place du défini, et avoir cette définition si présente, qu'aussitôt qu'on nomme, par exemple, le nombre pair, on entende précisément que c'est celui qui est divisible en deux également, et que ces deux choses soient tellement jointes et inséparables dans la pensée, qu'aussitôt que le discours en exprime l'une, l'esprit y attache immédiatement l'autre. Car ceux qui définissent les termes, comme font les géomètres, avec tant de soin, ne le font que pour abréger le discours, que de si fréquentes circonlocutions rendraient ennuyeux, *Ne assidue circumloquendo moras faciamus*, comme dit saint Augustin; mais ils ne le font pas pour abréger les idées des choses dont ils discourent, parce qu'ils prétendent que l'esprit suppléera la définition entière aux termes courts, qu'ils n'emploient que pour éviter l'embarras que la multitude des paroles apporterait[2].

1. Ces considérations prouvent plutôt l'utilité de la généralisation ; car on ne peut dire avec toute justesse, que ce soit un avantage de la définition de pouvoir se passer de définition.

2. Voir sur la définition les chapitres XV et XVI de la deuxième partie. En y joignant les chapitres IV et V de la quatrième partie, on aura tous les éléments d'une théorie de la définition ; il est même regrettable que les auteurs ne les aient pas réunis.

CHAPITRE XIII.

Observations importantes touchant la définition des noms.

Après avoir expliqué ce que c'est que les définitions des noms, et combien elles sont utiles et nécessaires, il est important de faire quelques observations sur la manière de s'en servir, afin de ne pas en abuser.

La première est qu'il ne faut pas entreprendre de définir tous les mots, parce que souvent cela serait inutile, et qu'il est même impossible de le faire. Je dis qu'il serait souvent inutile de définir de certains noms; car, lorsque l'idée que les hommes ont de quelque chose est distincte, et que tous ceux qui entendent une langue forment la même idée en entendant prononcer un mot, il serait inutile de le définir, puisqu'on a déjà la fin de la définition, qui est que le mot soit attaché à une idée claire et distincte[1]. C'est ce qui arrive dans les choses fort simples dont tous les hommes ont naturellement la même idée; de sorte que les mots par lesquels on les signifie sont entendus de la même sorte par tous ceux qui s'en servent, ou, s'ils y mêlent quelquefois quelque chose d'obscur, leur principale attention néanmoins va toujours à ce qu'il y a de clair; et ainsi ceux qui ne s'en servent que pour en marquer l'idée claire n'ont pas sujet de craindre qu'ils ne soient pas entendus. Tels sont les mots d'*être*, de *pensée*, d'*étendue*, d'*égalité*, de *durée* ou de *temps*, et autres semblables[2]. Car, encore que quelques-uns obscurcissent l'idée du temps par diverses propositions qu'ils en forment, et qu'ils appellent définitions, comme que le temps est la mesure du

1. On ne peut pas tout définir, puisque toute définition étant une analyse, on finira par arriver à des idées simples et indécomposables : « Les noms des idées simples ne peuvent être définis, dit Locke, et ceux de toutes les idées complexes peuvent l'être. Jusqu'ici personne que je sache n'a remarqué quels sont les termes qui peuvent ou ne peuvent pas être définis, etc. » *Essai sur l'entendement humain*, l. III, c. IV. Locke n'est pourtant pas le premier à faire cette remarque; Arnauld l'a précédé, et avant lui Descartes avait dit: « qu'il y a des notions d'elles-mêmes si claires qu'on les obscurcit en les voulant définir à la façon de l'École. » *Principes*, I, 10.

2. C'est de celles-là que Descartes a dit : « Je ne pense pas que parmi ceux qui liront mes écrits il s'en rencontre de si stupides, qu'ils ne puissent entendre d'eux-mêmes ce que ces termes signifient. » *Principes*, I, 10.

mouvement selon l'antériorité et la postériorité, néanmoins ils ne s'arrêtent pas eux-mêmes à cette définition, quand ils entendent parler du temps, et n'en conçoivent autre chose que ce que naturellement tous les autres en conçoivent; et ainsi les savants et les ignorants entendent la même chose, et avec la même facilité, quand on leur dit qu'un cheval est moins de temps à faire une lieue qu'une tortue.

Je dis de plus qu'il serait impossible de définir tous les mots; car, pour définir un mot, on a nécessairement besoin d'autres mots qui désignent l'idée à laquelle on veut attacher ce mot; et, si l'on voulait aussi définir les mots dont on se serait servi pour l'explication de celui-là, on en aurait encore besoin d'autres, et ainsi à l'infini. Il faut donc nécessairement s'arrêter à des termes primitifs qu'on ne définisse point; et ce serait un aussi grand défaut de vouloir trop définir que de ne pas assez définir, parce que, par l'un et par l'autre, on tomberait dans la confusion que l'on prétend éviter [1].

La seconde observation est qu'il ne faut point changer les définitions déjà reçues, quand on n'a point sujet d'y trouver à redire, car il est toujours plus facile de faire entendre un mot, lorsque l'usage déjà reçu, au moins parmi les savants, l'a attaché à une idée, que lorsqu'il l'y faut attacher de nouveau, et le détacher de quelque autre idée avec laquelle on a accoutumé de le joindre [2]. C'est pourquoi ce serait une faute de changer les définitions reçues par les mathématiciens, si ce n'est qu'il y en eût quelqu'une d'embrouillée, et dont l'idée n'aurait pas été désignée assez nettement, comme peut-être celle de l'angle et de la proportion, dans Euclide.

La troisième observation est que quand on est obligé de définir un mot, on doit, autant que l'on peut, s'accommoder à l'usage, en ne donnant pas aux mots des sens tout à fait éloignés de ceux qu'ils ont, et qui pourraient même être contraires à leur étymologie, comme qui dirait : J'appelle parallélogramme une figure terminée par trois lignes; mais se contentant pour l'ordinaire de dépouiller les mots qui ont deux sens, de l'un de ces sens, pour l'attacher uniquement à l'autre. Comme la

1. Comparez Locke : Si tous pouvaient être définis, cela irait à l'infini, liv. III, chap. IV.

2. Restriction judicieuse aux idées du chapitre précédent.

chaleur signifie, dans l'usage commun, et le sentiment que nous avons, et une qualité que nous nous imaginons dans le feu tout à fait semblable à ce que nous sentons; pour éviter cette ambiguïté, je puis me servir du nom de chaleur, en l'appliquant à l'une de ces idées, et le détachant de l'autre; comme si je dis : J'appelle chaleur le sentiment que j'ai quand je m'approche du feu, et donnant à la cause de ce sentiment, ou un nom tout à fait différent, comme serait celui d'ardeur[1], ou ce même nom, avec quelque addition qui le détermine et qui le distingue de chaleur prise pour le sentiment, comme qui dirait la chaleur virtuelle[2].

La raison de cette observation est que les hommes, ayant une fois attaché une idée à un mot, ne s'en défont pas facilement; et ainsi leur ancienne idée, revenant toujours, leur fait aisément oublier la nouvelle que vous voulez leur donner en définissant ce mot; de sorte qu'il serait plus facile de les accoutumer à un mot qui ne signifierait rien du tout, comme qui dirait : J'appelle *bara* une figure terminée par trois lignes, que de les accoutumer à dépouiller le mot de *parallélogramme* de l'idée d'une figure dont les côtés opposés sont parallèles, pour lui faire signifier une figure dont les côtés ne peuvent être parallèles.

C'est un défaut dans lequel sont tombés tous les chimistes, qui ont pris plaisir de changer les noms à la plupart des choses dont ils parlent, sans aucune utilité, et de leur en donner qui signifient déjà d'autres choses, qui n'ont nul véritable rapport avec les nouvelles idées auxquelles ils les lient. Ce qui donne même lieu à quelques-uns de faire des raisonnements ridicules, comme est celui d'une personne qui, s'imaginant que la peste est un mal saturnien, prétendait qu'on avait guéri des pestiférés en leur pendant au col un morceau de plomb, que les chimistes appellent Saturne, sur lequel on avait gravé, un jour de samedi, qui porte aussi le nom de Saturne, la figure dont les astronomes se servent pour marquer cette planète; comme si des rapports arbitraires et sans raison entre

1. On emploie aujourd'hui souvent dans ce sens le mot de calorique.

2. C'est-à-dire ce qui a la puissance, la *vertu* de nous faire éprouver la chaleur. C'est un mot de l'École, s'opposant au terme *actuel*, comme dans la langue d'Aristote s'opposent δύναμις, et ἐνέργεια. Il a passé dans la langue ordinaire.

le plomb et la planète de Saturne, et entre cette même planète et le même jour du samedi, et la petite marque dont on la désigne, pouvaient avoir des effets réels et guérir effectivement des maladies[1].

Mais ce qu'il y a de plus insupportable dans ce langage des chimistes est la profanation qu'ils font des plus sacrés mystères de la religion pour servir de voile à leurs prétendus secrets, jusque-là même qu'il y en a qui ont passé jusqu'à ce point d'impiété, que d'appliquer ce que l'Écriture dit des vrais chrétiens, qu'ils sont la race choisie, le sacerdoce royal, la nation sainte, le peuple que Dieu s'est acquis, et qu'il a appelé des ténèbres à son admirable lumière, à la chimérique confrérie des roses-croix[2], qui sont, selon eux, des sages qui sont parvenus à l'immortalité bienheureuse, ayant trouvé le moyen, par la pierre philosophale, de fixer leur âme dans leur corps, d'autant, disent-ils, qu'il n'y a point de corps plus fixe et plus incorruptible que l'or. On peut voir ces rêveries et beaucoup d'autres semblables, dans l'examen qu'a fait Gassendi de la philosophie de Flud[3], qui font voir qu'il n'y a guère de plus mauvais caractère d'esprit que celui de ces écrivains énigmatiques, qui s'imaginent que les pensées les moins solides, pour ne pas dire les plus fausses et les plus impies, passeront pour de grands mystères, étant revêtues des manières de parler inintelligibles au commun des hommes.

1. La confusion et la bizarrerie du langage de l'alchimie ne pouvaient guère cesser que le jour où la science ferait quelque grand progrès. C'est la clarté des idées qui fait celle de la langue, et réciproquement le perfectionnement du langage provoque de nouveaux progrès de la science. La nomenclature chimique en est la preuve.

2. C'est le nom d'une société secrète, dont les adeptes professaient un mysticisme superstitieux et une grande prédilection pour les sciences occultes. Ils étaient assez nombreux au commencement du XVIIe siècle. Fludd dont il est question plus haut s'était affilié à cette confrérie.

3. Gassendi, *Exercitationes in Fluddanam philosophiam* : voir plus haut, *second discours*, page 32, note 2.

CHAPITRE XIV.

D'une autre sorte de définition de noms, par lesquels on marque ce qu'ils signifient dans l'usage.

Tout ce que nous avons dit des définitions des noms ne doit s'entendre que de celles où l'on définit les mots dont on se sert en particulier [1]; et c'est ce qui les rend libres et arbitraires, parce qu'il est permis à chacun de se servir de tel son qu'il lui plaît pour exprimer ses idées, pourvu qu'il en avertisse. Mais, comme les hommes ne sont maîtres que de leur langage, et non pas de celui des autres, chacun a le droit de faire un dictionnaire pour soi [2]; mais on n'a pas droit d'en faire pour les autres, ni d'expliquer leurs paroles par ces significations particulières qu'on aura attachées aux mots. C'est pourquoi, quand on n'a pas dessein de faire connaître simplement en quel sens on prend un mot, mais qu'on prétend expliquer celui auquel il est communément pris, les définitions qu'on en donne ne sont nullement arbitraires, mais elles sont liées et astreintes à représenter, non la vérité des choses, mais la vérité de l'usage; et on doit les estimer fausses, si elles n'expriment pas véritablement cet usage, c'est-à-dire si elles ne joignent pas aux sons les mêmes idées qui y sont jointes par l'usage ordinaire de ceux qui s'en servent; et c'est ce qui fait voir aussi que ces définitions ne sont nullement exemptes d'être contestées, puisque l'on dispute tous les jours de la signification que l'usage donne aux termes [3].

Or, quoique ces sortes de définitions de mots semblent être le partage des grammairiens [4], puisque ce sont celles qui composent les dictionnaires, qui ne sont autre chose que l'explication des idées que les hommes sont convenus de lier à

1. On a déjà fait observer que le langage n'était pas fait pour un usage particulier.

2. Ce serait vraiment puéril, et on ne peut mieux faire ressortir les conséquences de la théorie exposée au chapitre XII.

3. C'est là à proprement dire la vraie définition de mots; il y a encore celle où l'on adapte un terme nouveau ou ancien à une idée ou à un objet nouveaux.

4. La définition du grammairien consiste à placer les mots dans la classe où ils doivent entrer, et à dire d'eux qu'ils sont des substantifs ou des adjectifs, etc.

certains sons, néanmoins l'on peut faire à ce sujet plusieurs réflexions très-importantes pour l'exactitude de nos jugements.

La première, qui sert de fondement aux autres, est que les hommes ne considèrent pas souvent toute la signification des mots, c'est-à-dire que les mots signifient souvent plus qu'il ne semble, et que, lorsqu'on en veut expliquer la signification, on ne représente pas toute l'impression qu'ils font dans l'esprit.

Car signifier, dans un son prononcé ou écrit, n'est autre chose qu'exciter une idée liée à ce son dans notre esprit, en frappant nos oreilles ou nos yeux. Or il arrive souvent qu'un mot, outre l'idée principale que l'on regarde comme la signification propre de ce mot, excite plusieurs autres idées qu'on peut appeler accessoires, auxquelles on ne prend pas garde, quoique l'esprit en reçoive l'impression.

Par exemple, si l'on dit à une personne : Vous en avez menti, et que l'on ne regarde que la signification principale de cette expression, c'est la même chose que si on lui disait : Vous savez le contraire de ce que vous dites ; mais, outre cette signification principale, ces paroles emportent dans l'usage une idée de mépris et d'outrage, et elles font croire que celui qui nous les dit ne se soucie pas de nous faire injure [1], ce qui les rend injurieuses et offensantes.

Quelquefois ces idées accessoires ne sont pas attachées aux mots par un usage commun, mais elles y sont seulement jointes par celui qui s'en sert ; et ce sont proprement celles qui sont excitées par le ton de la voix, par l'air du visage, par les gestes et par les autres signes naturels qui attachent à nos paroles une infinité d'idées qui en diversifient, changent, diminuent, augmentent la signification, en y joignant l'image des mouvements, des jugements et des opinions de celui qui parle [2].

C'est pourquoi, si celui qui disait qu'il fallait prendre la

1. C'est-à-dire n'en a pas de souci.

2. On a déjà remarqué que ce mot de mouvement signifie les passions, les inclinations, tout ce qui tient à la sensibilité : Les esprits, dit Malebranche, doivent avoir des inclinations, comme les corps ont des mouvements. Voir aussi Bossuet : « Ces appétits ou ces répugnances et aversions sont appelés mouvements de l'âme, non qu'elle change de place ou qu'elle se transporte d'un lieu à un autre, etc. » *Connaissance de Dieu*, I, 6.

mesure du ton de sa voix des oreilles de celui qui écoute, voulait dire qu'il suffit de parler assez haut pour se faire entendre, il ignorait une partie de l'usage de la voix, le ton signifiant souvent autant que les paroles mêmes [1]. Il y a voix pour instruire, voix pour flatter, voix pour reprendre; souvent on ne veut pas seulement qu'elle arrive jusqu'aux oreilles de celui à qui l'on parle, mais on veut qu'elle le frappe et qu'elle le perce; et personne ne trouverait bon qu'un laquais, que l'on reprend un peu fortement, répondît : Monsieur, parlez plus bas, je vous entends bien; parce que le ton fait partie de la réprimande et est nécessaire pour former dans l'esprit l'idée que l'on veut y imprimer.

Mais quelquefois ces idées accessoires sont attachées aux mots mêmes, parce qu'elles s'excitent ordinairement par tous ceux qui les prononcent; et c'est ce qui fait qu'entre des expressions qui semblent signifier la même chose, les unes sont injurieuses, les autres douces; les unes modestes, les autres impudentes; les unes honnêtes, et les autres déshonnêtes; parce qu'outre cette idée principale en quoi elles conviennent, les hommes y ont attaché d'autres idées, qui sont cause de cette diversité.

Cette remarque peut servir à découvrir une injustice assez ordinaire à ceux qui se plaignent des reproches qu'on leur a faits, qui est de changer les substantifs en adjectifs; de sorte que si on les accuse d'ignorance ou d'imposture, ils disent qu'on les a appelés ignorants ou imposteurs; ce qui n'est pas raisonnable, ces mots ne signifiant pas la même chose [2]; car les mots adjectifs d'ignorant ou imposteur, outre la signification du défaut qu'ils marquent, enferment encore l'idée du mépris; au lieu que ceux d'ignorance et d'imposture marquent la chose telle qu'elle est, sans l'aigrir ni l'adoucir. L'on en pourrait trouver d'autres qui signifieraient la même chose d'une manière qui enfermerait de plus une idée adoucissante et qui témoignerait qu'on désire épargner celui à qui l'on fait ces reproches; et ce sont ces manières que choisissent les

1. Le langage naturel se mêle à la parole et modifie le sens tout intellectuel des mots en y joignant le sentiment et la volonté, qui en réalité ne se séparent jamais de la pensée.

2. Cette distinction entre l'offense par le substantif, et celle qu'on peut faire par adjectif, ne toucherait sans doute que des logiciens consommés.

personnes sages et modérées, à moins qu'elles n'aient quelque raison particulière d'agir avec plus de force.

C'est encore par là qu'on peut reconnaître la différence du style simple et du style figuré, et pourquoi les mêmes pensées nous paraissent beaucoup plus vives quand elles sont exprimées par une figure que si elles étaient renfermées dans des expressions toutes simples[1]: car cela vient de ce que les expressions figurées signifient, outre la chose principale, le mouvement et la passion de celui qui parle, et impriment ainsi l'une et l'autre idée dans l'esprit; au lieu que l'expression simple ne marque que la vérité toute nue.

Par exemple, si ce demi-vers de Virgile :

Usque adeone mori miserum est[2]?

était exprimé simplement et sans figure, de cette sorte : *Non est usque adeo mori miserum*, il est sans doute qu'il aurait beaucoup moins de force; et la raison en est que la première expression signifie beaucoup plus que la seconde; car elle n'exprime pas seulement cette pensée que la mort n'est pas un si grand mal que l'on croit, mais elle représente de plus l'idée d'un homme qui se roidit contre la mort, et qui l'envisage sans effroi, image beaucoup plus vive que n'est la pensée même à laquelle elle est jointe. Ainsi il n'est pas étrange qu'elle frappe davantage, parce que l'âme s'instruit par les images des vérités[3]; mais elle ne s'émeut guère que par l'image des mouvements.

Si vis me flere, dolendum est
Primum ipsi tibi[4].

Mais, comme le style figuré signifie ordinairement, avec les choses, les mouvements que nous ressentons en les concevant et en parlant, on peut juger par là de l'usage que l'on en doit faire et quels sont les sujets auxquels il est propre. Il est visible qu'il est ridicule de s'en servir dans les matières pure-

1. Toutes simples, ce n'est pas assez clairement parler. Les figures sont des expressions très-simples; mais elles ajoutent à la pensée, à l'affirmation pure, la chaleur du sentiment.
2. *Énéide*, XII, 646.
3. Par l'expression de la vérité.
4. Horace, *Art poétique*, 102.

ment spéculatives, que l'on regarde d'un œil tranquille, et qui ne produisent aucun mouvement dans l'esprit; car, puisque les figures expriment les mouvements de notre âme, celles que l'on mêle en des sujets où l'âme ne s'émeut point sont des mouvements contre la nature et des espèces de convulsions. C'est pourquoi il n'y a rien de moins agréable que certains prédicateurs qui s'écrient indifféremment sur tout, et qui ne s'agitent pas moins sur des raisonnements philosophiques, que sur les vérités les plus étonnantes et les plus nécessaires pour le salut [1].

Et, au contraire, lorsque la matière que l'on traite est telle qu'elle doit raisonnablement nous toucher, c'est un défaut d'en parler d'une manière sèche, froide et sans mouvement, parce que c'est un défaut de n'être pas touché de ce qui doit nous toucher.

Ainsi, les vérités divines n'étant pas proposées simplement pour être connues, mais beaucoup plus pour être aimées, révérées et adorées par les hommes, il est sans doute que la manière noble, élevée et figurée dont les saints Pères les ont traitées leur est bien plus proportionnée qu'un style simple et sans figure, comme celui des scolastiques, puisqu'elle ne nous enseigne pas seulement ces vérités, mais qu'elle nous représente aussi les sentiments d'amour et de révérence avec lesquels les Pères en ont parlé, et que portant ainsi dans notre esprit l'image de cette sainte disposition, elle peut beaucoup contribuer à y en imprimer une semblable; au lieu que le style scolastique, étant simple et ne contenant que les idées de la vérité toute nue, est moins capable de produire dans l'âme les mouvements de respect et d'amour que l'on doit avoir pour les vérités chrétiennes; ce qui le rend en ce point non-seulement moins utile, mais aussi moins agréable, le plaisir de l'âme consistant plus à sentir des mouvements qu'à acquérir des connaissances.

Enfin, c'est par cette même remarque qu'on peut résoudre cette question célèbre entre les anciens philosophes : s'il y a des mots déshonnêtes, et que l'on peut réfuter les raisons des stoïciens, qui voulaient que l'on pût se servir indifféremment

1. Ces pages peuvent compter parmi les meilleures de la Logique : on ne peut exprimer d'idées plus justes en meilleur langage.

des expressions, qui sont estimées ordinairement infâmes et impudentes.

Ils prétendent, dit Cicéron dans une lettre qu'il a faite sur ce sujet, qu'il n'y a point de paroles sales ni honteuses; car, ou l'infamie (disent-ils) vient des choses, ou elle est dans les paroles; elle ne vient pas seulement des choses, puisqu'il est permis de les exprimer en d'autres paroles qui ne passent point pour déshonnêtes; elle n'est pas aussi dans les paroles considérées comme sons, puisqu'il arrive souvent, comme Cicéron le montre, qu'un même son signifiant diverses choses, et étant estimé déshonnête dans une signification, ne l'est point en une autre [1].

Mais tout cela n'est qu'une vaine subtilité qui ne naît que de ce que ces philosophes n'ont pas assez considéré ces idées accessoires que l'esprit joint aux idées principales des choses; car il arrive de là qu'une même chose peut être exprimée honnêtement par un son et déshonnêtement par un autre, si l'un de ces sons y joint quelque autre idée qui en couvre l'infamie, et si l'autre au contraire la présente à l'esprit d'une manière impudente. Ainsi les mots d'adultère, d'inceste, de péché abominable, ne sont pas infâmes, quoiqu'ils représentent des actions très-infâmes, parce qu'ils ne les représentent que couvertes d'un voile d'horreur qui fait qu'on ne les regarde que comme des crimes; de sorte que ces mots signifient plutôt le crime de ces actions que les actions mêmes, au lieu qu'il y a de certains mots qui les expriment sans en donner de l'horreur, et plutôt comme plaisantes que comme criminelles, et qui y joignent même une idée d'impudence et d'effronterie, et ce sont ces mots-là qu'on appelle infâmes et déshonnêtes.

Il en est de même de certains tours par lesquels on exprime honnêtement des actions qui, quoique légitimes, tiennent quelque chose de la corruption de la nature; car ces tours sont en effet honnêtes, parce qu'ils n'expriment pas simplement ces choses, mais aussi la disposition de celui qui en parle de cette sorte, et qui témoigne par sa retenue qu'il les envisage avec peine et qu'il les couvre autant qu'il peut, et

1. Cicéron, *Lettres à divers*, IX, 22.

aux autres et à soi-même; au lieu que ceux qui en parleraient d'une autre manière feraient paraître qu'ils prendraient plaisir à regarder ces sortes d'objets; et ce plaisir étant infâme, il n'est pas étrange que les mots qui expriment cette idée soient estimés contraires à l'honnêteté.

C'est pourquoi il arrive aussi qu'un même mot est estimé honnête en un temps et honteux en un autre, ce qui a obligé les docteurs hébreux de substituer en certains endroits de la Bible des mots hébreux à la marge, pour être prononcés par ceux qui la liraient, au lieu de ceux dont l'Écriture se sert; car cela vient de ce que ces mots, lorsque les prophètes s'en sont servis, n'étaient point déshonnêtes, parce qu'ils étaient liés avec quelque idée qui faisait regarder ces objets avec retenue et avec pudeur; mais depuis, cette idée en ayant été séparée, et l'usage y en ayant joint une autre d'impudence et d'effronterie, ils sont devenus honteux; et c'est avec raison que, pour ne pas frapper l'esprit de cette mauvaise idée, les rabbins veulent qu'on en prononce d'autres en lisant la Bible, quoiqu'ils n'en changent pas pour cela le texte.

Ainsi c'était une mauvaise défense à un auteur, que la profession religieuse obligeait à une exacte modestie, et à qui on avait reproché avec raison de s'être servi d'un mot peu honnête pour signifier un lieu infâme, d'alléguer que les Pères n'avaient pas fait difficulté de se servir de celui de *lupanar*, et qu'on trouvait souvent dans leurs écrits les mots de *meretrix*, de *leno*, et d'autres qu'on aurait peine à souffrir en notre langue; car la liberté avec laquelle les Pères se sont servis de ces mots devait lui faire connaître qu'ils n'étaient pas estimés honteux de leur temps; c'est-à-dire que l'usage n'y avait pas joint cette idée d'effronterie qui les rend infâmes, et il avait tort de conclure de là qu'il lui fût permis de se servir de ceux qui sont estimés déshonnêtes en notre langue, parce que ces mots ne signifient pas en effet la même chose que ceux dont les Pères se sont servis, puisque, outre l'idée principale en laquelle ils conviennent, ils enferment aussi l'image d'une mauvaise disposition d'esprit et qui tient quelque chose du libertinage et de l'impudence.

Ces idées accessoires étant donc si considérables et diversifiant si fort les significations principales, il serait utile que ceux qui font des dictionnaires les marquassent, et qu'ils avertissent, par exemple, des mots qui sont injurieux, civils, aigres, honnêtes, déshonnêtes, ou plutôt qu'ils retranchassent entièrement ces derniers, étant toujours plus utile de les ignorer que de les savoir.

CHAPITRE XV.

Des idées que l'esprit ajoute à celles qui sont précisément signifiées par les mots.

On peut encore comprendre sous le nom d'idées accessoires une autre sorte d'idées que l'idée ajoute à la signification précise des termes, par une raison particulière ; c'est qu'il arrive souvent qu'ayant conçu cette signification précise qui répond au mot, il ne s'y arrête pas quand elle est trop confuse et trop générale ; mais, portant sa vue plus loin, il en prend occasion de considérer encore dans l'objet qui lui est représenté d'autres attributs et d'autres faces, et de le concevoir ainsi par des idées plus distinctes.

C'est ce qui arrive particulièrement dans les pronoms démonstratifs, quand, au lieu du nom propre, on se sert du neutre *hoc, ceci* ; car il est clair que *ceci* signifie cette chose, et que *hoc* signifie *hæc res*, *hoc negotium*. Or, le mot de chose, *res,* marque un attribut très-général et très-confus de tout objet, n'y ayant que le néant à quoi on ne puisse appliquer le mot de chose[1].

Mais, comme le pronom démonstratif *hoc* ne marque pas simplement la chose en elle-même, et qu'il la fait concevoir comme présente, l'esprit n'en demeure pas à ce seul attribut de chose, il y joint d'ordinaire quelques autres attributs distincts ; ainsi, quand on se sert du mot de *ceci* pour montrer un diamant, l'esprit ne se contente pas de le concevoir comme une chose présente, mais il y ajoute les idées du corps dur et éclatant qui a une telle forme.

1. Explication un peu embarrassée qui va s'éclaircir. Ce chapitre est l'exemple d'une application de la logique à la théologie. C'était intéressant au moment des polémiques des ministres Claude et Jurieu avec les théologiens catholiques. C'est du reste, ainsi que le chapitre IV, un extrait du livre d'Arnauld, *de la Perpétuité de la foi.*

Toutes ces idées, tant la première et principale que celles que l'esprit y ajoute, s'excitent par le mot de *hoc* appliqué à un diamant ; mais elles ne s'y excitent pas de la même manière, car l'idée de l'attribut de chose présente s'y excite comme la première signification du mot, et les autres s'excitent comme des idées que l'esprit conçoit liées et identifiées avec cette première et principale idée, mais qui ne sont pas marquées précisément par le pronom *hoc :* c'est pourquoi, selon que l'on emploie le terme de *hoc* en des matières différentes, les additions sont différentes. Si je dis *hoc* en montrant un diamant, ce terme signifiera toujours *cette chose,* mais l'esprit y suppléera, et ajoutera : qui est un diamant, qui est un corps dur et éclatant ; si c'est du vin, l'esprit y ajoutera les idées de la liquidité, du goût et de la couleur du vin, et ainsi des autres choses.

Il faut donc bien distinguer ces idées ajoutées des idées signifiées, car quoique les unes et les autres se trouvent dans un même esprit, elles ne s'y trouvent pas de la même sorte ; et l'esprit, qui ajoute ces autres idées plus distinctes, ne laisse pas de concevoir que le terme de *hoc* ne signifie de soi-même qu'une idée confuse, qui, quoique jointe à des idées plus distinctes, demeure toujours confuse.

C'est par là qu'il faut démêler une chicane importune que les ministres ont rendue célèbre, et sur laquelle ils fondent leur principal argument pour établir leur sens de figure dans l'Eucharistie : et l'on ne doit pas s'étonner que nous nous servions ici de cette remarque pour éclaircir cet argument, puisqu'il est plus digne de la logique que de la théologie.

Leur prétention est que, dans cette proposition de Jésus-Christ : *Ceci est mon corps,* le mot de *ceci* signifie le pain : or, disent-ils, le pain ne peut être réellement le corps de Jésus-Christ, donc la proposition de Jésus-Christ ne signifie point *ceci est réellement mon corps.*

Il n'est pas question d'examiner ici la mineure et d'en faire voir la fausseté ; on l'a fait ailleurs; et il ne s'agit que de la majeure par laquelle ils soutiennent que le mot de *ceci* signifie le pain ; et il n'y a qu'à leur dire sur cela, selon le principe que nous avons établi, que le mot de *pain* marquant une idée distincte n'est point précisément ce qui répond au terme de *hoc,* qui ne marque que l'idée confuse de chose présente; mais qu'il est bien vrai que Jésus-Christ, en prononçant ce mot, et ayant en même temps appliqué ses apôtres au pain qu'il tenait entre ses mains, ils ont vraisemblablement ajouté à l'idée confuse de *chose présente* signifiée par le terme *hoc*, l'idée distincte du pain, qui était seulement excitée et non précisément signifiée par ce terme.

Ce n'est que le manque d'attention à cette distinction nécessaire entre les idées excitées et les idées précisément signifiées qui fait tout l'embarras des ministres; ils font mille efforts inutiles pour prouver que Jésus-Christ montrant du pain, et les apôtres le voyant et y étant appliqués par le terme de *hoc*, ils ne pouvaient pas ne pas concevoir du pain. On leur accorde qu'ils conçurent apparemment du pain, et qu'ils eurent sujet de le concevoir : il ne faut point tant faire d'efforts pour cela ; il n'est pas question s'ils conçurent du pain, mais comment ils le conçurent.

Et c'est pourquoi on leur dit que s'ils conçurent, c'est-à-dire s'ils eurent dans l'esprit l'idée distincte du pain, ils ne l'eurent pas comme signifiée par le mot de *hoc*, ce qui est impossible, puisque ce terme ne signifiera jamais qu'une idée confuse; mais ils l'eurent comme une idée ajoutée à cette idée confuse et excitée par les circonstances.

On verra dans la suite l'importance de cette remarque; mais il est bon d'ajouter ici que cette distinction est si indubitable que, lors même qu'ils entreprennent de prouver que le terme de *ceci* signifie du pain, ils ne font autre chose que l'établir. *Ceci*, dit un ministre qui a parlé le dernier sur cette matière, *ne signifie pas seulement cette chose présente, mais cette chose présente que vous savez qui est du pain.* Qui ne voit dans cette proposition que ces termes, *que vous savez qui est du pain*, sont bien ajoutés au mot de *chose présente* par une proposition incidente, mais ne sont pas signifiés précisément par le mot *chose présente*, le sujet d'une proposition ne signifiant pas la proposition entière? Et par conséquent dans cette proposition qui a le même sens, *ceci que vous savez qui est du pain*, le mot de pain est bien ajouté au mot de *ceci*, mais n'est pas signifié par le mot de *ceci*.

Mais qu'importe, diront les ministres, que le mot de *ceci* signifie précisément le pain, pourvu qu'il soit vrai que les apôtres conçurent que ce que Jésus-Christ appelle *ceci* était du pain?

Voici à quoi cela importe ; c'est que le terme de *ceci* ne signifiant de soi-même que l'idée précise de *chose présente,* quoique déterminée au pain par les idées distinctes que les apôtres y ajoutèrent, demeura toujours capable d'une autre détermination et d'être lié avec d'autres idées, sans que l'esprit s'aperçût de ce changement d'objet. Et ainsi, quand Jésus-Christ prononça de *ceci* que c'était son corps, les apôtres n'eurent qu'à retrancher l'addition qu'ils y avaient faite par les idées distinctes de pain ; et, retenant la même idée de *chose présente,* ils conçurent, après la proposition de Jésus-Christ achevée, que cette chose présente était maintenant le corps de Jésus-Christ : ainsi ils lièrent le mot de *hoc, ceci,* qu'ils avaient joint au pain par une proposition incidente, avec l'attribut de corps de Jésus-Christ. L'attribut de corps de Jésus-Christ les obligea bien de retrancher les idées ajoutées; mais il ne leur fit point changer l'idée précisément marquée par le mot de *hoc,* et ils conçurent simplement que c'était le corps de Jésus-Christ. Voilà tout le mystère de cette proposition, qui ne naît pas de l'obscurité des termes, mais du changement opéré par Jésus-Christ, qui fit que ce sujet *hoc* a eu deux différentes déterminations au commencement et à la fin de la proposition, comme nous l'expliquerons dans la seconde partie, chap. XII, en traitant de l'unité de confusion dans les sujets.

DEUXIÈME PARTIE.

CONTENANT LES RÉFLEXIONS QUE LES HOMMES ONT FAITES SUR LEURS JUGEMENTS.

ARGUMENT ANALYTIQUE.

La deuxième partie traite du jugement, ou plutôt de la proposition. On peut considérer les propositions : 1° suivant leurs éléments ; 2° suivant leur quantité et leur qualité; 3° suivant leur opposition; 4° suivant leur conversion; 5° suivant leur simplicité, composition et complexité ; 6° et enfin suivant qu'elles servent à diviser et à définir.

§ I. Le jugement s'exprime par la proposition, et les propositions sont formées de mots, dont les plus essentiels sont les noms substantifs ou adjectifs, les pronoms et les verbes. Les substantifs signifient les choses, les adjectifs le mode et confusément la chose elle-même; le pronom tient la place du nom, et de plus représente les choses comme voilées; le verbe exprime avant tout l'affirmation; mais ses formes diverses traduisent l'idée de la personne, celle du nombre, celle du temps, et le plus souvent celle d'un attribut, exprimant l'action, l'état ou la passion du sujet (ch. I, II).

§ II. Dans chaque proposition il y a deux termes, l'un de qui l'on affirme, c'est le sujet; l'autre que l'on affirme, c'est l'attribut ou prédicat. Si l'attribut est affirmé ou nié de tout le sujet, pris dans toute son extension, la proposition est dite *universelle,* si ce sujet est un nom commun; ou *singulière,* si c'est un nom propre; quand l'attribut est affirmé d'une partie du sujet, dont l'extension est restreinte, la proposition est dite *particulière.* Ces conditions constituent la *quantité* de la proposition. De plus l'attribut n'est pas toujours uni au sujet, il en peut être séparé, et les propositions sont par conséquent *affirmatives* ou *négatives,* quant à leur *qualité :* si l'on combine ces deux caractères, on a quatre sortes de propositions (les singulières comptent comme universelles) : l'universelle affirmative, — négative; la particulière affirmative, — négative; qu'on désigne dans cet ordre par les quatre premières voyelles , A, E, I, O (ch. III).

Il est parfois difficile de reconnaître si une proposition est universelle ou particulière, ce qui dépend de son sujet. Il y a quelques précautions à prendre. D'abord il ne faut pas croire que le terme exprimé le premier soit nécessairement le sujet, mais discerner ce dont on affirme, c'est le sujet; et ce qu'on affirme, c'est l'attribut. Ensuite on ne doit pas prendre facilement pour universelles des propositions qui souffrent des exceptions, et n'ont qu'une universalité qu'on peut appeler *morale*. Enfin il arrive que les propositions sont ce qu'on appelle *indéfinies*, c'est-à-dire qu'elles n'ont aucun signe qui puisse faire reconnaître si le sujet est pris dans son étendue entière ou restreinte. Il ne faut pas hésiter à les reconnaître toutes pour universelles [1] (ch. XI, XII, XIII).

§ III. Deux propositions qui, ayant même sujet et même attribut, diffèrent en quantité ou en qualité, sont dites *opposées*. Il y a trois sortes d'oppositions : ou elles diffèrent en quantité et en qualité tout à la fois, et alors on les nomme *contradictoires ;* ou elles sont opposées seulement en quantité, ce qui les rend *subalternes ;* ou enfin elles sont de qualité diverse, et s'appellent *contraires*, si elles sont universelles, et *subcontraires,* si elles sont particulières. On peut démontrer : 1° que des contradictoires, l'une est toujours vraie et l'autre fausse : *tout homme est animal, quelque homme n'est pas animal ;* 2° que les contraires ne peuvent jamais être vraies ensemble : *tout homme est animal; nul homme n'est animal ;* mais qu'elles peuvent être fausses toutes deux : *tout homme est juste; nul homme n'est juste ;* 3° que les subcontraires inversement peuvent être vraies ensemble : *quelque homme est savant, quelque homme n'est pas savant ;* mais ne peuvent être fausses toutes deux, comme on le voit par l'exemple ; 4° que pour les subalternes, si l'universelle est vraie, la particulière l'est aussi, sans qu'on puisse établir la réciproque ; si la particulière est fausse au contraire, nécessairement l'universelle l'est aussi : s'il est vrai que *tous les hommes sont justes,* il l'est aussi que *quelques-uns le sont ;* et s'il est faux que *quelque homme est infaillible,* il l'est à plus forte raison que *tous les hommes le sont* (ch. IV).

§ IV. On peut encore examiner ce qui arrive quand dans une même proposition on fait du sujet l'attribut et réciproquement, et à quelle condition ce changement, appelé *conversion,* peut s'opérer sans détruire la vérité. Le principe à suivre, c'est qu'on ne doit jamais donner à un des deux termes, dans la nouvelle combinaison, une quantité plus grande qu'il ne l'avait dans la première : il suffit donc de bien préciser d'avance la quantité et de la conserver, ou du moins de n'y apporter d'autre changement qu'une diminution ; car ce qui est vrai de tous l'est de quelques-uns. De là ces règles : une proposition universelle affirmative se convertit en une particulière affirmative, parce qu'ordinairement l'attribut d'une proposition affirmative est pris particulièrement.

1. Dans cette analyse, on ne s'est pas astreint à suivre l'ordre des chapitres; on a rapproché certaines questions qui se trouvent séparées dans l'ouvrage, dont la méthode est loin d'être irréprochable. C'est ainsi notamment qu'on a réuni la théorie de la conversion à celle de l'opposition, et les considérations sur l'universalité, au chapitre où il en est traité.

De cette proposition : *tous les hommes sont des animaux*, on fera donc celle-ci : *quelques animaux sont des hommes*. Par la même raison la particulière affirmative se convertit sans aucun changement, on dit indifféremment : *quelques hommes sont justes*, ou : *quelques êtres justes sont des hommes*. Les propositions négatives se convertissent, quand elles sont universelles, sans aucun changement, parce que leur attribut est considéré comme toujours universel : *nul homme n'est parfait*, équivaut à : *nul être parfait n'est homme;* mais, si elles sont particulières, on ne peut les convertir ; car leur sujet, qui est un terme particulier, deviendrait universel, étant l'attribut d'une proposition négative ; ce qui est contraire au principe unique qu'on a exprimé plus haut[1] (ch. XVII à XX).

§ V. En considérant le sujet et l'attribut, on arrive à faire d'autres distinctions entre les propositions. Quand il n'y a qu'un seul sujet, ou un seul attribut, la proposition est *simple;* elle est *composée* dans le cas contraire : tantôt cette composition est expressément marquée, et il y a plusieurs sujets ou attributs explicitement distincts ; tantôt elle est plus cachée, et c'est en exposant le sens qu'on la découvre, d'où le nom d'*exponibles* donné à ces propositions. Ces deux sortes de propositions composées se divisent à leur tour : on compte parmi les premières les *copulatives*, les *disjonctives*, les *conditionnelles*, les *causales*, les *relatives*, les *discrétives*, dont les noms s'expliquent par des relations diverses entre plusieurs sujets ou attributs. Parmi les secondes on trouve les *exclusives*, les *exceptives*, les *comparatives*, les *inceptives*, ou *désitives*.

Mais il ne faut pas confondre les propositions composées avec celles qu'on appelle *complexes*; celles-ci n'ont qu'un sujet et un attribut, mais l'un ou l'autre, ou tous les deux sont des *termes complexes*, c'est-à-dire modifiés par d'autres termes, ou par des propositions incidentes, qui tantôt sont *déterminatives*, et tantôt *explicatives*. La complexion peut tomber soit sur le sujet, soit sur l'attribut, soit sur l'un et l'autre, soit enfin sur le verbe. L'affirmation est dans ce dernier cas modifiée, comme dans cette assertion : *je soutiens que la terre est ronde*. Le jugement principal c'est que la terre est ronde; ces mots : *je soutiens*, ne font que confirmer l'assertion. De là le nom de propositions *modales ;* l'affirmation peut être modifiée de quatre manières : elle peut être présentée comme possible, contingente, impossible, nécessaire (ch. V à XI).

§ VI. Il y a dans les sciences deux sortes de propositions d'une grande importance, celles qui expriment la distribution d'un tout en ses parties, et celles qui font connaître la nature d'un objet, autrement dit, les *divisions* et les *définitions*. La division est le partage d'un tout en ce qu'il contient ; si ce tout est individuel, *totum*, elle se nomme la partition ; si c'est une unité générale qu'on distribue en ses espèces, *omne*, elle est à proprement parler la division. Ses règles sont : 1° qu'elle soit

1. On verra, dans les notes des chapitres XVII à XX, jusqu'à quel point ces règles, que nous simplifions, sont exactes, et en quoi on peut les modifier.

entière, c'est-à-dire qu'elle n'omette aucune des espèces inférieures qui composent l'unité du genre; 2° que les membres en soient opposés; 3° que l'un ne soit pas enfermé dans l'autre; — son but c'est d'aider à la faiblesse de l'esprit; — par conséquent il y a un milieu à tenir, entre faire trop de divisions, ce qui dissipe l'esprit, et n'en pas faire, ce qui ne l'éclaire pas assez.

La définition de chose dont il s'agit ici, puisqu'on a parlé de l'autre dans la première partie, a pour but d'expliquer la nature d'une chose par ses attributs essentiels. Ces attributs sont, les uns, communs à l'objet, et à d'autres; ils constituent le *genre;* les autres, particuliers à l'objet, ils en sont la *différence.* On définit donc par le genre prochain et la différence propre. On peut encore le faire par les parties intégrantes, par les causes, par la matière, par la forme, par la fin. Pour être exacte la définition doit être : 1° *universelle,* c'est-à-dire comprendre tout l'objet défini; 2° *propre,* ne convenir qu'au seul défini; 3° *claire,* en faire comprendre la nature. Beaucoup de définitions d'Aristote pèchent contre cette dernière règle. On distinguera la définition de la simple *description* qui, pour faire reconnaître une chose, énumère les accidents qui lui sont propres, en aussi grand nombre qu'il le faut pour la distinguer des autres.

CHAPITRE PREMIER.

Des mots par rapport aux propositions.

Comme nous avons dessein d'expliquer ici les diverses remarques que les hommes ont faites sur leurs jugements, et que ces jugements sont des propositions[1] qui sont composées de diverses parties, il faut commencer par l'explication de ces parties, qui sont principalement les noms, les pronoms et les verbes[2].

Il est peu important d'examiner si c'est à la grammaire ou à la logique d'en traiter, et il est plus court de dire que tout ce qui est utile à la fin de chaque art lui appartient, soit que la connaissance lui en soit particulière, soit qu'il y ait aussi d'autres arts et d'autres sciences qui s'en servent[3].

1. Arnauld confond trop souvent le langage et la pensée; il ne discerne pas ici la proposition du jugement, et plus loin il identifie le syllogisme avec le raisonnement.

2. Les pronoms sont désignés à tort comme une partie essentielle du langage.

3. Maxime commode, qu'il ne faut pas prendre à la rigueur.

Or, il est certainement de quelque utilité pour la fin de la logique, qui est *de bien penser*, d'entendre les divers usages des sons qui sont destinés à signifier les idées, et que l'esprit a coutume d'y lier si étroitement que l'une ne se conçoit guère sans l'autre; en sorte que l'idée de la chose excite l'idée du son, et l'idée du son, celle de la chose.

On peut dire en général sur ce sujet que les mots sont des sons distincts et articulés, dont les hommes ont fait des signes[1] pour marquer ce qui se passe dans leur esprit.

Et comme ce qui s'y passe se réduit à concevoir, juger, raisonner et ordonner, ainsi que nous l'avons déjà dit, les mots servent à marquer toutes ces opérations; et pour cela on en a inventé principalement de trois sortes qui sont essentiels, dont nous nous contenterons de parler; savoir, les noms[2], les pronoms et les verbes, qui tiennent la place des noms, mais d'une manière différente ; et c'est ce qu'il faut expliquer ici plus en détail.

DES NOMS.

Les objets de nos pensées étant, comme nous avons déjà dit, ou des choses ou des manières de choses, les mots destinés à signifier tant les choses que les manières s'appellent *noms*.

Ceux qui signifient les choses s'appellent *noms substantifs*, comme *terre, soleil*. Ceux qui signifient les manières, en marquant en même temps le sujet auquel elles conviennent, s'appellent *noms adjectifs*, comme *bon, juste, rond*[3].

C'est pourquoi, quand, par une abstraction de l'esprit, on conçoit ces manières sans les rapporter à un certain sujet, comme elles subsistent alors en quelque sorte dans l'esprit par elles-mêmes, elles s'expriment par un mot substantif, comme *sagesse, blancheur, couleur*.

Et, au contraire, quand ce qui est de soi-même substance et chose vient à être conçu par rapport à quelque sujet[4], les

1. Arnauld, on l'a déjà vu, considère la parole comme étant d'institution humaine.

2. Les noms adjectifs et substantifs.

3. Voir à propos de cette division plus haut, partie I, ch. III.

4. Il y a là une erreur : on ne conçoit jamais la substance comme un attribut d'un autre sujet. Le travail de la pensée qu'on décrit ici ne s'exerce que sur des

mots qui signifient en cette manière deviennent adjectifs, comme *humain, charnel ;* et en dépouillant ces adjectifs, formés des noms de substance, de leur rapport, on en fait de nouveaux substantifs : ainsi, après avoir formé du mot substantif *homme* l'adjectif *humain,* on forme de l'adjectif *humain* le substantif *humanité.*

Il y a des noms qui passent pour substantifs en grammaire, qui sont de véritables adjectifs, comme *roi, philosophe, médecin,* puisqu'ils marquent une manière d'être ou mode dans un sujet. Mais la raison pourquoi ils passent pour substantifs, c'est que, comme ils ne conviennent qu'à un seul sujet, on sous-entend toujours cet unique sujet sans qu'il soit besoin de l'exprimer.

Par la même raison, ces mots *le rouge, le blanc,* etc., sont de véritables adjectifs, parce que le rapport est marqué; mais la raison pourquoi on n'exprime pas le substantif auquel ils se rapportent, c'est que c'est un substantif général, qui comprend tous les sujets de ces modes, et qui est par là unique dans cette généralité. Ainsi *le rouge,* c'est toute chose rouge[1]; *le blanc,* toute chose blanche, ou, comme l'on dit en géométrie, c'est une chose rouge *quelconque.*

Les adjectifs ont donc essentiellement deux significations : l'une distincte, qui est celle du mode ou manière; l'autre confuse, qui est celle du sujet[2]; mais, quoique la signification du mode soit plus distincte, elle est pourtant indirecte, et, au contraire, celle du sujet, quoique confuse, est directe. Le mot

idées générales, c'est-à-dire sur des attributs; le mot *humain* désigne l'ensemble des qualités communes à tous les hommes, et non pas à une « substance et à une chose. »

1. Explication peu exacte : le rouge n'est pas toute chose rouge; l'idée de chose ou de substance qu'Arnauld s'obstine à découvrir sous l'adjectif, ou sous le terme abstrait, ne s'y trouve à aucun degré. Le rouge c'est une *qualité,* considérée indépendamment des choses propres à nous la faire percevoir. L'idée de la chose rouge ne s'y mêlera que si par l'imagination on se la représente; mais alors ce ne sera pas l'idée générale de cette couleur. L'erreur fondamentale de cette théorie a été marquée, Ire partie, ch. III.

2. Si l'on prend pour exemple une proposition dont l'attribut est un adjectif, *Dieu est bon,* pourra-t-on soutenir que l'idée du sujet y est deux fois marquée, distinctement par le mot Dieu, et confusément par le mot bon ? Il est vrai qu'Arnauld considère ici l'adjectif seul, isolé, et non pas engagé dans la proposition. Mais même à cet état d'abstraction, on n'y découvre aucune idée d'un sujet, ou si l'imagination y en ajoute une, on la distingue très-bien de la première, et le mot qui l'exprimerait est pensé, au moment où l'on prononce l'autre.

de *blanc, candidum,* signifie indirectement, quoique distinctement, *la blancheur.*

DES PRONOMS.

L'usage des pronoms est de tenir la place des noms et de donner moyen d'en éviter la répétition, qui est ennuyeuse; mais il ne faut pas s'imaginer qu'en tenant la place des noms, ils fassent entièrement le même effet sur l'esprit : cela n'est nullement vrai; au contraire, ils ne remédient au dégoût de la répétition que parce qu'ils ne représentent les noms que d'une manière confuse. Les noms découvrent en quelque sorte les choses à l'esprit, et les pronoms les présentent comme voilées, quoique l'esprit sente pourtant que c'est la même chose que celle qui est signifiée par les noms. C'est pourquoi il n'y a point d'inconvénient que le nom et le pronom soient joints ensemble : *Tu Phœdria, Ecce ego Joannes.*

DES DIVERSES SORTES DE PRONOMS.

Comme les hommes ont reconnu qu'il était souvent inutile et de mauvaise grâce de se nommer soi-même, ils ont introduit le pronom de la première personne pour mettre en la place[1] de celui qui parle, *ego, moi, je*[2].

Pour n'être pas obligés de nommer celui à qui on parle, ils ont trouvé bon de le marquer par un mot qu'ils ont appelé pronom de la seconde personne, *toi* ou *vous.*

Et pour n'être pas obligés de répéter les noms des autres personnes et des autres choses dont on parle, ils ont inventé les pronoms de la troisième personne, *ille, illa, illud,* entre lesquels il y en a qui marquent, comme au doigt, la chose dont on parle, et qu'à cause de cela on nomme démonstratifs, *hic, iste, celui-ci, celui-là*[3].

1. En la place *du nom* de celui qui parle.

2. Il est difficile de croire qu'il y ait là un raffinement de politesse et que les hommes aient cru qu'il était « de mauvaise grâce de se nommer. » La vérité c'est que le pronom personnel *je* ou *moi* ne tient pas la place d'un nom, et que si la fonction du substantif est d'exprimer l'idée de substance, ce pronom est le type même du substantif. C'est le signe le plus direct de la substance personnelle, et le nom propre ne fait qu'en tenir la place. On en peut dire autant du pronom *tu*, et le plus ordinairement du pronom *il*.

3. En somme, deux pronoms personnels suffiraient à une langue : l'un par lequel on se désignerait soi-même, l'autre pour désigner les autres hommes. On dis-

Il y en a aussi un qu'on nomme réciproque, parce qu'il marque un rapport d'une chose à soi-même. C'est le pronom *sui, sibi, se : Caton s'est tué.*

Tous les pronoms ont cela de commun, comme nous avons déjà dit ; mais il y a cela de particulier dans le neutre de ces pronoms *illud, hoc,* lorsqu'il est mis absolument, c'est-à-dire sans nom exprimé, qu'au lieu que les autres genres, *hic, hæc, ille, illa,* peuvent se rapporter et se rapportent presque toujours à des idées distinctes, qu'ils ne marquent néanmoins que confusément, *illum exspirantem flammas,* c'est-à-dire *illum Ajacem; His ego nec metas rerum, nec tempora ponam,* c'est-à-dire *Romanis;* le neutre, au contraire, se rapporte toujours à un nom général et confus : *hoc erat in votis,* c'est-à-dire, *hæc res, hoc negotium erat in votis; hoc erat alma parens,* etc.[1] Ainsi il y a une double confusion dans le neutre : savoir, celle du pronom, dont la signification est toujours confuse, et celle du mot *negotium, chose,* qui est encore aussi générale et aussi confuse.

DU PRONOM RELATIF.

Il y a encore un autre pronom qu'on appelle relatif, *qui, quæ, quod, qui, lequel, laquelle.*

Ce pronom relatif a quelque chose de commun avec les autres pronoms et quelque chose de propre.

Ce qu'il a de commun est qu'il se met au lieu du nom et en excite une idée confuse.

Ce qu'il a de propre est que la proposition dans laquelle il entre peut faire partie du sujet ou de l'attribut d'une proposition, et former ainsi une de ces propositions ajoutées ou incidentes dont nous parlerons plus bas avec plus d'étendue. Dieu *qui est bon,* le monde *qui est visible*[2].

tingue, il est vrai, le plus souvent ceux à qui l'on parle par un signe particulier; mais même dans les langues qui le possèdent, on ne s'en sert pas toujours : en français on emploie parfois par politesse la troisième personne, et en italien c'est l'usage ordinaire. On remarque combien ce nom, *pronoms personnels,* est mal fait; non-seulement ce ne sont pas, comme on l'a dit plus haut, des pronoms, mais de plus ils n'ont rien de personnel, puisqu'ils désignent aussi les choses et tous les objets de la pensée et de purs phénomènes.

1. Virgile, *Énéide,* I, 441 ; *ibid,* 282. Horace, *Satires,* II, 6.

2. Le pronom relatif ou conjonctif a en effet une double fonction : il tient la place du nom, et de plus il réunit la proposition dont il fait partie au terme qu'elle explique ou détermine; ce qui est propre à la conjonction.

Je suppose ici qu'on entend ces termes de sujet et d'attribut des propositions, quoiqu'on ne les ait pas encore expliqués expressément, parce qu'ils sont si communs qu'on les entend ordinairement avant que d'avoir étudié la logique ; ceux qui ne les entendraient pas n'auront qu'à recourir au lieu où on en marque les sens. On peut résoudre par là cette question : quel est le sens précis du mot *que*, lorsqu'il suit un verbe et qu'il semble ne se rapporter à rien. *Jean répondit qu'il n'était pas le Christ. Pilate dit qu'il ne trouvait point de crime en Jésus-Christ.*

Il y en a qui en veulent faire un adverbe aussi bien que du mot *quod*, que les Latins prennent quelquefois au même sens qu'a notre *que* français, quoique rarement : *Non tibi objicio quod hominem spoliasti*, dit Cicéron [1].

Mais la vérité est que les mots *que, quod*, ne sont autre chose que le pronom relatif et qu'ils en conservent le sens.

Ainsi, dans cette proposition : *Jean répondit qu'il n'était pas le Christ*, ce *que* conserve l'usage de lier une autre proposition, savoir, *n'était pas le Christ*, avec l'attribut enfermé dans le mot de *répondit* qui signifie *fuit respondens*.

L'autre usage, qui est de tenir la place du nom et de s'y rapporter, y paraît à la vérité beaucoup moins : ce qui a fait dire à quelques personnes habiles que ce *que* en était entièrement privé dans cette occasion. On pourrait dire néanmoins qu'il le retient aussi ; car, en disant que *Jean répondit*, on entend *qu'il fit une réponse ;* et c'est à cette idée confuse de *réponse* que se rapporte ce *que*. De même, quand Cicéron dit : *Non tibi objicio quod hominem spoliasti*, le *quod* se rapporte à l'idée confuse de *chose objectée*, formée par le mot d'*objicio ;* et cette *chose objectée*, conçue d'abord confusément, est ensuite particularisée par la proposition incidente, liée par le *quod, quod hominem spoliasti*.

On peut remarquer la même chose dans ces questions : *Je suppose que vous serez sage ; je vous dis que vous avez tort ;* ce terme, *je dis*, fait concevoir d'abord confusément *une chose dite ;* et c'est à cette *chose dite* que se rapporte le *que*. *Je dis que*, c'est-à-dire *je dis une chose qui est*. Et qui dit de même, *je suppose*, donne l'idée confuse d'une *chose supposée ;* car *je*

1. On peut douter que le *quod* latin réponde ici à notre *que* français.

suppose veut dire *je fais une supposition;* et c'est à cette idée de *chose supposée* que se rapporte le *que*. *Je suppose que*, c'est-à-dire, *je fais une supposition qui est*[1].

On peut mettre au rang des pronoms l'article grec ὁ, ἡ, τὸ, lorsqu'au lieu d'être devant le nom, on le met après : τοῦτό ἐστι τὸ σῶμά μου τὸ ὑπὲρ ὑμῶν διδόμενον, dit saint Luc[2], car ce τὸ, *le*, représente à l'esprit le corps σῶμα d'une manière confuse; ainsi il a la fonction de pronom.

Et la seule différence qu'il y a entre l'article employé à cet usage et le pronom relatif est que, quoique l'article tienne la place du nom, il joint pourtant l'attribut qui le suit au nom qui précède dans une même proposition ; mais le relatif fait, avec l'attribut suivant, une proposition à part, quoique jointe à la première, ὃ δίδοται, *quod datur*, c'est-à-dire, *quod est datum*.

On peut juger, par cet usage de l'article, qu'il y a peu de solidité dans la remarque qui a été faite depuis peu par un ministre[3] sur la manière dont on doit traduire ces paroles de l'Évangile de saint Luc, que nous venons de rapporter, parce que dans le texte grec il y a non un pronom relatif, mais un article : *C'est mon corps donné pour vous*, et non qui est donné pour vous, τὸ ὑπὲρ ὑμῶν διδόμενον, et non ὃ ὑπὲρ ὑμῶν δίδοται ; il prétend que c'est une nécessité absolue, pour exprimer la force de cet article, de traduire ainsi ce texte : *Ceci est mon corps; mon corps donné pour vous*, ou *le corps donné pour vous;* et que ce n'est pas bien traduire que d'exprimer ce passage en ces termes : *ceci est mon corps, qui est donné pour vous*.

Mais cette prétention n'est fondée que sur ce que cet auteur n'a pénétré qu'imparfaitement la vraie nature du pronom relatif et de l'article ; car il est certain que, comme le pro-

1. Explication ingénieuse, mais un peu forcée : il en résulterait que ce prétendu pronom serait le complément direct de la proposition précédente, ce qu'il est difficile d'admettre. Ce terme peut être rangé parmi les conjonctions; c'est une simple copule; et grammaticalement il exprime la subordination d'une proposition par rapport à une autre ; logiquement, c'est la proposition subordonnée qui est le plus souvent l'objet principal de l'affirmation.

2. Évangile, ch. XXII.

3. Jean Claude, pasteur de Charenton, eut plus d'une controverse avec Nicole et Bossuet, et réfuta le grand ouvrage d'Arnauld, *De la Perpétuité de la foi*.

nom relatif *qui, quæ, quod,* en tenant la place du nom, ne le représente que d'une manière confuse, de même l'article ὁ, ἡ, τὸ ne représente que confusément le nom auquel il se rapporte, de sorte que cette représentation confuse étant proprement destinée à éviter la répétition distincte du même mot, qui est choquante, c'est en quelque sorte détruire la fin de l'article que de le traduire par une répétition expresse d'un même mot, *ceci est mon corps, mon corps donné pour vous,* l'article n'étant mis que pour éviter cette répétition; au lieu qu'en traduisant par le pronom relatif, *ceci est mon corps, qui est donné pour vous,* on garde cette condition essentielle de l'article, qui est de ne représenter le nom que d'une manière confuse, et de ne pas frapper l'esprit deux fois par la même image, et l'on manque seulement à en observer une autre, qui pourrait paraître moins essentielle, qui est que l'article tient de telle sorte la place du nom, que l'adjectif que l'on y joint ne fait point une nouvelle proposition, τὸ ὑπὲρ ὑμῶν διδόμενον; au lieu que le relatif *qui, quæ, quod* sépare un peu davantage, et devient sujet d'une nouvelle proposition, ὃ ὑπὲρ ὑμῶν δίδοται. Ainsi il est vrai que ni l'une ni l'autre de ces deux traductions: *Ceci est mon corps qui est donné pour vous; Ceci est mon corps, mon corps donné pour vous,* n'est entièrement parfaite; l'une changeant la signification confuse de l'article en une signification distincte, contre la nature de l'article, et l'autre, qui conserve cette signification confuse, séparant en deux propositions, par le pronom relatif, ce qui n'en fait qu'une par le moyen de l'article. Mais si l'on est obligé par nécessité à se servir de l'une ou de l'autre, on n'a pas droit de choisir la première en condamnant l'autre, comme cet auteur a prétendu faire par sa remarque.

CHAPITRE II.

Du verbe.

Nous avons emprunté jusqu'ici ce que nous avons dit des noms et des pronoms, d'un petit livre imprimé il y a quelque temps sous le titre de *Grammaire générale*[1], à l'exception de quelques points que nous avons expliqués d'une autre manière, mais ce qui regarde le verbe dont il traite dans le chapitre XIII, je ne ferai que transcrire ce que cet auteur en dit, parce qu'il m'a semblé que l'on n'y pouvait rien ajouter.

Les hommes, dit-il, n'ont pas eu moins besoin d'inventer des mots qui marquassent l'affirmation, qui est la principale manière de notre pensée, que d'en inventer qui marquassent les objets de nos pensées.

Et c'est proprement en quoi consiste ce que l'on appelle *verbe*, qui n'est rien autre qu'*un mot dont le principal usage est de signifier l'affirmation*[2], c'est-à-dire de marquer que le discours où ce mot est employé est le discours d'un homme qui ne conçoit pas seulement les choses, mais qui en juge et qui les affirme; en quoi le verbe est distingué de quelques noms qui signifient aussi l'affirmation, comme *affirmans, affirmatio*, parce qu'ils ne la signifient qu'en tant que, par une réflexion d'esprit, elle est devenue l'objet de notre pensée; et ainsi ils ne marquent pas que celui qui se sert de ces mots affirme, mais seulement qu'il conçoit une affirmation.

J'ai dit que le *principal* usage du verbe était de signifier l'affirmation, parce que nous ferons voir plus bas que l'on s'en sert encore pour signifier d'autres mouvements de notre âme, comme ceux de désirer, de prier, de commander, etc.; mais ce n'est qu'en changeant d'inflexion et de mode, et ainsi nous ne considérons le verbe, dans tout ce chapitre, que selon sa principale signification, qui est celle qu'il a à l'indicatif. Selon cette idée, l'on peut dire que le verbe, de lui-même, ne devrait point avoir d'autre usage que de marquer la liaison que nous faisons dans notre esprit des deux termes d'une proposition[3];

1. Ouvrage connu sous le nom de *Grammaire de Port-Royal;* Lancelot en fut le principal auteur. Ce chapitre et le précédent en sont presque textuellement extraits; ils ne se trouvaient pas dans la quatrième édition.

2. Sans doute le verbe exprime l'affirmation; mais par cela même il signifie l'existence; l'affirmation n'est pas seulement une manière de notre pensée. Quand on dit : *Dieu est*, on exprime à la fois l'affirmation de l'esprit et l'existence de la chose, et celle-ci est la condition ou plutôt la cause de celle-là. Si on prenait à la grande rigueur la définition proposée, il en résulterait que les propositions n'ont jamais qu'une valeur relative à celui qui parle, et que toutes traduisent seulement un acte de l'esprit, sans jamais porter sur la réalité. On pourrait alors, comme le proposait Pyrrhon, remplacer le verbe ἐστι par δοκεῖ.

3. Remarquer qu'il n'est pas nécessaire qu'une proposition ait deux termes; il

mais il n'y a que le verbe *être*, qu'on appelle substantif, qui soit demeuré dans cette simplicité, et encore n'y est-il proprement demeuré que dans la troisième personne du présent *est* et en de certaines rencontres[1] : car, comme les hommes se portent naturellement à abréger leurs expressions, ils ont joint presque toujours à l'affirmation d'autres significations dans un même mot.

I. Ils y ont joint celle de quelque attribut, de sorte qu'alors deux mots font une proposition, comme quand je dis : *Petrus vivit, Pierre vit*, parce que le mot de *vivit* enferme seul l'affirmation, et de plus l'attribut d'*être vivant;* et ainsi c'est la même chose de dire *Pierre vit*, que de dire *Pierre est vivant*. De là est venue la grande diversité de verbes dans chaque langue; au lieu que si l'on s'était contenté de donner au verbe la signification générale de l'affirmation, sans y joindre aucun attribut particulier, on n'aurait eu besoin dans chaque langue que d'un seul verbe, qui est celui que l'on appelle substantif[2].

II. Ils y ont encore joint en de certaines rencontres le sujet de la proposition; de sorte qu'alors deux mots peuvent encore, et même un seul mot, faire une proposition entière : deux mots, comme quand je dis : *sum homo*, parce que *sum* ne signifie pas seulement l'affirmation, mais enferme la signification du pronom *ego*, qui est le sujet de cette proposition, et que l'on exprime toujours en français : *je suis homme;* un seul mot, comme quand je dis : *vivo, sedeo ;* car ces verbes enferment dans eux-mêmes l'affirmation et l'attribut, comme

y a des jugements qui prononcent sur l'existence, qui l'affirment, sans désigner proprement aucun attribut : *Je suis; il y a des rapports entre la mémoire et l'imagination;* il est puéril de sous-entendre dans ces propositions l'attribut *existant*, l'existence n'est pas un attribut; le sujet et le verbe réunis l'enferment et l'expriment.

1. A cette personne comme aux autres, le verbe être exprime l'existence, telle que nous la connaissons, mais y joint au moins l'idée du temps et du nombre.

2. Le verbe substantif exprime l'être, et le verbe attributif y joint la manière d'être. Il est vrai que l'existence sans détermination est une idée très-abstraite; mais le verbe ne va pas sans le sujet, et celui-ci enferme l'idée de plusieurs qualités ou attributs : si on se borne à en affirmer l'existence, l'unité *substantielle*, le verbe *substantif* suffit : *Dieu est*. Si on distingue un attribut, une action, un état, ou bien on le marque par un terme exprès : *Dieu est intelligent;* ou bien on réunit l'idée de l'existence et celle de l'attribut : *Dieu pense*.

nous avons déjà dit, et étant à la première personne, ils enferment encore le sujet *je suis vivant, je suis assis.* De là est venue la différence des personnes, qui est ordinairement dans tous les verbes.

III. Ils ont encore joint un rapport au temps, au regard duquel on affirme; de sorte qu'un seul mot, comme *cœnasti*, signifie que j'affirme de celui à qui je parle l'action de souper, non pour le temps présent, mais pour le passé, et de là est venue la diversité des temps, qui est encore pour l'ordinaire commune à tous les verbes.

La diversité de ces significations, jointe à un même mot, est ce qui a empêché beaucoup de personnes, d'ailleurs fort habiles, de bien connaître la nature du verbe, parce qu'ils ne l'ont pas considéré selon ce qui lui est essentiel, qui est *l'affirmation*[1], mais selon ces autres rapports qui lui sont accidentels en tant que verbe.

Ainsi Aristote, s'étant arrêté à la troisième des significations ajoutées à celle qui est essentielle au verbe, l'a défini, *vox significans cum tempore*, un mot qui signifie avec temps[2].

D'autres, comme Buxtorf[3], y ayant ajouté la seconde, l'ont défini, *vox flexilis cum tempore et persona*, un mot qui a diverses inflexions avec temps et personnes.

D'autres, s'étant arrêtés à la première de ces significations ajoutées, qui est celle de l'attribut, et ayant considéré que les attributs que les hommes ont joints à l'affirmation dans un même mot sont d'ordinaire des actions et des passions, ont cru que l'essence du verbe consistait à *signifier des actions ou des passions*.

Et enfin, Jules-César Scaliger[4] a cru trouver un mystère dans son livre des Principes de la langue latine, en disant que

1. L'affirmation n'est pas facile à définir : elle est la forme primitive de la connaissance : affirmer, c'est juger. Si la proposition est l'expression du jugement, elle est par là même celle de l'affirmation; c'est un tout que l'analyse détruit en le décomposant, et dont le verbe est l'élément principal; Arnauld a donc raison de dire que l'affirmation lui est essentielle. Mais si le verbe n'exprimait rien de plus, la proposition marquerait seulement qu'on affirme : or elle exprime aussi que les choses sont comme on les affirme.

2. *Hermeneia*, ch. III.

3. Buxtorf, grammairien de la fin du XVIe siècle, est surtout estimé pour ses travaux sur la langue hébraïque. C'est lui qui faisait remonter à Esdras l'invention des points voyelles dont Arnauld parle plus bas, ch. X.

4. Voir plus haut, page 18, note 1.

la distinction de choses *in permanentes et fluentes*, en ce qui demeure et ce qui passe, était la vraie origine de la distinction entre les noms et les verbes, les noms étant pour signifier ce qui demeure et les verbes ce qui passe.

Mais il est aisé de voir que toutes ces définitions sont fausses et n'expliquent point la vraie nature du verbe.

La manière dont sont conçues les deux premières le fait assez voir, puisqu'il n'y est point dit ce que le verbe signifie, mais seulement ce avec quoi il signifie *cum tempore, cum persona*.

Les deux dernières sont encore plus mauvaises; car elles ont les deux plus grands vices d'une définition, qui est de ne convenir ni à tout le défini ni au seul défini, *neque omni, neque soli*.

Car il y a des verbes qui ne signifient ni des actions, ni des passions, ni ce qui passe, comme *existit, quiescit, friget, alget, tepet, calet, albet, viret, claret*, etc.

Et il y a des mots qui ne sont point verbes qui signifient des actions et des passions, et même des choses qui passent, selon la définition de Scaliger; car il est certain que les participes sont de vrais noms, et que néanmoins ceux des verbes actifs ne signifient pas moins des actions, et ceux des passifs des passions, que les verbes mêmes dont ils viennent; et il n'y a aucune raison de prétendre que *fluens* ne signifie pas une chose qui passe, aussi bien que *fluit*.

A quoi on peut ajouter, contre les deux premières définitions du verbe, que les participes signifient aussi avec temps, puisqu'il y a du présent, du passé et du futur, surtout en grec; et ceux qui croient, non sans raison, qu'un vocatif est une vraie seconde personne, surtout quand il a une terminaison différente du nominatif, trouveront qu'il n'y aurait de ce côté-là qu'une différence du plus ou du moins entre le vocatif et le verbe.

Et ainsi la raison essentielle pourquoi un participe n'est point un verbe, c'est qu'il ne signifie point l'*affirmation*; d'où vient qu'il ne peut faire une proposition, ce qui est le propre du verbe, qu'en y ajoutant un verbe, c'est-à-dire en y remettant ce qu'on en a ôté en changeant le verbe en participe. Car pourquoi est-ce que *Petrus vivit, Pierre vit*, est une proposition, et que *Petrus vivens, Pierre vivant*, n'en est pas une, si vous n'y ajoutez *est*, *Petrus est vivens, Pierre est vivant*, sinon parce que l'affirmation qui est enfermée dans *vivit* en a été ôtée, pour en faire le participe *vivens?* D'où il paraît que l'affirmation qui se trouve, ou qui ne se trouve pas dans un mot, est ce qui fait qu'il est verbe ou qu'il n'est pas verbe.

Sur quoi on peut encore remarquer en passant que l'infinitif, qui est très-souvent nom, ainsi que nous dirons, comme lorsqu'on dit *le boire, le manger*, est alors différent des participes, en ce que les participes sont des noms adjectifs, et que l'infinitif est un nom substantif fait par abstraction de cet adjectif, de même que de *candidus* se fait *candor*, et de *blanc* vient *blancheur*. Ainsi *rubet*, verbe, signifie *est rouge*, enfermant tout ensemble l'affirmation et l'attribut; *rubens*, participe, signifie simplement rouge sans affirmation; et *rubere*, pris pour un nom, signifie *rougeur*[1].

Il doit donc demeurer pour constant qu'à ne considérer simplement que ce qui est essentiel au verbe, sa seule vraie définition est, *vox significans affirmationem, un mot qui signifie l'affirmation :* car on ne saurait trouver de mot qui marque l'affirmation, qui ne soit verbe, ni de verbe qui ne serve à la marquer, au moins dans l'indicatif. Et il est indubitable que, si l'on en avait inventé un, comme serait *est*, qui marquât toujours l'affirmation, sans aucune différence ni de personne ni de temps, de sorte que la diversité des personnes se marquât seulement par les noms et les pronoms, et la diversité des temps par les adverbes, il ne laisserait pas d'être un vrai verbe. Comme en effet dans les propositions que les philosophes appellent d'éternelle vérité, comme *Dieu est infini; tout corps est divisible; le tout est plus grand que sa partie*; le mot *est* ne signifie que l'affirmation simple, sans aucun rapport au temps, parce que cela est vrai selon tous les temps, et sans que notre esprit s'arrête à aucune diversité de personnes.

Ainsi le verbe, selon ce qui lui est essentiel, est un mot qui signifie l'affirmation; mais si l'on veut mettre dans la défi-

1. L'infinitif, à proprement parler, n'est pas un mode du verbe, c'est la matière de tous les modes, l'indéfini, l'idée d'existence sans l'idée d'affirmation, *esse, être;* le résultat d'une abstraction très-hardie, conception de la possibilité des choses. Ce n'est plus le verbe.

nition du verbe ses principaux accidents, on pourra le définir ainsi : *vox significans affirmationem, cum designatione personæ, numeri et temporis; un mot qui signifie l'affirmation, avec désignation de la personne, du nombre et du temps.* Ce qui convient proprement au verbe substantif.

Car pour les autres verbes, en tant qu'ils diffèrent du verbe substantif par l'union que les hommes ont faite de l'affirmation avec de certains attributs, on peut les définir de cette sorte : *vox significans affirmationem alicujus attributi, cum designatione personæ, numeri et temporis; un mot qui marque l'affirmation de quelque attribut, avec désignation de la personne, du nombre et du temps.*

Et l'on peut remarquer en passant que l'affirmation, en tant que conçue, pouvant être aussi l'attribut du verbe, comme dans le verbe *affirmo,* ce verbe signifie deux affirmations, dont l'une regarde la personne qui parle, et l'autre la personne de qui on parle, soit que ce soit de soi-même, soit que ce soit d'un autre. Car quand je dis *Petrus affirmat, affirmat* est la même chose que *est affirmans,* et alors *est* marque mon affirmation ou le jugement que je fais touchant Pierre; et *affirmans,* l'affirmation que je conçois et que j'attribue à Pierre. Le verbe *nego,* au contraire, contient une affirmation et une négation par la même raison.

Car il faut encore remarquer que, quoique tous nos jugements ne soient pas affirmatifs, mais qu'il y en ait de négatifs, les verbes néanmoins ne signifient jamais d'eux-mêmes que des affirmations, la négation ne se marquant que par des particules, *non, ne,* ou par des noms qui l'enferment, *nullus, nemo, nul, personne,* qui, étant joints aux verbes, en changent l'affirmation en négation : *nul homme n'est immortel, nullum corpus est indivisibile* [1].

1. Certains logiciens prétendent même que ce sont les termes et non les verbes qui deviennent parfois négatifs, et ils ramènent toute négation à une affirmation : *L'homme n'est pas tout-puissant* équivaut, disent-ils, à *l'homme est non tout-puissant.* Voir plus haut, ch. III.

CHAPITRE III.

Ce que c'est qu'une proposition, et des quatre sortes de propositions.

Après avoir conçu les choses par nos idées, nous comparons ces idées ensemble; et trouvant que les unes conviennent entre elles, et que les autres ne conviennent pas, nous les lions ou délions, ce qui s'appelle *affirmer* ou *nier*, et généralement *juger*[1].

Ce jugement s'appelle aussi *proposition*[2], et il est aisé de voir qu'elle doit avoir deux termes : l'un de qui l'on affirme ou de qui l'on nie, lequel l'on appelle *sujet ;* et l'autre que l'on affirme ou que l'on nie, lequel s'appelle *attribut* ou *prædicatum*[3].

Et il ne suffit pas de concevoir ces deux termes; mais il faut que l'esprit les lie ou les sépare[4] : et cette action de notre esprit est marquée dans le discours par le verbe *est*, ou seul quand nous affirmons, ou avec une particule négative quand nous nions. Ainsi quand je dis *Dieu est juste, Dieu* est le sujet de cette proposition, et *juste* en est l'attribut; et le mot *est* marque l'action de mon esprit qui arffime[5], c'est-à-dire qui lie ensemble les deux idées de *Dieu* et de *juste* comme convenant l'une à l'autre. Que si je dis *Dieu n'est pas injuste, est,* étant joint avec les particules *ne, pas,* signifie l'action con-

1. On a déjà relevé l'erreur de psychologie répétée dans ce passage : certains jugements se forment par comparaison; mais les idées que cette opération rapproche sont elles-mêmes abstraites des jugements où elles se trouvent à l'origine.

2. Manière de parler qu'il ne faut pas imiter. Le jugement n'est pas plus la proposition que la pensée n'est le langage.

3. Le plus souvent il en est ainsi; mais quand on affirme seulement l'existence d'un objet, ou d'un fait, ou d'une idée, la proposition n'a qu'un sujet et un verbe.

4. Si on prenait cette assertion au pied de la lettre, on inclinerait à faire procéder toute réalité du moi lui-même : si c'est lui qui lie le sujet à l'attribut, les choses sont parce qu'il les pense; et l'idée devient son objet. C'est le résultat de l'erreur signalée à la note 1. Dans tous les jugements primitifs, l'esprit n'a pas à lier une idée avec une autre, parce qu'il les aperçoit ensemble, ou plutôt parce qu'il n'y a là qu'une connaissance unique, que le langage décompose pour l'exprimer.

5. Suivant la philosophie cartésienne, cette action de l'esprit dépend de la volonté.

traire à celle d'affirmer, savoir : celle de nier, par laquelle je regarde ces idées comme répugnantes l'une à l'autre, parce qu'il y a quelque chose d'enfermé dans l'idée d'*injuste* qui est contraire à ce qui est enfermé dans l'idée de *Dieu*.

Mais, quoique toute proposition enferme nécessairement ces trois choses, néanmoins, comme l'on a dit dans le chapitre précédent, elle peut n'avoir que deux mots, ou même qu'un.

Car les hommes, voulant abréger leurs discours[1], ont fait une infinité de mots, qui signifient tout ensemble l'affirmation, c'est-à-dire ce qui est signifié par le verbe substantif, et de plus un certain attribut qui est affirmé. Tels sont tous les verbes, hors celui qu'on appelle substantif, comme *Dieu existe*, c'est-à-dire *est existant*[2]*; Dieu aime les hommes*, c'est-à-dire *Dieu est aimant les hommes :* et le verbe substantif, quand il est seul, comme quand je dis *je pense, donc je suis,* cesse d'être purement substantif, parce qu'alors on y joint le plus général des attributs, qui est l'*être*[3], car *je suis* veut dire, *je suis un être, je suis quelque chose.*

Il y a aussi d'autres rencontres où le sujet et l'affirmation sont renfermés dans un même mot, comme dans les premières et secondes personnes des verbes, surtout en latin[4]; comme quand je dis : *sum christianus ;* car le sujet de cette proposition est *ego,* qui est renfermé dans *sum.*

D'où il paraît que dans cette même langue, un seul mot fait une proposition dans les premières et les secondes personnes des verbes, qui, par leur nature, renferment déjà l'affirmation avec l'attribut ; comme *veni, vidi, vici,* sont trois propositions.

1. Il n'est pas sûr que les hommes aient commencé par distinguer les idées et par les exprimer au moyen de signes différents ; c'est le contraire qui est prouvé par l'étude des langues et par celle de l'intelligence. A l'origine on combine tout, les mots sont des synthèses ; l'analyse est un fruit tardif de la réflexion.

2. On ne peut admettre que ce soit là un attribut : l'existence d'un être ce n'est pas sa manière d'être, c'est la chose elle-même ; le verbe *exister* est logiquement un verbe substantif, comme le verbe être : l'usage seul a mis quelque différence entre l'emploi de ces deux mots.

3. L'erreur est ici manifeste : ce n'est pas l'idée générale et purement abstraite de l'être que j'affirme de moi en disant : *je suis,* et même pour avoir cette notion générale, il a fallu d'abord que je connusse ma propre existence. C'est un cercle vicieux.

4. On ne parle pas ici de la troisième, sans doute parce qu'alors le sujet est plutôt sous-entendu que renfermé dans le verbe.

On voit par là que toute proposition est affirmative ou négative, et que c'est ce qui est marqué par le verbe, qui est affirmé ou nié[1].

Mais il y a une autre différence dans les propositions, laquelle naît de leur sujet, qui est d'être universelles, ou particulières, ou singulières.

Car ces termes, comme nous avons déjà dit dans la première partie, sont ou singuliers, ou communs et universels.

Et les termes universels peuvent être pris, ou selon toute leur étendue, en les joignant aux signes universels exprimés ou sous-entendus, comme *omnis, tout,* pour l'affirmation; *nullus, nul,* pour la négation : *tout homme, nul homme*.

Ou selon une partie indéterminée de leur étendue, qui est lorsqu'on y joint le mot *aliquis, quelque,* comme *quelque homme, quelques hommes,* ou d'autres, selon l'usage des langues.

D'où il arrive une différence notable dans les propositions; car, lorsque le sujet d'une proposition est un terme commun qui est pris dans toute son étendue, la proposition s'appelle universelle, soit qu'elle soit affirmative, comme *tout impie est fou,* ou négative, comme *nul vicieux n'est heureux*.

Et lorsque le terme commun n'est pris que selon une partie indéterminée de son étendue, à cause qu'il est resserré par le mot indéterminé *quelque*[2], la proposition s'appelle particulière, soit qu'elle affirme, comme *quelque cruel et lâche;* soit qu'elle nie, comme *quelque pauvre n'est pas malheureux*.

Que si le sujet d'une proposition est singulier, comme quand je dis, *Louis XIII a pris la Rochelle,* on l'appelle singulière.

1. On comprend mal ce langage. Comment le verbe, qui, dit-on, exprime l'affirmation, peut-il être affirmé ou nié ? « De deux choses l'une, dit plus clairement un logicien de notre temps, le sujet et l'attribut sont reconnus comme étant réciproquement dans le rapport du contenu et du contenant; ou bien ils sont reconnus comme n'étant pas dans cette relation ; dans le premier cas la proposition est affirmative, et dans le second, négative. » Hamilton, *Lectures on Logic,* I, 250. C'est une question très-disputée par les logiciens que de savoir si la négation appartient au verbe ou à l'attribut. Dans ce dernier cas toute proposition négative se ramènerait à une affirmative : A n'est pas B, équivaudrait à A est non-B. Mais cette transformation est peu naturelle. Kant a reconnu une troisième espèce de propositions, celles qui combinent la négation et l'affirmation, et les a appelées *limitatives*.

2. Il y a d'autres manières de restreindre l'extension. Voir plus bas, ch. XIII.

Mais, quoique cette proposition singulière soit différente de l'universelle, en ce que son sujet n'est pas commun, elle doit néanmoins plutôt s'y rapporter qu'à la particulière, parce que son sujet, par cela même qu'il est singulier, est nécessairement pris dans toute son étendue : ce qui fait l'essence d'une proposition universelle, et qui la distingue de la particulière ; car il importe peu pour l'universalité d'une proposition, que l'étendue de son sujet soit grande ou petite, pourvu que, telle qu'elle soit, on la prenne tout entière ; et c'est pourquoi les propositions singulières tiennent lieu d'universelles dans l'argumentation [1]. Ainsi l'on peut réduire toutes les propositions à quatre sortes, que l'on a marquées par ces quatre voyelles A, E, I, O, pour soulager la mémoire.

A. L'universelle affirmative, comme *tout vicieux est esclave.*

E. L'universelle négative, comme *nul vicieux n'est heureux.*

I. La particulière affirmative, comme *quelque vicieux est riche.*

O. La particulière négative, comme *quelque vicieux n'est pas riche.*

Et pour les faire mieux retenir, on a fait ces deux vers :

Asserit A, negat E, verum generaliter ambo ;
Asserit I, negat O, sed particulariter ambo.

On a aussi accoutumé d'appeler *quantité* l'universalité ou la particularité des proportions.

Et on appelle *qualité*, l'affirmation ou la négation qui dépendent du verbe, qui est regardé comme la forme de la proposition [2].

1. Ces distinctions appartiennent à Aristote, *Hermeneia*, l. 7 ; *Premiers analytiques*, I, 1. Peut-être Arnauld les a-t-il compliquées en insistant sur les propositions *singulières*, reconnues il est vrai par Aristote, προτάσεις αἱ καθ'ἕκαστον ou τὰ ἄτομα. Plus simplement la quantité d'une proposition est déterminée ou ne l'est pas ; si elle est déterminée, ou bien c'est un tout qu'on ne divise pas, *tout homme est mortel*, ou c'est une unité individuelle, *Catilina est ambitieux*. Dans ces deux cas l'extension du sujet est entière, et la proposition, qu'elle soit individuelle ou générale, est dite *universelle*. Quand la quantité est indéterminée et qu'elle est moindre que le tout, la proposition est *particulière*.

2. C'est-à-dire ce qu'elle a d'essentiel, au sens grec du mot.

Et ainsi A et E conviennent selon la qualité, et diffèrent selon la qualité, et de même I et O.

Mais A et I conviennent selon la qualité, et diffèrent selon la quantité, et de même E et O.

Les propositions se divisent encore, selon la matière, en vraies et en fausses; et il est clair qu'il n'y en peut point avoir qui ne soient ni vraies ni fausses, puisque, toute proposition marquant le jugement que nous faisons des choses, elle est vraie quand ce jugement est conforme à la vérité[1], et fausse lorsqu'il n'y est pas conforme.

Mais, parce que nous manquons souvent de lumière pour reconnaître le vrai et le faux, outre les propositions qui nous paraissent certainement vraies, et celles qui nous paraissent certainement fausses, il y en a qui nous semblent vraies, mais dont la vérité ne nous est pas si évidente que nous n'ayons quelque appréhension qu'elles ne soient fausses, ou bien qui nous semblent fausses, mais de la fausseté desquelles nous ne nous tenons pas assurés. Ce sont les propositions qu'on appelle probables, dont les premières sont plus probables, et les dernières moins probables. Nous dirons quelque chose, dans la quatrième partie, de ce qui nous fait juger avec certitude qu'une proposition est vraie[2].

CHAPITRE IV.

De l'opposition entre les propositions qui ont même sujet et même attribut.

Nous venons de dire qu'il y a quatre sortes de propositions, A, E, I, O. On demande maintenant quelle convenance

1. Arnauld aurait dû observer ici une règle de la définition, qu'il emprunte plus loin à Pascal. On ne doit pas définir en se servant du terme qu'on veut expliquer; sa définition ne vaut guère mieux que certaines propositions dont il se raille. Peut-être a-t-il voulu écrire *réalité* au lieu de *vérité; adæquatio rei et intellectus*, dit saint Thomas.

2. La plupart des logiciens avaient omis jusqu'à présent de tenir compte de la quantité de l'attribut et avaient érigé en axiome que celui d'une proposition affirmative est toujours particulier, et qu'il est universel dans toute proposition négative. Hamilton a depuis complété cette partie de la logique. On en reparlera plus bas, ch. XVII.

ou disconvenance elles ont ensemble, lorsqu'on fait du même sujet et du même attribut diverses sortes de propositions[1]. C'est ce qu'on appelle opposition.

Et il est aisé de voir que cette opposition ne peut être que de trois sortes, quoique l'une des trois se divise en deux autres.

Car, si elles sont opposées en quantité et en qualité tout ensemble, comme A, O, et E, I, on les appelle contradictoires, comme, *tout homme est animal, quelque homme n'est pas animal ; nul homme n'est impeccable, quelque homme est impeccable.*

Si elles diffèrent en quantité seulement, et qu'elles conviennent en qualité, comme A, I, et E, O, on les appelle subalternes, comme *tout homme est animal, quelque homme est animal ; nul homme n'est impeccable, quelque homme n'est pas impeccable*[2].

Et si elles diffèrent en qualité et qu'elles conviennent en quantité, alors elles sont appelées *contraires,* ou *subcontraires* ; *contraires,* quand elles sont universelles, comme, *tout homme est animal, nul homme n'est animal.*

Subcontraires, quand elles sont particulières, comme, *quelque homme est animal, quelque homme n'est pas animal*[3].

En regardant maintenant ces propositions opposées selon la vérité ou la fausseté, il est aisé de juger,

1° Que les contradictoires ne sont jamais ni vraies, ni fausses ensemble ; mais si l'une est vraie, l'autre est fausse ; et si l'une est fausse, l'autre est vraie : car s'il est vrai que

1. Il faut ajouter « dont l'une est affirmative et l'autre négative. » C'est en cela surtout que consiste l'opposition. Maintenant si les deux propositions sont de quantités différentes, c'est une opposition de *contradiction* ou de *répugnance ;* si elles sont de même quantité, c'est une opposition de *contrariété,* ἀντίφασις d'un côté ; ἐναντιότης, de l'autre. S'il n'y a de différence que dans la quantité, il n'y a pas d'opposition.

2. Ce sont là de vrais rapports de *subordination,* tout ce qui s'éloigne le plus de *l'opposition.* C'est une vraie faute de logique de confondre ainsi les idées. Si une proposition est *subalterne* à une autre, il est peu raisonnable de dire qu'elle y est *opposée.*

3. Si l'on voulait être tout à fait exact, il faudrait aussi faire disparaître les *subcontraires* de la liste des *opposées.* Car si on affirme quelque attribut d'une partie d'un tout, si on le nie d'une autre, on ne peut pas dire qu'il y ait opposition entre ces deux jugements. *Quelques hommes sont savants, quelques hommes ne sont pas savants,* voilà deux propositions qui en réalité ont deux sujets différents ; elles ne sont donc pas opposées.

tout homme soit animal, il ne peut pas être vrai que quelque homme n'est pas animal ; et si, au contraire, il est vrai que quelque homme n'est pas animal, il n'est donc pas vrai que tout homme soit animal. Cela est si clair, qu'on ne pourrait que l'obscurcir en l'expliquant davantage[1].

2° Les contraires ne peuvent jamais être vraies ensemble; mais elles peuvent être toutes deux fausses. Elles ne peuvent être vraies, parce que les contradictoires seraient vraies; car s'il est vrai que tout homme soit animal, il est faux que quelque homme n'est pas animal, qui est la contradictoire, et par conséquent encore plus faux que nul homme ne soit animal, qui est la contraire.

Mais la fausseté de l'une n'emporte pas la vérité de l'autre; car il peut être faux que tous les hommes soient justes, sans qu'il soit vrai pour cela que nul homme ne soit juste, puisqu'il peut y avoir des hommes justes, quoique tous ne soient pas justes.

3° Les subcontraires, par une règle tout opposée à celle des contraires, peuvent être vraies ensemble, comme ces deux-ci, *quelque homme est juste, quelque homme n'est pas juste,* parce que la justice peut convenir à une partie des hommes, et ne pas convenir à l'autre; et ainsi l'affirmation et la négation ne regardent pas le même sujet, puisque *quelque homme* est pris pour une partie des hommes dans l'une des propositions, et pour une autre partie dans l'autre[2]. Mais elles

1. On peut donner cette explication : dans deux propositions contradictoires j'affirme d'un tout une qualité, et je la nie d'une partie de ce même tout. Si l'affirmation est vraie, il est donc évident que la négation est fausse, puisque ce qui est vrai de tous les individus l'est également de quelques-uns. Réciproquement, si l'affirmation est fausse, la négation est vraie ; car s'il est faux que tous les individus aient la qualité que j'affirme, il est vrai que quelques-uns ne l'ont pas. C'est donc une application de ce principe qu'on appelle le principe de contradiction : ce qui est, est. Il faut surtout distinguer les contradictoires des contraires. Des ouvrages justement estimés font à ce propos quelques confusions : on lit dans un excellent manuel de philosophie : « De ces deux propositions : tous les hommes sont raisonnables, aucun homme n'est raisonnable, si l'une est vraie l'autre est fausse; si l'une est fausse l'autre est vraie. (Page 218.) » Ces deux propositions sont *contraires :* elles peuvent être fausses toutes les deux ; elles ne le sont pas nécessairement ; mais qu'on substitue à l'attribut *raisonnable,* tel autre terme comme *savant* ou *juste* et l'on verra que les deux assertions, *contraires,* et non *contradictoires,* sont fausses en même temps.

2. Donc elles n'ont pas le même sujet, et par suite, en vertu de la définition, elles ne sont pas opposées.

ne peuvent être toutes deux fausses; puisque autrement les contradictoires seraient toutes deux fausses, car s'il était faux que quelque homme fût juste, il serait donc vrai que nul homme n'est juste, qui est la contradictoire, et à plus forte raison que quelque homme n'est pas juste, qui est la subcontraire.

4° Pour les subalternes, ce n'est pas une véritable opposition, puisque la particulière est une suite de la générale; car, si tout homme est animal, quelque homme est animal ; si nul homme n'est singe, quelque homme n'est pas singe. C'est pourquoi la vérité des universelles emporte celle des particulières; mais la vérité des particulières n'emporte pas celle des universelles; car il ne s'en suit pas que, parce qu'il est vrai que quelque homme est juste, il soit vrai aussi que tout homme est juste ; et, au contraire, la fausseté des particulières emporte la fausseté des universelles : car s'il est faux que quelque homme soit impeccable, il est encore plus faux que tout homme soit impeccable. Mais la fausseté des universelles n'emporte pas la fausseté des particulières ; car, quoiqu'il soit faux que tout homme soit juste, il ne s'ensuit pas que ce soit une fausseté de dire que quelque homme est juste. D'où il s'ensuit qu'il y a plusieurs rencontres où ces propositions subalternes sont toutes deux vraies, et d'autres où elles sont toutes deux fausses.

Je ne dis rien de la réduction des propositions opposées en un même sens, parce que cela est tout à fait inutile, et que les règles qu'on en donne ne sont la plupart vraies qu'en latin[1].

1. C'est la théorie de *l'équipollence* des propositions, partie aussi subtile que stérile de la logique scolastique. On avait déterminé les règles à suivre pour réduire au même sens les propositions opposées, moyennant l'addition d'une négation. Ainsi, par exemple, veut-on avec deux contradictoires faire deux propositions qui auront la même sens, seront *équipollentes,* il suffira de placer devant le sujet de l'une ou de l'autre la négation *non : nulla voluptas est bona, aliqua voluptas est bona.* Ajoutez *non* au mot *nulla*, ou bien au mot *aliqua,* et vous aurez deux propositions fausses ou vraies ensemble, et en tout cas ayant le même sens. Arnauld a raison de dire que souvent ces règles ne seraient applicables qu'au latin.

CHAPITRE V.

Des propositions simples et composées. Qu'il y en a de simples qui paraissent composées et qui ne le sont pas, et qu'on peut appeler complexes. De celles qui sont complexes par le sujet ou par l'attribut.

Nous avons dit que toute proposition doit avoir au moins un sujet et un attribut; mais il ne s'ensuit pas de là qu'elle ne puisse avoir plus d'un sujet et plus d'un attribut. Celles donc qui n'ont qu'un sujet et qu'un attribut s'appellent *simples*, et celles qui ont plus d'un sujet ou plus d'un attribut s'appellent *composées*, comme quand je dis : Les biens et les maux, la vie et la mort, la pauvreté et les richesses viennent du Seigneur; cet attribut, *venir du Seigneur*, est affirmé, non d'un seul sujet, mais de plusieurs, savoir, *des biens et des maux*, etc.

Mais, avant que d'expliquer ces propositions composées, il faut remarquer qu'il y en a qui le paraissent, et qui sont néanmoins simples : car la simplicité d'une proposition se prend de l'unité du sujet et de l'attribut. Or il y a plusieurs propositions qui n'ont proprement qu'un sujet et qu'un attribut, mais dont le sujet et l'attribut est un terme complexe, qui enferme d'autres propositions qu'on peut appeler incidentes, qui ne font que partie du sujet ou de l'attribut, y étant jointes par le pronom relatif *qui*, *lequel*, dont le propre est de joindre ensemble plusieurs propositions, en sorte qu'elles n'en composent toutes qu'une seule.

Ainsi, quand Jésus-Christ dit : *Celui qui fera la volonté de mon Père, qui est dans le ciel, entrera dans le royaume des cieux*, le sujet de cette proposition contient deux propositions, puisqu'il comprend deux verbes[1]; mais comme ils sont joints par des *qui*, ils ne font partie que du sujet; au lieu que quand je dis : Les biens et les maux viennent du Seigneur, il y a pro-

1. Ce langage manque d'exactitude : le sujet ne contient ni deux propositions ni deux verbes; mais il est déterminé par une proposition : *qui fera la volonté de mon Père*, dont un des termes est expliqué par une autre proposition : *qui est dans le ciel*.

prement deux sujets, parce que j'affirme également de l'un et de l'autre qu'ils viennent de Dieu.

Et la raison de cela est que les propositions jointes à d'autres par des *qui*, ou ne sont des propositions que fort imparfaitement, selon ce qui sera dit plus bas, ou ne sont pas tant considérées comme des propositions que l'on fasse alors que comme des propositions qui ont été faites auparavant, et qu'alors on ne fait plus que concevoir, comme si c'étaient de simples idées. D'où vient qu'il est indifférent d'énoncer ces propositions incidentes par des noms adjectifs ou par des participes sans verbes et sans *qui*, ou avec des verbes et des *qui*; car c'est la même chose de dire : *Dieu invisible a créé le monde visible*, ou *Dieu, qui est invisible, a créé le monde qui est visible. Alexandre, le plus généreux de tous les rois, a vaincu Darius*, ou *Alexandre, qui a été le plus généreux de tous les rois, a vaincu Darius* [1]; et dans l'un et dans l'autre, mon but principal n'est pas d'affirmer que Dieu soit invisible, ou qu'Alexandre ait été le plus généreux de tous les rois; mais supposant l'un et l'autre comme affirmé auparavant, j'affirme de Dieu conçu comme invisible, qu'il a créé le monde visible, et d'Alexandre conçu comme le plus généreux de tous les rois, qu'il a vaincu Darius.

Mais si je disais : *Alexandre a été le plus généreux de tous les rois et le vainqueur de Darius*, il est visible que j'affirmerais également d'Alexandre, et qu'il aurait été le plus généreux de tous les rois, et qu'il aurait été le vainqueur de Darius. Et ainsi c'est avec raison qu'on appelle ces dernières sortes de propositions des propositions composées, au lieu qu'on peut appeler les autres des propositions complexes.

Il faut encore remarquer que ces propositions complexes peuvent être de deux sortes : car la complexion, pour parler ainsi, peut tomber ou sur la matière de la proposition, c'est-à-dire sur le sujet ou sur l'attribut, ou sur tous les deux, ou bien sur la forme seulement [2].

1° La complexion tombe sur le sujet quand le sujet est un

1. Ce n'est pas rigoureusement vrai : l'incidente diffère de l'adjectif parce qu'elle exprime une division du temps.

2. Les mots de *matière* et de *forme*, empruntés au langage d'Aristote, désignent les termes et le verbe.

terme complexe, comme dans cette proposition : *Tout homme qui ne craint rien est roi : Rex est qui metuit nihil.*

Beatus ille qui procul negotiis,
Ut prisca gens mortalium,
Paterna rura bobus exercet suis,
Solutus omni fenore[1].

Car le verbe *est* est sous-entendu dans cette dernière proposition, et *beatus* en est l'attribut, et tout le reste le sujet.

2° La complexion tombe sur l'attribut lorsque l'attribut est un terme complexe, comme : *La piété est un bien qui rend l'homme heureux dans les plus grandes adversités.*

Sum pius Æneas fama super æthera notus[2].

Mais il faut particulièrement remarquer ici que toutes les propositions composées de verbes actifs et de leur régime peuvent être appelées complexes, et qu'elles contiennent en quelque manière deux propositions. Si je dis, par exemple, Brutus a tué un tyran, cela veut dire que Brutus a tué quelqu'un, et que celui qu'il a tué était tyran. D'où vient que cette proposition peut être contredite en deux manières, ou en disant : Brutus n'a tué personne; ou en disant que celui qu'il a tué n'était pas tyran. Ce qu'il est très-important de remarquer, parce que lorsque ces sortes de propositions entrent en des arguments, quelquefois on n'en prouve qu'une partie en supposant l'autre : ce qui oblige souvent, pour réduire ces arguments dans la forme la plus naturelle, de changer l'actif en passif, afin que la partie qui est prouvée soit exprimée directement, comme nous remarquerons plus au long, quand nous traiterons des arguments composés de ces propositions complexes.

3° Quelquefois la complexion tombe sur le sujet et sur l'attribut; l'un et l'autre étant un terme complexe, comme dans cette proposition : *Les grands qui oppriment les pauvres seront punis de Dieu, qui est le protecteur des opprimés.*

Ille ego qui quondam gracili modulatus avena
Carmen, et egressus silvis vicina coegi,

1. Horace, *Epodes*, 2.
2. Virgile, *Énéide*, I, 382.

Ut, quamvis avido, parerent arva colono,
Gratum opus agricolis : at nunc horrentia Martis
Arma virumque cano, Trojæ qui primus ab oris
Italiam, fato profugus, Lavinaque venit
Littora[1].

Les trois premiers vers et la moitié du quatrième composent le sujet de cette proposition; le reste en compose l'attribut, et l'affirmation est enfermée dans le verbe *cano*.

Voilà les trois manières selon lesquelles les propositions peuvent être complexes quant à leur matière, c'est-à-dire quant à leur sujet et à leur attribut.

CHAPITRE VI.

De la nature des propositions incidentes, qui font partie des propositions complexes.

Mais, avant que de parler des propositions dont la complexion tombe sur la forme[2], c'est-à-dire sur l'affirmation ou la négation, il y a plusieurs remarques importantes à faire sur la nature des propositions incidentes, qui font partie du sujet ou de l'attribut de celles qui sont complexes selon la matière.

1° On a déjà vu que ces propositions incidentes sont celles dont le sujet est le relatif *qui*, comme, *les hommes, qui sont créés pour connaître et pour aimer Dieu,* ou *les hommes qui sont pieux;* ôtant le terme d'*hommes,* le reste est une proposition incidente.

Mais il faut se souvenir de ce qui a été dit dans le chapitre VIII de la première partie, que les additions des termes complexes sont de deux sortes : les unes qu'on peut appeler de simples explications, qui est lorsque l'addition ne change rien dans l'idée du terme, parce que ce qu'on y ajoute lui convient généralement et dans toute son étendue, comme dans le premier exemple, *les hommes, qui sont créés pour connaître et pour aimer Dieu.*

1. Virgile, *Énéide*, I, 1.

2. On parlera des propositions complexes selon le verbe, c'est-à-dire *modales*, au ch. VIII.

Les autres qui peuvent s'appeler des déterminations, parce que ce qu'on ajoute à un terme, ne convenant pas à ce terme dans toute son étendue, en restreint et en détermine la signification, comme dans le second exemple, *les hommes qui sont pieux*. Suivant cela, on peut dire qu'il y a un *qui* explicatif et un *qui* déterminatif.

Or, quand le *qui* est explicatif, l'attribut de la proposition incidente est affirmé du sujet auquel le *qui* se rapporte, quoique ce ne soit qu'incidemment au regard de la proposition totale, de sorte qu'on peut substituer le sujet même au *qui*, comme on peut voir dans le premier exemple : *les hommes, qui ont été créés pour connaître et pour aimer Dieu,* car on peut dire : *les hommes ont été créés pour connaître et pour aimer Dieu.*

Mais quand le *qui* est déterminatif, l'attribut de la proposition incidente n'est pas proprement affirmé du sujet auquel le *qui* se rapporte ; car si, après avoir dit : *les hommes qui sont pieux sont charitables,* on voulait substituer le mot d'*hommes* au *qui* en disant : *les hommes sont pieux,* la proposition serait fausse, parce que ce serait affirmer le mot pieux des hommes comme hommes ; mais en disant : *les hommes qui sont pieux sont charitables,* on n'affirme ni des hommes en général ni d'aucun homme en particulier, qu'ils soient pieux ; mais l'esprit, joignant ensemble l'idée de *pieux* avec celle d'*hommes*, et en faisant une idée totale, juge que l'attribut de *charitable* convient à cette idée totale, et ainsi tout le jugement qui est exprimé dans la proposition incidente est seulement celui par lequel notre esprit juge que l'idée de *pieux* n'est pas incompatible avec celle d'*homme*, et qu'ainsi il peut les considérer comme jointes ensemble, et examiner ensuite ce qui leur convient selon cette union [1].

2° Il y a souvent des termes qui sont doublement et triplement complexes, étant composés de plusieurs parties dont chacune à part est complexe ; et ainsi il peut s'y rencontrer diverses propositions incidentes et de diverses espèces, le *qui* de l'une étant déterminatif, et le *qui* de l'autre explicatif. C'est ce qu'on verra mieux par cet exemple : *La doctrine qui*

1. C'est que dans ce cas on a restreint l'extension du sujet, au lieu d'un genre on n'a plus qu'une espèce, ou même quelques individus. Or ce qui est vrai de *quelques-uns* ne l'est pas nécessairement de *tous*.

met le souverain bien dans la volupté du corps, laquelle a été enseignée par Épicure[1], *est indigne d'un philosophe.* Cette proposition a pour attribut, *indigne d'un philosophe,* et tout le reste pour sujet; ainsi ce sujet est un terme complexe qui enferme deux propositions incidentes : la première est, *qui met le souverain bien dans la volupté du corps;* le *qui,* dans cette proposition incidente, est déterminatif, car il détermine le mot de doctrine, qui est général, à celle qui affirme que le souverain bien de l'homme est dans la volupté du corps, d'où vient qu'on ne pourrait, sans absurdité, substituer au *qui* le mot de doctrine, en disant : *la doctrine met le souverain bien dans la volupté du corps.* La seconde proposition incidente est *qui a été enseignée par Épicure,* et le sujet auquel ce *qui* se rapporte est tout le terme complexe : *la doctrine qui met le souverain bien dans la volupté du corps,* qui marque une doctrine singulière et individuelle, capable de divers accidents, comme d'être soutenue par diverses personnes, quoiqu'elle soit déterminée en elle-même à être toujours prise de la même sorte, au moins dans ce point précis, selon lequel on l'entend, et c'est pourquoi le *qui* de la seconde proposition incidente, *qui a été enseignée par Épicure,* n'est point déterminatif, mais seulement explicatif; d'où vient qu'on peut substituer le sujet auquel ce *qui* se rapporte en la place du *qui,* en disant : *la doctrine qui met le souverain bien dans la volupté du corps a été enseignée par Épicure.*

3° La dernière remarque est que, pour juger de la nature de ces propositions, et pour savoir si le *qui* est déterminatif ou explicatif, il faut souvent avoir plus d'égard au sens et à l'intention de celui qui parle qu'à la seule expression.

Car il y a souvent des termes complexes qui paraissent incomplexes, ou qui paraissent moins complexes qu'ils ne le sont en effet, parce qu'une partie de ce qu'ils enferment dans l'esprit de celui qui parle est sous-entendue et non exprimée, selon ce qui a été dit dans le chapitre VIII de la première partie, où l'on a fait voir qu'il n'y avait rien de plus ordinaire dans les discours des hommes, que de marquer des choses singulières par des noms communs, parce que les circonstances

1. C'est mettre au compte d'Épicure une doctrine qui est plus exactement celle d'Aristippe.

du discours font assez voir qu'on joint à cette idée commune, qui répond à ce mot, une idée singulière et distincte, qui le détermine à ne signifier qu'une seule et unique chose.

J'ai dit que cela se reconnaissait d'ordinaire par les circonstances, comme, dans la bouche des Français, le mot de roi signifie Louis XIV. Mais voici encore une règle qui peut servir à faire juger quand un terme commun demeure dans son idée générale, ou quand il est déterminé par une idée distincte et particulière, quoique non exprimée.

Quand il y a une absurdité manifeste à lier un attribut avec un sujet demeurant dans son idée générale, on doit croire que celui qui fait cette proposition n'a pas laissé ce sujet dans son idée générale. Ainsi, si j'entends dire à un homme : *Rex hoc mihi imperavit; le roi m'a commandé telle chose,* je suis assuré qu'il n'a pas laissé le mot de roi dans son idée générale; car le roi en général ne fait point de commandement particulier.

Si un homme m'avait dit : *La gazette de Bruxelles, du 14 janvier 1662, touchant ce qui se passe à Paris, est fausse,* je serais assuré qu'il aurait quelque chose dans l'esprit de plus que ce qui serait signifié par ces termes, parce que tout cela n'est point capable de faire juger si cette gazette est vraie ou fausse, et qu'ainsi il faudrait qu'il eût conçu une nouvelle distincte et particulière, laquelle il jugeât contraire à la vérité, comme si cette gazette avait dit *que le roi a fait cent chevaliers de l'ordre du Saint-Esprit.*

De même dans les jugements que l'on fait des opinions des philosophes, quand on dit que la doctrine d'un tel philosophe est fausse, sans exprimer distinctement quelle est cette doctrine, comme, *que la doctrine de Lucrèce touchant la nature de notre âme est fausse,* il faut nécessairement que, dans ces sortes de jugements, ceux qui les font conçoivent une opinion distincte et particulière sous le mot général de doctrine d'un tel philosophe, parce que la qualité de fausse ne peut pas convenir à une doctrine, comme étant d'un tel auteur, mais seulement comme étant une telle opinion en particulier, contraire à la vérité; et ainsi ces sortes de propositions se résolvent nécessairement en celles-ci : *Une telle opinion, qui a été enseignée par un tel auteur, est fausse : l'opinion que notre âme soit composée d'atomes, qui a été enseignée par Lucrèce, est fausse*. De sorte que ces jugements enferment toujours deux affirmations, lors même qu'elles ne sont pas distinctement exprimées : l'une principale, qui regarde la vérité en elle-même, qui est que c'est une grande erreur de vouloir que notre âme soit composée d'atomes; l'autre incidente, qui ne regarde qu'un point d'histoire, qui est que cette erreur a été enseignée par Lucrèce.

CHAPITRE VII.

De la fausseté qui peut se trouver dans les termes complexes et dans les propositions incidentes.

Ce que nous venons de dire peut servir à résoudre une question célèbre, qui est de savoir si la fausseté ne peut se trouver que dans les propositions, et s'il n'y en a point dans les idées et dans les simples termes [1].

Je parle de la fausseté plutôt que de la vérité, parce qu'il y a une vérité qui est dans les choses par rapport à l'esprit de Dieu, soit que les hommes y pensent ou n'y pensent pas [2]; mais il ne peut y avoir de fausseté que par rapport à l'esprit de l'homme, ou à quelque esprit sujet à erreur, qui juge faussement qu'une chose est ce qu'elle n'est pas.

On demande donc si cette fausseté ne se rencontre que dans les propositions et dans les jugements.

On répond ordinairement que non [3], ce qui est vrai en un sens; mais cela n'empêche pas qu'il n'y ait quelquefois de la fausseté, non dans les idées simples, mais dans les termes complexes, parce qu'il suffit pour cela qu'il y ait quelque jugement et quelque affirmation, ou expresse ou virtuelle.

1. L'idée étant considérée comme une simple conception, n'est en elle-même ni vraie ni fausse : il n'y a pas de fausseté dans les termes, sans affirmation. Seulement on remarquera que dans l'esprit il y a toujours une affirmation implicite. Si je prononce ce mot : hippogriffe, et que j'excite en moi ou chez d'autres l'idée de cet animal fabuleux, il n'y a pas là d'assertion; je ne me trompe pas. Mais dans ma pensée il y a un jugement latent qui affirme ou qui nie l'existence de cette chimère.

2. En ce sens il y a de la vérité dans les idées.

3. C'est-à-dire qu'elle ne se rencontre que dans les propositions; la phrase semble avoir le sens contraire.

C'est ce que nous verrons mieux en considérant en particulier les deux sortes de termes complexes, l'un dont le *qui* est explicatif, l'autre dont il est déterminatif.

Dans la première sorte de termes complexes, il ne faut pas s'étonner s'il peut y avoir de la fausseté, parce que l'attribut de la proposition incidente est affirmé du sujet auquel le *qui* se rapporte. *Alexandre, qui est fils de Philippe;* j'affirme, quoique incidemment, le fils de Philippe, d'Alexandre, et par conséquent il y a en cela de la fausseté, si cela n'est pas [1].

Mais il faut remarquer deux ou trois choses importantes : 1° Que la fausseté de la proposition incidente n'empêche pas, pour l'ordinaire, la vérité de la proposition principale. Par exemple, *Alexandre, qui a été fils de Philippe, a vaincu les Perses :* cette proposition doit passer pour vraie quand Alexandre ne serait pas fils de Philippe, parce que l'affirmation de la proposition principale ne tombe que sur Alexandre, et ce qu'on y a joint incidemment, quoique faux, n'empêche point qu'il ne soit vrai qu'Alexandre ait vaincu les Perses.

Que si néanmoins l'attribut de la proposition principale avait rapport à la proposition incidente, comme si je disais : *Alexandre, fils de Philippe, était petit-fils d'Amyntas,* ce serait alors seulement que la fausseté de la proposition incidente rendrait fausse la proposition principale [2].

2° Les titres qui se donnent communément à certaines dignités peuvent se donner à tous ceux qui possèdent cette dignité, quoique ce qui est signifié par ce titre ne leur convienne en aucune sorte. Ainsi, parce qu'autrefois le titre de *saint* et de *très-saint* se donnait à tous les évêques, on voit que les évêques catholiques, dans la conférence de Carthage, ne faisaient point de difficulté de donner ce nom aux évêques donatistes, *sanctissimus Petilianus dixit,* quoiqu'ils sussent bien qu'il ne pouvait pas y avoir de véritable sainteté dans un évêque schismatique. Nous voyons aussi que saint Paul, dans

1. On a dit plus haut que l'incidente peut se remplacer par un adjectif ou une apposition ; on voit par là que, même sans affirmer, on peut se tromper. L'affirmation est alors *implicite* ou, comme dit Arnauld, *virtuelle.*

2. Remarque sans exactitude : les deux propositions seraient alors également fausses; mais ce n'est pas l'incidente qui fait la fausseté de l'autre. Cela ne pourrait arriver que s'il y avait raisonnement, et que l'on conclût de ce qu'Alexandre a pour père Philippe, qu'il a pour aïeul Amyntas.

les Actes, donne le titre de *très-bon* ou *très-excellent* à Festus, gouverneur de Judée, parce que c'était le titre qu'on donnait d'ordinaire à ces gouverneurs.

3° Il n'en est pas de même quand une personne est l'auteur d'un titre qu'il donne à un autre, et qu'il le lui donne parlant de lui-même, non selon l'opinion des autres, ou selon l'erreur populaire; car on peut alors lui imputer avec raison la fausseté de ces propositions. Ainsi, quand un homme dit : *Aristote, qui est le prince des philosophes,* ou simplement, *le prince des philosophes a cru que l'origine des nerfs était dans le cœur*[1], on n'aurait pas droit de lui dire que cela est faux, parce qu'Aristote n'est pas le plus excellent des philosophes; car il suffit qu'il ait suivi en cela l'opinion commune, quoique fausse. Mais si un homme disait : *Gassendi, qui est le plus habile des philosophes, croit qu'il y a du vide dans la nature,* on aurait sujet de disputer à cet homme la qualité qu'il voudrait donner à Gassendi, et de le rendre responsable de la fausseté qu'on pourrait prétendre se trouver dans cette proposition incidente. L'on peut donc être accusé de fausseté en donnant à la même personne un titre qui ne lui convient pas, et n'en être pas accusé en lui en donnant un autre, qui lui convient encore moins dans la vérité. Par exemple : *Le pape Jean XII n'était ni saint, ni chaste, ni pieux,* comme Baronius le reconnaît[2], et cependant ceux qui l'appelaient *très-saint* ne pouvaient être repris de mensonge, et ceux qui l'eussent appelé *très-chaste* ou *très-pieux* eussent été de fort grands menteurs, quoiqu'ils ne l'eussent fait que par des propositions incidentes, comme s'ils eussent dit : *Jean XII, très-chaste pontife, a ordonné telle chose.*

Voilà pour ce qui est des premières sortes de propositions incidentes dont le *qui* est explicatif; quant aux autres, dont le *qui* est déterminatif, comme : *Les hommes qui sont pieux, les rois qui aiment leurs peuples,* il est certain que, pour l'ordinaire, elles ne sont pas susceptibles de fausseté, parce que l'attribut de la proposition incidente n'y est pas affirmé du sujet auquel le *qui* se rapporte. Car, si l'on dit, par exemple, *que les juges*

1. C'est en effet l'opinion d'Aristote.

2. Baronius a écrit à la fin du XVIe siècle l'histoire de l'Église, depuis les premiers temps jusqu'à la fin du XIIe siècle, sous le titre d'*Annales ecclésiastiques.* Son jugement sur le pape Jean XII n'est que trop juste.

qui ne font jamais rien par prière et par faveur sont dignes de louanges, on ne dit pas pour cela qu'il y ait aucun juge sur la terre qui soit dans cette perfection.

Néanmoins je crois qu'il y a toujours dans ces propositions une affirmation tacite et virtuelle, non de la convenance actuelle de l'attribut au sujet duquel le *qui* se rapporte, mais de la convenance possible. Et si on se trompe en cela, je crois qu'on a raison de trouver qu'il y aurait de la fausseté dans ces propositions incidentes, comme si on disait : *Les esprits qui sont carrés sont plus solides que ceux qui sont ronds,* l'idée de *carré* et de *rond* étant incompatible avec l'idée d'*esprit* pris pour le principe de la pensée; j'estime que ces propositions incidentes devraient passer pour fausses.

Et l'on peut même dire que c'est de là que naissent la plupart de nos erreurs : car ayant l'idée d'une chose, nous y joignons souvent une autre idée incompatible, quoique par erreur nous l'ayons crue compatible, ce qui fait que nous attribuons à cette même idée ce qui ne peut lui convenir.

Ainsi, trouvant en nous-mêmes deux idées[1], celle de la substance qui pense, et celle de la substance étendue, il arrive souvent que lorsque nous considérons notre âme, qui est la substance qui pense, nous y mêlons insensiblement quelque chose de l'idée de la substance étendue, comme quand nous nous imaginons qu'il faut que notre âme remplisse un lieu, ainsi que le remplit un corps, et qu'elle ne serait point, si elle n'était nulle part, qui sont des choses qui ne conviennent qu'au corps; et c'est de là qu'est née l'erreur impie de ceux qui croient l'âme mortelle. On peut voir un excellent discours de saint Augustin sur ce sujet, dans le livre X *de la Trinité,* où il montre qu'il n'y a rien de plus facile à connaître que la nature de notre âme; mais que ce qui brouille les hommes est que, voulant la connaître, ils ne se contentent pas de ce qu'ils en connaissent sans peine, qui est que c'est une substance qui pense, qui veut, qui doute, qui sait; mais ils joignent à ce qu'elle est, ce qu'elle n'est pas, se la voulant imaginer sous quelques-uns de ces fantômes, sous lesquels ils ont accoutumé de concevoir les choses corporelles[2].

1. Pour les Cartésiens ces idées sont *innées.*

2. « Ceux qui veulent imaginer Dieu et l'âme tombent dans une grande erreur, parce qu'ils veulent imaginer ce qui n'est pas imaginable. » Bossuet.

Quand d'autre part nous considérons les corps, nous avons bien de la peine à nous empêcher d'y mêler quelque chose de l'idée de la substance qui pense; ce qui nous fait dire des corps pesants, qu'ils veulent aller au centre; des plantes, qu'elles cherchent les aliments qui leur sont propres [1]; des crises d'une maladie, que c'est la nature qui s'est voulu décharger de ce qui lui nuisait; et de mille autres choses, surtout dans nos corps, que la nature [2] veut faire ceci ou cela, quoique nous soyons bien assurés que nous ne l'avons pas voulu, n'y ayant pensé en aucune sorte, et qu'il soit ridicule de s'imaginer qu'il y ait en nous quelque autre chose que nous-même, qui connaisse ce qui nous est propre ou nuisible, qui cherche l'un et qui fuie l'autre [3].

Je crois que c'est encore à ce mélange d'idées incompatibles qu'on doit attribuer tous les murmures que les hommes font contre Dieu; car il serait impossible de murmurer contre Dieu, si on le concevait véritablement selon ce qu'il est, tout-puissant, tout sage et tout bon; mais les méchants le concevant comme tout-puissant et comme le maître souverain de tout le monde, lui attribuent tous les malheurs qui leur arrivent, en quoi ils ont raison; et parce qu'en même temps ils le conçoivent cruel et injuste, ce qui est incompatible avec sa bonté, ils s'emportent contre lui, comme s'il avait eu tort de leur envoyer les maux qu'ils souffrent.

CHAPITRE VIII.

Des propositions complexes selon l'affirmation ou la négation, et d'une espèce de ces sortes de propositions que les philosophes appellent modales.

Outre les propositions dont le sujet ou l'attribut est un terme complexe, il y en a d'autres qui sont complexes, parce

1. Comme nous jugeons de l'activité des forces extérieures par la nôtre, nous les concevons d'abord sur le même modèle, et nous nous figurons partout des causes libres et intelligentes. Mais nous leur retranchons bientôt ce qui nous est propre.

2. Le mot de *nature* prête à ces équivoques.

3. C'est cependant l'avis des vitalistes qui imaginent un principe vital distinct de nous-mêmes.

qu'il y a des termes ou des propositions incidentes qui ne regardent que la forme de la proposition, c'est-à-dire l'affirmation ou la négation qui est exprimée par le verbe, comme si je dis : *Je soutiens que la terre est ronde ; je soutiens* n'est qu'une proposition incidente qui doit faire partie de quelque chose dans la proposition principale; et cependant il est visible qu'elle ne fait partie ni du sujet ni de l'attribut ; car cela n'y change rien du tout, et ils seraient conçus entièrement de la même sorte, si je disais simplement : *la terre est ronde ;* et ainsi cela ne tombe que sur l'affirmation qui est exprimée en deux manières : l'une à l'ordinaire par le verbe *est, la terre est ronde;* et l'autre plus expressément par le verbe, *je soutiens.*

C'est de même quand on dit, *je nie, il est vrai, il n'est pas vrai,* ou qu'on ajoute dans une proposition ce qui en appuie la vérité, comme quand je dis : *Les raisons d'astronomie nous convainquent que le soleil est beaucoup plus grand que la terre ;* car cette première partie n'est que l'appui de l'affirmation.

Néanmoins il est important de remarquer qu'il y a de ces sortes de propositions qui sont ambiguës et qui peuvent être prises différemment, selon le dessein de celui qui les prononce, comme si je dis : *Tous les philosophes nous assurent que les choses pesantes tombent d'elles-mêmes en bas ;* si mon dessein est de montrer que les choses pesantes tombent d'elles-mêmes en bas, la première partie de cette proposition ne sera qu'incidente et ne fera qu'appuyer l'affirmation de la dernière partie ; mais si, au contraire, je n'ai dessein que de rapporter cette opinion des philosophes, sans que moi-même je l'approuve, alors la première partie sera la proposition principale, et la dernière sera seulement une partie de l'attribut ; car ce que j'affirmerai ne sera pas que les choses pesantes tombent d'elles-mêmes, mais seulement que tous les philosophes l'assurent. Et il est aisé de voir que ces deux différentes manières de prendre cette même proposition la changent tellement, que ce sont deux différentes propositions, et qui ont des sens tout différents. Mais il est souvent aisé de juger par la suite auquel de ces deux sens on la prend ; car, par exemple, si, après avoir fait cette proposition, j'ajoutais : *or, les pierres sont pesantes ; donc elles tombent en bas d'elles-mêmes,* il serait visible que je l'aurais prise au premier sens, et que la première partie ne serait qu'incidente ; mais si, au contraire, je concluais ainsi : *or, cela est une erreur; et par conséquent il peut se faire qu'une erreur soit enseignée par tous les philosophes* [1], il serait manifeste que je l'aurais prise dans le second sens, c'est-à-dire que la première partie serait la proposition principale, et que la seconde ferait partie seulement de l'attribut.

De ces propositions complexes, où la complexion tombe sur le verbe et non sur le sujet ni sur l'attribut, les philosophes ont particulièrement remarqué celles qu'ils ont appelées *modales* [2], parce que l'affirmation ou la négation y est modifiée par l'un de ces quatre modes : *possible, contingent, impossible, nécessaire* [3] ; et parce que chaque mode peut être affirmé ou nié, comme, *il est impossible, il n'est pas impossible ;* et en l'une et en l'autre façon être joint avec une proposition affirmative ou négative, que *la terre est ronde,* que *la terre n'est pas ronde,* chaque mode peut avoir quatre propositions, et les quatre ensemble seize [4], qu'ils ont marquées par ces quatre mots : PURPUREA, ILIACE, AMABIMUS, EDENTULI, dont voici tout le mystère. Chaque syllabe marque un de ces quatre modes :

La 1re possible ;
La 2e contingent ;
La 3e impossible ;
La 4e nécessaire.

Et la voyelle qui se trouve dans chaque syllabe, qui est ou A, ou E, ou I, ou U, marque si le mode doit être affirmé ou nié,

1. C'est bien le sentiment d'Arnauld. Voir plus haut, 1re partie, ch. IX.

2. Cette théorie de la *modalité*, développée au moyen âge, se trouve en germe dans Aristote, qui pourtant n'a jamais employé le mot τρόπος dans ce sens. Kant a conservé ce terme, et le jugement est, pour parler son langage, assertoire, apodictique, problématique. C'est à peu près ce qu'avait dit Aristote : πᾶσα πρότασίς ἐστιν ἢ τοῦ ὑπάρχειν (contingent) ἢ τοῦ ἐξ ἀνάγκης ὑπάρχειν (nécessaire) ἢ τοῦ ἐνδέχεσθαι ὑπάρχειν (possible). On voit que les scolastiques ont compliqué cette division, que du reste Aristote lui-même n'a pas toujours exprimée d'une manière si sommaire. Ne pas omettre que contingent signifie, dans cette langue, ce qui arrive quelquefois, et nécessaire, ce qui arrive toujours.

3. Dans le passage d'Aristote cité dans la note précédente, on ne trouve pas la mention du mode *impossible,* qui n'est que la négation du *possible.*

4. Par exemple : 1° *il est possible* qu'une chose soit ; 2° qu'elle ne soit pas ; 3° *il n'est pas possible* qu'elle soit ; 4° qu'elle ne soit pas ; et de même pour les trois autres modes.

et si la proposition qu'ils appellent *dictum* doit être affirmée ou niée, en cette manière[1] :

A, l'affirmation du mode et l'affirmation de la proposition;

E, l'affirmation du mode et la négation de la proposition;

I, la négation du mode et l'affirmation de la proposition;

U, la négation du mode et la négation de la proposition[2].

Ce serait perdre le temps que d'en apporter des exemples qui sont faciles à trouver[3]. Il faut seulement observer que PURPUREA répond à l'A des propositions incomplexes, ILIACE à E, AMABIMUS à I, EDENTULI à O, et qu'ainsi, si on veut que les exemples soient vrais, il faut, ayant pris un sujet, prendre pour *purpurea* un attribut qui en puisse être universellement affirmé; pour *iliace*, qui en puisse être universellement nié; pour *amabimus*, qui en puisse être affirmé particulièrement;

1. On a vu qu'il y a seize modes possibles : il importe de les retenir dans leur ordre, ce qui serait très-difficile sans l'usage des signes mnémotechniques. Ces mots artificiels tous composés de quatre syllabes désignent les quatre modes, dans l'ordre où ils sont rangés ci-dessous. Ainsi les syllabes Pur, I, A, E, initiales des quatre mots, marquent le premier mode, le mode *possible*. Mais il y a deux propositions dans les modales, l'affirmation, *dictum*, et le mode, et chacune peut être affirmative ou négative, d'où résultent par combinaison quatre sortes de propositions. — Les voyelles les marquent. Ainsi les quatre syllabes initiales signifient le mode possible : mais l'U du premier mot indique que les deux propositions sont négatives : *il n'est pas possible que la terre ne soit pas ronde;* l'I du second que le mode seul est négatif : *il n'est pas possible que la terre soit ronde;* l'A du troisième que les deux sont affirmatives : *il est possible que la terre soit ronde;* et enfin l'E du dernier que le mode seul est affirmatif : *il est possible que la terre ne soit pas ronde.* Qu'on remplace dans ces exemples le mot possible par le mot contingent, et qu'on prenne les deuxièmes voyelles de chaque mot, on aura les quatre propositions du mode contingent, et ainsi de suite.

2. On a résumé dans un vers la valeur des quatre lettres :

E *dictum negat, Ique modum, nihil* A, *sed* U *totum.*

3. Ce chapitre n'est pas des plus clairs; peut-être valait-il mieux supprimer cette considération des modes que de la rendre inintelligible par défaut d'explication. Voici un exemple de cette mnémotechnie compliquée :

1 PUR : *non est* POSSIBLE *non esse.*
2 PU : *non est* CONTINGENS *non esse.*
3 RE : *est* IMPOSSIBLE *non esse.*
4 A : *est* NECESSE *esse.*
1 I : *non est* POSSIBILE *esse.*
2 LI : *non est* CONTINGENS *esse.*
3 A *est* IMPOSSIBILE *esse.*
4 CE *est* NECESSE *non esse.*

et ainsi de suite pour les deux autres modes.

et pour *edentuli,* qui en puisse être nié particulièrement[1].

Mais quelque attribut qu'on prenne, il est toujours vrai que toutes les quatre propositions d'un même mot n'ont que le même sens ; de sorte que l'une étant vraie, toutes les autres le sont aussi[2].

CHAPITRE IX.

Des diverses sortes de propositions composées.

Nous avons déjà dit que les propositions composées sont celles qui ont ou un double sujet ou un double attribut. Or, il y en a de deux sortes : les unes où la composition est expressément marquée, et les autres où elle est plus cachée, et que les logiciens, pour cette raison, appellent *exponibles,* qui ont besoin d'être exposées ou expliquées[3].

1. Explications qui manquent de clarté, et qui sont encore obscurcies dans toutes les éditions par des fautes d'impression fidèlement reproduites à partir de la première. On a vu plus haut que les propositions incomplexes, au regard de leur quantité et qualité, sont de quatre sortes, A, E, I, O (ch. III). Les propositions complexes qu'on appelle modales peuvent-elles se ramener à ces quatre sortes? Oui sans doute; il suffit pour cela de considérer que le mode nécessaire correspond à la proposition universelle affirmative : dire *il est* NÉCESSAIRE *que les rayons d'un cercle soient égaux,* c'est dire : TOUS *les rayons d'un cercle sont égaux;* le signe *necesse* peut donc se remplacer par *omnis.* C'est une *équivalence,* ou *équipollence; impossible* se remplacera par *aucun; possible* par *quelques-uns; contingent* par *quelques-uns non, quidam non.* Pour citer un exemple de cette dernière substitution *il peut se faire (il est contingent) que l'homme soit juste,* équivaut à *quelques hommes ne sont pas justes.* Ainsi par une réduction, qu'on peut trouver inutile, mais qui reste ingénieuse, malgré sa subtilité, les modales sont ramenées à des incomplexes, et on a le moyen de juger de leur universalité ou particularité. Voilà pourquoi Arnauld remarque que PURPUREA répond à l'A, c'est-à-dire ne renferme que des propositions universelles affirmatives. En effet, ces quatre propositions : *il n'est pas* POSSIBLE *qu'un fait n'ait pas de cause, il ne peut* ARRIVER *qu'un fait n'ait pas de cause, il est* IMPOSSIBLE *qu'un fait n'ait pas de cause, il est* NÉCESSAIRE *qu'un fait ait une cause,* se réduisent toutes à cette proposition universelle affirmative : *tous les faits ont une cause.* — Les quatre propositions de *Iliace* se ramènent à une proposition universelle négative, et ainsi de suite.

2. C'est visible par l'exemple de la note précédente. Il en résulte qu'on peut appliquer à ces propositions modales les règles de l'opposition. En comparant PURPUREA et ILIACE on a des propositions *contraires;* en comparant AMABIMUS et EDENTULI, des *subcontraires;* en comparant PURPUREA et EDENTULI, des contradictoires, etc., etc. Mais si l'on considère seulement les quatre propositions résumées dans un seul mot, elles sont vraies ou fausses toutes ensemble.

3. On en parlera au chapitre X.

On peut réduire celles de la première sorte à six espèces : les copulatives et les disjonctives, les conditionnelles et les causales, les relatives et les discrétives.

DES COPULATIVES.

On appelle copulatives celles qui enferment ou plusieurs sujets ou plusieurs attributs joints par une conjonction affirmative ou négative, c'est-à-dire *et* ou *ni*, car *ni* fait la même chose que *et* en ces sortes de propositions, puisque *ni* signifie *et* avec une négation qui tombe sur le verbe et non sur l'union des deux mots qu'il joint, comme si je dis *que la science et les richesses ne rendent pas un homme heureux*, j'unis autant la science aux richesses, en assurant de l'une et de l'autre qu'elles ne rendent pas un homme heureux, que si je disais que la science et les richesses rendent un homme vain.

On peut distinguer de trois sortes de ces propositions :

1° Quand elles ont plusieurs sujets.

Mors et vita in manibus linguæ.

La mort et la vie sont en la puissance de la langue.

2° Quand elles ont plusieurs attributs.

Auream quisquis mediocritatem
Diligit, tutus caret obsoleti
Sordibus tecti, caret invidenda
Sobrius aula [1].

Celui qui aime la médiocrité, qui est si estimable en toutes choses, n'est logé ni malproprement ni superbement.

Sperat infaustis, metuit secundis
Alteram sortem, bene præparatum
Pectus [2].

Un esprit bien fait espère une bonne fortune dans la mauvaise et en craint une mauvaise dans la bonne.

1. Horace, *Odes*, II, 10.
2. Horace, *id.*, *ibid.* Les essais de traduction d'Arnauld ne sont pas des modèles du genre.

3° Quand elles ont plusieurs sujets et attributs.

Non domus et fundus, non æris acervus et auri,
Ægroto domini deduxit corpore febres,
Non animo curas[1].

Ni les maisons, ni les terres, ni les plus grands amas d'or et d'argent ne peuvent ni chasser la fièvre du corps de celui qui les possède, ni délivrer son esprit d'inquiétude et de chagrin.

La vérité de ces propositions dépend de la vérité de toutes les deux parties; ainsi, si je dis, la foi et la bonne vie sont nécessaires au salut, cela est vrai, parce que l'une et l'autre y est nécessaire; mais si je disais, la bonne vie et les richesses sont nécessaires au salut, cette proposition serait fausse, quoique la bonne vie y soit nécessaire, parce que les richesses n'y sont pas nécessaires.

Les propositions qui sont considérées comme négatives et contradictoires à l'égard des copulatives, et de toutes les autres composées, ne sont pas toutes celles où il se rencontre des négations, mais seulement celles où la négation tombe sur la conjonction; ce qui se fait en diverses manières, comme en mettant le *non* à la tête de la proposition, *non enim amas, et deseris,* dit saint Augustin; c'est-à-dire, il ne faut pas croire que vous aimiez une personne et que vous l'abandonniez.

Car c'est encore en cette manière qu'on rend une proposition contradictoire à la copulative, en niant expressément la conjonction; comme lorsqu'on dit qu'il ne peut pas se faire qu'une chose soit en même temps cela et cela.

Qu'on ne peut pas être amoureux et sage,

Amare et sapere, vix Deo conceditur[2].

Que l'amour et la majesté ne s'accordent point ensemble,

Non bene conveniunt, nec in una sede morantur
Majestas et amor[3].

1. Horace, *Épîtres*, I, 2, 48.
2. Publius Syrus, *Sentences*, 26.
3. Ovide, *Métamorphoses*, II, 846.

DES DISJONCTIVES.

Les disjonctives sont de grand usage, et ce sont celles où entre la conjonction disjonctive *vel, ou.*

L'amitié, ou trouve les amis égaux, ou les rend égaux.

Amicitia pares aut accipit, aut facit[1].

Une femme aime ou hait, il n'y a point de milieu.

Aut amat, aut odit mulier, nihil est tertium.

Celui qui vit dans une entière solitude est une bête ou un ange, dit Aristote.

Les hommes ne se remuent que par l'intérêt ou par la crainte.

La terre tourne autour du soleil, ou le soleil autour de la terre.

Toute action faite avec jugement est bonne ou mauvaise.

La vérité de ces propositions dépend de l'opposition nécessaire des parties, qui ne doivent point souffrir de milieu; mais, comme il faut qu'elles n'en puissent souffrir du tout pour être nécessairement vraies, il suffit qu'elles n'en souffrent point ordinairement pour être considérées comme moralement vraies. C'est pourquoi il est absolument vrai qu'une action faite avec jugement est bonne ou mauvaise, les théologiens faisant voir qu'il n'y en a point en particulier qui soit indifférente; mais quand on dit que les hommes ne se remuent que par l'intérêt ou par la crainte, cela n'est pas vrai absolument, puisqu'il y en a quelques-uns qui ne se remuent ni par l'une ni par l'autre de ces passions, mais par la considération de leur devoir; et ainsi, toute la vérité qu'il y peut être est que ce sont les deux ressorts qui remuent la plupart des hommes.

Les propositions contradictoires aux disjonctives sont celles où on nie la vérité de la disjonction; ce qu'on fait en latin

1. Publius Syrus, *Sentences*, 14. Il y a là en apparence deux propositions; mais au fond ce sont seulement deux attributs.

comme en toutes les autres propositions composées, en mettant la négation à la tête : *Non omnis actio est bona vel mala;* et en français : *Il n'est pas vrai que toute action soit bonne ou mauvaise.*

DES CONDITIONNELLES.

Les conditionnelles sont celles qui ont deux parties liées par la condition *si,* dont la première, qui est celle où est la condition, s'appelle l'antécédent, et l'autre le conséquent. *Si l'âme est spirituelle,* c'est l'antécédent; *elle est immortelle,* c'est le conséquent.

Cette conséquence est quelquefois médiate et quelquefois immédiate; elle n'est que médiate, quand il n'y a rien dans les termes de l'une et de l'autre partie qui les lie ensemble, comme si je dis :

Si la terre est immobile, le soleil tourne;
Si Dieu est juste, les méchants seront punis.

Ces conséquences sont fort bonnes; mais elles ne sont pas immédiates, parce que les deux parties n'ayant pas de terme commun, elles ne se lient que par ce qu'on a dans l'esprit, et qui n'est pas exprimé, que la terre et le soleil se trouvant sans cesse en des situations différentes l'une à l'égard de l'autre, il faut nécessairement que si l'une est immobile, l'autre se remue.

Quand la conséquence est immédiate, il faut pour l'ordinaire,

1° Ou que les deux parties aient un même sujet :

Si la mort est un passage à une vie plus heureuse, elle est désirable.

Si vous avez manqué à nourrir les pauvres, vous les avez tués,

Si non pavisti, occidisti.

2° Ou qu'elles aient le même attribut :

Si toutes les épreuves de Dieu nous doivent être chères, les maladies nous le doivent être.

3° Ou que l'attribut de la première partie soit l'attribut de la seconde :

Si la patience est une vertu, il y a des vertus pénibles.

4° Ou enfin que le sujet de la première partie soit l'attribut de la seconde, ce qui ne peut être que quand cette seconde partie est négative.

Si tous les vrais chrétiens vivent selon l'Évangile, il n'y a guère de vrais chrétiens.

On ne regarde, pour la vérité de ces propositions, que la vérité de la conséquence; car, quoique l'une et l'autre partie fussent fausses, si néanmoins la conséquence de l'une à l'autre est bonne, la proposition, en tant que conditionnelle, est vraie, comme :

Si la volonté de la créature est capable d'empêcher que la volonté absolue de Dieu ne s'accomplisse, Dieu n'est pas tout-puissant.

Les propositions considérées comme négatives et contradictoires aux conditionnelles sont celles-là seulement dans lesquelles la condition est niée; ce qui se fait en latin, en mettant une négation à la tête.

Non si miserum fortuna Sinonem
Finxit, vanum etiam mendacemque improba finget[1].

Mais en français on exprime ces contradictoires par *quoique* et une négation.

Si vous mangez du fruit défendu, vous mourrez.
Quoique vous mangiez du fruit défendu, vous ne mourrez pas.

Ou bien par *il n'est pas vrai :*

Il n'est pas vrai que, si vous mangez du fruit défendu, vous mourrez.

DES CAUSALES.

Les causales sont celles qui contiennent deux propositions liées par un mot de cause, *quia, parce que,* ou *ut, afin que* :

1. Virgile, *Enéide*, II, 79.

Malheur aux riches, parce qu'ils ont leur consolation en ce monde.

Les méchants sont élevés, afin que, tombant de plus haut, leur chute en soit plus grande,

Tolluntur in altum,
Ut lapsu graviore ruant[1].

Ils le peuvent, parce qu'ils croient le pouvoir,

Possunt, quia posse videntur[2].

Un tel prince a été malheureux parce qu'il était né sous une telle constellation.

On peut aussi réduire à ces sortes de propositions celles qu'on appelle *réduplicatives :*

L'homme, en tant qu'homme, est raisonnable.
Les rois, en tant que rois, ne dépendent que de Dieu seul.

Il est nécessaire pour la vérité de ces propositions, que l'une des parties soit cause de l'autre ; ce qui fait aussi qu'il faut que l'une et l'autre soient vraies ; car ce qui est faux n'est point cause, et n'a point de cause ; mais l'une et l'autre partie peuvent être vraies, et la causale être fausse, parce qu'il suffit pour cela que l'une des parties ne soit pas cause de l'autre ; ainsi un prince peut avoir été malheureux et être né sous une telle constellation, qu'il ne laisserait pas d'être faux qu'il ait été malheureux pour être né sous cette constellation. C'est pourquoi c'est en cela proprement que consistent les contradictoires de ces propositions, quand on nie qu'une soit cause de l'autre : *Non ideo infelix quia sub hoc natus sidere.*

DES RELATIVES.

Les relatives sont celles qui renferment quelques comparaisons et quelques rapports :

Où est le trésor, là est le cœur.

1. Claudien, *Contre Rufus*, I, 22.
2. Virgile, *Énéide*, V, 231.

Telle est la vie, telle est la mort.

Tanti es, quantum habeas[1].

On est estimé dans ce monde à proportion de son bien.

La vérité dépend de la justesse du rapport, et on les contredit en niant le rapport :

Il n'est pas vrai que telle est la vie, telle est la mort.

Il n'est pas vrai que l'on soit estimé dans le monde à proportion de son bien.

DES DISCRÉTIVES.

Ce sont celles où l'on fait des jugements différents, en marquant cette différence par les particules *sed, mais, tamen, néanmoins,* ou autres semblables exprimées ou sous-entendues.

Fortuna opes auferre, non animum potest[2].

La fortune peut ôter le bien, mais elle ne peut ôter le cœur.

Et mihi res, non me rebus submittere conor[3].

Je tâche de me mettre au-dessus des choses, et non pas d'y être asservi.

Cœlum, non animun mutant qui trans mare currunt[4].

Ceux qui passent les mers ne changent que de pays, et non pas d'esprit.

La vérité de cette sorte de propositions dépend de la vérité de toutes les deux parties et de la séparation qu'on y met; car quoique les deux parties fussent vraies, une proposition de cette sorte serait ridicule, s'il n'y avait point entre elles d'opposition, comme si je disais :

1. Sénèque, *Lettres*, 115.
2. Sénèque, *Médée*, v, 172.
3. Horace, *Épîtres*, I, 17.
4. *Id.*, *ibid.*, 2.

Judas était un larron, et néanmoins il ne put souffrir que Marie répandît ses parfums sur Jésus-Christ.

Il peut y avoir plusieurs contradictoires d'une proposition de cette sorte, comme si on disait :

Ce n'est pas des richesses, mais de la science que dépend le bonheur.

On peut contredire cette proposition en toutes ces manières :

Le bonheur dépend des richesses, et non pas de la science.
Le bonheur ne dépend ni des richesses ni de la science.
Le bonheur dépend des richesses et de la science.

Ainsi l'on voit que les copulatives sont contradictoires des discrétives; car ces deux dernières propositions sont copulatives[1].

CHAPITRE X.

Des propositions composées dans le sens.

Il y a d'autres propositions composées, dont la composition est plus cachée[2], et on peut les réduire à ces quatre sortes : 1° exclusives; 2° exceptives; 3° comparatives; 4° inceptives ou désitives.

1. DES EXCLUSIVES.

On appelle exclusives, celles qui marquent qu'un attribut convient à un sujet, et qu'il ne convient qu'à ce seul sujet, ce qui est marquer qu'il ne convient pas à d'autres; d'où il s'ensuit qu'elles enferment deux jugements différents, et que par

1. C'est un des chapitres du livre qu'on peut passer sans trop de préjudice. Ces distinctions ont cependant une certaine importance pour une théorie approfondie du syllogisme. Mais comme Arnauld ne les rappelle guère au livre III, elles sont ici à peu près sans utilité.

2. Celles qu'on a appelées plus haut *exponibles*.

conséquent elles sont composées dans le sens [1]. C'est ce qu'on exprime par le mot *seul,* ou autre semblable, ou en français, *il n'y a :* il n'y a que Dieu seul aimable pour lui-même.

Deus solus fruendus, reliqua utenda.

C'est-à-dire, nous devons aimer Dieu pour lui-même, et n'aimer les autres choses que pour Dieu.

Quas dederis, solas semper habebis opes [2].

Les seules richesses qui vous demeureront toujours, seront celles que vous aurez données libéralement.

Nobilitas sola est atque unica virtus [3].

La vertu fait la noblesse, et toute autre chose ne rend point vraiment noble.

Hoc unum scio quod nihil scio, disaient les académiciens; il est certain qu'il n'y a rien de certain, et il n'y a qu'obscurité et incertitude en toute autre chose.

Lucain, parlant des druides, fait cette proposition disjonctive composée de deux exclusives.

Solis nosse deos, et cœli numina vobis,
Aut solis nescire datum est [4].

Ou vous connaissez les dieux, quoique tous les autres les ignorent :

Ou vous les ignorez, quoique tous les autres les connaissent.

Ces propositions se contredisent en trois manières ; car, 1° on peut nier que ce qui est dit convenir à un seul sujet, lui convienne en aucune sorte.

2° On peut soutenir que cela convient à autre chose.

3° On peut soutenir l'une et l'autre.

1. Il ne faut pas oublier qu'on appelle *composées* les propositions qui ont plusieurs sujets ou plusieurs attributs; celles qui expriment deux jugements ne sont donc pas à la rigueur des *composées;* mais ces deux jugements peuvent se ramener à un seul, portant sur plusieurs sujets ou sur plusieurs attributs.

2. Martial, *Épigrammes,* v, 42.

3. Juvénal, *Satires,* VIII, 20. On remarquera que les exclusives peuvent se réduire à des propositions incomplexes, où tout l'attribut est affirmé de tout le sujet : la vertu est *toute* la noblesse. Voir la IIIe partie, chap. XII.

4. *Pharsale,* I, 451.

Ainsi, contre cette sentence, *la seule vertu est la vraie noblesse,* on peut dire :

1° Que la seule vertu ne rend point noble.
2° Que la naissance rend noble aussi bien que la vertu.
3° Que la naissance rend noble, et non la vertu.

Ainsi cette maxime des académiciens, *que cela est certain qu'il n'y a rien de certain,* était contredite différemment par les dogmatiques et par les pyrrhoniens ; car les dogmatiques la combattaient en soutenant que cela était doublement faux, parce qu'il y avait beaucoup de choses que nous connaissions très-certainement ; et qu'ainsi il n'était point vrai que nous fussions certains de ne rien savoir, et les pyrrhoniens disaient aussi que cela était faux, par une raison contraire, qui est que tout était tellement incertain, qu'il était même incertain s'il y avait rien de certain.

C'est pourquoi il y a un défaut de jugement dans ce que Lucain dit des druides, parce qu'il n'y a point de nécessité que les seuls druides fussent dans la vérité au regard des dieux, ou qu'eux seuls fussent dans l'erreur; car, pouvant y avoir diverses erreurs touchant la nature de Dieu, il pouvait fort bien se faire que, quoique les druides eussent des pensées, touchant la nature de Dieu, différentes de celles des autres nations, ils ne fussent pas moins dans l'erreur que les autres nations.

Ce qui est ici de plus remarquable, est qu'il y a souvent de ces propositions qui sont exclusives dans le sens, quoique l'exclusion ne soit pas exprimée : ainsi ce vers de Virgile, où l'exclusion est marquée,

Una salus victis nullam sperare salutem[1],

a été traduit heureusement par ce vers français, dans lequel l'exclusion est sous-entendue :

Le salut des vaincus est de n'en point attendre.

Néanmoins il est bien plus ordinaire en latin qu'en français de sous-entendre les exclusions ; de sorte qu'il y a souvent des

1. *Énéide*, II, 354.

passages qu'on ne peut traduire dans toute leur force, sans en faire des propositions exclusives, quoique en latin l'exclusion ne soit pas marquée.

Ainsi, II Cor. x, 17. *Qui gloriatur, in Domino glorietur,* doit être traduit : Que celui qui se glorifie, ne se glorifie qu'au Seigneur.

Galat. vi, 7. *Quæ seminaverit homo, hæc et metet :* L'homme ne recueillera que ce qu'il aura semé.

Ephes. iv, 5. *Unus Dominus, una fides, unum baptisma :* Il n'y a qu'un Seigneur, qu'une foi, qu'un baptême.

Math. v, 46. *Si diligitis eos qui vos diligunt, quam mercedem habebitis?* Si vous n'aimez que ceux qui vous aiment, quelle récompense en mériterez-vous?

Sénèque, dans la Troade :

Nullas habet spes Troja, si tales habet[1].

Si Troie n'a que cette espérance, elle n'en a point; comme s'il y avait, *si tantum tales habet.*

2. DES EXCEPTIVES.

Les exceptives sont celles où l'on affirme une chose de tout un sujet, à l'exception de quelqu'un des inférieurs[2] de ce sujet, à qui on fait entendre, par quelque particule exceptive, que cela ne convient pas; ce qui visiblement enferme deux jugements, et ainsi rend ces propositions composées dans le sens, comme si je dis :

Toutes les sectes des anciens philosophes, hors celles des platoniciens, n'ont point reconnu que Dieu fût sans corps[3].

Cela veut dire deux choses : la première, que les philosophes anciens ont cru Dieu corporel; la seconde, que les platoniciens ont cru le contraire.

Avarus, nisi cum moritur, nil recte facit[4].

1. Sénèque, *les Troyennes,* 742. C'est par inadvertance sans doute qu'Arnauld traduit *Troades* par la *Troade.*

2. C'est à dire des termes qui sont compris dans son extension.

3. Arnauld n'affirme pas la vérité de cette proposition, ce qui serait une erreur d'histoire.

4. Publius Syrus, *Sentences,* 62.

L'avare ne fait rien de bien, si ce n'est de mourir.

Est miser nemo, nisi comparatus[1].

Nul ne se croit misérable, qu'en se comparant à de plus heureux.

Nemo læditur, nisi a seipso.

Nous n'avons de mal que celui que nous nous faisons à nous-mêmes.

Excepté le sage, disaient les stoïciens, tous les hommes sont fous.

Ces propositions se contredisent, de même que les exclusives ;

1° En soutenant que le sage des stoïciens était aussi fou que les autres hommes ;

2° En soutenant qu'il y en avait d'autres que ce sage qui n'étaient point fous ;

3° En prétendant que ce sage des stoïciens était fou, et que d'autres hommes ne l'étaient pas[2].

Il faut remarquer que les propositions exclusives et les exceptives ne sont, pour ainsi dire, que la même chose exprimée un peu différemment, de sorte qu'il est toujours fort aisé de les changer réciproquement les unes aux autres; et ainsi nous voyons que cette exceptive de Térence,

Imperitus, nisi quod ipse facit, nil rectum putat[3],

a été changée par Cornélius Gallus en cette exclusive :

Hoc tantum rectum, quod facit ipse, putat[4].

3. DES COMPARATIVES.

Les propositions où l'on compare enferment deux jugements, parce que c'en sont deux de dire qu'une chose est

1. Sénèque, *les Troyennes*, 102.

2. Il ne faut pas juger de cette maxime des stoïciens, en l'isolant du reste de leur système, elle y a un sens très-plausible.

3. Térence, *les Adelphes*, 100. Arnauld ne cite pas très-exactement, et le vers ainsi construit est faux.

4. *Élégies*, I. On lit généralement *sapit* au lieu de *facit*.

telle, et de dire qu'elle est telle plus ou moins qu'une autre, et ainsi ces sortes de propositions sont composées dans le sens.

Amicum perdere est damnorum maximum [1].

La plus grande de toutes les pertes, est de perdre un ami.

Ridiculum acri
Fortius et melius magnas plerumque secat res [2].

On fait souvent plus d'impression dans les affaires, même les plus importantes, par une raillerie agréable, que par les meilleures raisons.

Meliora sunt vulnera amici, quam fraudulenta oscula inimici [3].

Les coups d'un ami valent mieux que les baisers trompeurs d'un ennemi.

On contredit ces propositions en plusieurs manières, comme cette maxime d'Épicure, *la douleur est le plus grand de tous les maux*, était contredite d'une sorte par les stoïciens, et d'une autre par les péripatéticiens; car les péripatéticiens avouaient que la douleur était un mal; mais ils soutenaient que les vices et les autres déréglements d'esprit étaient de bien plus grands maux; au lieu que les stoïciens ne voulaient pas même reconnaître que la douleur fût un mal, bien loin d'avouer que ce fût le plus grand de tous les maux.

Mais on peut traiter ici une question, qui est de savoir s'il est toujours nécessaire que, dans ces propositions, le positif du comparatif convienne à tous les deux membres de la comparaison, et s'il faut, par exemple, supposer que deux choses soient bonnes, afin de pouvoir dire que l'une est meilleure que l'autre.

Il semble d'abord que cela devrait être ainsi; mais l'usage est au contraire, puisque nous voyons que l'Écriture se sert du mot de meilleur, non-seulement en comparant deux biens ensemble, *melior est sapientia quam vires, et vir prudens quam fortis;* la sagesse est meilleure que la force, et l'homme prudent que l'homme vaillant;

1. P. Syrus, *Sentences*, 34.
2. Horace, *Épitres*, I, 10.
3. *Proverbes*, XXVII, 6.

Mais aussi en comparant un bien à un mal, *melior est patiens arrogante ;* un homme patient vaut mieux qu'un homme superbe ;

Et même en comparant deux maux ensemble, *melius est habitare cum dracone, quam cum muliere litigiosa*[1]*;* il vaut mieux demeurer avec un dragon qu'avec une femme querelleuse. Et dans l'Évangile : il vaut mieux être jeté dans la mer une pierre au col, que de scandaliser le moindre des fidèles.

La raison de cet usage est qu'un plus grand bien est meilleur qu'un moindre, parce qu'il a plus de bonté qu'un moindre bien. Or, par la même raison, on peut dire, quoique moins proprement, qu'un bien est meilleur qu'un mal, parce que ce qui a de la bonté en a plus que ce qui n'en a point ; et l'on peut dire aussi qu'un moindre mal est meilleur qu'un plus grand mal, parce que la diminution du mal tenant lieu de bien dans les maux, ce qui est moins mauvais a plus de cette sorte de bonté que ce qui est plus mauvais.

Il faut donc éviter de s'embarrasser mal à propos par la chaleur de la dispute à chicaner sur ces façons de parler, comme fit un grammairien donatiste, nommé Cresconius, en écrivant contre saint Augustin ; car ce saint ayant dit que les catholiques avaient plus de raison de reprocher aux donatistes d'avoir livré les livres sacrés[2], que les donatistes n'en avaient de le reprocher aux catholiques : *Traditionem nos vobis probabilius objicimus,* Cresconius s'imagina avoir droit de conclure de ces paroles, que saint Augustin avouait par là que les donatistes avaient raison de le reprocher aux catholiques. *Si enim vos probabilius,* disait-il, *nos ergo probabiliter : nam gradus iste quod ante positum est auget, non quod ante dictum est improbat.* Mais saint Augustin réfute premièrement cette vaine subtilité par des exemples de l'Écriture, et entre autres par ce passage de l'épître aux Hébreux, où saint Paul ayant dit que la terre qui ne porte que des épines était maudite, et ne devait attendre que le feu, il ajoute : *Confidimus autem de vobis, fratres charissimi, meliora; non quia,* dit ce Père, *bona illa erant quæ supra dixerat, proferre spinas et tribulos, et*

1. Exemples tirés de l'Écriture, livres de la *Sagesse*, de l'*Ecclésiaste*, des *Proverbes*.

2. Les donatistes appelaient *traditores* ceux qui avaient livré les textes sacrés aux païens pendant les persécutions.

ustionem mereri, sed magis quia mala erant, ut illis devitatis meliora eligerent et optarent, hoc est, mala tantis bonis contraria[1]. Et il lui montre ensuite, par les plus célèbres auteurs de son art, combien la conséquence était fausse, puisqu'on aurait pu, de la même sorte, reprocher à Virgile d'avoir pris pour une bonne chose la violence d'une maladie qui porte les hommes à se déchirer avec leurs propres dents, parce qu'il souhaite une meilleure fortune aux gens de bien.

Di meliora piis erroremque hostibus illum!
Discissos nudis laniabant dentibus artus[2].

Quomodo ergo « meliora piis, » dit ce Père, *quasi bona essent istis, ac non potius magna mala, qui*

Discissos nudis laniabant dentibus artus?

4. DES INCEPTIVES OU DÉSITIVES.

Lorsqu'on dit qu'une chose a commencé ou cessé d'être telle, on fait deux jugements : l'un de ce qu'était cette chose avant le temps dont on parle; l'autre de ce qu'elle est depuis; et ainsi ces propositions, dont les unes sont appelées inceptives, et les autres désitives, sont composées dans le sens; et elles sont si semblables, qu'il est plus à propos de n'en faire qu'une espèce, et de les traiter ensemble.

Les Juifs ont commencé, depuis le retour de la captivité de Babylone, à ne plus se servir de leurs caractères anciens, qui sont ceux qu'on appelle maintenant samaritains.

La langue latine a cessé d'être vulgaire en Italie depuis cinq cents ans.

Les Juifs n'ont commencé qu'au cinquième siècle depuis J.-C. à se servir des points pour marquer les voyelles.

Ces propositions se contredisent selon l'un et l'autre rapport aux deux temps différents. Ainsi il y en a qui contredisent cette dernière, en prétendant, quoique faussement, que les Juifs ont toujours eu l'usage des points, au moins pour les livres, et qu'ils étaient gardé dans le temple ; et d'autres

1. Saint Augustin, *Contre Cresconius*, III, 75.
2. *Georgiques*, III, 513.

contredisent, en prétendant, au contraire, que l'usage des points est même plus nouveau que le ve siècle.

RÉFLEXION GÉNÉRALE.

Quoique nous ayons montré que les propositions exclusives, exceptives, etc., pouvaient être contredites en plusieurs manières, il est vrai néanmoins que quand on les nie simplement sans s'expliquer davantage, la négation tombe naturellement sur l'exclusion, ou l'exception, ou la comparaison, ou le changement marqué par les mots de commencer et de cesser. C'est pourquoi si une personne croyait qu'Épicure n'a pas mis le souverain bien dans la volupté du corps, et qu'on lui dît *que le seul Épicure y a mis le souverain bien,* si elle le niait simplement sans ajouter autre chose, elle ne satisferait pas à sa pensée, parce qu'on aurait sujet de croire, sur cette simple négation, qu'elle demeure d'accord qu'Épicure a mis en effet le souverain bien dans la volupté du corps, mais qu'elle ne le croit pas seul de cet avis.

De même, si, connaissant la probité d'un juge, on me demandait *s'il ne vend plus la justice,* je ne pourrais pas répondre simplement par *non,* parce que le *non* signifierait qu'il ne la vend plus, mais laisserait croire en même temps que je reconnais qu'il l'a autrefois vendue.

Et c'est ce qui fait voir qu'il y a des propositions auxquelles il serait injuste de demander qu'on y répondît simplement par oui ou par non, parce qu'en formant deux sens, on n'y peut faire de réponse juste qu'en s'expliquant sur l'un et sur l'autre.

CHAPITRE XI.

Observations pour reconnaître dans quelques propositions exprimées d'une manière moins ordinaire, quel en est le sujet et quel en est l'attribut.

C'est sans doute un défaut de la logique ordinaire, qu'on n'accoutume point ceux qui l'apprennent à reconnaître la nature des propositions et des raisonnements, qu'en les attachant à l'ordre et à l'arrangement dont on les forme dans les écoles, qui est souvent très-différent de celui dont on les forme dans le monde et dans les livres, soit d'éloquence, soit de morale, soit des autres sciences.

Ainsi on n'a presque point d'autre idée d'un sujet et d'un attribut, sinon que l'un est le premier terme d'une proposition, et l'autre le dernier; et de l'universalité ou particularité, sinon qu'il y a dans l'une *omnis* ou *nullus, tout* ou *nul,* et dans l'autre *aliquis, quelque.*

Cependant tout cela trompe très-souvent, et il est besoin de jugement pour discerner ces choses en plusieurs propositions. Commençons par le sujet et l'attribut.

L'unique et véritable règle est de regarder par le sens ce dont on affirme, et ce qu'on affirme; car le premier est toujours le sujet, et le dernier l'attribut, en quelque ordre qu'ils se trouvent.

Ainsi il n'y a rien de plus commun en latin que ces sortes de propositions : *Turpe est obsequi libidini; il est honteux d'être esclave de ses passions;* où il est visible par le sens, que *turpe, honteux,* est ce qu'on affirme, et par conséquent l'attribut, et *obsequi libidini, être esclave de ses passions,* ce dont on affirme, c'est-à dire, ce qu'on assure être honteux, et par conséquent le sujet. De même dans saint Paul : *Est quœstus magnus pietas cum sufficientia,* le vrai ordre serait, *pietas cum sufficientia est quœstus magnus.*

Et de même dans ces vers :

Felix qui potuit rerum cognoscere causas;
Atque metus omnes, et inexorabile fatum
Subjecit pedibus, strepitumque Acherontis avari[1].

Felix est l'attribut, et le reste le sujet.

Le sujet et l'attribut sont souvent encore plus difficiles à reconnaître dans les propositions complexes; et nous avons déjà vu qu'on ne peut quelquefois juger que par la suite du discours et l'intention d'un auteur, quelle est la proposition principale, et quelle est l'incidente dans ces sortes de propositions.

Mais, outre ce que nous avons dit, on peut encore remar-

1. Virgile, *Géorgiques*, III, 400.

quer que, dans ces propositions complexes, où la première partie n'est que la proposition incidente, et la dernière est la principale, comme dans la majeure et la conclusion de ce raisonnement,

Dieu commande d'honorer les rois :
Louis XIV est roi :
Donc Dieu commande d'honorer Louis XIV,

il faut souvent changer le verbe actif en passif, pour avoir le vrai sujet de cette proposition principale, comme dans cet exemple même ; car il est visible que, raisonnant de la sorte, mon intention principale, dans la majeure, est d'affirmer quelque chose des rois, dont je puisse conclure qu'il faut honorer Louis XIV ; et ainsi ce que je dis du commandement de Dieu n'est proprement qu'une proposition incidente qui confirme cette affirmation : *Les rois doivent être honorés; reges sunt honorandi.* D'où il s'ensuit que *les rois* est le sujet de la majeure, et Louis XIV le sujet de la conclusion, quoiqu'à ne considérer les choses que superficiellement, l'un et l'autre semblent n'être qu'une partie de l'attribut.

Ce sont aussi des propositions fort ordinaires à notre langue : *C'est une folie que de s'arrêter à des flatteurs : c'est de la grêle qui tombe; c'est un Dieu qui nous a rachetés.* Or, le sens doit faire encore juger que, pour les remettre dans l'arrangement naturel, en plaçant le sujet avant l'attribut, il faudrait les exprimer ainsi : *S'arrêter à des flatteurs est une folie; ce qui tombe est de la grêle; celui qui nous a rachetés est Dieu;* et cela est presque universel dans toutes les propositions qui commencent par *c'est,* où l'on trouve après un *qui* ou un *que,* d'avoir leur attribut au commencement et le sujet à la fin. C'est assez d'en avoir averti une fois, et tous ces exemples ne sont que pour faire voir qu'on en doit juger par le sens, et non par l'ordre des mots. Ce qui est un avis très-nécessaire pour ne pas se tromper, en prenant des syllogismes pour vicieux qui sont en effet très-bons ; parce que, faute de discerner dans les propositions le sujet et l'attribut, on croit qu'ils sont contraires aux règles lorsqu'ils y sont très-conformes[1].

1. On verra, dans la IIIe partie, comment une erreur sur le sujet ou l'attribut d'une proposition entraîne une fausse détermination de la *figure* du syllogisme.

CHAPITRE XII.

Des sujets confus équivalents à deux sujets.

Il est important, pour mieux entendre la nature de ce qu'on appelle *sujet* dans les propositions, d'ajouter ici une remarque qui a été faite dans des ouvrages plus considérables que celui-ci, mais qui, appartenant à la logique, peut trouver ci sa place[1].

C'est que, lorsque deux ou plusieurs choses qui ont quelque essemblance se succèdent l'une à l'autre dans le même lieu, et principalement quand il n'y paraît pas de différence sensible, quoique les hommes puissent les distinguer en parlant métaphysiquement, ils ne les distinguent pas néanmoins dans leurs discours ordinaires; mais les réunissant sous une idée commune qui n'en fait pas voir la différence et qui ne marque que ce qu'ils ont de commun, ils en parlent comme si c'était une même chose.

C'est ainsi que, quoique nous changions d'air à tout moment, nous regardons néanmoins l'air qui nous environne comme étant toujours le même, et nous disons que de froid il est devenu chaud comme si c'était le même; au lieu que souvent cet air, que nous sentons froid, n'est pas le même que celui que nous trouvions chaud.

Cette eau, disons-nous aussi en parlant d'une rivière, était trouble il y a deux jours, et la voilà claire comme du cristal : cependant combien s'en faut-il que ce soit la même eau ! *In idem flumen bis non descendimus,* dit Sénèque, *manet idem fluminis nomen, aqua transmissa est*[2].

Nous considérons le corps des animaux, et nous en parlons comme étant toujours le même, quoique nous ne soyons pas assurés qu'au bout de quelques années il reste aucune partie

1. Arnauld désigne particulièrement son grand ouvrage, de la *Perpétuité de la foi,* dont ce chapitre et le quatorzième sont presque littéralement extraits; c'est nous annoncer que ce chapitre traitera surtout d'une application de la logique à la théologie. La polémique contre les ministres est la préoccupation constante de l'auteur.

2. Sénèque, *Lettres*, LVIII. C'est la traduction du mot d'Héraclite : δὶς ἐς αὐτὸν ποταμὸν οὐκ ἐμβαίνομεν.

de la première matière qui le composait[1]; et non-seulement nous en parlons comme d'un même corps sans y faire réflexion, mais nous le faisons aussi lorsque nous y faisons une réflexion expresse. Car le langage ordinaire permet de dire: le corps de cet animal était composé, il y a dix ans, de certaines parties de matière, et maintenant il est composé de parties toutes différentes. Il semble qu'il y ait de la contradiction dans ce discours; car si les parties sont toutes différentes, ce n'est donc pas le même corps, il est vrai; mais on en parle néanmoins comme d'un même corps; et ce qui rend ces propositions véritables, c'est que le premier terme est pris pour différents sujets dans cette différente application[2].

Auguste disait de la ville de Rome qu'il l'avait trouvée de brique, et qu'il la laissait de marbre. On dit de même d'une ville, d'une maison, d'une église, qu'elle a été ruinée en un tel temps, et rétablie en un autre temps. Quelle est donc cette Rome qui est tantôt de brique et tantôt de marbre? quelles sont ces villes, ces maisons, ces églises qui sont ruinées en un temps et rétablies en un autre? Cette *Rome,* qui était de brique, était-elle la même que *Rome* de marbre? Non; mais l'esprit ne laisse pas de se former une certaine idée confuse de *Rome* à qui il attribue ces deux qualités, d'être de brique en un temps et de marbre en un autre; et quand il en fait ensuite des propositions, et qu'il dit, par exemple, que *Rome,* qui avait été de brique avant Auguste, était de marbre quand il mourut, le mot de *Rome,* qui ne paraît qu'un sujet, en marque néanmoins deux réellement distincts, mais réunis sous une idée confuse de *Rome,* qui fait que l'esprit ne s'aperçoit pas de la distinction de ces sujets[3].

1. Nous sommes même assurés qu'il n'en reste pas; le tourbillon vital apporte et entraîne sans cesse la substance organique, et dans un délai assez bref, que certains physiologistes ne craignent pas de limiter à un mois, nous changeons de corps.

2. Ce qui permet, dans ces manières de dire, l'identité des mots, c'est l'identité d'une idée accessoire. Le corps d'un être animé change, mais l'animal lui-même est conçu à tort ou à raison comme étant le même; les eaux d'une rivière passent, mais elles coulent dans le même lit; on rebâtit une maison, mais elle a toujours le même usage et la même position, etc., etc.

3. Tout ne change pas avec les maisons d'une ville; ses institutions, le peuple qui l'habite, ses traditions, son emplacement même, justifient assez l'unité du nom qui la désigne avant et après sa reconstruction. Rome n'est pas un amas de maisons, et que ces maisons soient de brique ou de marbre, la ville subsiste.

C'est par là qu'on a éclairci, dans le livre dont on a emprunté cette remarque, l'embarras affecté que les ministres se plaisent à trouver dans cette proposition, *ceci est mon corps,* que personne n'y trouvera en suivant les lumières du sens commun. Car, comme on ne dira jamais que c'était une proposition fort embarrassée et fort difficile à entendre que de dire d'une église qui aurait été brûlée et rebâtie : cette église fut brûlée il y a dix ans, et elle a été rebâtie depuis un an ; de même, on ne saurait dire raisonnablement qu'il y ait aucune difficulté à entendre cette proposition : *ceci, qui est du pain dans ce moment-ci, est mon corps dans cet autre moment.* Il est vrai que ce n'est pas le même *ceci* dans ces différents moments, comme l'église brûlée et l'église rebâtie ne sont pas réellement la même église; mais l'esprit, concevant et le pain et le corps de Jésus-Christ sous une idée commune d'objet présent qu'il exprime par *ceci,* attribue à cet objet réellement double, et qui n'est un que d'une unité de confusion, d'être pain en un certain moment et d'être le corps de Jésus-Christ en un autre; de même qu'ayant formé de cette église brûlée et de cette église rebâtie une idée commune d'église, il donne à cette idée confuse deux attributs qui ne peuvent convenir au même sujet.

Il s'ensuit de là qu'il n'y a aucune difficulté dans cette proposition, *ceci est mon corps,* prise au sens des catholiques, puisqu'elle n'est que l'abrégé de cette autre proposition parfaitement claire, *ceci, qui est pain dans ce moment-ci, est mon corps dans cet autre moment;* et que l'esprit supplée tout ce qui n'est pas exprimé. Car, comme nous avons remarqué à la fin de la première partie, quand on se sert du pronom démonstratif *hoc,* pour marquer quelque chose exposée aux sens, l'idée formée précisément par le pronom demeurant confuse, l'esprit y ajoute des idées claires et distinctes tirées des sens par forme de proposition incidente. Ainsi Jésus-Christ prononçant le mot de *ceci,* l'esprit des apôtres y ajoutait, *qui est pain :* et comme il concevait qu'il était pain dans ce moment-là, il y faisait aussi cette addition du temps. Et ainsi le mot de *ceci* formait cette idée, *ceci qui est pain dans ce moment ici.* De même quand il dit que *c'était son corps,* ils conçurent que *ceci était son corps dans ce moment-là.* Ainsi l'expression, *ceci est mon corps*, forma en eux cette proposition totale :

Ceci qui est pain dans ce moment-ci, est mon corps dans cet autre moment : et cette expression étant claire, l'abrégé de la proposition qui ne diminue rien de l'idée, l'est aussi[1].

Et quant à la difficulté proposée par les ministres, qu'une même chose ne peut être pain et corps de Jésus-Christ, comme elle regarde également la proposition étendue, *Ceci, qui est pain dans ce moment ici, est mon corps dans cet autre moment,* que la proposition abrégée, *Ceci est mon corps :* il est clair que ce ne peut être qu'une chicanerie frivole pareille à celle qu'on pourrait alléguer contre ces propositions : Cette église fut brûlée en un tel temps, et elle a été rétablie dans cet autre temps; et qu'elles se doivent toutes démêler par cette manière de concevoir plusieurs sujets distincts sous une même idée; qui fait que le même terme est tantôt pris pour un sujet, et tantôt pour un autre, sans que l'esprit s'aperçoive de ce passage d'un sujet à un autre.

Au reste, on ne prétend pas décider ici cette importante question, de quelle sorte on doit entendre ces paroles, *Ceci est mon corps;* si c'est dans un sens de figure, ou dans un sens de réalité. Car il ne suffit pas de prouver qu'une proposition se peut prendre dans un certain sens; il faut de plus prouver qu'elle s'y doit prendre. Mais comme il y a des ministres qui, par les principes d'une très-fausse logique, soutiennent opiniâtrément que les paroles de Jésus-Christ ne peuvent recevoir le sens catholique, il n'est point hors de propos d'avoir montré ici en abrégé, que le sens catholique n'a rien que de clair, de raisonnable, et de conforme au langage commun de tous les hommes.

1. Arnauld a parfois reproché à Descartes d'appliquer les principes de sa philosophie à l'explication des vérités de la religion. Il tombe peut-être ici lui-même dans ce défaut, et donne prétexte à l'accusation de socinisme, dont il fut injustement poursuivi par ses ennemis.

CHAPITRE XIII.

Autres observations pour reconnaître si les propositions sont universelles ou particulières.

On peut faire quelques observations semblables et non moins nécessaires touchant l'universalité et la particularité.

I. Observation. Il faut distinguer deux sortes d'universalités : l'une qu'on peut appeler métaphysique, et l'autre morale [1].

J'appelle universalité métaphysique, lorsqu'une universalité est parfaite et sans exception, comme, *tout homme est vivant,* cela ne reçoit point d'exception.

Et j'appelle universalité morale, celle qui reçoit quelque exception, parce que dans les choses morales on se contente que les choses soient telles ordinairement, *ut plurimum,* comme ce que saint Paul rapporte et approuve :

Cretenses semper mendaces, malæ bestiæ, ventres pigri.

Ou ce que dit le même apôtre : *Omnia quæ sua sunt quærunt, non quæ Jesu Christi.*

Ou ce que dit Horace :

Omnibus hoc vitium est cantoribus, inter amicos
Ut nunquam inducant animum cantare rogati,
Injussi nunquam desistant [2].

Ou ce qu'on dit d'ordinaire :

Que toutes les femmes aiment à parler ;

1. Il est assez singulier qu'on emploie le mot *moral* dans ce sens, et qu'on dise une universalité *morale* pour signifier une universalité par approximation ; une certitude *morale,* pour désigner une simple croyance fondée sur une induction. Il n'y a pourtant rien de si précis, de si rigoureux que les vérités *morales*. Peut-être faut-il chercher dans les habitudes de l'école l'origine de cette acception. C'est un principe de la philosophie d'Aristote, que dans la morale il faut se contenter d'une esquisse un peu grossière de la vérité, παχυλῶς καὶ τύπῳ τἀληθὲς ἐνδείκνυσθαι ; que les principes n'y sont que des faits généraux, qui arrivent le plus ordinairement, *ut plurimum,* disent les scolastiques en traduisant ces mots ὡς ἐπὶ τὸ πολύ. (*Morale à Nicomaque,* I, 3.) La sphère des choses morales est donc, d'après cette fausse théorie, celle de l'à-peu-près, de la vérité prise *grosso modo,* παχυλῶς ; et cette façon de dire a passé de l'école, comme tant d'autres, dans le langage ordinaire.

2. Horace, *Épîtres,* I, 3.

Que tous les jeunes gens sont inconstants ;
Que tous les vieillards louent le temps passé.

Il suffit dans toutes ces sortes de propositions, qu'ordinairement cela soit ainsi, et on ne doit pas aussi en conclure rien à la rigueur.

Car comme ces propositions ne sont pas tellement générales, qu'elles ne souffrent des exceptions, il se pourrait faire que la conclusion serait fausse[1]. Comme on n'aurait pas pu conclure de chaque Crétois en particulier, qu'il aurait été un menteur et une méchante bête, quoique l'Apôtre approuve en général ce vers d'un de leurs poëtes : *Les Crétois sont toujours menteurs, méchantes bêtes, grands mangeurs ;* parce que quelques-uns de cette île pouvaient n'avoir pas les vices qui étaient communs aux autres[2].

Ainsi la modération qu'on doit garder dans ces propositions qui ne sont que moralement universelles, c'est d'une part de n'en tirer qu'avec grand jugement des conclusions particulières, et de l'autre de ne les contredire pas, ni ne les rejeter pas comme fausses, quoiqu'on puisse opposer des instances où elles n'ont pas de lieu, mais de se contenter, si on les étendait trop loin, de montrer qu'elles ne se doivent pas prendre si à la rigueur.

II. Observation. Il y a des propositions qui doivent passer pour métaphysiquement universelles, quoiqu'elles puissent recevoir des exceptions, lorsque dans l'usage ordinaire ces exceptions extraordinaires ne passent point pour devoir être comprises dans ces termes universels, comme si je dis : *Tous les hommes n'ont que deux bras,* cette proposition doit passer pour vraie dans l'usage ordinaire. Et ce serait chicaner que d'opposer qu'il y a eu des monstres qui n'ont pas laissé d'être hommes, quoiqu'ils eussent quatre bras, parce qu'on voit assez qu'on ne parle pas des monstres dans ces proposi-

1. Il faut dire que la conclusion n'est jamais certaine ; ces propositions ne sont universelles que pour la forme, et en vertu d'une généralisation téméraire. Le mot *tous* y est frauduleusement substitué à celui de *la plupart.*

2. C'est en confondant cette fausse universalité avec la véritable que l'école de Mégare proposait ces sophismes connus sous le nom du menteur, du chauve, de l'Électre, etc. Les scolastiques appelaient certaines propositions *seipsas falsificantes ;* il suffit qu'elles soient vraies pour qu'elles soient fausses, par exemple : *semper mentior.*

tions générales, et qu'on veut dire seulement que, dans l'ordre de la nature, les hommes n'ont que deux bras. On peut dire de même que tous les hommes se servent des sons pour exprimer leurs pensées, mais que tous ne se servent pas de l'écriture. Et ce ne serait pas une objection raisonnable, que d'opposer les muets pour trouver de la fausseté dans cette proposition; parce qu'on voit assez, sans qu'on l'exprime, que cela ne se doit entendre que de ceux qui n'ont point d'empêchement naturel à se servir des sons, ou pour n'avoir pu les apprendre, comme ceux qui sont sourds; ou pour ne les pouvoir former, comme les muets[1].

III. Observation. Il y a des propositions qui ne sont universelles que parce qu'elles se doivent entendre *de generibus singulorum*, et non pas *de singulis generum*, comme parlent les philosophes : c'est-à-dire de toutes les espèces de quelque genre, et non pas de tous les particuliers de ces espèces. Ainsi l'on dit, que tous les animaux furent sauvés dans l'arche de Noé, parce qu'il en fut sauvé quelques-uns de toutes les espèces. Jésus-Christ dit aussi des Pharisiens, qu'ils payaient la dîme de toutes les herbes, *decimatis omne olus*, non qu'ils payassent la dîme de toutes les herbes qui étaient dans le monde; mais parce qu'il n'y avait point de sortes d'herbes dont ils ne payassent la dîme. Ainsi saint Paul dit : *Sicut et ego per omnia omnibus placeo :* c'est-à-dire qu'il s'accommodait à toutes sortes de personnes, juifs, gentils, chrétiens, quoiqu'il ne plût pas à ses persécuteurs qui étaient en si grand nombre. Ainsi l'on dit d'un homme, *qu'il a passé par toutes les charges,* c'est-à-dire par toute sorte de charges.

IV. Observation. Il y a des propositions qui ne sont universelles, que parce que le sujet doit être pris comme restreint par une partie de l'attribut : je dis par une partie, car il serait ridicule qu'il fût restreint par tout l'attribut, comme qui prétendrait que cette proposition est vraie, *Tous les hommes sont justes,* parce qu'il l'entendrait en ce sens, que tous les hommes justes sont justes, ce qui serait impertinent.

1. Il n'y a pas d'homme muet, c'est-à-dire dépourvu des organes qui servent à articuler; le mutisme est le résultat de la surdité.

Mais quand l'attribut est complexe, et à deux parties, comme dans cette proposition, *Tous les hommes sont justes par la grâce de Jésus-Christ*, c'est avec raison qu'on peut prétendre que le terme de *justes* est sous-entendu dans le sujet, quoiqu'il n'y soit pas exprimé; parce qu'il est assez clair qu'on veut dire seulement que tous les hommes qui sont justes ne sont justes que par la grâce de Jésus-Christ. Et ainsi cette proposition est vraie en toute rigueur, quoiqu'elle paraisse fausse à ne considérer que ce qui est exprimé dans le sujet, y ayant tant d'hommes qui sont méchants et pécheurs, et qui par conséquent n'ont point été justifiés par la grâce de Jésus-Christ. Il y a un très-grand nombre de propositions dans l'Écriture, qui doivent être prises en ce sens, et entre autres ce que dit saint Paul : *Comme tous meurent par Adam, ainsi tous seront vivifiés par Jésus-Christ*. Car il est certain qu'une infinité de païens, qui sont morts dans leur infidélité, n'ont point été vivifiés par Jésus-Christ; et qu'ils n'auront aucune part à vie de la gloire dont parle saint Paul en cet endroit. Et ainsi le sens de l'Apôtre est que, comme tous ceux qui meurent, meurent par Adam; tous ceux aussi qui sont vivifiés, sont vivifiés par Jésus-Christ.

Il y a aussi beaucoup de propositions qui ne sont moralement universelles qu'en cette manière, comme quand on dit : *Les Français sont bons soldats, Les Hollandais sont bons matelots, Les Flamands sont bons peintres, Les Italiens sont bons comédiens*, cela veut dire que les Français qui sont soldats sont ordinairement bons soldats, et ainsi des autres.

V. Observation. Il ne faut pas s'imaginer qu'il n'y a point d'autre marque de particularité que ces mots, *quidam, aliquis, quelque*, et semblables. Car, au contraire, il arrive assez rarement que l'on s'en serve, surtout dans notre langue.

Quand la particule *des* ou *de* est le pluriel de l'article *un*, selon la nouvelle remarque de la grammaire générale, elle fait que les noms se prennent particulièrement, au lieu que pour l'ordinaire ils se prennent généralement avec l'article *les*. C'est pourquoi il y a bien de la différence entre ces deux propositions : *Les médecins croient maintenant qu'il est bon de boire pendant le chaud de la fièvre*, et, *des médecins croient maintenant que le sang ne se fait point dans le foie*. Car *les médecins* dans la première, marque le commun des médecins d'aujourd'hui : et *des médecins* dans la seconde, marque seulement quelques médecins particuliers.

Mais souvent avant *des*, ou *de* ou *un* au singulier, on met, *il y a*, comme *il y a des médecins*, et cela en deux manières.

La première est, en mettant seulement après *des*, ou *un*, un substantif pour être le sujet de la proposition, et un adjectif pour en être l'attribut, soit qu'il soit le premier ou le dernier, comme, *il y a des douleurs salutaires, Il y a des plaisirs funestes, Il y a de faux amis, Il y a une humilité généreuse : Il y a des vices couverts de l'apparence de la vertu.* C'est comme on exprime dans notre langue ce qu'on exprime par *quelque* dans le style de l'école : *Quelques douleurs sont salutaires, quelque humilité est généreuse*, et ainsi des autres.

La seconde manière est de joindre par un *qui* l'adjectif au substantif : *Il y a des craintes qui sont raisonnables*. Mais ce *qui* n'empêche pas que ces propositions ne puissent être simples dans le sens, quoique complexes dans l'expression ; car c'est comme si on disait simplement : *Quelques craintes sont raisonnables*. Ces façons de parler sont encore plus ordinaires que les précédentes : *Il y a des hommes qui n'aiment qu'eux-mêmes, Il y a des chrétiens qui sont indignes de ce nom.*

On se sert quelquefois en latin d'un tour semblable. Horace :

Sunt quibus in satyra videor nimis acer et ultra.
Legem tendere opus[1].

Ce qui est la même chose que s'il avait dit :

Quidam existimant me nimis acrem esse in satyra.

Il y en a qui me croient trop piquant dans la satire.

De même dans l'Écriture : *Est qui nequiter se humiliat*[2] ; il y en a qui s'humilient mal.

Omnis, tout, avec une négation, fait aussi une proposition particulière, avec cette différence, qu'en latin la négation

1. *Épîtres*, II, 1.
2. Saint Matthieu, VII, 21.

précède *omnis*, et en français elle suit *tout* : *Non omnis qui dicit mihi, Domine, Domine, intrabit in regnum cœlorum.* Tous ceux qui me disent, Seigneur, Seigneur, n'entreront point dans le royaume des cieux : *Non omne peccatum est crimen.* Tout péché n'est pas un crime.

Néanmoins dans l'hébreu *non omnis* est souvent pour *nullus*, comme dans le Psaume CXLII, *Non justificabitur in conspectu tuo omnis vivens*, nul homme vivant ne se justifiera devant Dieu. Cela vient de ce qu'alors la négation ne tombe que sur le verbe, et non point sur *omnis*.

VI. Observation. Voilà quelques observations assez utiles quand il y a un terme d'universalité; comme *tout*, *nul*, etc. Mais quand il n'y en a point et qu'il n'y a point aussi de particularité, comme quand je dis : *L'homme est raisonnable*, *L'homme est juste*, c'est une question célèbre parmi les philosophes, si ces propositions, qu'ils appellent *indéfinies*, doivent passer pour universelles ou pour particulières[1]; ce qui se doit entendre quand elles sont sans aucune suite de discours, ou qu'on ne les a point déterminées par la suite à aucun de ces sens. Car il est indubitable qu'on doit prendre le sens d'une proposition, quand elle a quelque ambiguïté, de ce qui l'accompagne dans le discours de celui qui s'en sert.

La considérant donc en elle-même, la plupart des philosophes disent qu'elle doit passer pour universelle dans une matière nécessaire, et pour particulière dans une matière contingente[2].

Je trouve cette maxime approuvée par de fort habiles gens, et néanmoins elle est très-fausse; et il faut dire, au contraire, que lorsqu'on attribue quelque qualité à un terme

1. Les logiciens reconnaissent quatre sortes de propositions, selon la quantité du sujet : universelles, particulières, singulières et *indéfinies*, *impræfinitæ*, ἀδιόριστοι. Dans ces dernières rien ne marque expressément la quantité du sujet, et il est difficile de décider s'il est particulier ou universel.

2. *Nécessaire* est ce qui arrive toujours, *contingent* ce qui arrive quelquefois. C'est dans ce sens qu'il faut entendre ici ces termes, dont on fait aujourd'hui un autre usage. *Les hommes sont mortels*, voilà une proposition *indéfinie* en matière nécessaire; *les hommes sont injustes*, une indéfinie en matière contingente. Suivant les logiciens dont l'auteur critique l'opinion, la première est universelle, et la seconde, particulière. Mais beaucoup d'autres disent, comme Bossuet : « De leur nature toutes ces propositions ont la même force que les propositions universelles. »

commun, la proposition indéfinie doit passer pour universelle en quelque matière que ce soit. Et ainsi dans une matière contingente elle ne doit point être considérée comme une proposition particulière, mais comme une universelle qui est fausse[1]. Et c'est le jugement naturel que tous les hommes en font, les rejetant comme fausses, lorsqu'elles ne sont pas vraies généralement, au moins d'une généralité morale dont les hommes se contentent dans les discours ordinaires des choses du monde.

Car qui souffrirait que l'on dît : *Que les ours sont blancs, que les hommes sont noirs, que les Parisiens sont gentilshommes, que les Polonais sont sociniens, que les Anglais sont trembleurs?* Et cependant, selon la distinction de ces philosophes, ces propositions devraient passer pour très-vraies; puisqu'étant indéfinies dans une matière contingente, elles devraient être prises pour particulières. Or il est très-vrai qu'il y a quelques ours blancs, comme ceux de la Nouvelle-Zemble; quelques hommes qui sont noirs, comme les Éthiopiens; quelques Parisiens qui sont gentilshommes; quelques Polonais qui sont sociniens; quelques Anglais qui sont trembleurs. Il est donc clair qu'en quelque matière que ce soit, les propositions indéfinies de cette sorte sont prises pour universelles; mais que dans une matière contingente on se contente d'une universalité morale. Ce qui fait qu'on dit fort bien : *Les Français sont vaillants, Les Italiens sont soupçonneux, Les Allemands sont grands, Les Orientaux sont voluptueux,* quoique cela ne soit pas vrai de tous les particuliers, parce qu'on se contente qu'il soit vrai de la plupart.

Il y a donc une autre distinction sur ce sujet, laquelle est plus raisonnable : qui est que ces propositions indéfinies sont universelles en matière de doctrine, comme quand on dit : les anges n'ont point de corps, et qu'elles ne sont que particulières dans les faits et dans les narrations. Comme quand il est dit dans l'Évangile : *Milites, plectentes coronamd e spinis, imposuerunt capiti ejus,* il est bien clair que cela ne doit être entendu que de quelques soldats, et non pas de tous les soldats. Dont

1. Elle est fausse, puisqu'une proposition ne peut être universelle en matière contingente et rester vraie ; car elle affirme qu'une chose contingente, qui arrive parfois, arrive toujours.

la raison est qu'en matière d'actions singulières, lors surtout qu'elles sont déterminées à un certain temps[1], elles ne conviennent ordinairement à un terme commun qu'à cause de quelques particuliers, dont l'idée distincte est dans l'esprit de ceux qui font ces propositions[2] : de sorte qu'à le bien prendre, ces propositions sont plutôt singulières que particulières, comme on le pourra juger par ce qui a été dit des termes complexes dans le sens, Ire partie, ch. VII et IIe partie, ch. VI.

VII. Observation. Les noms de *corps*, de *communauté*, de *peuple*, étant pris collectivement, comme ils le sont d'ordinaire, pour tout le corps, toute la communauté, tout le peuple, ne sont point les propositions où ils entrent, proprement universelles, ni encore moins particulières, mais singulières. Comme quand je dis : *Les Romains ont vaincu les Carthaginois, Les Vénitiens font la guerre au Turc, Les juges d'un tel lieu ont condamné un criminel,* ces propositions ne sont point universelles; autrement on pourrait conclure de chaque Romain qu'il aurait vaincu les Carthaginois, ce qui serait faux. Et elles ne sont point aussi particulières. Car cela veut dire plus que si je disais que quelques Romains ont vaincu les Carthaginois; mais elles sont singulières, parce qu'on considère chaque peuple comme une personne morale dont la durée est de plusieurs siècles, qui subsiste tant qu'il compose un État, et qui agit en tous ces temps par ceux qui le composent, comme un homme agit par ses membres. D'où vient que l'on dit que les Romains, qui ont été vaincus par les Gaulois qui prirent Rome, ont vaincu les Gaulois au temps de César, attribuant ainsi à ce même terme de *Romains,* d'avoir été vaincus en un temps, et d'avoir été victorieux en l'autre, quoiqu'en l'un de ces temps il n'y ait eu aucun de ceux qui étaient en l'autre. Et c'est ce qui fait voir sur quoi est fondée la vanité que chaque particulier prend des belles actions de sa nation,

1. Ces sortes de propositions ne seront indéfinies qu'en latin. Si on traduit l'exemple cité en français, on devra dire : des soldats. Règle générale pour déterminer la quantité d'une proposition : exprimer le sujet avec l'extension qu'il a nécessairement dans la pensée, et qui souvent n'est pas explicitement marquée.

2. C'est-à-dire qu'on emploie pour désigner un nombre indéterminé d'individus le nom commun de tout le genre.

auxquelles il n'a point eu de part, et qui est aussi forte que celle d'une oreille, qui étant sourde se glorifierait de la vivacité de l'œil, ou de l'adresse de la main[1].

CHAPITRE XIV.

Des propositions où l'on donne aux signes le nom des choses.

Nous avons dit, dans la première partie, que des idées les unes avaient pour objet des choses, les autres des signes[2]. Or ces idées de signes attachées à des mots venant à composer des propositions, il arrive une chose qu'il est important d'examiner en ce lieu, et qui appartient proprement à la logique: c'est qu'on en affirme quelquefois les choses signifiées[3]. Et il s'agit de savoir quand on a droit de le faire, principalement à l'égard des signes d'institution; car à l'égard des signes naturels, il n'y a pas de difficulté, parce que le rapport visible qu'il y a entre ces sortes de signes et les choses marque clairement que quand on affirme du signe la chose signifiée, on veut dire, non que ce signe soit réellement cette chose, mais qu'il l'est en signification et en figure. Et ainsi l'on dira sans préparation et sans façon d'un portrait de César, que c'est César, et d'une carte d'Italie, que c'est l'Italie[4].

Il n'est donc besoin d'examiner cette règle qui permet d'affirmer les choses signifiées de leurs signes, qu'à l'égard des signes d'institution qui n'avertissent pas par un rapport visible du sens auquel on entend ces propositions; et c'est ce qui a donné lieu à bien des disputes.

1. Vérité dont l'expression est un peu outrée : Arnauld n'a-t-il pas dit plus haut que chaque peuple est comme une personne morale?

2. Les signes sont aussi des choses ; ces choses perçues par les sens font concevoir d'autres choses absentes ou imperceptibles. La question examinée dans ce chapitre difficile et parfois embrouillé n'est pas posée avec toute la netteté possible.

3. C'est-à-dire qu'on affirme, à la fois et du même coup, l'existence du fait que l'on perçoit et de celui que l'on conçoit seulement.

4. Ce ne sont que des manières de parler, auxquelles personne ne peut se laisser prendre ; on abrége ; on devrait dire : *c'est un dessin qui représente l'Italie ou César*. Remarquer en outre que ce ne sont pas là des signes naturels, puisqu'ils sont d'institution humaine, et que des hommes peuvent vivre sans les produire et sans les comprendre.

Car il semble à quelques-uns que cela se puisse faire indifféremment, et qu'il suffise pour montrer qu'une proposition est raisonnable en la prenant en un sens de figure et de signe[1], de dire qu'il est ordinaire de donner aux signes le nom de la chose signifiée. Et cependant cela n'est pas vrai : car il y a une infinité de propositions qui seraient extravagantes si l'on donnait aux signes le nom de choses signifiées; ce que l'on ne fait jamais, parce qu'elles sont extravagantes. Ainsi un homme qui aurait établi dans son esprit que certaines choses en signifieraient d'autres serait ridicule, si, sans en avoir averti personne, il prenait la liberté de donner à ces signes de fantaisie le nom de ces choses, et disait, par exemple, qu'une pierre est un cheval, et un âne un roi de Perse, parce qu'il aurait établi ces signes dans son esprit. Ainsi la première règle qu'on doit suivre sur ce sujet, est qu'il n'est pas permis indifféremment de donner aux signes le nom des choses[2].

La seconde, qui est une suite de la première, est que la seule incompatibilité évidente des termes n'est pas une raison suffisante pour conclure qu'une proposition, ne se pouvant prendre proprement, se doit donc expliquer en un sens de signe[3]. Autrement il n'y aurait point de ces propositions qui fussent extravagantes; et plus elles seraient impossibles dans le sens propre, plus on retomberait facilement dans le sens de signe, ce qui n'est pas néanmoins. Car qui souffrirait que sans autre préparation, et en vertu seulement d'une destination secrète, on dît que la mer est le ciel, que la terre est la lune, qu'un arbre est un roi? Qui ne voit qu'il n'y aurait point de voie plus courte pour s'acquérir la réputation de folie que de prétendre introduire ce langage dans le monde? Il faut donc que celui à qui on parle soit préparé d'une certaine manière, afin qu'on ait droit de se servir de ces sortes de propositions; et il faut remarquer sur ces préparations qu'il y en a de certainement insuffisantes, et d'autres qui sont certainement suffisantes.

1. Une figure et un signe ne sont pas précisément la même chose. Le signe est un objet ou un fait réel, perceptible aux sens; la figure est une manière de parler, et suppose une comparaison.

2. Il faut même dire qu'à la rigueur ce n'est jamais permis. Le signe est un objet, la chose dont il excite l'idée en est un autre. La pâleur est le signe de la souffrance; on ne peut dire qu'elle soit la souffrance.

3. En un sens de figure.

1. Les rapports éloignés qui ne paraissent point aux sens ni à la première vue de l'esprit, et qui ne se découvrent que par méditation, ne suffisent nullement pour donner d'abord aux signes le nom des choses signifiées[1]. Car il n'y a point presque de choses entre lesquelles on ne puisse trouver de ces sortes de rapports; et il est clair que des rapports qu'on ne voit pas d'abord ne suffisent point pour conduire au sens de figure.

2. Il ne suffit pas, pour donner à un signe le nom de la chose signifiée dans le premier établissement qu'on en fait, de savoir que ceux à qui on parle le considèrent déjà comme signe d'une autre chose toute différente. On sait, par exemple, que le laurier est signe de la victoire, et l'olivier de la paix. Mais cette connaissance ne prépare nullement l'esprit à trouver bon qu'un homme à qui il plaira de rendre le laurier signe du roi de la Chine, et l'olivier du grand seigneur, dise sans façon en se promenant dans un jardin : Voyez ce laurier, c'est le roi de la Chine, et cet olivier, c'est le Grand-Turc.

3. Toute préparation qui applique seulement l'esprit à attendre quelque chose de grand, sans le préparer à regarder en particulier une chose comme signe, ne suffit nullement pour donner droit d'attribuer à ce signe le nom de la chose signifiée dans la première institution[2]. La raison en est claire, parce qu'il n'y a nulle conséquence directe et prochaine entre l'idée de grandeur et l'idée de signe; et ainsi l'une ne conduit point à l'autre.

Mais c'est certainement une préparation suffisante pour donner aux signes le nom des choses, quand on voit dans l'esprit de ceux à qui on parle que, considérant certaines choses comme signes, ils sont en peine seulement de savoir ce qu'elles signifient.

Ainsi Joseph a pu répondre à Pharaon que les sept vaches grasses et les sept épis pleins, qu'il avait vus en songe, étaient

1. A proprement parler il n'y a pas de rapports qui paraissent aux sens et qui soient immédiatement connus; il y faut une comparaison.

2. Il est difficile de donner un sens bien précis à cette remarque, si l'on n'est au courant des polémiques religieuses du temps. Ceux qui niaient la présence réelle, entendaient ces mots : Ceci est mon corps, dans le sens figuré; les apôtres, disaient-ils, s'attendant à quelque chose de grand, et recevant le pain des mains de Jésus-Christ, ne pouvaient le regarder que comme un signe.

sept années d'abondance; et les sept vaches maigres et les sept épis maigres, sept années de stérilité; parce qu'il voyait que Pharaon n'était en peine que de cela, et qu'il lui faisait intérieurement cette question : Qu'est-ce que ces vaches grasses et maigres, ces épis pleins et vides, sont en signification?

Ainsi Daniel répondit fort raisonnablement à Nabuchodonosor qu'il était la tête d'or, parce qu'il lui avait proposé le songe qu'il avait eu d'une statue qui avait la tête d'or, et qu'il lui en avait demandé la signification.

Ainsi quand on a proposé une parabole, et qu'on vient à l'expliquer, ceux à qui on parle considérant déjà tout ce qui la compose comme des signes, on a droit, dans l'explication de chaque partie, de donner au signe le nom de la chose signifiée.

Ainsi Dieu ayant fait voir au prophète Ézéchiel en vision, *in spiritu*, un champ plein de morts, et les prophètes distinguant les visions des réalités, et étant accoutumés à les prendre pour des signes, Dieu lui parla fort intelligiblement en lui disant, que *ces os étaient la maison d'Israël;* c'est-à-dire qu'ils la signifiaient.

Voilà les préparations certaines, et comme on ne voit pas d'autres exemples, où l'on convienne que l'on ait donné au signe le nom de la chose signifiée, que ceux où elles se trouvent, on en peut tirer cette maxime de sens commun : Que l'on ne donne aux signes le nom des choses que lorsque l'on a droit de supposer qu'ils sont déjà regardés comme signes, et que l'on voit dans l'esprit des autres qu'ils sont en peine de savoir non ce qu'ils sont, mais ce qu'ils signifient[1].

Mais comme la plupart des règles morales ont des exceptions[2], on pourrait douter s'il n'en faudrait point faire une à celle-ci en un seul cas. C'est quand la chose signifiée est telle qu'elle exige en quelque sorte d'être marquée par un signe : de sorte que sitôt que le nom de cette chose est prononcé,

1. Ce n'est donc qu'une simple abréviation : au lieu de dire : Cette chose que vous voyez indique ou représente telle autre que vous ne voyez pas; on dit simplement de la première qu'elle est la seconde.

2. On a déjà vu qu'il faut donner au mot *moral* en ce sens la même valeur qu'au terme *contingent*. Il ne s'agit pas ici des règles de la morale, qui ne souffrent aucune exception.

l'esprit conçoit incontinent que le sujet auquel on l'a joint est destiné pour la désigner. Ainsi, comme les alliances sont ordinairement marquées par des signes extérieurs, si l'on arffimait le mot d'*alliance* de quelque chose extérieure, l'esprit pourrait être porté à concevoir que l'on l'en affirmerait comme de son signe; de sorte que quand il y aurait dans l'Écriture, que *la Circoncision est l'alliance,* peut-être n'y aurait-il rien de surprenant; car l'alliance porte l'idée du signe sur la chose à laquelle elle est jointe. Et ainsi, comme celui qui écoute une proposition conçoit l'attribut et les qualités de l'attribut avant qu'il en fasse l'union avec le sujet, on peut supposer que celui qui entend cette proposition : *la circoncision est l'alliance*, est suffisamment préparé à concevoir que la circoncision n'est alliance qu'en signe, le mot d'*alliance* lui ayant donné lieu de former cette idée, non avant qu'il soit prononcé, mais avant qu'il fût joint dans son esprit avec le mot de *circoncision.*

J'ai dit que l'on pourrait croire que les choses qui exigent, par une convenance de raison, d'être marquées par des signes, seraient une exception de la règle établie, qui demande une préparation précédente qui fasse regarder le signe comme signe, afin qu'on en puisse affirmer la chose signifiée, parce que l'on pourrait croire aussi le contraire. Car 1° cette proposition : *la circoncision est l'alliance,* n'est point dans l'Écriture, qui porte seulement : *Voici l'alliance que vous observerez entre vous, votre postérité et moi : Tout mâle parmi vous sera circoncis.* Or il n'est pas dit dans ces paroles que la circoncision soit l'alliance, mais la circoncision y est commandée comme condition de l'alliance. Il est vrai que Dieu exigeait cette condition, afin que la circoncision fût signe de l'alliance, comme il est porté dans le verset suivant, *ut sit in signum fœderis;* mais afin qu'elle fût signe il en fallait commander l'observation, et la faire condition de l'alliance, et c'est ce qui est contenu dans le verset précédent.

2. Ces paroles de saint Luc : *Ce calice est la nouvelle alliance en mon sang,* que l'on allègue aussi, ont encore moins d'évidence pour confirmer cette exception : car en traduisant littéralement, il y a dans saint Luc : *Ce calice est le Nouveau Testament en mon sang.* Or, comme le mot de Testament ne signifie pas seulement la dernière volonté du testateur, mais encore plus proprement l'instrument qui la marque; il n'y a

point de figure à appeler le calice du sang de Jésus-Christ, *Testament*, puisque c'est proprement la marque, le gage et le signe de la dernière volonté de Jésus-Christ, l'instrument de la nouvelle alliance.

Quoi qu'il en soit, cette exception étant douteuse d'une part, et étant très-rare de l'autre, et y ayant très-peu de choses qui exigent d'elles-mêmes d'être marquées par des signes, elles n'empêchent pas l'usage et l'application de la règle à l'égard de toutes les autres choses qui n'ont pas cette qualité, et que les hommes n'ont point accoutumé de marquer par des signes d'institution. Car il faut se souvenir de ce principe d'équité, que la plupart des règles ayant des exceptions, elles ne laissent pas d'avoir leur force dans les choses qui ne sont point comprises dans l'exception.

C'est par ces principes qu'il faut décider cette importante question, si l'on peut donner à ces paroles : *Ceci est mon corps*, le sens de figure, ou plutôt c'est par ces principes que toute la terre l'a décidée, toutes les nations du monde s'étant portées naturellement à les prendre au sens de réalité, et à en exclure le sens de figure [1]. Car les apôtres ne regardant pas le pain comme un signe, et n'étant point en peine de ce qu'il signifiait, Jésus-Christ n'aurait pu donner aux signes le nom des choses, sans parler contre l'usage de tous les hommes et sans les tromper. Ils pouvaient peut-être regarder ce qui se faisait comme quelque chose de grand, mais cela ne suffit pas.

Je n'ai plus à remarquer sur le sujet des signes, auxquels l'on donne le nom des choses, sinon qu'il faut extrêmement distinguer entre les expressions où l'on se sert du nom de la chose pour marquer le signe, comme quand on appelle un tableau d'Alexandre du nom d'Alexandre, et celles dans lesquelles le signe étant marqué par son nom propre, ou par un pronom, on en affirme la chose signifiée; car cette règle, qu'il faut que l'esprit de ceux à qui on parle regarde déjà le signe comme signe, et soit en peine de savoir de quoi il est signe, ne s'entend nullement du premier genre d'expressions, mais seulement du second, où l'on affirme expressément du signe la chose signifiée; car on ne se sert de ces expressions que pour

1. Tout le chapitre a en vue cette conclusion, c'est une application de la logique à la théologie.

apprendre à ceux à qui l'on parle ce que signifie ce signe, et on ne le fait en cette manière que lorsqu'ils sont suffisamment préparés à concevoir que le signe n'est la chose signifiée qu'en signification et en figure.

CHAPITRE XV.

De deux sortes de propositions qui sont de grand usage dans les sciences, la division et la définition, et premièrement de la division.

Il est nécessaire de dire quelque chose en particulier de deux sortes de propositions qui sont de grand usage dans les sciences, la division et la définition [1].

La division est le partage d'un tout en ce qu'il contient [2].

Mais comme il y a deux sortes de *tout* [3], il y a aussi deux sortes de divisions. Il y a un tout composé de plusieurs parties réellement distinctes, appelé en latin *totum*, et dont les parties sont appelées *parties intégrantes*. La division de ce tout s'appelle proprement *partition;* comme quand on divise une maison en ses appartements, une ville en ses quartiers, un royaume ou un État en ses provinces, l'homme en corps et en âme, le corps en ses membres. La seule règle de cette division est de faire des dénombrements bien exacts et auxquels il ne manque rien.

L'autre *tout* est appelé en latin *omne*, et ses parties, *parties subjectives* ou *inférieures*, parce que ce tout est un terme commun, et ses parties sont des sujets compris dans son étendue. Le mot d'*animal* est un tout de cette nature, dont les inférieurs, comme *homme et bête*, qui sont compris dans son étendue, sont les parties subjectives [4]. Cette division retient

1. Ce sont avant tout des opérations de l'esprit; il n'y a guère de raison pour en parler ici plutôt qu'ailleurs ; il a déjà été question de la définition de mots. On peut trouver que, pour l'arrangement des matières, les auteurs ont usé largement de la liberté, qu'ils ont revendiquée dans le *premier discours*.

2. Ce tout, *totum divisum*, est nécessairement composé.

3. Les logiciens en reconnaissaient souvent un troisième, qu'ils appelaient *totum potestativum*, l'ensemble même des pouvoirs, comme l'âme par rapport à ses facultés.

4. « Les parties, dit avec précision un logicien moderne, sont ou bien contenues dans le tout divisé, ou bien contenues sous lui : dans le premier cas la division

proprement le nom de division, et on en peut remarquer de quatre sortes.

La 1re est quand on divise le genre par ses espèces[1] : *Toute substance est corps ou esprit; tout animal est homme ou bête.*

La 2e est quand on divise le genre par ses différences : *Tout animal est raisonnable ou privé de raison; tout nombre est pair ou impair; toute proposition est vraie ou fausse; toute ligne est droite ou courbe*[2].

La 3e quand on divise un sujet commun par les accidents propres dont il est capable, ou selon ses divers inférieurs, ou en divers temps, comme : *Tout astre est lumineux par soi-même, ou seulement par réflexion; tout corps est en mouvement ou en repos; tous les Français sont nobles ou roturiers; tout homme est sain ou malade; tous les peuples se servent pour s'exprimer, ou de la parole seulement, ou de l'écriture outre la parole*[3].

La 4e d'un accident en ses divers sujets, comme la division des biens en ceux de l'esprit et du corps[4].

Les règles de la division sont[5] : 1° qu'elle soit entière, c'est-à-dire que les membres de la division comprennent toute l'étendue du terme que l'on divise, comme *pair* et *impair* comprennent toute l'étendue du terme de *nombre*, n'y en ayant point qui ne soit pair ou impair. Il n'y a presque rien qui fasse faire tant de faux raisonnements que le défaut d'attention à cette règle; et ce qui trompe est qu'il y a souvent

s'appelle partition, ἀπαρίθμησις; et dans le second, division logique. Dans l'une, ce tout est une unité complexe, et dans d'autre il est une unité universelle. » Hamilton, *Lectures on logic*, IV, 24.

1. C'est la vraie division, le développement de l'extension d'une idée générale; la définition en développe la compréhension.

2. Remarquer que cette seconde sorte de division est en tout pareille à la première : car l'espèce ou la différence, relativement au genre, ne se peuvent distinguer.

3. Les accidents propres nous ramènent encore à la différence; lumineux par soi-même ou par réflexion, ce sont les deux espèces du genre des astres, planètes et étoiles fixes; les autres exemples sont à peine des divisions, puisque le même corps peut être en mouvement et en repos suivant le temps; le même homme peut être tour à tour sain et malade, etc., etc.

4. C'est tout simplement dire que les qualités abstraites forment aussi des touts, c'est-à-dire des genres, et qu'on peut les distribuer en leurs espèces. Donc la première sorte de division embrasse toutes les autres.

5. Arnauld omet une première règle qui n'est pas sans importance, c'est qu'il faut avant tout avoir un principe de division : *Divisio ne careat fundamento.*

des termes qui paraissent tellement opposés, qu'ils semblent ne point souffrir de milieu, et qui ne laissent pas d'en avoir. Ainsi, entre ignorant et savant, il y a une certaine médiocrité de savoir qui tire un homme du rang des ignorants, et qui ne le met pas encore au rang des savants. Entre vicieux et vertueux, il y aussi un certain état dont on peut dire ce que Tacite dit de Galba, *magis extra vitia, quam cum virtutibus;* car il y a des gens qui, n'ayant point de vices grossiers, ne sont pas appelés vicieux, et qui, ne faisant point de bien, ne peuvent point être appelés vertueux, quoique devant Dieu ce soit un grand vice que de n'avoir point de vertu. Entre sain et malade, il y a l'état d'un homme indisposé ou convalescent : entre le jour et la nuit, il y a le crépuscule ; entre les vices opposés, il y a le milieu de la vertu, comme la piété entre l'impiété et la superstition ; et quelquefois ce milieu est double, comme entre l'avarice et la prodigalité, il y a la libéralité, et une épargne louable ; entre la timidité qui craint tout et la témérité qui ne craint rien, il y a la générosité qui ne s'étonne point des périls, et une précaution raisonnable, qui fait éviter ceux auxquels il n'est pas à propos de s'exposer[1].

La deuxième règle, qui est une suite de la première, est que les membres de la division soient opposés, comme *pair, impair; raisonnable, privé de raison.* Mais il faut remarquer ce qu'on a déjà dit dans la première partie, qu'il n'est pas nécessaire que toutes les différences qui font ses membres opposés soient positives ; mais qu'il suffit que l'une le soit, et que l'autre soit le genre seul avec la négation de l'autre différence ; et c'est même par là qu'on fait que les membres sont plus certainement opposés. Ainsi, la différence de la bête d'avec l'homme n'est que la privation de la raison, qui n'est rien de positif ; l'imparité n'est que la négation de la divisibilité en deux parties égales. Le nombre premier n'a rien que n'ait le nombre composé ; l'un et l'autre ayant l'unité pour mesure, et celui qu'on appelle premier n'étant différent du composé, qu'en ce qu'il n'a point d'autre mesure que l'unité.

Néanmoins, il faut ajouter que c'est le meilleur d'exprimer

1. On sait que telle est la doctrine d'Aristote sur la vertu. Il la considère comme un milieu entre deux vices opposés, μεσότης δύο κακιῶν, τῆς μὲν καθ' ὑπερβολήν, τῆς δὲ κατ' ἔλλειψιν.

les différences opposées par des termes positifs, quand cela se peut; parce que cela fait mieux entendre la nature des membres de la division. C'est pourquoi la division de la substance en celle qui pense et celle qui est étendue, est beaucoup meilleure que la commune, en celle qui est matérielle et celle qui est immatérielle, ou bien en celle qui est corporelle et celle qui n'est pas corporelle, parce que les mots d'*immatérielle* ou d'*incorporelle* ne nous donnent qu'une idée fort imparfaite et fort confuse de ce qui se comprend beaucoup mieux par les mots de *substance qui pense*.

La troisième règle, qui est une suite de la seconde, est que l'un des membres ne soit pas tellement enfermé dans l'autre, que l'autre en puisse être affirmé, quoiqu'il puisse quelquefois y être enfermé en une autre manière; car la ligne est enfermée dans la surface comme le terme [1] de la surface, et la surface dans le solide comme le terme du solide. Mais cela n'empêche pas que l'étendue ne se divise en ligne, surface et solide, parce qu'on ne peut pas dire que la ligne soit surface, ni la surface solide. On ne peut pas, au contraire, diviser le nombre en pair, impair et carré, parce que tout nombre carré étant pair ou impair, il est enfermé dans les deux premiers membres.

On ne doit pas aussi diviser les opinions en vraies, fausses et probables, parce que toute opinion probable est vraie ou fausse. Mais on peut les diviser premièrement en vraies et en fausses, et puis diviser les unes et les autres en certaines et en probables [2].

Ramus et ses partisans se sont fort tourmentés pour montrer que toutes les divisions ne doivent avoir que deux membres [3]. Tant qu'on peut le faire commodément, c'est le meilleur; mais la clarté et la facilité étant ce qu'on doit le plus considérer dans les sciences, on ne doit pas rejeter les divisions en trois membres, et plus encore, quand elles sont

1. C'est-à-dire la limite.

2. Les relations de ces termes ne paraissent pas marquées avec une grande justesse. Sans doute toute opinion probable est en elle-même vraie ou fausse, mais relativement à nous elle n'est ni l'un ni l'autre. De plus, comment diviser les opinions vraies et fausses en certaines et en probables ? Tout au contraire, on doit distribuer les opinions certaines en vraies et en fausses, puisque nous donnons notre assentiment à l'erreur non moins qu'à la vérité.

3. C'est ce qu'on appelle dans l'école *dichotomia*.

plus naturelles, et qu'on aurait besoin de subdivisions forcées pour les faire toujours en deux membres : car alors, au lieu de soulager l'esprit, ce qui est le principal fruit de la division, on l'accable par un grand nombre de subdivisions, qu'il est bien plus difficile de retenir, que si tout d'un coup on avait fait plus de membres à ce que l'on divise. Par exemple, n'est-il pas plus court, plus simple et plus naturel de dire : *Toute étendue est, ou ligne, ou surface, ou solide,* que de dire comme Ramus : *Magnitudo est linea vel lineatum ; lineatum est superficies vel solidum*[1].

Enfin, on peut remarquer que c'est un égal défaut de ne faire pas assez et de faire trop de divisions ; l'un n'éclaire pas assez l'esprit, et l'autre le dissipe trop. Grassot[2], qui est un philosophe estimable entre les interprètes d'Aristote, a nui à son livre par le trop grand nombre de divisions. On retombe par là dans la confusion que l'on prétend éviter : *confusum est quidquid in pulverem sectum est* [3].

CHAPITRE XVI.

De la définition qu'on appelle définition des choses.

Nous avons parlé fort au long, dans la première partie, des définitions de noms, et nous avons montré qu'il ne fallait pas les confondre avec les définitions des choses ; parce que les définitions des noms sont arbitraires, au lieu que les définitions des choses ne dépendent point de nous, mais de ce qui est enfermé dans la véritable idée d'une chose, et ne doivent

1. C'est que Ramus appliquait cette règle de logique, que dans les subdivisions il ne faut franchir aucun degré, *Divisio ne fiat per hiatum aut saltum.*

2. L'auteur autrefois estimé de quelques cours de physique et de logique. Ce ne sont guère que des commentaires d'Aristote.

3. « Quicquid in majus crevit facilius agnoscetur, si discessit in partes, quas innumerabiles esse et parvas non oportet. Idem enim vitii habet nimia, quod nulla divisio ; simile confuso est, quicquid usque in pulverem sectum est. » Sénèque, Lettre 90. Comparez Fénelon, *Dialogues sur l'éloquence.* Aristote a mieux marqué que personne l'utilité des divisions : elles servent comme de contre-épreuve à la définition. C'est le seul moyen que nous ayons de nous assurer que rien n'a été omis dans la définition. *Derniers analytiques,* II, 13. Hamilton est d'accord avec lui, et donne pour but à la division, de distinguer et de compléter nos connaissances.

point être prises pour principes, mais être considérées comme des propositions qui doivent souvent être confirmées par raison, et qui peuvent être combattues. Ce n'est donc que de cette dernière sorte de définition que nous parlons en ce lieu [1].

Il y en a de deux sortes : l'une plus exacte, qui retient le nom de définition ; l'autre moins exacte, qu'on appelle description.

La plus exacte est celle qui explique la nature d'une chose par ses attributs essentiels, dont ceux qui sont communs s'appellent *genre*, et ceux qui sont propres *différence*.

Ainsi on définit l'homme un animal raisonnable ; l'esprit, une substance qui pense ; le corps, une substance étendue ; Dieu, l'être parfait. Il faut, autant que l'on peut, que ce qu'on met pour genre dans la définition soit le genre prochain du défini, et non pas seulement le genre éloigné.

On définit aussi quelquefois par les parties intégrantes, comme lorsqu'on dit que l'homme est une chose composée d'un esprit et d'un corps. Mais alors même il y a quelque chose qui tient lieu de genre, comme le mot de chose composée, et le reste tient lieu de différence.

La définition moins exacte, qu'on appelle description, est celle qui donne quelque connaissance d'une chose par les accidents qui lui sont propres, et qui la déterminent assez pour en donner quelque idée qui la discerne des autres [2].

C'est en cette manière qu'on décrit les herbes, les fruits, les animaux, par leur figure, par leur grandeur, par leur couleur et autres semblables accidents. C'est de cette nature que sont les descriptions des poëtes et des orateurs.

Il y a aussi des définitions ou descriptions qui se font par les causes, par la matière, par la forme, par la fin [3], etc., comme si on définit une horloge, une machine de fer composées de diverses roues, dont le mouvement réglé est propre à marquer les heures.

Il y a trois choses nécessaires à une bonne définition :

1. Voir 1re partie, ch. XII. La définition a quelque rapport avec la division. Celle-ci développe l'extension de l'idée, et celle-là sa compréhension ; l'une rend nos connaissances distinctes, l'autre les rend claires.
2. C'est la seule manière de déterminer les individus.
3. Les logiciens distinguent trois sortes de définitions : *definitiones nominales, reales, geneticæ.*

qu'elle soit universelle, qu'elle soit propre, qu'elle soit claire[1].

1° Il faut qu'une définition soit universelle, c'est-à-dire qu'elle comprenne tout le défini. C'est pourquoi la définition commune du *temps*, que c'est *la mesure du mouvement*, n'est peut-être pas bonne, parce qu'il y a grande apparence que le temps ne mesure pas moins le repos que le mouvement[2], puisqu'on *dit aussi bien qu'une chose a été tant de temps en repos*, comme on dit qu'elle s'est remuée pendant tant de temps; de sorte qu'il semble que le temps ne soit autre chose que la durée de la créature, en quelque état qu'elle soit[3].

2° Il faut qu'une définition soit propre, c'est-à-dire qu'elle ne convienne qu'au défini. C'est pourquoi la définition commune des éléments, *un corps simple corruptible*, ne semble pas bonne : car les corps célestes n'étant pas moins simples que les éléments par le propre aveu de ces philosophes, on n'a aucune raison de croire qu'il ne se fasse pas dans les cieux des altérations semblables à celles qui se font sur la terre, puisque, sans parler des comètes, qu'on sait maintenant n'être point formées des exhalations de la terre, comme Aristote se l'était imaginé, on a découvert des taches dans le soleil qui s'y forment, et qui s'y dissipent de la même sorte que nos nuages, quoique ce soient de bien plus grands corps.

3° Il faut qu'une définition soit claire, c'est-à-dire qu'elle nous serve à avoir une idée plus claire et plus distincte de la chose qu'on définit, et qu'elle nous en fasse, autant qu'il se peut, comprendre la nature; de sorte qu'elle puisse nous aider à rendre raison de ses principales propriétés[4]. C'est ce

1. De ces trois règles les deux premières peuvent se réduire à une seule : que le sujet et l'attribut aient exactement la même extension; c'est-à-dire que la proposition soit *identique*, et qu'on puisse intervertir l'ordre des termes : si l'attribut a moins d'extension que le sujet, la définition n'est pas *universelle*, et s'il en a plus, elle cesse d'être *propre*.

2. Il y a une autre raison pour qu'elle ne soit pas bonne; ce n'est pas une vraie définition; on y trouverait difficilement le genre et la différence.

3. C'est l'opinion de Descartes : « Le temps que nous distinguons de la durée prise en général, et que nous disons être le nombre du mouvement, n'est rien qu'une certaine façon dont nous pensons à cette durée. » *Principes de la philosophie*, I, 57.

4. Une des conditions de la clarté c'est la brièveté de la définition. A ces règles quelques logiciens en ajoutent d'autres qui ne sont pas sans utilité : ne pas définir par des attributs négatifs, ou disjonctifs; ne pas définir par une tautologie, *ne sit circulus, vel diallelon;* ne pas introduire de termes superflus, *ne sit abundans.*

qu'on doit principalement considérer dans les définitions, et c'est ce qui manque à une grande partie des définitions d'Aristote.

Car qui est celui qui a mieux compris la nature du mouvement par cette définition : *Actus entis in potentia quatenus in potentia*, l'acte d'un être en puissance en tant qu'il est en puissance[1]? *L'idée que la nature nous en fournit* n'est-elle pas cent fois plus claire que celle-là, et à qui servit-elle jamais pour expliquer aucune des propriétés du mouvement?

Les quatre célèbres définitions de ces quatre premières qualités, *le sec, l'humide, le chaud, le froid,* ne sont pas meilleures.

Les *sec,* dit-il, est ce qui est facilement retenu dans ses bornes, et difficilement dans celles d'un autre corps : *Quod suo termino facile continetur, difficulter alieno.*

Et l'*humide,* au contraire, ce qui est facilement retenu dans les bornes d'un autre corps, et difficilement dans les siennes : *Quod suo termino difficulter continetur, facile alieno*[2].

Mais premièrement ces deux définitions conviennent mieux aux corps durs et aux corps liquides qu'aux corps secs et aux corps humides; car on dit qu'un air est sec et qu'un autre air est humide, quoiqu'il soit toujours facilement retenu dans les bornes d'un autre corps, parce qu'il est toujours liquide; et de plus, on ne voit pas comment Aristote a pu dire que le feu, c'est-à-dire la flamme, était sèche selon cette définition, puisqu'elle s'accommode facilement aux bornes d'un autre corps. d'où vient aussi que Virgile appelle le feu liquide : *Et liquidi simul ignis*. Et c'est une vaine subtilité de dire avec Campa-

1. Locke n'est pas moins sévère : « L'esprit de l'homme, dit-il, peut-il montrer un plus fin galimatias que cette définition? Quant à celle des Cartésiens, ajoute-t-il, elle n'est pas meilleure. » Livre III, ch. IV. De vrai on ne peut pas isoler une définition, et la déclarer obscure parce qu'elle ne peut être comprise de ceux qui ignorent le système dont elle dépend. Le mouvement (κίνησις n'est pas même bien traduit par ce mot français) est dans la métaphysique d'Aristote le passage de la puissance à l'acte ; c'est un acte imparfait, une sorte de devenir, par lequel les choses passent, pour être réelles, de possibles qu'elles étaient. A ce moment il n'y a pas encore de réalité, mais l'être est en puissance; et son acte c'est le changement même; il est en train de se faire. La définition ne mérite donc pas les reproches qu'on lui adresse.

2. Aristote, *De la génération et de la corruption*, II, 2. On y trouve la définition de ces quatre qualités élémentaires, qui combinées deux à deux constituent les quatre éléments.

nelle que, le feu étant enfermé, *aut rumpit, aut rumpitur*[1]; car ce n'est point à cause de sa prétendue sécheresse, mais parce que sa propre fumée l'étouffe, s'il n'a de l'air. C'est pourquoi il s'accommodera fort bien aux bornes d'un autre corps, pourvu qu'il ait quelque ouverture par où il puisse chasser ce qui s'en exhale sans cesse.

Pour le *chaud*, il le définit, ce qui rassemble les corps semblables et désunit les dissemblables : *Quod congregat homogenea et disgregat heterogenea.*

Et le *froid*, ce qui rassemble les corps dissemblables et désunit les semblables : *Quod congregat heterogenea et disgregat homogenea.* C'est ce qui convient quelquefois au chaud et au froid, mais non pas toujours, et ce qui de plus ne sert de rien à nous faire entendre la vraie cause qui fait que nous appelons un corps chaud et un autre froid; de sorte que le chancelier Bacon[2] avait raison de dire que ces définitions étaient semblables à celle qu'on ferait d'un homme en le définissant : *un animal qui fait des souliers et qui laboure les vignes.* Le même philosophe définit la nature : *Principium motus et quietis in eo in quo est;* le principe du mouvement et du repos en ce en quoi elle est. Ce qui n'est fondé que sur une imagination qu'il a eue que les corps naturels étaient en cela différents des corps artificiels, que les naturels avaient en eux le principe de leur mouvement et que les artificiels ne l'avaient que de dehors; au lieu qu'il est évident et certain que nul corps ne peut se donner le mouvement à soi-même, parce que la matière étant de soi-même indifférente au mouvement et au repos, ne peut être déterminée à l'un ou à l'autre que par une cause étrangère, ce qui ne pouvant aller à l'infini, il faut nécessairement que ce soit Dieu qui ait imprimé le mouvement dans la matière, et que ce soit lui qui l'y conserve.

La célèbre définition de l'âme paraît encore plus défectueuse : *Actus primus corporis naturalis organici potentia vitam habentis; l'acte premier du corps naturel organique qui*

1. Campanella, l'auteur de la *Cite du soleil*, est un philosophe du commencement du XVIIe siècle, célèbre par ses idées hardies, et par les persécutions auxquelles elles l'exposèrent. Les mots cités sont tirés d'un ouvrage de physique, *De sensu rerum et magia.*

2. On voit que les écrits du chancelier Bacon étaient connus de Port-Royal; mais on ne trouve dans la *Logique* aucune trace visible de leur influence.

a la vie en puissance. On ne sait ce qu'il a voulu définir : car, 1° si c'est l'âme en tant qu'elle est commune aux hommes et aux bêtes, c'est une chimère qu'il a définie, n'y ayant rien de commun entre ces deux choses. 2° Il a expliqué un terme obscur par quatre ou cinq plus obscurs ; et, pour ne parler que du mot de *vie*, l'idée qu'on a de la vie n'est pas moins confuse que celle qu'on a de l'âme, ces deux termes étant également ambigus et équivoques[1].

Voilà quelques règles de la division et de la définition ; mais quoiqu'il n'y ait rien de plus important dans les sciences que de bien diviser et de bien définir, il n'est pas nécessaire d'en rien dire ici davantage, parce que cela dépend beaucoup plus de la connaissance de la matière que l'on traite que des règles de la logique.

1. Selon Aristote, la nature spirituelle s'élève d'organisation en organisation, et d'âme en âme, jusqu'à son épanouissement complet dans l'homme. Au-dessus des corps mixtes, le corps organisé dont l'unité est la vie ; la vie a pour première forme la végétation, où l'âme est encore divisible, unique en acte, mais multiple en puissance ; puis elle s'accroît de nouveaux attributs, la sensation, le mouvement, un certain degré de connaissance ; et enfin la liberté et l'entendement lui donnent son plus haut degré de perfection. Ainsi cette force aveugle qui sert de principe à la vie dans les plantes, et notre âme, ne diffèrent qu'en espèce ; elles sont du même genre. Arnauld a le droit de ne pas être de cet avis ; mais alors c'est la doctrine d'Aristote qu'il critique et non pas sa définition. Cette définition, qui est en effet au livre II du traité de l'*Ame*, ch. I, s'éclaircit quand on la rapproche des principes de la philosophie péripatéticienne : Toute substance se compose de matière et de forme ; dans les êtres animés aussi on distingue la matière qui par elle-même n'est qu'une simple puissance, qui peut devenir aussi bien cet animal que cet autre, et la forme, l'acte, le principe qui en fait une réalité, un individu. C'est l'âme, εἶδος σώματος φυσικοῦ. Elle est donc la réalité parfaite de ce corps, son *entéléchie*, mot énergique, repris plus tard par Leibnitz, et traduit au moyen âge par celui de *perfectio* ou d'*actus*.

CHAPITRE XVII.

De la conversion des propositions, où l'on explique plus à fond la nature de l'affirmation et de la négation, dont cette conversion dépend, et premièrement de la nature de l'affirmation.

(Les chapitres suivants sont un peu difficiles à comprendre, et ne sont nécessaires que pour la spéculation. C'est pourquoi ceux qui ne voudront pas se fatiguer l'esprit à des choses peu utiles pour la pratique, peuvent les passer [1].)

J'ai réservé jusqu'ici à parler de la conversion des propositions, parce que de là dépendent les fondements de toute l'argumentation dont nous devons traiter dans la partie suivante; et ainsi il a été bon que cette matière ne fût pas éloignée de ce que nous avions à dire du raisonnement, quoique, pour bien la traiter, il faille reprendre quelque chose de ce que nous avons dit de l'affirmation ou de la négation, et expliquer à fond la nature de l'une et de l'autre [2].

Il est certain que nous ne saurions exprimer une proposition aux autres que nous ne nous servions de deux idées : l'une pour le sujet et l'autre pour l'attribut, et d'un autre mot qui marque l'union que notre esprit y conçoit.

Cette union ne peut mieux s'expliquer que par les paroles mêmes dont on se sert pour affirmer, en disant qu'une chose est une autre chose.

Et de là il est clair que la nature de l'affirmation est d'unir et d'identifier, pour le dire ainsi, le sujet avec l'attribut, puisque c'est ce qui est signifié par le mot *est*.

Et il s'ensuit aussi qu'il est de la nature de l'affirmation de mettre l'attribut dans tout ce qui est exprimé dans le sujet, selon l'étendue qu'il a dans la proposition; comme quand je dis que *tout homme est animal*, je veux dire et je signifie que tout ce qui est homme est aussi animal; et ainsi je conçois l'animal dans tous les hommes [3].

1. Arnauld exagère beaucoup la difficulté de ces chapitres, il en rabaisse trop l'importance, et se défie plus que de raison de l'intelligence de ses lecteurs.

2. Il est certain que le plan de la *Logique* n'est pas très-régulier, et que les matières y sont rangées parfois très-arbitrairement. La théorie de la conversion ne devait pas être séparée de celle de l'opposition.

3. Ce n'est donc pas identifier les deux idées, comme on l'a dit plus haut; certaines propositions identifient le sujet avec l'attribut; ce sont celles où ces deux

Que si je dis seulement *quelque homme est juste*, je ne mets pas *juste* dans tous les hommes, mais seulement dans quelque homme.

Mais il faut pareillement considérer ici ce que nous avons déjà dit, qu'il faut distinguer, dans les idées, la compréhension de l'extension, et que la compréhension marque les attributs contenus dans une idée; et l'extension, les sujets qui contiennent cette idée.

Car il s'ensuit de là qu'une idée est toujours affirmée selon toute sa compréhension, parce qu'en lui ôtant quelqu'un de ses attributs essentiels, on la détruit et on l'anéantit entièrement, et ce n'est plus la même idée; et, par conséquent, quand elle est affirmée, elle l'est toujours selon tout ce qu'elle comprend en soi. Ainsi, quand je dis *qu'un rectangle est un parallélogramme*, j'affirme du rectangle tout ce qui est compris dans l'idée du parallélogramme; car, s'il y avait quelque partie de cette idée qui ne convînt pas au rectangle, il s'ensuivrait que l'idée entière ne lui conviendrait pas, mais seulement une partie de cette idée : et ainsi le mot de parallélogramme, qui signifie l'idée totale, devrait être nié et non affirmé du rectangle. On verra que c'est le principe de tous les arguments affirmatifs.

Et il s'ensuit, au contraire, que l'idée de l'attribut n'est pas prise selon toute son extension, à moins que son extension ne fût pas plus grande que celle du sujet[1].

Car si je dis *que tous les impudiques seront damnés*, je ne dis pas qu'ils seront eux seuls tous les damnés, mais qu'ils seront du nombre des damnés[2].

Ainsi, l'affirmation mettant l'idée de l'attribut dans le sujet,

termes ont une extension égale; d'autres n'identifient le sujet qu'avec une partie de l'attribut.

1. C'est ce qui arrivera dans les définitions et dans les propositions où le sujet n'est que l'énumération des parties de l'attribut, ou réciproquement.

2. Ils seront *quelques* damnés. D'où ce principe, auquel la logique ancienne a donné une portée trop générale : que l'attribut d'une proposition affirmative est toujours pris particulièrement; ce qui n'est pas toujours vrai. L'exemple même qu'on vient de lire peut le faire comprendre. Et si on change le sujet de la proposition de cette manière : *Quelques hommes seront damnés*, je dis que dans cette affirmation l'attribut est pris universellement, *quelques hommes seront* TOUS *les damnés*. Si l'on y joint le cas où l'attribut est la définition, du sujet ou de l'énumération de ses parties, on verra que cette théorie demandait à être réformée. C'est ce qu'a entrepris sir William Hamilton.

c'est proprement le sujet qui détermine l'extension de l'attribut dans la proposition affirmative, et l'identité qu'elle marque regarde l'attribut, comme resserré dans une étendue égale à celle du sujet, et non pas dans toute sa généralité, s'il en a une plus grande que le sujet; car il est vrai que les lions sont tous animaux, c'est-à-dire que chacun des lions renferme l'idée d'animal; mais il n'est pas vrai qu'ils soient tous les animaux.

J'ai dit que l'attribut n'est pas pris dans toute sa généralité s'il en a une plus grande que le sujet[1]; car n'étant restreint que par le sujet, si le sujet est aussi général que cet attribut, il est clair qu'alors l'attribut demeurera dans toute sa généralité, puisqu'il en aura autant que le sujet; et nous supposons que, par sa nature, il n'en peut avoir davantage.

De là on peut recueillir ces quatre axiomes indubitables.

Axiome I. *L'attribut est mis dans le sujet par la proposition affirmative, selon toute l'extension que le sujet a dans la proposition ;* c'est-à-dire que si le sujet est universel, l'attribut est conçu dans toute l'extension du sujet, et si le sujet est particulier, l'attribut n'est conçu que dans une partie de l'extension du sujet[2]. Il y en a des exemples ci-dessus.

Axiome II. *L'attribut d'une proposition affirmative est affirmé selon toute sa compréhension,* c'est-à-dire selon tous ses attributs. La preuve en est ci-dessus.

Axiome III. *L'attribut d'une proposition affirmative n'est point affirmé selon toute son extension, si elle est de soi-même plus grande que celle du sujet*[3].

Axiome IV[4]. *L'extension de l'attribut est resserrée par celle*

1. Cette restriction est très-judicieuse. Mais alors pourquoi ne pas remarquer que cette généralité peut être égale à celle du sujet, et que parfois l'attribut d'une proposition affirmative conserve toute son extension?

2. C'est répéter la définition des propositions; elles sont *universelles* quand l'attribut est affirmé de tout le sujet, et *particulières* quand il est affirmé d'une partie du sujet.

3. Voir ci-dessus, page 221, note 2.

4. On ne parle ici, bien entendu que des propositions affirmatives. On remarquera que de ces quatre axiomes, les deux derniers se répètent et signifient simplement que l'attribut d'une proposition affirmative doit être considéré comme restreint en son extension par le sujet; ce qui n'est pas absolument vrai. Les

du sujet, en sorte qu'il ne signifie plus que la partie de son extension qui convient au sujet; comme quand on dit que les hommes sont animaux, le mot d'animal ne signifie plus tous les animaux, mais seulement les animaux qui sont hommes.

CHAPITRE XVIII.

De la conversion des propositions affirmatives.

On appelle conversion d'une proposition, lorsqu'on change le sujet en attribut, et l'attribut en sujet, sans que la proposition cesse d'être vraie, si elle l'était auparavant, ou plutôt en sorte qu'il s'ensuive nécessairement de la conversion, qu'elle est vraie, supposé qu'elle le fût[1].

Or, ce que nous venons de dire fera entendre facilement comment cette conversion doit se faire; car, comme il est impossible qu'une chose soit jointe et unie à une autre, que cette autre ne soit jointe aussi à la première, et qu'il s'ensuit fort bien que si A est joint à B, B aussi est joint à A, il est clair

deux autres ne sont que des définitions. Pour avoir les vrais principes de la conversion des propositions affirmatives, il ne faut pas seulement tenir compte de la quantité du sujet, mais de celle de l'attribut. On voit alors qu'il y a quatre sortes de propositions affirmatives : 1° celles où le sujet et l'attribut sont tous deux universels : *les triangles sont des polygones de trois côtés*, c'est-à-dire *tous* les polygones de trois côtés; 2° celles où l'attribut seul est particulier : *les rectangles sont des parallélogrammes*, c'est-à-dire *quelques* parallélogrammes; 3° celles où l'attribut seul est universel : *certaines figures sont des triangles*, c'est-à-dire *tous* les triangles possibles; 4° enfin celles où l'attribut et le sujet sont également particuliers : *certains triangles sont des figures équilatérales*, c'est-à-dire *quelques-unes* de ces figures. On *identifie* donc, pour prendre l'expression d'Arnauld : 1° tout le sujet avec tout l'attribut; 2° tout le sujet avec une partie de l'attribut; 3° une partie du sujet avec tout l'attribut; 4° une partie du sujet avec une partie de l'attribut. Il y a donc là quatre sortes de propositions au lieu de deux, et Hamilton les appelle dans l'ordre où l'on vient de les citer : 1° *toto-totale*, 2° *toto-partielle*, 3° *partie totale*, 4° *partie partielle*. Sans se charger la mémoire de ces mots bizarres, on doit retenir que dans une proposition les deux termes sont pensés avec une quantité déterminée, quoique souvent elle ne soit pas exprimée, et qu'avant de la convertir il faut traduire explicitement cette quantité. On verra dans les notes du chapitre suivant, combien ce précepte simplifie les règles de la conversion des propositions affirmatives.

1. Aristote a le premier posé les principes de la conversion des propositions, au commencement des *Premiers analytiques*.

qu'il est impossible que deux choses soient connues comme identifiées, qui est la plus parfaite de toutes les unions, que cette union ne soit réciproque, c'est-à-dire que l'on ne puisse faire une affirmation mutuelle des deux termes unis en la manière qu'ils sont unis ; ce qui s'appelle conversion[1].

Ainsi, comme dans les propositions particulières affirmatives, par exemple, lorsqu'on dit : *Quelque homme est juste,* le sujet et l'attribut sont tous deux particuliers, le sujet d'*homme* étant particulier par la marque de particularité que l'on y ajoute, et l'attribut *juste* l'étant aussi, parce que son étendue étant resserrée par celle du sujet, il ne signifie pas que la seule justice qui est en quelque homme; il est évident que si quelque homme est identifié avec quelque homme, quelque juste aussi est identifié avec quelque juste; et qu'ainsi il n'y a qu'à changer simplement l'attribut en sujet, en gardant la même particularité, pour convertir ces sortes de propositions[2].

On ne peut pas dire la même chose des propositions universelles affirmatives, à cause que, dans ces propositions, il n'y a que le sujet qui soit universel, c'est-à-dire qui soit pris selon toute son étendue, et que l'attribut, au contraire, est limité et restreint; et partant, lorsqu'on le rendra sujet par la conversion, il faudra lui garder sa même restriction, et y ajouter une marque qui le détermine, de peur qu'on ne le prenne généralement. Ainsi, quand je dis que l'*homme est animal,* j'unis l'idée d'*homme* avec celle d'*animal,* restreinte et resserrée aux seuls hommes, et partant, quand je voudrai envisager cette union comme par une autre face, en commençant par l'*animal,* et affirmer ensuite l'*homme,* il faut conserver à ce terme sa même restriction, et de peur que l'on ne s'y trompe, y ajouter quelque note de détermination[3].

1. Ce principe tend à ramener toute proposition à une équation. C'est aussi l'opinion d'Hamilton et d'autres logiciens. Mais il faut ajouter que la quantité des membres de l'équation est souvent indéterminée dans l'expression, et qu'avant d'intervertir l'ordre de ses membres, il faut suppléer à cette omission. Il se peut que A soit joint à tout B, ou à quelque partie de B ; ce qu'il faut expressément marquer.

2. C'est vrai seulement pour l'exemple choisi, parce que juste peut s'attribuer à d'autres êtres qu'à l'homme. Ce ne le serait pas pour beaucoup d'autres jugements, et sans aller plus loin : *quelques hommes sont soldats,* n'équivaut pas à *quelques soldats sont hommes,* car, à moins de jouer sur les termes, *soldats* ne convient qu'aux hommes, et encore à une partie des hommes : *tous les soldats sont des hommes.*

3. Même remarque ; ce n'est pas vrai pour toutes les propositions universelles

De sorte que de ce que les propositions universelles affirmatives ne peuvent se convertir qu'en particulières affirmatives, on ne doit pas conclure qu'elles se convertissent moins proprement que les autres; mais comme elles sont composées d'un sujet général et d'un attribut restreint, il est clair que lorsqu'on les convertit, en changeant l'attribut en sujet, elles doivent avoir un sujet restreint et resserré, c'est-à-dire particulier.

De là on doit tirer ces deux règles :

RÈGLE I. *Les propositions universelles affirmatives peuvent se convertir en ajoutant une marque de particularité à l'attribut devenu sujet.*

RÈGLE II. *Les propositions particulières affirmatives doivent se convertir sans aucune addition ni changement*, c'est-à-dire en retenant pour l'attribut devenu sujet la marque de particularité qui était au premier sujet.

Mais il est aisé de voir que ces deux règles peuvent se réduire à une seule, qui les comprendra toutes deux.

L'attribut étant restreint par le sujet dans toutes les propositions affirmatives, si on veut le faire devenir sujet, il faut lui conserver sa restriction, et par conséquent lui donner une marque de particularité, soit que le premier sujet fût universel, soit qu'il fût particulier[1].

Néanmoins il arrive assez souvent que des propositions universelles affirmatives peuvent se convertir en d'autres universelles[2]; mais c'est seulement lorsque l'attribut n'a pas de soi-même plus d'étendue que le sujet, comme lorsqu'on affirme la différence ou le propre de l'espèce, ou la définition du défini; car alors l'attribut, n'étant pas restreint, peut se prendre dans la conversion aussi généralement que se prenait

affirmatives, mais seulement pour celles où l'attribut est pris en une extension restreinte.

1. Cette règle unique est fausse. Arnauld y reconnaît lui-même une exception dans les lignes qui suivent : il y en a encore une autre, comme on le marque dans la note suivante.

2. Quelques propositions particulières affirmatives doivent aussi se convertir en des propositions universelles : *Quelques hommes sont des artistes.* Ils sont *tous* les artistes; pour convertir il faudra dire : *tous les artistes sont des hommes.* Il n'y a d'artistes que parmi les hommes.

le sujet. *Tout homme est raisonnable. Tout raisonnable est homme*[1].

Mais ces conversions n'étant véritables qu'en des rencontres particulières, on ne les compte point pour de vraies conversions, qui doivent être certaines et infaillibles par la seule transposition des termes.

CHAPITRE XIX.

De la nature des propositions négatives.

La nature d'une proposition négative ne peut s'exprimer plus clairement qu'en disant que c'est concevoir qu'une chose n'est pas une autre.

Mais afin qu'une chose ne soit pas une autre, il n'est pas nécessaire qu'elle n'ait rien de commun avec elle, et il suffit qu'elle n'ait pas tout ce que l'autre a, comme il suffit, afin qu'une bête ne soit pas homme, qu'elle n'ait pas tout ce qu'a l'homme, et il n'est pas nécessaire qu'elle n'ait rien de ce qui est dans l'homme; et de là on peut tirer cet axiome :

Axiome V. *La proposition négative ne sépare pas du sujet toutes les parties contenues dans la compréhension de l'attribut, mais elle sépare seulement l'idée totale et entière composée de tous ces attributs unis.*

Si je dis que la matière n'est pas une substance qui pense, je ne dis pas pour cela qu'elle n'est pas substance, mais je dis qu'elle n'est pas substance *pensante*, qui est l'idée totale et entière que je nie de la matière.

Il en est tout au contraire de l'extension de l'idée; car la proposition négative sépare du sujet l'idée de l'attribut selon toute son extension : et la raison en est claire; car être sujet d'une idée et être contenu dans son extension, n'est autre chose qu'enfermer cette idée; et par conséquent, quand on dit qu'une idée n'en enferme pas une autre, qui est ce qu'on ap-

1. La seule règle de conversion, comme on le voit par les notes précédentes, c'est de conserver au sujet et à l'attribut leur quantité, implicite ou explicite. Cette règle s'applique aussi bien aux propositions négatives.

pelle nier, on dit qu'elle n'est pas un des sujets de cette idée.

Ainsi, si je dis que l'homme n'est pas un être insensible, je veux dire qu'il n'est aucun des êtres insensibles, et par conséquent je les sépare tous de lui; et de là on peut tirer cet autre axiome :

Axiome VI. *L'attribut d'une proposition négative est toujours pris généralement*[1]. Ce qui peut aussi s'exprimer ainsi plus distinctement : *Tous les sujets d'une idée qui est niée d'une autre sont aussi niés de cette autre idée*[2]*;* c'est-à-dire qu'une idée est toujours niée selon toute extension. Si le triangle est nié des carrés, tout ce qui est triangle sera nié du carré. On exprime ordinairement dans l'école cette règle en ces termes, qui ont le même sens : *Si on nie le genre, on nie aussi l'espèce :* car l'espèce est un sujet du genre, l'homme est un sujet d'animal, parce qu'il est contenu dans son extension.

Non-seulement les propositions négatives séparent l'attribut du sujet selon toute l'extension de l'attribut, mais elles séparent aussi cet attribut du sujet selon toute l'extension qu'a le sujet dans la proposition; c'est-à-dire qu'elles l'en séparent universellement si le sujet est universel, et particulièrement s'il est particulier. Si je dis que *nul vicieux n'est heureux,* je sépare toutes les personnes heureuses de toutes les personnes vicieuses; et si je dis que *quelque docteur n'est pas docte,* je sépare docte de quelque docteur, et de là on doit tirer cet axiome :

Axiome VII. ***Tout attribut nié d'un sujet est nié de tout ce qui est contenu dans l'étendue de cette proposition***[3].

1. Le plus souvent il en est ainsi ; mais ce n'est pas là un axiome, ce n'est pas même une proposition universellement vraie. Dans cette proposition : *les triangles ne sont pas toutes les figures équilatérales,* il n'est pas difficile de discerner celle-ci : les triangles ne sont pas *quelques* figures équilatérales, qui en est l'équivalent exact. On ne peut pas en effet nier des triangles tout le genre des figures équilatérales, et il serait absurde de convertir en disant : *Aucune* figure équilatérale n'est un triangle. Remarquer en passant que dans certaines manières de dire, ce mot *tout* n'est pas le signe d'universalité. *Tous* les hommes ne sont pas justes, équivaut dans la pensée à : *quelques* hommes ne sont pas justes. Voir plus haut chap. XIII, observation V : « *omnis, tout,* avec une négation fait aussi une proposition particulière. »

2. On peut tout au contraire nier d'une idée, quelques sujets d'une autre, et non pas tous ; je puis nier de tous les hommes, *quelques* animaux.

3. William Hamilton compte quatre sortes de propositions négatives, puisque

CHAPITRE XX.

De la conversion des propositions négatives.

Comme il est impossible qu'on sépare deux choses totalement, que cette séparation ne soit mutuelle et réciproque, il est clair que si je dis que *nul homme n'est pierre,* je puis dire aussi que *nulle pierre n'est homme;* car si quelque pierre était homme, cet homme serait pierre, et par conséquent il ne serait pas vrai que nul homme ne fût pierre. Et ainsi :

Règle III. *Les propositions universelles négatives peuvent se convertir simplement en changeant l'attribut en sujet, et conservant à l'attribut, devenu sujet, la même universalité qu'avait le premier sujet.*

Car l'attribut dans les propositions négatives est toujours pris universellement, parce qu'il est nié selon toute son étendue, ainsi que nous l'avons montré ci-dessus[1].

Mais, par cette même raison, on ne peut faire de conversion des propositions négatives particulières, et on ne peut pas dire, par exemple, que *quelque médecin n'est pas homme,* parce que l'on dit que *quelque homme n'est pas médecin*[2]. Cela

les deux termes peuvent être universels, le sujet ou l'attribut peut l'être seul, et tous les deux peuvent être particuliers. En voici des exemples : 1° *nul triangle n'est un carré,* c'est-à-dire *nul* carré ; 2° *nul triangle n'est* CERTAINE *figure équilatérale;* 3° *quelques figures équilatérales ne sont pas des triangles,* c'est-à-dire *nul* triangle ; 4° *quelque triangle n'est pas une figure équilatérale,* c'est-à-dire *quelque* figure équilatérale. On en a vu les noms plus haut, page 222, note 4. On peut donc maintenir l'unique règle de conversion ; il suffit de conserver à chaque terme sa quantité implicite ou explicite.

1. C'est fréquent, c'est même le cas le plus naturel; mais il n'est pas sans exception, comme on l'a vu tout à l'heure.

2. Toute l'école répète en effet que l'on ne convertit pas les propositions particulières négatives. Ce n'en est pas moins une erreur; et il suffit pour opérer cette conversion de conserver aux deux termes la quantité qu'ils ont dans la pensée. Un ancien logicien cite précisément l'exemple qu'on vient de lire : *quidam homo non est medicus,* et soutient bien avant Hamilton que la conversion se peut faire. En effet l'attribut est universel, *nullus medicus,* il est très-légitime de dire, *nullus medicus est quidam homo;* nul médecin n'est quelque homme; c'est-à-dire qu'une partie des hommes est niée de tout le terme médecin (Laurentius Valla, *Dialectica,* II, 24). La règle générale posée plus haut se maintient : on convertit toute proposition, quelle qu'elle soit, en conservant à chaque terme la quantité qu'il a dans la pensée.

vient, comme j'ai dit, de la nature même de la négation que nous venons d'expliquer, qui est que dans les propositions négatives l'attribut est toujours pris universellement et selon toute son extension; de sorte que lorsqu'un sujet particulier devient attribut par la conversion dans une proposition négative particulière, il devient universel, et change de nature contre les règles de la véritable conversion, qui ne doit point changer la restriction ou l'étendue des termes. Ainsi, dans cette proposition, *quelque homme n'est pas médecin,* le terme d'*homme* est pris particulièrement. Mais dans cette fausse conversion, *quelque médecin n'est pas homme,* le mot d'homme est pris universellement[1].

Or, il ne s'ensuit nullement de ce que la qualité de médecin est séparée de quelque homme dans cette proposition, *quelque homme n'est pas médecin,* et de ce que l'idée de triangle est séparée de celle de quelque figure en cette autre proposition, *quelque figure n'est pas triangle,* il ne s'ensuit, dis-je, nullement[2], qu'il y ait des médecins qui ne soient pas hommes, ni des triangles qui ne soient pas figures[3].

1. L'erreur est visible, il suffit de maintenir devant le nouvel attribut *homme* le signe *quelque.* Il est vrai que cela dément le prétendu axiome de la fin du chapitre XIX.

2. Il s'ensuit parfaitement qu'il y a des triangles qui ne sont pas *quelques* figures, qui ne sont pas des quadrilatères par exemple.

3. Les logiciens classiques distinguent trois sortes de conversion : la simple, où rien n'est changé à la qualité ni à la quantité des propositions; l'accidentelle, *per accidens,* où la quantité ne subsiste pas sans altération ; et enfin la conversion par opposition, *per contrapositionem,* qui consiste à substituer un terme contradictoire à chacun de ceux de la proposition primitive : *Omnis homo est animal* peut se convertir de cette manière : *Omne non animal est non homo,* c'est-à-dire : *Quicquid animal non est, id nec homo erit.* Arnauld néglige cette troisième opération, et il faut l'en féliciter. Pour terminer d'une façon scolastique une question d'école, citons ces vers mnémoniques qui résument les règles de la conversion telles qu'on les a lues dans le texte :

E I simpliciter vertentur, signa manebunt;
Ast A cum vertis, signa minora cape.

Il n'est pas question des particulières négatives O, puisque, suivant cette doctrine, la conversion en est impossible. Les règles de la conversion ont leur application principale dans la théorie du syllogisme. En elles-mêmes on peut, sans être enthousiaste, leur accorder quelque valeur. C'est un bel exemple des réflexions que nous faisons sur nos pensées, et ce maniement des idées exige et procure une grande souplesse et une parfaite rectitude d'esprit. L'utilité pratique est celle d'un exercice, et non d'une application.

TROISIÈME PARTIE.

ARGUMENT ANALYTIQUE.

On se propose dans cette partie l'étude de la troisième opération de l'esprit, le raisonnement, et du syllogisme qui en est l'expression. On y traite successivement : 1° du syllogisme considéré dans sa nature et ses diverses espèces ; 2° des règles des syllogismes simples ; 3° des règles des syllogismes composés ; 4° des arguments du discours et de la méthode pour les trouver, ou des lieux communs ; 5° des sophismes et des erreurs.

§ I. L'esprit humain, par suite de sa faiblesse, ne peut pas toujours se prononcer sur les rapports de deux idées, en les considérant toutes seules ; pour savoir s'il doit affirmer ou nier l'une, qu'on appelle attribut ou *grand terme,* de l'autre qu'on nomme sujet ou *petit terme,* il doit les comparer successivement avec une troisième qu'on appelle *terme moyen.* Le jugement qui décide la *question* est donc déterminé par deux autres, et si on exprime ces trois actes de l'intelligence, on a trois propositions : l'une où l'on compare le grand terme avec le moyen, c'est *la majeure ;* l'autre où l'on compare le petit terme avec le même moyen, c'est *la mineure ;* toutes deux s'appellent *les prémisses ;* et enfin une troisième qui résout la question et se nomme *conclusion.* L'ensemble de ces trois propositions, exprimant un acte complexe de l'intelligence, constitue un *syllogisme.* Il y en a de diverses espèces : ceux où le moyen n'est joint à la fois qu'à un des termes de la conclusion sont appelés *simples,* et peuvent être *incomplexes* ou *complexes,* suivant la nature de leurs termes ; ceux où le moyen est joint à la fois aux deux termes de la conclusion sont dits *composés* ou *conjonctifs,* et peuvent être *conditionnels, disjonctifs, copulatifs,* suivant la nature de la majeure. La logique donne des règles pour chacune de ces espèces de syllogismes, et d'abord pour ceux qu'on appelle simples, et auxquels tous les autres peuvent se ramener. Ch. I, II.

§ II. Il y a six règles principales pour les syllogismes simples. Les deux premières relatives aux termes expriment que le moyen ne peut être pris deux fois particulièrement, parce qu'alors il pourrait en réalité constituer deux termes différents ; et que nul terme ne peut être plus universel dans la conclusion que dans les prémisses, puisque ce qui est vrai d'une partie peut ne pas l'être de plusieurs ou de toutes. Les quatre autres ont pour objet les propositions : si les deux premisses sont négatives, on ne peut conclure; si elles sont affirmatives, la conclusion l'est aussi; si l'une est négative ou particulière, la conclusion est négative ou particulière; si toutes les deux sont particulières, il n'y a pas de conclusion possible.

Ces règles doivent être appliquées à tous les syllogismes simples; il faut donc savoir combien il y en a, et pour cela tenir compte de deux conditions qui peuvent les faire varier, à savoir le *mode* et la *figure*. Le *mode* résulte de la combinaison des quatre sortes de propositions, déjà distinguées dans la partie précédente, A, E, I, O; et comme chacune des trois propositions peut être d'une de ces quatre formes, on a pour le nombre des combinaisons $4 \times 4 \times 4$, c'est-à-dire 64. La *figure* dépend des fonctions du moyen dans les deux prémisses : s'il est sujet dans la majeure et attribut dans la mineure, le syllogisme est de la première figure; il est de la deuxième, s'il est deux fois attribut; de la troisième, s'il est deux fois sujet; de la quatrième, s'il est d'abord attribut et sujet ensuite. En tenant compte de ces deux principes de distinction, on a donc 64 modes dont chacun peut être de 4 figures, soit en tout 256 formes de syllogismes. Mais si on leur applique les règles générales ou d'autres qui en dérivent, on remarque que le plus grand nombre de ces arguments renferment quelque défaut. Il ne peut y avoir que quatre modes concluants dans la première figure et autant dans la deuxième; la troisième en contient six, et il en reste cinq dans la dernière, en tout dix-neuf manières de raisonner, légitimes et concluantes, qu'on peut facilement se rappeler au moyen des mots artificiels, *Barbara, Celarent, Darii, Ferio*, etc., etc. On remarque que dans ce nombre il y a seulement cinq conclusions universelles, dont une seule est affirmative, et quatorze conclusions particulières, dont six sont affirmatives. On observera aussi qu'au moyen de conversions ou de transpositions, on peut réduire tous les modes à ceux de la première figure, et que la quatrième notamment, négligée par Aristote, ne contient que des formes peu naturelles et comme des modes indirects de la première.

Ces règles compliquées ne sont que des expressions particulières d'un principe général qui les contient toutes, à savoir : l'une des deux prémisses doit contenir la conclusion et l'autre doit le faire voir. Elles s'appliquent facilement aux syllogismes complexes, qui ne diffèrent des autres que parce qu'un ou plusieurs des termes sont complexes, c'est-à-dire exprimant la réunion de plusieurs idées. Enfin elles peuvent, jusqu'à un certain point, s'étendre aux syllogismes composés dont il reste à parler. Ch. III à XII.

§ III. Il y a trois espèces de syllogismes *composés* : 1° les *conditionnels*, c'est-à-dire ceux dont une des deux prémisses est une proposition hypothétique : *s'il y a un Dieu, il faut l'aimer*, et ceux encore dont la conclusion elle-même n'est admise que moyennant une supposition : *si la lune réfléchit la lumière de toutes parts, c'est un corps raboteux*. La proposition qui énonce la condition s'appelle *antécédent*, l'autre *conséquent*, d'où ces deux préceptes : en posant l'antécédent, on pose le conséquent; en ôtant le conséquent on ôte l'antécédent. 2° Les *disjonctifs*, dont la majeure contient quelques termes séparés par la conjonction *ou* : *les méchants sont punis en ce monde ou en l'autre*; ils se ramènent facilement aux précédents. 3° Les *copulatifs*, dont la majeure négative a deux attributs réunis par une conjonction copulative; si l'un est affirmé du mineur, l'autre s'en trouve par là même séparé : *un homme n'est pas à la fois serviteur de Dieu et idolâtre de son argent*; or l'avare est idolâtre de son argent, etc. Ch. XII, XIII.

§ IV. Les syllogismes ne sont pas toujours exprimés sous une forme régulière; dans le langage on y ajoute parfois des explications, ou au contraire on sous-entend quelque proposition. Dans la dernière catégorie se trouve *l'enthymème* dont une ou deux propositions sont omises; dans la première, *les sorites*, qui forment des chaînes de syllogismes, le rapport entre les deux extrêmes ne pouvant se découvrir par un seul terme moyen. Tels sont encore les *gradations*, les *dilemmes*, les *épichérèmes*. Ces sortes d'arguments, les premiers surtout, sont de grand usage dans le discours, et on les appelle parfois arguments oratoires. Aussi doit-on, à ce propos, parler des *lieux communs*, qui sont « certains chefs généraux auxquels on peut rapporter toutes les preuves dont on se sert dans les diverses matières que l'on traite. » C'est une sorte de classification des idées générales, d'où l'on peut tirer quelque argument. On les divise en lieux de *grammaire*, comme l'étymologie et les mots dérivés de même racine; lieux de *logique*, comme les termes universels genre, espèce, différence, propre, accident, la division, la définition; lieux de *métaphysique*, comme les causes et les effets, le tout et les parties, les termes opposés. En somme cette méthode est stérile, elle peut servir à ramener les raisonnements à quelques classes principales, mais non pas à trouver des preuves, et jamais un orateur ou un poëte ne s'inquiète avant de parler de savoir à quel lieu se rapporte son argument. Ch. XVII, XVIII.

§ V. Les règles du raisonnement peuvent servir à éviter ou a réfuter les *sophismes* et les *paralogismes*, qui sont des syllogismes vicieux, et qui diffèrent en ce que les premiers supposent la mauvaise foi, et les autres une faute involontaire. On doit d'abord étudier les sophismes tels que l'école les énumère et les nomme, et ensuite et surtout chercher quelles sont les causes qui, dans le cours de la vie ordinaire, troublent l'intelligence et la portent à mal raisonner ou à juger de travers.

Voici d'abord les sophismes les plus connus : 1° prouver ce qui n'est pas en question; 2° supposer pour vrai ce qui est en question; 3° prendre pour cause ce qui n'est pas cause; 4° faire un dénombrement imparfait; 5° juger d'une chose par ce qui ne lui convient que par accident; 6° passer du sens divisé au sens composé, et réciproquement; 7° passer de ce qui est vrai à quelque égard à ce qui est vrai simplement; 8° abuser de l'ambiguïté des mots; 9° tirer une conclusion générale d'une induction défectueuse.

Il est plus intéressant de considérer ce qui engage les hommes dans toutes les erreurs qu'ils commettent, que ce soient de faux jugements ou de mauvais raisonnements. Les causes en sont de deux sortes;

les unes viennent de l'esprit, les autres des objets qu'il considère. On a signalé toutes les premières en prononçant ces trois mots, l'amour-propre, l'intérêt, la passion ; et quant aux secondes, elles tiennent au mélange de vérités et d'erreurs qui se rencontre dans la plupart des choses, au prestige des mots et de l'éloquence, aux apparences trompeuses qui servent de prétexte à des jugements téméraires, à l'autorité de ceux qui nous parlent ou à la manière dont ils s'expriment.

DU RAISONNEMENT.

Cette partie que nous avons maintenant à traiter, qui comprend les règles du raisonnement, est estimée la plus importante de la logique[1], et c'est presque l'unique qu'on y traite avec quelque soin; mais il y a sujet de douter si elle est aussi utile qu'on se l'imagine. La plupart des erreurs des hommes, comme nous avons déjà dit ailleurs, viennent bien plus de ce qu'ils raisonnent sur de faux principes, que non pas de ce qu'ils raisonnent mal suivant leurs principes[2]. Il arrive rarement qu'on se laisse tromper par des raisonnements qui ne soient faux que parce que la conséquence en est mal tirée; et ceux qui ne seraient pas capables d'en reconnaître la fausseté par la seule lumière de la raison, ne le seraient pas ordinairement d'entendre les règles que l'on en donne et encore moins de les appliquer[3]. Néanmoins, quand on ne considérerait ces règles que comme des vérités spéculatives, elles serviraient toujours à exercer l'esprit[4] ; et de plus, on ne peut nier qu'elles n'aient quelque usage en quelques rencontres, et à l'égard de quelques personnes, qui, étant d'un naturel vif et pénétrant, ne se laissent quelquefois tromper par de fausses conséquences, que faute d'attention; à quoi la réflexion qu'ils feraient sur

1. C'est le sentiment de presque toute la scolastique, et de ceux qui donnent pour objet à la logique l'étude des lois de la pensée.

2. Voir le *premier discours*. Descartes dit, il est vrai, « qu'il y a des hommes qui se méprennent en raisonnant, même touchant les plus simples matières de géométrie. » Mais ces méprises proviennent bien rarement d'un vice de déduction, et la pensée d'Arnauld reste peut-être encore en dessous de la vérité.

3. On ne peut dire en meilleurs termes que la théorie du raisonnement n'apprend pas à raisonner; rien n'est plus certain; aussi la logique n'est-elle pas seulement l'*art de penser*.

4. C'est là un effet utile, mais non pas un but. Ces *règles* sont des *lois*, la science nous les apprend; tout savoir porte avec lui son utilité.

ces règles serait capable de remédier[1]. Quoi qu'il en soit, voilà ce qu'on en dit ordinairement et quelque chose même de plus que ce qu'on en dit[2].

CHAPITRE PREMIER.

De la nature du raisonnement, et des diverses espèces qu'il peut y en avoir.

La nécessité du raisonnement n'est fondée que sur les bornes étroites de l'esprit humain[3] qui, ayant à juger de la vérité ou de la fausseté d'un proposition qu'alors on appelle *question*[4], ne peut pas toujours le faire par la considération des deux idées qui la composent, dont celle qui en est le sujet est aussi appelée le *petit terme,* parce que le sujet est d'ordinaire moins étendu que l'attribut, et celle qui en est l'attribut est aussi appelée le *grand terme* par une raison contraire[5]. Lors donc que la seule considération de ces deux idées ne suffit pas pour faire juger si l'on doit affirmer ou nier l'une de l'autre, il a besoin de recourir à une troisième idée, ou incomplexe ou complexe (suivant ce qui a été dit des termes complexes), et cette troisième idée s'appelle *moyen*[6].

Or, il ne servirait de rien, pour faire cette comparaison de deux idées ensemble par l'entremise de cette troisième idée,

1. Si ces études compliquées n'ont pas d'autre résultat, il faut se hâter d'y renoncer : jamais les règles du raisonnement n'ont servi à découvrir une erreur, qu'on n'eût pas plus facilement découverte par la simple attention.

2. Ce surplus ajouté à la logique, c'est sans doute l'étude sur les sophismes ou plutôt sur les erreurs, qui termine cette partie, et lui donne tant de prix.

3. Vérité qui n'empêche pas certains esprits, comme Pascal, de placer la perfection de l'entendement dans le raisonnement, qui est le signe de son infériorité, et la ressource de sa faiblesse.

4. Ou problème.

5. Confusion déjà signalée du langage et de la pensée, de la logique et de la psychologie ; le raisonnement n'est pas le syllogisme, et nous ne pensons pas toujours l'un de la manière dont nous exprimons l'autre. De même les idées ne sont pas les termes.

6. La nécessité de lier l'attribut au sujet ou de l'en séparer ne peut dériver de la connaissance de ces termes en eux-mêmes, ce qui arrive dans les jugements immédiats. Il faut donc la dériver de quelque autre connaissance.

de la comparer seulement avec un des deux termes[1]. Si je veux savoir, par exemple, si l'âme est spirituelle, et que, ne le pénétrant pas d'abord, je choisisse, pour m'en éclaircir, l'idée de pensée, il est clair qu'il me sera inutile de comparer la pensée avec l'âme, si je ne conçois dans la pensée aucun rapport avec l'attribut de spirituel, par le moyen duquel je puisse juger s'il convient ou ne convient pas à l'âme. Je dirai bien, par exemple, l'âme pense; mais je n'en pourrai pas conclure, donc elle est spirituelle, si je ne conçois aucun rapport entre le terme de *penser* et celui de *spirituelle*.

Il faut donc que ce terme moyen soit comparé tant avec le sujet ou le petit terme, qu'avec l'attribut ou le grand terme, soit qu'il ne le soit que séparément avec chacun de ces termes, comme dans les syllogismes qu'on appelle simples pour cette raison, soit qu'il le soit tout à la fois avec tous les deux, comme dans les arguments qu'on appelle *conjonctifs*[2].

Mais en l'une ou l'autre manière, cette comparaison demande deux propositions.

Nous parlerons en particulier des arguments conjonctifs; mais pour les simples cela est clair, parce que le moyen étant une fois comparé avec l'attribut de la conclusion (ce qui ne peut être qu'en affirmant ou niant) fait la proposition qu'on appelle *majeure*, à cause que cet attribut de la conclusion s'appelle *grand terme*[3].

1. Le mot de *comparaison* est juste, mais il n'est pas assez explicite. Que peut-il y avoir de *comparable* entre des idées abstraites sur lesquelles porte le raisonnement? Deux choses seulement : le nombre des attributs qu'elles résument, ou leur *compréhension;* le nombre des êtres qui possèdent ces attributs, ou leur *extension*. Sous ces deux rapports les idées sont des *quantités*. Le syllogisme, tel que la plupart des logiciens le décrivent, repose surtout sur les relations d'extension des trois termes, le moyen étant contenu dans le majeur, et le mineur dans le moyen. Mais on peut raisonner aussi d'après la compréhension des idées qui est *comparable*, comme leur extension. Dans ce cas le mineur contient le moyen, qui lui-même enferme le majeur. C'est le syllogisme qu'Hamilton appelle *compréhensif*.

2. Voir plus bas, ch. XII.

3. On l'appelle grand terme, parce qu'il a ordinairement plus d'extension que les autres; on remarquera que par cela même il a moins de compréhension. En effet, cette conclusion : l'*âme est spirituelle*, peut se traduire de deux manières : si l'on considère l'extension des deux termes, elle signifie que l'âme *est contenue* parmi les choses spirituelles ; si on en considère la compréhension, elle veut dire que l'âme *contient* l'attribut exprimé par le mot *spirituel*. Voilà pourquoi, dans un raisonnement par compréhension, la majeure est la proposition qui renferme ce qu'on apelle ici petit terme, le sujet de la conclusion. Voici le raisonnement qu'on

Et, étant une autre fois comparé avec le sujet de la conclusion, fait celle qu'on appelle *mineure*, à cause que le sujet de la conclusion s'appelle *petit terme*.

Et puis la conclusion, qui est la proposition même qu'on avait à prouver, et qui, avant que d'être prouvée, s'appelait *question*.

Il est bon de savoir que les deux premières propositions s'appellent aussi *prémisses* (*præmissæ*), parce qu'elles sont mises, au moins dans l'esprit, avant la conclusion qui en doit être une suite nécessaire si le syllogisme est bon [1]; c'est-à-dire que, supposé la vérité des prémisses, il faut nécessairement que la conclusion soit vraie [2].

Il est vrai que l'on n'exprime pas toujours les deux prémisses, parce que souvent une seule suffit pour en faire concevoir deux à l'esprit; et, quand on n'exprime ainsi que deux propositions, cette sorte de raisonnement s'appelle *enthymème*, qui est un véritable syllogisme dans l'esprit, parce qu'il supplée la proposition qui n'est pas exprimée; mais qui est imparfait dans l'expression, et ne conclut qu'en vertu de cette proposition sous-entendue [3].

J'ai dit qu'il y avait au moins trois propositions dans un raisonnement; mais il pourrait y en avoir beaucoup davantage,

vient de citer sous les deux formes : 1° quantité de l'extension : *majeure*, toute substance pensante *est contenue* parmi les substances spirituelles; *mineure*, toute âme *est contenue* parmi les substances pensantes; *conclusion*, toute âme *est contenue* parmi les substances spirituelles; 2° quantité de la compréhension : *majeure:* toute âme *contient* la pensée; *mineure*, toute pensée *contient* la nature spirituelle; *conclusion*, l'âme contient la nature spirituelle. Hamilton fait remarquer que la copule *est*, suivant qu'on envisage l'extension ou la compréhension des idées, signifie *est contenu* ou *contient*.

1. Il est plus exact de dire qu'elles sont mises *dans le langage* avant la conclusion; dans l'esprit c'est le plus ordinairement le contraire; ou plutôt le raisonnement forme dans l'intelligence une sorte de tout, un acte unique, dont le langage décompose les éléments. « Sans doute on peut diviser un syllogisme en trois propositions dont chacune prise à part conserve sa signification. Mais considérées de cette façon, elles n'ont plus le sens qu'elles avaient quand elles étaient rapprochées dans l'unité de l'acte de raisonnement; car tout ce sens dépend de leurs rapports respectifs, de la lumière qu'elles réfléchissent réciproquement l'une sur l'autre... Il est donc faux que dans la pensée, une idée ou une proposition soit connue avant ou après une autre; car dans la conscience les trois idées et leurs rapports mutuels constituent un seul acte de connaissance identique et simultané. William Hamilton, *Lectures on logic*, I, 275.

2. Dans le langage il n'y a rien de plus. Dans la pensée, le problème à résoudre est une des parties essentielles du raisonnement.

3. Voir plus bas, ch. XIV.

sans qu'il fût pour cela défectueux, pourvu qu'on garde toujours les règles ; car, si, après avoir consulté une troisième idée, pour savoir si un attribut convient ou ne convient pas à un sujet, et l'avoir comparée avec un des termes, je ne sais pas encore s'il convient ou ne convient pas au second terme, j'en pourrais choisir une quatrième pour m'en éclaircir, et une cinquième si celle-là ne suffit pas, jusqu'à ce que je vinsse à une idée qui liât l'attribut de la conclusion avec le sujet[1].

Si je doute, par exemple, *si les avares sont misérables*, je pourrai considérer d'abord que les avares sont pleins de désirs et de passions ; si cela ne me donne pas lieu de conclure, *donc ils sont misérables*, j'examinerai ce que c'est que d'être plein de désirs, et je trouverai dans cette idée celle de manquer de beaucoup de choses que l'on désire, et la misère dans cette privation de ce que l'on désire, ce qui me donnera lieu de former ce raisonnement : *Les avares sont pleins de désirs ; ceux qui sont pleins de désirs manquent de beaucoup de choses, parce qu'il est impossible qu'ils satisfassent tous leurs désirs ; ceux qui manquent de ce qu'ils désirent sont misérables ; donc les avares sont misérables.*

Ces sortes de raisonnements, composés de plusieurs propositions dont la seconde dépend de la première, et ainsi du reste, s'appellent *sorites*, et ce sont ceux qui sont les plus ordinaires dans les mathématiques ; mais parce que, quand ils sont longs, l'esprit a plus de peine à les suivre, et que le nombre de trois propositions est assez proportionné avec l'étendue de notre esprit[2], on a pris plus de soin d'examiner les règles des bons et des mauvais syllogismes, c'est-à-dire des arguments de trois propositions ; ce qu'il est bon de suivre, parce que les règles qu'on en donne peuvent facilement s'appliquer à tous les raisonnements composés de plusieurs propositions, d'autant qu'ils peuvent tous se réduire en syllogismes[3], s'ils sont bons.

1. Si la partie d'une partie est aussi la partie du tout, cela est aussi vrai de la partie de cette première partie et ainsi de suite. Sur les *sorites*, voir plus bas, ch. XV.

2. Ce n'est pas la vraie raison ; c'est que le sorite lui-même se décompose en plusieurs raisonnements à trois termes, et que ceux-ci sont irréductibles à un autre plus simple.

3. Le mot *syllogisme*, si souvent répété dans ce chapitre, avait signifié d'abord

CHAPITRE II.

Division des syllogismes en simples et en conjonctifs, et des simples en incomplexes et en complexes.

Les syllogismes sont *simples* ou *conjonctifs*. Les simples sont ceux où le moyen n'est joint à la fois qu'à un des termes de la conclusion : les conjonctifs sont ceux où il est joint à tous les deux; ainsi cet argument est simple :

Tout bon prince est aimé de ses sujets;
Tout roi pieux est bon prince ;
Donc tout roi pieux est aimé de ses sujets ;

parce que le moyen est joint séparément avec *roi pieux,* qui est le sujet de la conclusion, et avec *aimé de ses sujets,* qui en est l'attribut. Mais celui-ci est conjonctif par une raison contraire :

Si un état électif est sujet aux divisions, il n'est pas de longue durée ;
Or un état électif est sujet aux divisions ;
Donc un état électif n'est pas de longue durée :

puisque *état électif,* qui est le sujet, et *de longue durée,* qui est l'attribut, entrent dans la majeure[1].

Comme ces deux sortes de syllogismes ont leurs règles séparées, nous en parlerons séparément.

Les syllogismes simples, qui sont ceux où le moyen est joint séparément avec chacun des termes de la conclusion, sont encore de deux sortes.

Les uns, où chaque terme est joint tout entier avec le moyen, savoir, avec l'attribut tout entier dans la majeure, et avec le sujet tout entier dans la mineure.

Les autres, où la conclusion étant complexe, c'est-à-dire composée de termes complexes, on ne prend qu'une partie du

calcul, addition, et, comme presque tous les autres termes techniques de la logique, a été emprunté par Aristote aux mathématiciens. Les termes latins *colligere, collectio* s'appliquent de même au raisonnement qui *rassemble* dans la conclusion les deux notions séparées dans les prémisses.

1. On verra plus bas, ch. XII, ce qu'il faut penser de cette division.

sujet, ou une partie de l'attribut, pour joindre avec le moyen dans l'une des propositions, et on prend tout le reste qui n'est plus qu'un seul terme, pour joindre avec le moyen dans l'autre proposition, comme dans cet argument :

La loi divine oblige d'honorer les rois ;
Louis XIV est roi ;
Donc la loi divine oblige d'honorer Louis XIV.

Nous appellerons les premières sortes d'arguments, démêlés et incomplexes, et les autres impliqués ou complexes ; non que tous ceux où il y a des propositions complexes soient de ce dernier genre, mais parce qu'il n'y en a point de ce dernier genre où il n'y ait des propositions complexes.

Or, quoique les règles qu'on donne ordinairement pour les syllogismes simples puissent avoir lieu dans tous les syllogismes complexes en les renversant, néanmoins, parce que la force de la conclusion ne dépend point de ce renversement-là, nous n'appliquerons ici les règles des syllogismes simples qu'aux incomplexes, en nous réservant de traiter à part des syllogismes complexes[1].

CHAPITRE III.

Règles générales des syllogismes simples incomplexes.

(Ce chapitre et les suivants, jusqu'au douzième, sont de ceux dont il est parlé dans le DISCOURS, qui contiennent des choses subtiles et nécessaires pour la spéculation de la logique, mais qui sont de peu d'usage[2].)

Nous avons déjà vu dans les chapitres précédents qu'un syllogisme simple ne doit avoir que trois termes, les deux termes de la conclusion et un seul moyen, dont chacun étant répété deux fois, il s'en fait trois propositions : la majeure où entre le moyen, et l'attribut de la conclusion appelé le grand terme; la mineure où entre aussi le moyen,

1. Voir plus bas, ch. IX. On peut provisoirement regarder les syllogismes *complexes* comme tout à fait semblables aux autres.

2. D'aucun usage, pourrait-on dire, ce qui ne leur ôte rien de leur importance.

et le sujet de la conclusion appelée le petit terme; et la conclusion, dont le petit terme est le sujet, et le grand terme l'attribut.

Mais parce qu'on ne peut pas tirer toutes sortes de conclusions de toutes sortes de prémisses, il y a des règles générales qui font voir qu'une conclusion ne saurait être bien tirée dans un syllogisme où elles ne sont pas observées : et ces règles sont fondées sur les axiomes qui ont été établis dans la seconde partie, touchant la nature des propositions affirmatives et négatives, universelles et particulières, tels que sont ceux-ci, qu'on ne fera que proposer, ayant été prouvés ailleurs :

1. Les propositions particulières sont enfermées dans les générales de même nature, et non les générales dans les particulières, I dans A, et O dans E, et non A dans I, ni E dans O.

2. Le sujet d'une proposition, prise universellement ou particulièrement, est ce qui la rend universelle ou particulière.

3. L'attribut d'une proposition affirmative, n'ayant jamais plus d'étendue que le sujet, est toujours considéré comme pris particulièrement, parce que ce n'est que par accident s'il est quelquefois pris généralement.

4. L'attribut d'une proposition négative est toujours pris généralement[1].

C'est principalement sur ces axiomes que sont fondées les règles générales des syllogismes, qu'on ne saurait violer sans tomber dans de faux raisonnements.

Règle I. *Le moyen ne peut être pris deux fois particulièrement ; mais il doit être pris au moins une fois universellement.*

Car, devant unir ou désunir les deux termes de la conclusion, il est clair qu'il ne peut le faire s'il est pris pour deux parties différentes d'un même tout, parce que ce ne sera pas peut-être la même partie qui sera unie ou désunie dans ces deux termes. Or, étant pris deux fois particulièrement, il peut être pris pour deux différentes parties du même tout ; et par

1. On a examiné plus haut, partie II, ch. xvii, la valeur de ces axiomes.

conséquent on n'en pourra rien conclure, au moins nécessairement ; ce qui suffit pour rendre un argument vicieux, puisqu'on n'appelle bon syllogisme, comme on vient de le dire, que celui dont la conclusion ne peut être fausse, les prémisses étant vraies. Ainsi, dans cet argument : *Quelque homme est saint; quelque homme est voleur donc ; quelque voleur est saint*, le mot d'*homme* étant pris pour diverses parties des hommes ne peut unir *voleur* avec *saint*, parce que ce n'est pas le même homme qui est saint et qui est voleur[1].

On ne peut pas dire de même du sujet et de l'attribut de la conclusion ; car, encore qu'ils soient pris deux fois particulièrement, on peut néanmoins les unir ensemble en unissant un de ces termes au moyen dans toute l'étendue du moyen ; car, il s'ensuit de là fort bien que si ce moyen est uni dans quelqu'une de ses parties à quelque partie de l'autre terme, ce premier terme, que nous avons dit être joint à tout le moyen, se trouvera joint aussi avec le terme auquel quelque partie du moyen est jointe. S'il y a quelques Français dans chaque maison de Paris, et qu'il y ait des Allemands en quelques maisons de Paris, il y a des maisons où il y a tout ensemble un Français et un Allemand.

Si quelques riches sont sots,
Et que tout riche soit honoré,
Il y a des sots honorés.

Car ces riches qui sont sots sont aussi honorés, puisque

1. Il y a alors quatre termes, *quaternio terminorum*, suivant l'expression technique. La règle est donc bien certaine pour l'exemple cité, et presque tous les autres. Aussi elle est acceptée par tous les logiciens depuis Aristote. Pourtant dans une science comme la logique, une règle doit passer pour fausse, si elle souffre une seule exception, même dans le cas le plus rare. Or, suivant Hamilton, celle-ci ne peut se maintenir. Car dans le raisonnement cité, si l'on prend une fois le terme *homme* en lui donnant au moins la moitié de son extension totale, et une autre fois en lui laissant plus que cette moitié, on pourra conclure : s'il était vrai que *la plupart* des hommes sont des pécheurs, et que *la moitié* doit être sauvée, il serait démontré que quelques pécheurs seront sauvés. Cette critique subtile n'est peut-être pas décisive : car, suivant Hamilton lui-même, tout terme dont la quantité n'est pas déterminée, dans la pensée au moins, est particulier ; mais tous les autres font des propositions universelles. Or *la moitié, la plupart, la majeure partie*, ce sont des quantités déterminées, c'est *toute* la moitié, etc., c'est-à-dire des termes universels. Quoi qu'il en soit, Hamilton propose cette règle : Que la quantité du moyen terme, comptée dans ses deux fonctions, soit supérieure à celle du même terme pris dans toute son extension.

tous les riches sont honorés, et, par conséquent, dans ces riches sots et honorés, les qualités de sot et d'honoré sont jointes ensemble.

RÈGLE II. *Les termes de la conclusion ne peuvent point être pris plus universellement dans la conclusion que dans les prémisses.*

C'est pourquoi, lorsque l'un ou l'autre est pris universellement dans la conclusion, le raisonnement sera faux s'il est pris particulièrement dans les deux premières propositions.

La raison est qu'on ne peut rien conclure du particulier au général (selon le premier axiome) ; car de ce que quelque homme est noir, on ne peut pas conclure que tout homme est noir.

1er *Corollaire.* Il doit toujours y avoir dans les prémisses un terme universel de plus que dans la conclusion ; car tout terme qui est général dans la conclusion doit aussi l'être dans les prémisses ; et de plus, le moyen doit y être pris au moins une fois généralement[1].

2e *Corollaire.* Lorsque la conclusion est négative, il faut nécessairement que le grand terme soit pris généralement dans la majeure ; car il est pris généralement dans la conclusion négative (par le quatrième axiome), et par conséquent il doit aussi être pris généralement dans la majeure (par la seconde règle)[2].

3e *Corollaire.* La majeure d'un argument dont la conclusion est négative ne peut jamais être une particulière affirmative ; car le sujet et l'attribut d'une proposition affirmative[3] sont tous deux pris particulièrement (par le deuxième et le troisième axiome) ; et ainsi le grand terme n'y serait pris que particulièrement contre le second corollaire.

4e *Corollaire.* Le petit terme est toujours dans la conclusion comme dans les prémisses, c'est-à-dire que, comme il ne peut être que particulier dans la conclusion quand il est par-

1. Voir la note précédente.

2. L'attribut d'une proposition négative peut parfois être particulier; car on peut nier d'un tout ou d'une partie, une autre partie; ce corollaire n'est donc pas d'une parfaite exactitude. Voir plus haut, partie II, ch. XIX.

3. On a vu aussi que l'attribut d'une proposition affirmative peut être universel, car on peut affirmer un tout d'une partie : *quelques hommes sont artistes,* c'est-à-dire TOUS les artistes.

ticulier dans les prémisses, il peut, au contraire, être toujours général dans la conclusion, quand il l'est dans les prémisses ; car le petit terme ne saurait être général dans la mineure, lorsqu'il en est le sujet, qu'il ne soit généralement uni au moyen ou désuni du moyen ; et il n'en peut être l'attribut, et y être pris généralement, que la proposition ne soit négative, parce que l'attribut d'une proposition affirmative est toujours pris particulièrement ; or les propositions négatives marquent que l'attribut pris selon toute son étendue est désuni d'avec le sujet.

Et par conséquent, une proposition où le petit terme est général marque ou une union du moyen avec tout le petit terme, ou une désunion du moyen d'avec tout le petit terme.

Or, si, par cette union du moyen avec le petit terme, on conclut qu'une autre idée est jointe avec ce petit terme, on doit conclure qu'elle est jointe à tout le petit terme, et non-seulement à une partie ; car le moyen étant joint à tout le petit terme ne peut rien prouver par cette union d'une partie qu'il ne le prouve aussi des autres, puisqu'il est joint à toutes.

De même, si la désunion du moyen d'avec le petit terme prouve quelque chose de quelque partie du petit terme, elle le prouve de toutes les parties, puisqu'il est également désuni de toutes ses parties[1].

5e *Corollaire*. Lorsque la mineure est une négative universelle, si on en peut tirer une conclusion légitime, elle peut être toujours générale. C'est une suite du précédent corollaire, car le petit terme ne saurait manquer d'être pris généralement dans la mineure, lorsqu'elle est négative universelle, soit qu'il en soit le sujet (par le deuxième axiome), soit qu'il en soit l'attribut (par le quatrième axiome).

Règle III. *On ne peut rien conclure de deux propositions négatives.*

1. Voici le sens de ces explications un peu embrouillées : quand le mineur sera-t-il universel dans la mineure ? quand il en sera le sujet, si c'est une proposition universelle affirmative ; quand il en sera l'attribut, si elle est négative. Dans le premier cas, le mineur tout entier est contenu dans le moyen ; donc il est contenu tout entier dans le majeur, qui enferme ce moyen. Dans le second cas, le mineur tout entier est hors du moyen, qui lui-même est enfermé dans le majeur, il est donc *tout entier* hors de ce majeur. Donc dans les deux cas il pourra être pris universellement dans la conclusion.

Car deux propositions négatives séparent le sujet du moyen, et l'attribut du même moyen; or, de ce que deux choses sont séparées de la même chose, il ne s'ensuit; ni qu'elles soient, ni qu'elles ne soient pas la même chose. De ce que les Espagnols ne sont pas Turcs, et de ce que les Turcs ne sont pas chrétiens, il ne s'ensuit pas que les Espagnols ne soient pas chrétiens, et il ne s'ensuit pas aussi que les Chinois le soient, quoiqu'ils ne soient pas plus Turcs que les Espagnols[1].

RÈGLE IV. *On ne peut prouver une proposition négative par deux propositions affirmatives.*

Car de ce que les deux termes de la conclusion sont unis avec un troisième, on ne peut pas prouver qu'ils soient désunis entre eux.

RÈGLE V. *La conclusion suit toujours la plus faible partie, c'est-à-dire que, s'il y a une des deux propositions qui soit négative, elle doit être négative, et s'il y en a une particulière, elle doit être particulière.*

La preuve en est que, s'il y a une proposition négative, le moyen est désuni de l'une des parties de la conclusion, et ainsi il est incapable de les unir, ce qui est nécessaire pour conclure affirmativement.

Et s'il y a une proposition particulière, la conclusion n'en peut être générale; car si la conclusion est générale et affirmative, le sujet étant universel, il doit aussi être universel dans la mineure, et par conséquent il en doit être le sujet, l'attribut n'étant jamais pris généralement dans les propositions affirmatives : donc le moyen, joint à ce sujet, sera particulier dans la mineure : donc il sera général dans la majeure, parce qu'autrement, il sera deux fois particulier : donc il en sera le sujet, et le terme ne saurait être général dans la mineure, lorsqu'il en est le sujet, qu'il ne le soit généralement, et par conséquent cette majeure sera aussi universelle; et ainsi il ne peut y avoir de proposition particulière dans un argument affirmatif dont la conclusion est générale[2].

1. C'est une règle tout à fait essentielle, une des trois qu'Hamilton avait jugées nécessaires, avant de les réduire toutes à une seule.

2. Cette démonstration est d'une rigueur mathématique, si on admet les

Cela est encore plus clair dans les conclusions universelles négatives ; car de là il s'ensuit qu'il doit y avoir trois termes universels dans les deux prémisses, suivant le premier corollaire; or, comme il doit y avoir une proposition affirmative, par la troisième règle, dont l'attribut est pris particulièrement, il s'ensuit que tous les autres trois termes sont pris universellement, et par conséquent les deux sujets des deux propositions, ce qui les rend universelles : ce qu'il fallait démontrer.

6e *Corollaire. Ce qui conclut le général, conclut le particulier.*

Ce qui conclut A conclut I; ce qui conclut E conclut O; mais ce qui conclut le particulier ne conclut pas pour cela le général : c'est une suite de la règle précédente et du premier axiome; mais il faut remarquer qu'il a plu aux hommes de ne considérer les espèces d'un syllogisme que selon sa plus noble conclusion, qui est la générale : de sorte qu'on ne compte point pour une espèce particulière de syllogisme celui où on ne conclut le particulier, que parce qu'on en peut aussi conclure le général[1].

C'est pourquoi il n'y a point de syllogisme où la majeure étant A, et la mineure E, la conclusion soit O; car (par le cinquième corollaire) la conclusion d'une mineure universelle négative peut toujours être générale; de sorte que si on ne

axiomes sur la quantité de l'attribut; mais on a vu qu'il est difficile de ne pas y faire quelque correction (voir partie II, ch. XVII, sqq.). Elle a aussi le défaut de forcer la conviction sans éclairer l'esprit. Cette condition du syllogisme a été énoncée sous une forme plus précise et démontrée plus simplement par Hamilton : « La conclusion, dit-il, à peu près, doit correspondre en quantité avec la mineure, et en qualité avec la majeure. » En effet, les deux extrêmes sont entre eux comme chacun d'eux est au moyen terme. Dans la majeure on compare le moyen avec le grand extrême; s'il en est affirmé ou nié, le grand terme sera affirmé ou nié du mineur, c'est-à-dire que la conclusion sera affirmative ou négative, suivant la quantité de la majeure. De plus, dans la mineure, le petit terme est comparé avec le moyen; le majeur ne pourra être attribué qu'à la partie de ce petit terme qu'on a mise dans l'extension du moyen. Si on y a mis le tout, la conclusion sera universelle, sinon elle sera particulière. *Lectures on logic*, I, 312. On peut objecter à Hamilton que plusieurs syllogismes ont des majeures particulières et des mineures universelles ; mais il répond que dans ce cas la vraie majeure est la proposition universelle, et que toujours la conclusion s'accorde en quantité avec la mineure.

1. Si on conclut que *tous les hommes pensent*, A, il est impérieusement vrai que *quelques hommes pensent*, I; si *nul homme n'est parfait*, E, *quelques hommes ne sont pas parfaits*, O.

peut pas la tirer générale, ce sera parce qu'on n'en pourra tirer aucune; ainsi A, E, O, n'est jamais un syllogisme à part, mais seulement en tant qu'il peut être enfermé dans A, E, E.

RÈGLE VI. *De deux propositions particulières il ne s'ensuit rien.*

Car si elles sont toutes deux affirmatives, le moyen y sera pris deux fois particulièrement, soit qu'il soit sujet (par le deuxième axiome), soit qu'il soit attribut (par le troisième axiome) ; or, par la première règle, on ne conclut rien par un syllogisme dont le moyen est pris deux fois particulièrement.

Et, s'il y en avait une négative, la conclusion l'étant aussi (par la règle précédente), il doit y avoir au moins deux termes universels dans les prémisses (suivant le deuxième corollaire); donc il doit y avoir une proposition universelle dans ces deux prémisses, étant impossible de disposer trois termes en deux propositions où il doit y avoir deux termes pris universellement, en sorte que l'on ne fasse ou deux attributs négatifs, ce qui serait contre la troisième règle[1], ou quelqu'un des sujets universels, ce qui fait la proposition universelle[2].

1. Cette règle est certaine, pour le cas où le moyen serait pris deux fois particulièrement, c'est-à-dire où il serait le sujet de deux propositions particulières. Il y aurait alors quatre termes, ce qui pèche contre la règle I. Hors de là elle reste le plus ordinairement vraie; mais elle souffre les mêmes exceptions que les axiomes sur la quantité des attributs. Ce syllogisme : *certains hommes sont capables de dévouement, certains animaux sont hommes, certains animaux sont donc capables de dévouement*, est un argument peu naturel, mais irréprochable en logique. Le moyen terme *hommes* est pris universellement dans la mineure : certains animaux sont *tous les hommes*. Mais il serait bien plus naturel de dire en convertissant la proposition : tous les hommes sont des animaux, et de rentrer ainsi la règle générale.

2. Les règles qu'on vient de lire, plus deux autres que les auteurs ont négligées comme trop évidentes, ont été résumées dans des vers mnémotechniques, souvent modifiés, mais dont l'inventeur paraît avoir été Pierre d'Espagne, qui devint pape, sous le nom de Jean XXI, en 1276 :

Terminus esto triplex : medius, majorque, minorque.
Latius hunc quam præmissæ conclusio non vult.
Nequaquam medium capiat conclusio oportet.
Aut semel aut iterum medius generaliter esto.
Utraque si præmissa neget, nihil inde sequetur.
Ambæ affirmantes nequeunt generare negantem.
Pejorem sequitur semper conclusio partem.
Nil sequitur geminis e particularibus unquam.

Ces règles, à les supposer rigoureuses, peuvent être réduites, plus qu'on ne l'a fait dans ce chapitre. Trois paraissent suffire : 1° il doit y avoir trois termes, ni plus

CHAPITRE IV.

Des figures et des modes des syllogismes en général ; qu'il ne peut y en avoir que quatre figures.

Après l'établissement des règles générales qui doivent être nécessairement observées dans tous les syllogismes simples, il reste à voir combien il peut y avoir de ces sortes de syllogismes.

On peut dire en général qu'il y en a autant de sortes qu'il peut y avoir de différentes manières de disposer, en gardant ces règles, les trois propositions d'un syllogisme, et les trois termes dont elles sont composées.

La disposition des trois propositions selon leurs quatre différences, A, E, I, O, s'appelle *mode* [1].

Et la disposition des trois termes, c'est-à-dire du moyen avec les deux termes de la conclusion, s'appelle *figure* [2].

Or, on peut compter combien il peut y avoir de modes concluants, à n'y considérer point les différentes figures selon lesquelles un même mode peut faire divers syllogismes; car, par la doctrine des combinaisons, quatre termes, comme sont A, E, I, O, étant pris trois à trois, ne peuvent être différemment arrangés qu'en soixante-quatre manières [3]; mais de ces soixante-quatre diverses manières, ceux qui voudront prendre la peine de les considérer chacune à part trouveront qu'il y en a

28, exclues par la troisième et la sixième règle, qu'on ne conclut rien de deux négatives et de deux particulières [4];

ni moins, ce qui renferme les règles I et II; 2° des deux prémisses une au moins doit être universelle en quantité, affirmative en qualité; ce qui équivaut aux règles II et III; 3° quand les prémisses diffèrent en quantité, la conclusion est particulière; et négative, si elles diffèrent en qualité, ce qui résume les règles IV et V. On verra au chapitre x si l'on ne peut simplifier davantage.

1. Ce mot ne se trouve pas en ce sens dans Aristote, qui se sert pour distinguer ces combinaisons, que ses commentateurs appellent souvent συζυγίαι, du terme général *syllogisme*.

2. Aristote se sert du mot σχήματα. Les quatre figures ont été résumées dans ce vers barbare, ou *sub, subjectum,* désigne le sujet, et *præ, prædicatum,* l'attribut.

Sub præ, tum præ præ, tum sub sub, denique præ sub.

3. C'est-à-dire le cube de quatre.

4. Douze de ces combinaisons ont les deux prémisses négatives et sont toutes vicieuses; douze autres ont les deux prémisses particulières; mais il y en a qui ne

18, par la cinquième, que la conclusion suit la plus faible partie;

6, par la quatrième; qu'on ne peut conclure négativement de deux affirmatives;

1, savoir, I, E, O, par le troisième corollaire des règles générales[1];

1, savoir, A, E, O, par le sixième corollaire des règles générales[2].

Ce qui fait en tout cinquante-quatre, et par conséquent, il ne reste que dix modes concluants.

4 Affirmatifs.	A, A, A. A, I, I. A, A, I. I, A, I.	6 Négatifs.	E, A, E. A, E, E. E, A, O. A, O, O. O, A, O. E, I, O.

Mais cela ne fait pas qu'il n'y ait que dix espèces de syllogismes, parce qu'un seul de ces modes en peut faire diverses espèces selon l'autre manière d'où se prend la diversité des syllogismes, qui est la différente disposition des trois termes, que nous avons déjà dit s'appeler *figure*.

Or, pour cette disposition des trois termes, elle ne peut regarder que les deux premières propositions, parce que la conclusion est supposée avant qu'on fasse le syllogisme pour la prouver[3]; et ainsi, le moyen ne pouvant s'arranger qu'en quatre manières différentes avec les deux termes de la conclusion, il n'y a aussi que quatre figures possibles.

Car, ou le moyen est *sujet en la majeure et attribut en la mineure*, ce qui fait la première *figure;*

Ou il est *attribut en la majeure et en la mineure*, ce qui fait la deuxième *figure;*

sont peut-être pas condamnées avec toute raison, comme celle-ci I I I (ch. III, note 1, p. 247). Enfin quatre ont les deux prémisses à la fois particulières et négatives.

1. L'attribut de la conclusion y serait d'après les axiomes un terme universel, et il serait particulier dans la majeure, ce qui est contraire à cette règle que les termes de la conclusion ne peuvent y être pris plus universellement que dans les prémisses.

2. A, E, O n'est pas une combinaison vicieuse, mais au lieu de conclure O, on peut conclure E. Ces conclusions particulières ne comptent pas. D'autres logiciens admettent onze modes concluants.

3. C'est une règle que le moyen ne figure jamais dans la conclusion.

Ou il est *sujet en l'une et l'autre,* ce qui fait la troisième *figure ;*

Ou il est enfin *attribut dans la majeure et sujet en la mineure,* ce qui peut faire une quatrième *figure ;* étant certain que l'on peut conclure quelquefois nécessairement en cette manière, ce qui suffit pour faire un vrai syllogisme. On en verra des exemples ci-après[1].

Néanmoins, parce qu'on ne peut conclure de cette quatrième manière, qu'en une façon qui n'est nullement naturelle, et où l'esprit ne se porte jamais, Aristote et ceux qui l'ont suivi n'ont pas donné à cette manière de raisonner le nom de figure. Galien a soutenu le contraire, et il est clair que ce n'est qu'une dispute de mots, qui doit se décider en leur faisant dire de part et d'autre ce qu'ils entendent par le mot de figure[2].

Mais ceux-là se trompent sans doute, qui prennent pour une quatrième figure qu'ils accusent Aristote de n'avoir pas reconnue, les arguments de la première dont la majeure et la mineure sont transposées, comme lorsqu'on dit : *Tout corps est divisible; tout ce qui est divisible est imparfait; donc tout corps est imparfait.* Je m'étonne que M. Gassendi soit tombé dans cette erreur; car il est ridicule de prendre pour la majeure d'un syllogisme, la proposition qui se trouve la première, et pour mineure, celle qui se trouve la seconde; si cela était, il faudrait prendre souvent la conclusion même

1. Aristote a négligé les modes de la quatrième figure, tout en les signalant, et a eu raison de le faire. L'invention de cette quatrième figure est due, assure-t-on, au médecin philosophe Galien. On ne trouve dans aucun de ses écrits, malgré l'assertion d'Arnauld, la mention de cette addition; et dans un ouvrage purement logique, *Introduction dialectique*, Galien énumère dans le détail les figures, sans parler de la quatrième. La tradition qui lui attribue cette théorie remonte à Averroès, dans son *Commentaire.*

2. Les dix modes peuvent être en chacune des quatre figures ; mais dans chacune d'elles il y a quatre modes vicieux ; il en reste ainsi vingt-quatre. Mais parmi ceux-ci, cinq, sans être défectueux, sont inutiles parce qu'ils concluent le particulier, quand la conclusion pourrait être générale. Il en reste donc en tout 19. Comme on l'a déjà dit, cette réduction suppose l'exactitude absolue des axiomes sur la quantité de l'attribut. En les modifiant, comme on l'a indiqué (partie II, ch. XVII, sqq.), on trouve un nombre bien plus considérable de syllogismes. Hamilton en avait compté, en considérant la quantité du moyen, 1024 pour chaque figure, en tout 3,072, la quatrième figure étant supprimée, sur lesquels il en reste encore 1,450 légitimes; mais beaucoup sont superflus ou redondants, et en somme il réduit la liste à 36 modes concluants dans chaque figure, 12 affirmatifs et 24 négatifs, en tout 108 syllogismes concluants. *Lectures on logic,* II, 356, 449.

pour la majeure ou la mineure d'un argument, puisque c'est assez souvent la première ou la seconde des trois propositions qui le composent, comme dans ces vers d'Horace, la conclusion est la première, la mineure la seconde, et la majeure la troisième :

Qui melior servo, qui liberior sit avarus,
In triviis fixumcum se demittit ob assem,
Non video : nam qui cupiet, metuet quoque; porro
Qui metuens vivit, liber mihi non erit unquam[1].

Car tout se réduit à cet argument :

Celui qui est dans de continuelles appréhensions n'est point libre ;

Tout avare est dans de continuelles appréhensions ;
Donc nul avare n'est libre.

Il ne faut donc point avoir égard au simple arrangement local des propositions qui ne changent rien dans l'esprit; mais on doit prendre pour syllogisme de la première figure tous ceux où le milieu est sujet dans la proposition, où se trouve le grand terme (c'est-à-dire l'attribut de la conclusion) et attribut dans celle où se trouve le petit terme (c'est-à-dire le sujet de la conclusion); et ainsi il ne reste pour quatrième figure que ceux au contraire où le milieu est attribut dans la majeure et sujet dans la mineure; et c'est ainsi que nous les appellerons, sans que personne puisse le trouver mauvais, puisque nous avertissons par avance que nous n'entendons par ce terme de figure qu'une différente disposition du moyen.

CHAPITRE V.

Règles, modes et fondements de la première figure.

La première figure est donc celle où le moyen est sujet dans la majeure et attribut dans la mineure.

Cette figure n'a que deux règles.

1. Horace, *Épîtres,* I, XVI.

Règle I. *Il faut que la mineure soit affirmative.*

Car si elle était négative, la majeure serait affirmative par la troisième règle générale, et la conclusion négative par la cinquième : donc le grand terme serait pris universellement dans la conclusion, parce qu'elle serait négative, et particulièrement dans la majeure, parce qu'il en est l'attribut dans cette figure, et qu'elle serait affirmative, ce qui serait contre la seconde règle, qui défend de conclure du particulier au général. Cette raison a lieu aussi dans la troisième figure, où le grand terme est aussi attribut dans la majeure[1].

Règle II. *La majeure doit être universelle.*

Car la mineure étant affirmative par la règle précédente, le moyen, qui y est attribut, y est pris particulièrement : donc il doit être universel dans la majeure où il est sujet, ce qui la rend universelle; autrement il serait pris deux fois particulièrement contre la première règle générale[2].

Démonstration.

Qu'il ne peut y avoir que quatre modes de la première figure.

On a fait voir, dans le chapitre précédent, qu'il ne peut y avoir que dix modes concluants; mais de ces dix modes,

1. Soit ce syllogisme : *les couleurs sont des phénomènes physiques, le son n'est pas la couleur, donc le son n'est pas un phénomène physique.* Il est faux, car le grand terme est pris en une extension restreinte dans la majeure, *quelques* phénomènes physiques; et dans toute son extension dans la conclusion, *aucun* phénomène physique. La règle est donc vraie en ce sens qu'on ne peut affirmer ni nier de *tous* ce qu'on a nié ou affirmé de *quelques-uns.* Mais on peut laisser au majeur dans la conclusion son acception restreinte : le son n'est pas *quelque* phénomène physique, n'est aucun de ceux qu'on appelle des couleurs; et alors le syllogisme, quoiqu'un peu contourné, ne peut être condamné comme faux. Il arrivera aussi que dans la majeure l'attribut sera pris dans toute son extension, quoiqu'il soit affirmé du sujet. Soit M le moyen, A l'attribut, S le sujet. On peut avoir : tout M est tout A, nul S n'est M, nul S n'est A. Parmi les modes négatifs qu'il attribue à la première figure, Hamilton en compte la moitié dont les mineures sont négatives; mais il faut dire que la construction en est souvent forcée et serait bien plus naturelle si l'on opérait la conversion de la conclusion.

2. Il est certain que si le moyen terme est pris dans deux parties différentes de son extension, le syllogisme est mauvais, puisqu'il a quatre termes; mais il n'est pas aussi incontestable qu'il soit nécessairement particulier dans une mineure affirmative : quelque M est tout A; tout S est tout M; donc quelque S est tout A.

A, E, E, et A, O, O, sont exclus par la première règle de cette figure, qui est que la majeure doit être affirmative[1].

I, A, I, et O, A, O, sont exclus par la deuxième, qui est que la majeure doit être universelle[2].

A, A, I, et E, A, O, sont exclus par le quatrième corollaire des règles générales ; car le petit terme étant sujet dans la mineure, elle ne peut être universelle que la conclusion ne puisse l'être aussi[3].

Et par conséquent, il ne reste que ces quatre modes :

2 Affirmatifs.	A, A, A. A, I, I,	2 Négatifs.	E, A, E. E, I, O.

Ce qu'il fallait démontrer[4].

Ces quatre modes, pour être plus facilement retenus, ont été réduits à des mots artificiels[5], dont les trois syllabes marquent les trois propositions, et la voyelle de chaque

1. Voici un syllogisme en A E E, qui paraît bon, comme d'autres en A O O : *la modération est la condition de la vertu, le fanatisme n'est pas la modération, le fanatisme n'est pas la condition de la vertu.* Mais il ne sera probant que si la modération est *toute* la condition de la vertu ; ou bien si l'on conclut seulement qu'il n'est pas *quelque* condition de la vertu.

2. Même observation. Sans doute il y a des syllogismes en I A I qui seront mauvais dans la première figure ; exemple : *quelques figures équilatérales sont des triangles ; tous les carrés sont des figures équilatérales,* donc, etc. On en voit le vice, c'est que les deux extrêmes ne sont pas comparés à un *même* moyen terme. Les figures équilatérales qui sont des triangles ne sont pas les mêmes que celles qui sont des carrés ; mais il pourrait se faire qu'avec cette même forme un syllogisme fût bon ; il suffirait que l'attribut de la mineure fût pris dans toute son extension, ce qui est possible.

3. Ces modes ne sont pas vicieux, mais superflus, puisqu'ils rentrent dans ceux-ci : A A A, et E A E. Il ne faut pas distinguer d'une conclusion qui porte sur *toutes* les parties d'un tout, celles qui valent pour *quelques-unes* de ces parties.

4. Hamilton compte pour la première figure 12 modes affirmatifs et 24 négatifs. Il retient les quatre dont on vient de lire les syllabes ; mais comme dans chacun d'eux l'attribut peut être dans quatre relations différentes avec le sujet, ils forment en réalité douze modes différents ; par exemple on a pour A A A ces quatre combinaisons : 1° *tout* M est *tout* A, *tout* S est *tout* M ; 2° *tout* M est *quelque* A, *tout* S est *quelque* M ; 3° *tout* M est *quelque* A, *tout* S est *tout* M ; 4° *tout* M est *tout* A, *quelque* S est *quelque* M. Outre ces seize formes il admet comme pouvant être régulières : 2 I I I, 2 I A I, 4 A E E, 4 A O O, 2 I O O, 2 O I O, 2 I E E, 2 O A O, c'est-à-dire quatre des six modes que l'on vient de condamner, et plusieurs autres qui sont contraires aux règles générales, comme I I I, I O O, O I O, dont les deux prémisses sont particulières, etc. Ce n'est pas à dire que ces dernières formes ne soient jamais défectueuses, mais elles peuvent ne pas l'être.

5. Cette ingénieuse mnémotechnie est due pour les trois premières figures à

syllabe marque quelle doit être cette proposition[1]; de sorte que ces mots ont cela de très-commode dans l'école, qu'on marque clairement par un seul mot une espèce de syllogisme, que sans cela on ne pourrait faire entendre qu'avec beaucoup de discours.

BAR- *Quiconque laisse mourir de faim ceux qu'il doit nourrir, est homicide ;*
BA- *Tous les riches qui ne donnent point l'aumône dans les nécessités publiques, laissent mourir de faim ceux qu'ils doivent nourrir ;*
RA. *Donc ils sont homicides.*

CE- *Nul voleur impénitent ne doit s'attendre d'être sauvé ;*
LA- *Tous ceux qui meurent après s'être enrichis du bien de l'Église, sans vouloir le restituer, sont des voleurs impénitents ;*
RENT. *Donc nul d'eux ne doit s'attendre d'être sauvé.*

DA- *Tout ce qui sert au salut est avantageux ;*
RI- *Il y a des afflictions qui servent au salut ;*
I. *Donc il y a des afflictions qui sont avantageuses.*

FE- *Ce qui est suivi d'un juste repentir n'est jamais à souhaiter ;*
RI- *Il y a des plaisirs qui sont suivis d'un juste repentir ;*
O. *Donc il y a des plaisirs qui ne sont point à souhaiter.*

Fondement de la première figure.

Puisque dans cette figure le grand terme est affirmé ou nié du moyen pris universellement, et ce même moyen affirmé ensuite dans la mineure du petit terme, ou sujet de la conclusion, il est clair qu'elle n'est fondée que sur deux principes, l'un pour les modes affirmatifs, l'autre pour les modes négatifs.

Pierre d'Espagne, qui devint pape sous le nom de Jean XXI, et mourut en 1277. C'est dans son ouvrage *Summulæ* qu'on en voit la première mention. A peu près dans le même temps on employait des vers grecs, beaucoup moins ingénieux ; mais ces vers ne sont qu'une imitation des symboles latins, et non, comme on le croit généralement, un essai plus ancien.

1. Les consonnes de ces mots fournissent aussi des indications utiles ; on le verra plus bas.

Principe des modes affirmatifs.

Ce qui convient à une idée prise universellement convient aussi à tout ce dont cette idée est affirmée, ou qui est sujet de cette idée, ou qui est compris dans l'extension de cette idée : car ces expressions sont synonymes[1].

Ainsi, l'idée d'*animal* convenant à tous les hommes convient aussi à tous les Éthiopiens. Ce principe a été tellement éclairci dans le chapitre où nous avons traité de la nature des propositions affirmatives, qu'il n'est pas nécessaire de l'éclaircir ici davantage. Il suffira d'avertir qu'on l'exprime ordinairement dans l'école en cette manière : *Quod convenit consequenti, convenit antecedenti;* et que l'on entend par terme conséquent une idée générale qui est affirmée d'une autre, et par antécédent le sujet dont elle est affirmée, parce qu'en effet l'attribut se tire par conséquence du sujet; s'il est homme, il est animal.

Principe des modes négatifs.

Ce qui est nié d'une idée prise universellement est nié de tout ce dont cette idée est affirmée[2].

Arbre est nié de tous les animaux; il est donc nié de tous les hommes, parce qu'ils sont animaux. On l'exprime ainsi dans l'école : *Quod negatur de consequenti, negatur de antecedenti.*

Ce que nous avons dit en traitant des propositions négatives me dispense d'en parler ici davantage.

Il faut remarquer qu'il n'y a que la première figure qui conclue tout, A, E, I, O.

1. C'est une forme particulière du principe de contradiction ; on disait le plus souvent dans l'École : *prædicatum prædicati est etiam prædicatum subjecti.* On remarquera que ce principe s'applique mal aux syllogismes dans lesquels une proposition a pour sujet un terme singulier.

2. Ce principe est désigné par les logiciens sous le nom de *dictum de nullo,* et le précédent sous celui de *dictum de omni.* En voici l'expression scolastique : *quicquid de nullo valet, nec de quibusdam nec de singulis valet.* Les uns en font les principes généraux de tout raisonnement; d'autres les restreignent à la première figure. Un logicien moderne énonce avec une grande simplicité le principe de cette figure : le rapport qui existe entre une notion et une autre existe entre elle et les notions que l'autre contient. Victorin, *Logik.*

Et qu'il n'y a qu'elle aussi qui conclue A, dont la raison est qu'afin que la conclusion soit universelle affirmative, il faut que le petit terme soit pris généralement dans la mineure, et par conséquent qu'il en soit sujet, et que le moyen en soit l'attribut : d'où il arrive que le moyen y est pris particulièrement; il faut donc qu'il soit pris généralement dans la majeure (par la première règle générale), et que par conséquent il en soit le sujet. Or c'est en cela que consiste la première figure, que le moyen y est sujet en la majeure, et attribut en la mineure.

CHAPITRE VI.

Règles, modes et fondements de la seconde figure.

La seconde figure est celle où le moyen est deux fois attribut, et de là il s'ensuit qu'afin qu'elle conclue nécessairement, il faut que l'on garde ces deux règles :

Règle I. *Il faut qu'il y ait une des deux propositions négatives, et par conséquent que la conclusion le soit aussi par la sixième règle générale.*

Car si elles étaient toutes deux affirmatives, le moyen, qui est toujours attribut, serait pris deux fois particulièrement, contre la première règle générale[1].

Règle II. *Il faut que la majeure soit universelle.*

Car, la conclusion étant négative, le grand terme ou l'attribut est pris universellement. Or ce même terme est sujet de la majeure : donc il doit être universel, et, par conséquent, rendre la majeure universelle[2].

1. On peut répéter ici ce qu'on a dit des règles de la première figure, et pour le même motif. Il est certain que si l'attribut d'une proposition affirmative est toujours restreint dans son extension, le moyen, deux fois attribut, serait deux fois particulier; il y aurait *quaternio terminorum.* Mais il peut être universel, même dans une affirmative.

2. Ces règles sont le plus souvent vraies : voici un syllogisme de cette figure, où deux prémisses sont affirmatives : *tous les métaux sont des minéraux, tous les cailloux sont des minéraux, donc tous les cailloux sont des métaux.* On en voit

Démonstration.

Qu'il ne peut y avoir que quatre modes dans la seconde figure.

Des dix modes concluants[1], les quatre affirmatifs sont exclus par la première règle de cette figure, qui est que l'une des prémisses doit être négative[2].

O, A, O, est exclu par la seconde règle, qui est que la majeure doit être universelle.

E, A, O, est exclu par la même raison qu'en la première figure, parce que le petit terme est aussi sujet en la mineure.

Il ne reste donc de ces dix modes que ces quatre:

2 Généraux.	E, A, E. A, E, E.	2 Particuliers.	E, I, O. A, O, O.

Ce qu'il fallait démontrer[2].

On a compris ces quatre modes sous ces mots artificiels :

CE- *Nul menteur n'est croyable ;*
SA- *Tout homme de bien est croyable ;*
RE. *Donc nul homme de bien n'est menteur*[3].

facilement le vice; mais on aurait pu dire légitimement : tous les corps bruts sont *tous* les minéraux, les cailloux sont des minéraux, les cailloux sont des corps bruts. Car le moyen *minéraux* a été pris dans toute son extension dans la majeure. De même cet argument, dont la majeure est particulière, *quelques minéraux ne sont pas des pierres précieuses, toutes les topazes sont des pierres précieuses, donc quelques topazes ne sont pas des minéraux,* est visiblement absurde si l'on conclut *de tous* les minéraux, après avoir seulement parlé de *quelques* minéraux dans la majeure. Mais si l'on conclut que les topazes ne sont pas *quelques* minéraux, ceux-là mêmes qui ne sont pas précieux, on raisonnera très-juste. Remarquez encore que dans cette figure il y a toujours deux conclusions : *les topazes ne sont pas quelques minéraux,* et *quelques minéraux ne sont pas des topazes.* La seconde est même la plus naturelle. Il en résulte qu'à proprement parler il n'y a dans cette figure ni grand ni petit terme, et qu'indifféremment la majeure peut devenir la mineure, et réciproquement. Ce qui diminue encore l'importance de la seconde règle.

1. Voir plus haut la liste de ces modes, ch. IV.

2. Hamilton compte douze modes affirmatifs et vingt-quatre négatifs.

3. On conclurait tout aussi bien : *nul menteur n'est homme de bien.* Même observation pour le syllogisme suivant : *nul homme appartenant à Jésus-Christ n'est de ceux qui,* etc. On remarquera par là que ces deux modes ne sont au fond qu'un seul et même mode, dont les prémisses sont énoncées dans un ordre différent.

CA- *Tous ceux qui sont à* JÉSUS-CHRIST *crucifient leur chair ;*
MES- *Tous ceux qui mènent une vie molle et voluptueuse ne crucifient point leur chair ;*
TRES. *Donc nul d'eux n'est à* JÉSUS-CHRIST.

FES- *Nulle vertu n'est contraire à l'amour de la vérité ;*
TI- *Il y a un amour de la paix qui est contraire à l'amour de la vérité ;*
NO. *Donc il y a un amour de la paix qui n'est pas vertu*[1].

BA- *Toute vertu est accompagnée de discrétion ;*
RO- *Il y a des zèles sans discrétion ;*
CO. *Donc il y a des zèles qui ne sont pas vertu*[2].

Fondement de la seconde figure.

Il serait facile de réduire toutes ces diverses sortes d'arguments à un même principe par quelques détours[3]; mais il est plus avantageux d'en réduire deux à un principe, et deux à un autre, parce que la dépendance et la liaison qu'ils ont avec ces deux principes est plus claire et plus immédiate.

Principe des arguments en *Cesare* et *Festino*.

Le premier de ces principes est celui qui sert aussi de fondement aux arguments négatifs de la première figure; savoir, *que ce qui est nié d'une idée universelle est aussi nié de tout ce dont cette idée est affirmée, c'est-à-dire de tous les sujets de cette idée :* car il est clair que les arguments en *Cesare* et *Festino* sont établis sur ce principe. Pour montrer, par exemple, que nul homme de bien n'est menteur, j'ai affirmé croyable de tout homme de bien, et j'ai nié menteur de tout homme croyable, en disant que nul menteur n'est

1. On dirait aussi bien : la vertu n'est pas un certain amour de la paix. La mineure devient alors la majeure, et quoiqu'elle soit particulière, on ne voit pas que le syllogisme en soit plus mauvais.

2. On peut conclure : la vertu n'est pas un certain zèle, ce qui rendra la majeure particulière.

3. Ce principe unique pourrait être énoncé ainsi : deux notions dont l'une est en rapport d'opposition, et l'autre en rapport d'identité avec une même troisième sont entre elles dans un rapport d'opposition.

croyable. Il est vrai que cette façon de nier est indirecte, puisque, au lieu de nier menteur de croyable, j'ai nié croyable de menteur[1]; mais comme les propositions négatives universelles se convertissent simplement en niant l'attribut d'un sujet universel, on nie ce sujet universel de l'attribut[2].

Cela fait voir néanmoins que les arguments en *Cesare* sont, en quelque manière, indirects, puisque ce qui doit être nié n'y est nié qu'indirectement; mais comme cela n'empêche pas que l'esprit ne comprenne facilement et clairement la force de l'argument, ils peuvent passer pour directs, entendant ce terme pour des arguments clairs et naturels.

Cela fait voir aussi que ces deux modes *Cesare* et *Festino* ne sont différents des deux de la première figure, *Celarent* et *Ferio*, qu'en ce que la majeure en est renversée[3]; mais quoique l'on puisse dire que les modes négatifs de la première figure sont plus directs, il arrive néanmoins souvent

1. La remarque est très-juste; elle prouve à la fois que le principe s'applique mal aux modes de la seconde figure, que les règles n'en sont pas exactes, et qu'il y a plus de formes concluantes qu'on ne l'a dit.

2. Si l'on convertit la conclusion, les deux premiers modes peuvent se confondre. Le premier deviendra A E E, le second E A E.

3. C'est le lieu d'insister sur ces mots artificiels. Les consonnes y ont aussi leur valeur. D'abord tous les mots commencent par les quatre mêmes lettres, B, C, D, F. Tout mode dont la lettre initiale est B peut se réduire à *Barbara;* ceux qui commencent par C, à *Celarent;* par D, à *Darii;* par F, à *Ferio.* Cette réduction de tous les modes à ceux de la première figure, qui est contestée avec raison par quelques logiciens modernes, s'opère par diverses modifications qui sont marquées par les consonnes S, P, M, C, et qui doivent affecter la voyelle après laquelle elles sont placées, ou plus exactement la proposition désignée par cette voyelle. M signifie une simple transposition des deux prémisses; S la conversion simple, sans changement, celle qui laisse à la proposition sa quantité primitive; P la conversion d'une universelle en particulière, qu'on appelle dans l'École *conversion par accident;* enfin C la réduction à l'absurde. De là ces deux vers :

S vult simpliciter verti, P vero per accid,
M vult transponi, C per impossibile duci.

Ainsi *Cesare* se réduit à *Celarent*, comme l'indique la première consonne, commune aux deux mots; cette réduction se fait par la simple conversion de la majeure E, comme le marque la lettre S. Le moyen terme devient alors le sujet de la majeure, comme dans la première figure, et la proposition étant universelle négative, cette conversion s'effectue sans changement, d'après les règles établies, partie I, ch. XVII. *Nul menteur n'est croyable,* devient nul homme croyable n'est menteur. De même *Festino* se réduit par la même opération à *Ferio.* On verra dans les notes suivantes la réduction des autres modes, à mesure qu'ils se présenteront.

que ces deux de la deuxième figure qui y répondent sont plus naturels, et que l'esprit s'y porte plus facilement; car, par exemple, dans celui que nous venons de proposer, quoique l'ordre direct de la négation demandât que l'on dît : Nul homme croyable n'est menteur, ce qui eût fait un argument en *Celarent*, néanmoins notre esprit se porte naturellement à dire que nul menteur n'est croyable.

Principe des arguments en *Camestres* et *Baroco*.

Dans ces deux modes le moyen est affirmé de l'attribut de la conclusion et nié du sujet : ce qui fait voir qu'ils sont établis directement sur ce principe : *Tout ce qui est compris dans l'extension d'une idée universelle ne convient à aucun des sujets dont on la nie, l'attribut d'une proposition négative étant pris selon toute son extension, comme on l'a prouvé dans la seconde partie*[1].

Vrai chrétien est compris dans l'extension de charitable, puisque tout vrai chrétien est charitable; charitable est nié d'impitoyable envers les pauvres; donc vrai chrétien est nié d'impitoyable envers les pauvres; ce qui fait cet argument :

Tout vrai chrétien est charitable;
Nul impitoyable envers les pauvres n'est charitable ;
Donc nul impitoyable envers les pauvres n'est vrai chrétien[2].

1. Ce principe est vrai toutes les fois que l'attribut de la proposition négative est pris dans toute son extension; on a déjà remarqué que c'était le cas le plus fréquent, mais ce n'est pas le seul.

2. *Camestres* se ramène à *Celarent*, comme l'indique le C initial. Il faut pour cela transposer les prémisses, opération signalée par M, et convertir simplement la mineure et la conclusion, ce qui est marqué par les deux S qui suivent les voyelles qui les désignent. Quant à *Baroco*, il se ramène à *Barbara*, au moyen d'une réduction à l'absurde, indiquée par C. On prendra la proposition contradictoire à la conclusion; à savoir, pour l'exemple cité, au lieu de : *quelques zèles ne sont pas vertus*, celle-ci : tous les zèles sont vertus, A; ce qui suppose cette mineure : *tout zèle est accompagné de discrétion*, proposition contradictoire à celle du premier syllogisme, et par conséquent absurde. Donc la vérité d'un raisonnement en *Baroco* se prouve par l'absurdité d'un raisonnement en *Barbara*. Ce mode ainsi que *Bocardo*, qu'on examinera plus loin, se prête mal, on le voit, à la réduction, qu'on n'opère que d'une façon très-détournée. On les appelait tous deux *cruces et opprobria logicorum*. On écrirait un volume avec les dissertations dont ils ont été l'objet. Plusieurs logiciens ramènent *Baroco* à *Ferio*. Hamilton l'identifie par une analyse évidemment erronée à *Darii*, et finit par le déclarer irréductible.

CHAPITRE VII.

Règles, modes et fondements de la troisième figure.

Dans la troisième figure le moyen est deux fois sujet; d'où il s'ensuit :

Règle I. *Que la mineure doit être affirmative.*

Ce que nous avons déjà prouvé par la première règle de la première figure ; parce que dans l'une et dans l'autre l'attribut de la conclusion est aussi l'attribut dans la majeure[1].

Règle II. *L'on n'y peut conclure que particulièrement.*

Car la mineure étant toujours affirmative, le petit terme qui y est attribut est particulier ; donc il ne peut être universel dans la conclusion où il est sujet, parce que ce serait conclure le général du particulier, contre la deuxième règle générale[2].

Démonstration.

Qu'il ne peut y avoir que six modes dans la troisième figure.

Des dix modes concluants[3], A, E, E, et A, O, O, sont exclus par la première règle de cette figure, qui est que la mineure ne peut être négative[4].

1. Si la mineure était négative, la majeure serait affirmative, le grand terme y serait pris particulièrement, et dans la conclusion, nécessairement négative, il garderait toute son extension. On peut dire de cette règle ce que l'on a remarqué pour celle de la première figure.

2. Ce sera vrai toutes les fois que l'attribut de la mineure sera un terme particulier; mais on a vu que l'attribut d'une proposition affirmative peut être universel. Remarquer aussi que dans cette figure, comme dans la précédente, on ne peut distinguer que d'une manière arbitraire le majeur du mineur, et par suite la majeure de la mineure. La conclusion peut toujours être convertie, malgré ce principe très-peu exact, qu'on ne convertit pas les particulières négatives.

3. Les voir plus haut, ch. IV.

4. La mineure peut être négative : *tout M est tout A, nul M n'est aucun S, aucun S n'est aucun A;* c'est-à-dire A E E. Ce syllogisme deviendrait seulement mauvais si dans la majeure on disait : tout M est *quelque* A, et qu'on en vînt à conclure : aucun S n'est *aucun* A. Par la même raison A O O peut être une forme concluante : *tout M est tout A, quelque M n'est aucun S; quelque S n'est aucun A.*

A, A, A, et E, A, E, sont exclus par la deuxième règle, qui est que la conclusion n'y peut être générale[1].

Il ne reste donc que six modes :

3 Affirmatifs.	A, A, I. A, I, I. I, A, I.	3 Négatifs.	E, A, O. E, I, O. O, A, O.

Ce qu'il fallait démontrer.

C'est ce qu'on a réduit à ces six mots artificiels, quoique dans un autre ordre :

DA- *La divisibilité de la matière à l'infini est incompréhensible ;*
RA- *La divisibilité de la matière à l'infini est très-certaine ;*
PTI. *Il y a donc des choses très-certaines qui sont incompréhensibles*[2].

FE- *Nul homme ne peut se quitter soi-même ;*
LA- *Tout homme est ennemi de soi-même ;*
PTON. *Il y a donc des ennemis que l'on ne saurait quitter*[3].

DI- *Il y a des méchants qui font les plus grandes fortunes ;*
SA- *Tous les méchants sont misérables ;*

1. De même A A A peut être un mode légitime dans cette figure : *tout M est tout A, tout M est tout S, donc tout S est tout A.* Comme les termes ainsi énoncés sont tout à fait égaux en extension, on peut aussi bien conclure tout A est tout S ; par où l'on voit que dans cette figure la majeure et la mineure sont arbitrairement distinguées, et peuvent mutuellement se remplacer. Comme le terme moyen tout M peut être affirmé ; 1° de tout le majeur et de tout le mineur ; 2° de tout le majeur et d'une partie du mineur ; 3° d'une partie du majeur et de tout le mineur ; 4° d'une partie du majeur et d'une partie du mineur, on conclura deux fois A A A, et deux fois A A I. Quant à E A E, en voici un exemple concluant : *nul M n'est aucun A, tout M est tout S, donc nul S n'est aucun A.* Le petit terme S étant pris universellement dans la mineure, peut l'être aussi dans la conclusion. En résumé, il y a dans cette figure douze modes affirmatifs, et l'on y peut conclure quatre fois A, et huit fois I. Il faut y ajouter vingt-quatre modes négatifs, huit en E et seize en O.

2. Ou bien : *Il y a des choses incompréhensibles qui sont très-certaines ;* la majeure devenant alors la mineure. Les scolastiques ramènent ce syllogisme à *Darii,* en convertissant la mineure A en I, comme le marque la lettre P : quelque chose certaine est la divisibilité à l'infini. Cette conversion ne pourrait s'opérer de cette manière, si l'attribut de la mineure avait toute son extension.

3. Même règle et même observation pour la conversion de *Felapton* en *Ferio*.

MIS. *Il y a donc des misérables dans les plus grandes fortunes*[1].

DA- *Tout serviteur de Dieu est roi ;*
TI- *Il y a des serviteurs de Dieu qui sont pauvres ;*
SI. *Il y a donc des pauvres qui sont rois*[2].

BO- *Il y a des colères qui ne sont pas blâmables ;*
CAR- *Toute colère est une passion ;*
DO. *Donc il y a des passions qui ne sont pas blâmables.*

FE- *Nulle sottise n'est éloquente ;*
RI- *Il y a des sottises en figures ;*
SON. *Il y a donc des figures qui ne sont pas éloquentes*[3].

1. *Disamis* se ramène à *Darii*. On transpose les prémisses, comme l'indique M ; on convertit la majeure devenue la mineure, ce qui fait du moyen terme l'attribut, et par conséquent range le syllogisme dans la première figure : on a : *tous les méchants sont misérables; quelques gens qui font les plus grandes fortunes sont des méchants*; et on conclut en convertissant : *donc quelques gens, etc., sont des misérables.*

2. Il n'y a en réalité aucune différence entre *Datisi* et *Disamis;* la majeure et la mineure pouvant se prendre, dans la seconde et la troisième figure, indifféremment l'une pour l'autre. En tout cas on ramène *Datisi* à *Darii* par la simple conversion de la mineure, ce qui change la figure.

3. Ce mode, plus encore que *Baroco,* a fait le désespoir des logiciens scolastiques, qui n'en ont opéré la réduction à *Barbara* que de la façon la plus compliquée. A l'université d'Oxford, le cachot des étudiants se nommait et se nomme encore *Bocardo.* On le ramène à *Barbara* par une réduction à l'absurde, indiquée par C, et dont on a vu un exemple à propos de *Baroco.* Mais ce n'est pas là une véritable réduction : c'est une preuve indirecte de la conclusion. Des logiciens plus modernes réduisent *Bocardo* à *Disamis,* et par suite à *Darii.* Il suffit pour cela d'intervertir les prémisses, et de convertir la nouvelle mineure : *il y a des colères qui ne sont pas blâmables*, en cette proposition particulière affirmative : *quelques choses non blâmables sont des colères;* ce qui donne pour conclusion : *quelques choses non blâmables sont des passions, Darii.* Mais il y a à cela deux objections. D'abord on ne peut admettre cette transformation d'une négative en affirmative, en faisant tomber la négation sur un des termes. Si on l'accepte une fois, il n'y a pas de raison pour ne pas l'employer toujours, c'est-à-dire pour ne pas réduire toutes les propositions à de pures affirmatives. Puis il y a là une vraie faute de logique, qu'on aurait évitée en donnant à l'attribut de la proposition, avant de la convertir, la vraie quantité qu'il a dans la pensée : quelques colères ne sont *aucune* chose blâmable, c'est-à-dire en convertissant : toute chose non blâmable est quelque colère, proposition universelle négative E, et tout à fait absurde sous cette forme, puisqu'on devrait dire : aucune chose blâmable n'est quelque colère. Si l'on veut absolument réduire tous les syllogismes à ceux de la première figure, ce que William Hamilton déclare impossible et inutile, on pourrait transformer *Bocardo* de cette manière : convertir la conclusion, malgré la règle qui défend de le faire : *aucune chose blâmable n'est quelque passion,* E. On a alors pour majeure : *toute colère est une passion,* A; et pour mineure, *aucune chose blâmable n'est quelque*

Fondements de la troisième figure.

Les deux termes de la conclusion étant attribués dans les deux prémisses à un même terme qui sert de moyen, on peut réduire les modes affirmatifs de cette figure à ce principe :

Principe des modes affirmatifs.

Lorsque deux termes peuvent s'affirmer d'une même chose, ils peuvent aussi s'affirmer l'un de l'autre pris particulièrement[2].

Car, étant unis ensemble dans cette chose, puisqu'ils lui conviennent, il s'ensuit qu'ils sont quelquefois unis ensemble, et, partant, que l'on peut les affirmer l'un de l'autre particulièrement ; mais, afin qu'on soit assuré que ces deux termes aient été affirmés d'une même chose qui est le moyen, il faut que ce moyen soit pris au moins une fois universellement, car s'il était pris deux fois particulièrement, ce pourrait être deux diverses parties d'un terme commun, qui ne seraient pas la même chose.

Principe des modes négatifs.

Lorsque de deux termes l'un peut être nié et l'autre affirmé de la même chose, ils peuvent se nier particulièrement l'un de l'autre[3].

Car il est certain qu'ils ne sont pas toujours joints ensemble, puisqu'ils n'y sont pas joints dans cette chose : donc on peut les nier quelquefois l'un de l'autre, c'est-à-dire que l'on peut

colère, E ; c'est-à-dire un syllogisme de la première figure en A E E, qu'on a démontré concluant, bien qu'il ne soit pas admis dans l'école, et n'ait pas son symbole consacré. Quant à *Ferison*, il se ramène à *Ferio* par la simple conversion de la mineure : *quelques pensées exprimées en figure sont des sottises.*

1. S'ils ont été affirmés tout entiers d'un même troisième, ils pourront être affirmés *universellement* l'un de l'autre ; si l'un a été affirmé tout entier et l'autre en partie, ou tous deux en partie, ils s'affirmeront particulièrement. En un mot, leur relation, pour parler le langage scolastique, suit toujours la plus faible partie, et cela peut s'appliquer aux modes négatifs (voir plus bas le chapitre x).

2. Ils se nieront l'un de l'autre, dans la mesure où l'un d'eux a été nié du troisième, entièrement ou en partie.

les nier l'un de l'autre pris particulièrement ; mais il faut, par la même raison, afin que ce soit la même chose, que le moyen soit pris au moins une fois universellement.

CHAPITRE VIII.

Modes de la quatrième figure.

La quatrième figure est celle où le moyen est attribut dans la majeure, et sujet dans la mineure : elle est si peu naturelle, qu'il est assez inutile d'en donner les règles[1]. Les voilà néanmoins, afin qu'il ne manque rien à la démonstration de toutes les manières simples de raisonner.

RÈGLE I. *Quand la majeure est affirmative, la mineure est toujours universelle.*

Car le moyen est pris particulièrement dans la majeure affirmative, parce qu'il en est l'attribut. Il faut donc (par la première règle générale) qu'il soit pris généralement dans la mineure, et que, par conséquent, il la rende universelle, parce qu'il en est le sujet[2].

RÈGLE II. *Quand la mineure est affirmative, la conclusion est toujours particulière.*

Car le petit terme est attribut dans la mineure, et par conséquent il y est pris particulièrement, quand elle est affirmative ; d'où il s'ensuit (par la deuxième règle générale) qu'il doit être aussi particulier dans la conclusion, ce qui la rend particulière, parce qu'il en est le sujet.

1. Beaucoup de logiciens sont de cet avis, à commencer par Aristote, et à finir par Hamilton. D'autres ont soutenu que cette figure était la plus naturelle et la plus régulière. Il suffira de rappeler une des raisons qu'ils en donnent. Le moyen, disent-ils, est un vrai *milieu*, et c'est seulement dans cette figure qu'il se trouve entre les deux extrêmes. Les autres motifs qu'ils allèguent ne sont pas plus sérieux, et l'on va voir que les modes de cette figure ne doivent pas être maintenus.

2. Cette règle est soumise aux mêmes critiques que les précédentes ; il en est de même des deux autres. On croit inutile de répéter que les axiomes sur la quantité des termes ne sont pas universellement vrais.

RÈGLE III. *Dans les modes négatifs, la majeure doit être générale.*

Car la conclusion étant négative, le grand terme y est pris généralement. Il faut donc (par la deuxième règle générale) qu'il soit pris aussi généralement dans les prémisses. Or il est le sujet de la majeure aussi bien que dans la deuxième figure, et par conséquent il faut, aussi bien que dans la deuxième figure, qu'étant pris généralement, il rende la majeure générale.

Démonstration.

Qu'il ne peut y avoir que cinq modes dans la quatrième figure.

Des dix modes concluants, A, I, I, et A, O, O, sont exclus par la première règle.

A, A, A, et E, A, E, sont exclus par la deuxième.

O, A, O, par la troisième.

Il ne reste donc que ces cinq :

2 Affirmatifs.	A, A, I. I, A, I.	3 Négatifs.	A, E, E. E, A, O. E, I, O.

Ces cinq modes peuvent se renfermer dans ces mots artificiels :

BAR- *Tous les miracles de la nature sont ordinaires ;*
BA- *Tout ce qui est ordinaire ne nous frappe point ;*
RI. *Donc il y a des choses qui ne nous frappent point, qui sont des miracles de la nature*[1].

1. Si l'on transcrit exactement ce syllogisme on aura pour mineure : *nulle chose ordinaire ne nous frappe;* et pour conclusion : *quelques choses qui nous frappent ne sont pas des miracles de la nature;* ce qui est bien loin de la conclusion qu'on vient de lire, et plus loin encore du mode auquel on l'attribue. Ce serait A E O, forme qu'on a condamnée par le sixième corollaire des règles générales. On dira peut-être que la mineure est affirmative : *toute chose ordinaire est ne nous frappant pas.* Mais, à ce compte, la négation tombant sur l'attribut, on supprimera toutes les propositions négatives, et on dira aussi bien que Dieu n'est pas mortel, équivaut à Dieu est *non* mortel. Si on conclut universellement, comme on le doit, le syllogisme est du mode A E E. Voici un syllogisme en *Barbari,* ou *Baralip* ou *Bramantip,* car ces mots artificiels varient : *tous les lévriers sont des chiens, tous les chiens sont des quadrupèdes, donc quelques quadrupèdes sont tous*

CA-LEN-TES. *Tous les maux de la vie sont des maux passagers ;*
Tous les maux passagers ne sont point à craindre ;
Donc nul des maux qui sont à craindre n'est un mal de cette vie [1].

DI-BA-TIS. *Quelque fou dit vrai ;*
Quiconque dit vrai mérite d'être suivi ;
Donc il y en a qui méritent d'être suivis, qui ne laissent pas d'être fous [2].

FES-PA-MO. *Nulle vertu n'est une qualité naturelle ;*
Toute qualité naturelle a Dieu pour premier auteur ;
Donc il y a des qualités qui ont Dieu pour auteur, qui ne sont pas des vertus [3].

FRE-SI-SOM. *Nul malheureux n'est content ;*
Il y a des personnes contentes qui sont pauvres ;
Il y a donc des pauvres qui ne sont pas malheureux [4].

Il est bon d'avertir que l'on exprime ordinairement ces cinq modes en cette façon : *Baralipton, Celantes, Dabitis, Fapesmo, Frisesomorum ;* ce qui est venu de ce qu'Aristote n'ayant pas fait une figure séparée de ces modes, on ne les a regardés que comme des modes indirects de la première

les lévriers. On voit à la première inspection que c'est une forme peu correcte de *Barbara* et qu'on devait conclure tous les lévriers sont des quadrupèdes ; le vrai terme majeur est *quadrupèdes.*

1. La vraie conclusion c'est que *nul mal de cette vie n'est à craindre.* Le grand terme c'est *ce qui est à craindre.* C'est donc une forme boiteuse de *Celarent.* Si on prend l'argument cité pour exemple de ce dernier mode, on verra qu'on peut l'écrire comme celui qu'on vient de lire.

2. Même observation : on ne se demande pas si les gens qui méritent d'être suivis sont des fous, mais s'il y a des fous qui méritent d'être suivis. C'est un syllogisme en *Darii.*

3. Ici les termes sont bien dans la conclusion suivant leurs relations naturelles, mais non pas dans la majeure qui devrait être : aucune qualité naturelle n'est vertu. Le syllogisme est ainsi ramené à *Felapton.* On peut aller plus loin, convertir la mineure A en I, et on revient, d'une manière peu naturelle, il est vrai, à *Ferio.* Le mot *Fapesmo* adopté par l'auteur est défectueux : il faut lire *Fesapo,* S indiquant une conversion simple de la majeure, et P une conversion par accident de la mineure; P doit se trouver après A. Quant à M, il n'y a pas de raison d'y faire figurer cette lettre, qui désigne une transposition.

4. La question est de savoir si quelques pauvres ne sont pas malheureux ; on la résout en réfléchissant qu'il y a des pauvres qui sont contents, et que aucune personne contente n'est malheureuse. On a donc : *nulle personne contente n'est malheureuse, quelques pauvres sont contents, donc quelques pauvres ne sont pas malheureux;* c'est-à-dire un syllogisme de la première figure, *Ferio.*

figure, parce qu'on a prétendu que la conclusion en était renversée, et que l'attribut en était le véritable sujet[1]. C'est pourquoi ceux qui ont suivi cette opinion ont mis pour première proposition celle où le sujet de la conclusion entre, et pour mineure celle où entre l'attribut.

Et ainsi ils ont donné neuf modes à la première figure, quatre directs et cinq indirects, qu'ils ont renfermés dans ces deux vers :

Barbara, Celarent, Darii, Ferio, Baralipton,
Celantes, Dabitis, Fapesmo, Frisesomorum[2].

Et pour les deux autres figures :

Cesare, Camestres, Festino, Baroco, Darapti,
Felapton, Disamis, Datisi, Bocardo, Ferison.

Mais, comme la conclusion étant toujours supposée[3], puisque c'est ce qu'on veut prouver, on ne peut pas dire proprement qu'elle soit jamais renversée, nous avons cru qu'il était plus avantageux de prendre toujours pour majeure la proposition où entre l'attribut de la conclusion : ce qui nous a obligés, pour mettre la majeure la première, de renverser ces mots artificiels. De sorte que, pour mieux les retenir, on peut les renfermer en ce vers :

Barbari, Calentes, Dibatis, Fespamo, Fresisom[4].

1. C'est vrai seulement pour les trois premiers modes. Dans les deux derniers la conclusion est très-naturelle.

2. Quand les mots ont plus de trois syllabes, les trois premières seules comptent.

3. Ce n'est pas absolument vrai. Dans la pensée il arrive parfois que l'on découvre la conclusion en réfléchissant sur les prémisses. La fonction principale du syllogisme est sans doute de prouver la vérité, une fois qu'on l'aperçoit; mais le raisonnement sert aussi à la découvrir. En cela il ne mérite pas tous les reproches de stérilité qu'on lui a souvent adressés.

4. Aristote et ses premiers commentateurs ont ignoré ces mots artificiels, dont l'invention remonte au XIIIe siècle. En même temps que Pierre d'Espagne les composait, le patriarche de Constantinople Blemmidas les imitait dans des mots grecs beaucoup plus imparfaits, non pas parce qu'ils ne rappellent que les trois premières figures, mais parce qu'ils n'indiquent pas la réduction aux quatres modes de la première figure. Voici ces mots, que certains logiciens croient très-anciens, et qui de fait sont postérieurs aux symboles latins :

Γράμματα, Ἔγραφε, Γραφίδι, Τεχνικός.
Ἔγραψε, Κάτεχε, Μέτριον, Ἄχολον.
Ἅπασι, Σθεναρος, Ἰσάκις, Ἀσπίδι, Ὁμαλὸς, Φέριστος.

Récapitulation des diverses espèces de syllogismes.

De tout ce qu'on vient de dire, on peut conclure qu'il y a dix-neuf espèces de syllogismes, qu'on peut diviser en diverses manières:

1° En { Généraux 5, Particuliers 14 }   2° En { Affirmatifs 7. Négatifs 12. }

3° En ceux qui concluent. { A, 1. E, 4. I, 6. O, 8. }

4° Selon les différentes figures, en les subdivisant par les modes; ce qui a déjà été assez fait dans l'explication de chaque figure.

5° Ou, au contraire, selon les modes, en les subdivisant par les figures; ce qui fera encore trouver dix-neuf espèces de syllogismes, parce qu'il y a trois modes, dont chacun ne conclut qu'en une seule figure; six dont chacun conclut en deux figures; et un qui conclut en toutes les quatre[1].

CHAPITRE IX.

Des syllogismes complexes, et comment on peut les réduire aux syllogismes communs, et en juger par les mêmes règles.

Il faut avouer que s'il y en a à qui la logique sert, il y en a beaucoup à qui elle nuit[2]; et il faut reconnaître, en même temps, qu'il n'y en a point à qui elle nuise davantage qu'à ceux qui s'en piquent le plus, et qui affectent avec plus de

1. A A A, A E E, E A O, ne se rencontrent chacun que dans une seule figure; E I O dans toutes les quatre, et les six autres en deux figures.

2. C'est une mauvaise disposition pour traiter d'une science que d'avoir si peu de foi dans son importance. Ce préambule, souvent cité par les adversaires de la logique, a une apparence de raison qui peut séduire. Au fond il n'est que le développement d'une première erreur sur la nature de la logique. Arnauld s'obstine à toujours lui demander des règles, et dédaigne les plus belles vérités spéculatives, parce qu'elles ne contribuent pas à l'*art de penser*. Voir sur la vraie nature des règles du syllogisme, ch. x, page 277, note 1.

vanité de paraître bons logiciens : car cette affectation même étant la marque d'un esprit bas et peu solide, il arrive que, s'attachant plus à l'écorce des règles qu'au bon sens qui en est l'âme, ils se portent facilement à rejeter, comme mauvais, des raisonnements qui sont très-bons, parce qu'ils n'ont pas assez de lumière pour les ajuster aux règles, qui ne servent qu'à les tromper, à cause qu'ils ne les comprennent qu'imparfaitement.

Pour éviter ce défaut qui ressent beaucoup cet air de pédanterie si indigne d'un honnête homme, nous devons plutôt examiner la solidité d'un raisonnement par la lumière naturelle que par les formes ; et un des moyens d'y réussir, quand nous y trouvons quelque difficulté, est d'en faire d'autres semblables en différentes matières ; et lorsqu'il nous paraît clairement qu'il conclut bien, à ne considérer que le bon sens, si nous trouvons en même temps qu'il contienne quelque chose qui ne nous semble pas conforme aux règles, nous devons plutôt croire que c'est faute de bien le démêler, que non pas qu'il y soit contraire en effet.

Mais les raisonnements dont il est plus difficile de bien juger, et où il est plus aisé de se tromper, sont ceux que nous avons déjà dit se pouvoir appeler *complexes*, non pas simplement parce qu'il s'y trouvait des propositions complexes, mais parce que les termes de la conclusion étaient complexes, n'étant pas pris tout entiers dans chacune des prémisses pour être joints avec le moyen, mais seulement une partie de l'un des termes, comme en cet exemple :

Le soleil est une chose insensible ;
Les Perses adoraient le soleil ;
Donc les Perses adoraient une chose insensible [1] ;

où l'on voit que la conclusion ayant pour attribut *adoraient une chose insensible*, on n'en met qu'une partie dans la majeure, savoir : *une chose insensible*, et *adoraient*, dans la mineure.

Or nous ferons deux choses touchant ces sortes de syllo-

1. Pour ce syllogisme et les suivants, il suffit de démêler le sujet et l'attribut et on découvre bien vite qu'ils ne sont pas régulièrement construits, quoique très-justes pour le fond. Ici le sujet est *chose universelle*, l'attribut *adoré par* les Perses, et le moyen *soleil*. C'est un syllogisme de la troisième figure en *Darapti*.

gismes. Nous montrerons, premièrement, comment on peut les réduire aux syllogismes incomplexes dont nous avons parlé jusqu'ici pour en juger par les mêmes règles.

Et nous ferons voir, en second lieu, que l'on peut donner des règles plus générales pour juger tout d'un coup de la bonté ou du vice de ces syllogismes complexes, sans avoir besoin d'aucune réduction.

C'est une chose assez étrange que, quoique l'on fasse peut-être beaucoup plus d'état de la logique qu'on ne devrait, jusqu'à soutenir qu'elle est absolument nécessaire pour acquérir les sciences, on la traite néanmoins avec si peu de soin, que l'on ne dit presque rien de ce qui peut avoir quelque usage; car on se contente d'ordinaire de donner des règles des syllogismes simples; et presque tous les exemples qu'on en apporte sont composés de propositions incomplexes, qui sont si claires, que personne ne s'est jamais avisé de les proposer sérieusement dans aucun discours; car à qui a-t-on jamais ouï faire ces syllogismes : Tout homme est animal, Pierre est homme, donc Pierre est animal?

Mais on se met peu en peine d'appliquer les règles des syllogismes aux arguments dont les propositions sont complexes, quoique cela soit souvent assez difficile, et qu'il y ait plusieurs arguments de cette nature qui paraissent mauvais, et qui sont néanmoins fort bons; et que d'ailleurs l'usage de ces sortes d'arguments soit beaucoup plus fréquent que celui des syllogismes entièrement simples. C'est ce qu'il sera plus aisé de faire voir par des exemples que par des règles.

Exemple I. Nous avons dit, par exemple, que toutes les propositions composées de verbes actifs sont complexes en quelque manière; et de ces propositions on en fait souvent des arguments dont la forme et la force sont difficiles à reconnaître, comme celui-ci, que nous avons déjà proposé en exemple :

La loi divine commande d'honorer les rois ;
Louis XIV est roi ;
Donc la loi divine commande d'honorer Louis XIV.

Quelques personnes peu intelligentes ont accusé ces sortes de syllogismes d'être défectueux, parce que, disaient-elles, ils sont composés de pures affirmatives dans la deuxième figure, ce qui est un défaut essentiel ; mais ces personnes ont bien montré qu'elles consultaient plus la lettre et l'écorce des règles que non pas la lumière de la raison, par laquelle ces règles ont été trouvées ; car cet argument est tellement vrai et concluant que, s'il était contre la règle, ce serait une preuve que la règle serait fausse et non pas que l'argument fût mauvais [1].

Je dis donc, premièrement, que cet argument est bon ; car dans cette proposition, *la loi divine commande d'honorer les rois*, ce mot de *rois* est pris généralement pour tous les rois en particulier, et par conséquent Louis XIV est du nombre de ceux que la loi divine commande d'honorer.

Je dis, en second lieu, que *roi*, qui est le moyen, n'est point attribut dans cette proposition : *la loi divine commande d'honorer les rois*, quoiqu'il soit joint à l'attribut *commande*, ce qui est bien différent ; car ce qui est véritablement attribut est affirmé et convient : or, 1° *roi* n'est point affirmé et ne convient point à la loi de Dieu ; 2° l'attribut est restreint par le sujet : or, le mot de *roi* n'est point restreint dans cette proposition : *la loi divine commande d'honorer les rois*, puisqu'il se prend généralement.

Mais si l'on demande ce qu'il est donc, il est facile de répondre qu'il est sujet d'une autre proposition enveloppée dans celle-là ; car, quand je dis que la loi divine commande d'honorer les rois, comme j'attribue à la loi de commander, j'attribue aussi l'honneur aux rois, car c'est comme si je disais : *la loi divine commande que les rois soient honorés*.

De même, dans cette conclusion : *la loi divine commande d'honorer Louis XIV*, Louis XIV n'est point l'attribut, quoique joint à l'attribut, et il est, au contraire, le sujet de la proposition enveloppée ; car c'est autant que si je disais : *La loi divine commande que Louis XIV soit honoré.*

Ainsi ces propositions étant développées en cette manière :

La loi divine commande que les rois soient honorés ;

1. L'argument est vrai, mais il n'est pas régulier. Arnauld confond sans cesse le raisonnement et le syllogisme. Ce raisonnement est excellent, mais ce syllogisme est incorrect ; l'opération de la pensée est légitime, l'expression est, comme il arrive souvent, irrégulière. Si l'on veut parler avec rigueur, on distinguera le sujet *Louis XIV*, l'attribut *devant être honoré*, et le moyen *roi*. Quant *à la loi divine*, c'est une modification de l'attribut.

Louis XIV est roi ;
Donc la loi divine commande que Louis XIV soit honoré,

il est clair que tout l'argument consiste dans ces propositions :

Les rois doivent être honorés ;
Louis XIV est roi ;
Donc Louis XIV doit être honoré ;

et que cette proposition : *la loi divine commande,* qui paraissait la principale, n'est qu'une proposition incidente à cet argument, qui est jointe à l'affirmation à qui la loi divine sert de preuve.

Il est clair de même que cet argument est de la première figure en *Barbara,* les termes singuliers, comme Louis XIV, passant pour universels, parce qu'ils sont pris dans toute leur étendue, comme nous avons déjà marqué.

Exemple II. Par la même raison, cet argument, qui paraît de la deuxième figure et conforme aux règles de cette figure, ne vaut rien[1]:

Nous devons croire l'Écriture ;
La tradition n'est point l'Écriture ;
Donc nous ne devons point croire la tradition.

Car il doit se réduire à la première, comme s'il y avait :

L'Écriture doit être crue ;
La tradition n'est point l'Écriture ;
Donc la tradition ne doit pas être crue.

Or l'on ne peut rien conclure dans la première figure d'une mineure négative[2].

Exemple III. Il y a d'autres arguments dont les proposi-

1. Il n'y a pas là de syllogisme : dans la première proposition le sujet est *nous*, l'attribut *devant croire l'Écriture;* dans la seconde, le sujet est *la tradition*, l'attribut *l'écriture.* Il y a donc deux moyens termes différents. Ajoutez que le petit terme est *nous*, le grand terme *devant croire la tradition*, et que ce dernier ne figure même pas dans les prémisses.

2. Le vice de ce raisonnement c'est que l'attribut de la majeure est : *quelque chose qu'il faut croire*, et celui de la conclusion : *toutes les choses qu'il faut croire;* on pourrait donc lui donner une forme irréprochable en disant : l'Écriture est tout ce que l'on doit croire. Cette majeure serait fausse, mais le syllogisme deviendrait bon, en dépit de la règle qu'on rappelle.

tions paraissent de pures affirmatives dans la deuxième figure, et qui ne laissent pas d'être fort bons, comme :

Tout bon pasteur est prêt à donner sa vie pour ses brebis ;
Or il y a aujourd'hui peu de pasteurs qui soient prêts à donner leur vie pour leurs brebis ;
Donc il y a aujourd'hui peu de bons pasteurs[1].

Mais ce qui fait que ce raisonnement est bon, c'est qu'on n'y conclut affirmativement qu'en apparence ; car la mineure est une proposition exclusive, qui contient dans le sens cette négative : *Plusieurs des pasteurs d'aujourd'hui ne sont pas prêts à donner leur vie pour leurs brebis ;* et la conclusion aussi se réduit à cette négative : *Plusieurs des pasteurs d'aujourd'hui ne sont pas de bons pasteurs.*

Exemple IV. Voici encore un argument qui, étant de la première figure, paraît avoir la mineure négative, et qui néanmoins est fort bon :

Tous ceux à qui on ne peut ravir ce qu'ils aiment sont hors d'atteinte à leurs ennemis ;
Or, quand un homme n'aime que Dieu, on ne peut lui ravir ce qu'il aime ;
Donc tous ceux qui n'aiment que Dieu sont hors d'atteinte à leurs ennemis.

Ce qui fait que cet argument est fort bon, c'est que la mineure n'est *négative* qu'en apparence, et est en effet *affirmative*.

Car le sujet de la majeure, qui doit être attribut dans la mineure, n'est pas *ceux à qui on peut ravir ce qu'ils aiment*, mais c'est, au contraire, *ceux à qui on ne peut le ravir ;* or c'est ce qu'on affirme de ceux qui n'aiment que Dieu ; de sorte que le sens de la mineure est :

Or tous ceux qui n'aiment que Dieu sont du nombre de ceux à qui on ne peut ravir ce qu'ils aiment ; ce qui est visiblement une proposition affirmative.

1. Il n'y a pas là l'ombre d'un syllogisme. La question est de savoir si peu de pasteurs sont bons. Le moyen est : *ceux qui sont prêts à donner leur vie pour leurs brebis*. Ceux-là sont bons, voilà la majeure ; peu de pasteurs sont ceux-là, voilà la mineure ; donc peu de pasteurs sont bons. C'est un syllogisme de la première figure, en *Darii*, et l'analyse qu'en fait l'auteur ne semble pas très-exacte.

EXEMPLE V. C'est ce qui arrive encore quand la majeure est une proposition exclusive, comme :

Les seuls amis de Dieu sont heureux ;
Or il y a des riches qui ne sont pas amis de Dieu ;
Donc il y a des riches qui ne sont point heureux ;

car la particule *seuls* fait que la première proposition de ce syllogisme vaut ces deux-ci : *Les amis de Dieu sont heureux :* et, *tous les autres hommes qui ne sont point amis de Dieu ne sont point heureux*[1].

Or, comme c'est de cette seconde proposition que dépend la force de ce raisonnement, la mineure, qui semblait négative, devient affirmative, parce que le sujet de la majeure, qui doit être attribut dans la mineure, n'est pas *amis de Dieu,* mais *ceux qui ne sont pas amis de Dieu,* de sorte que tout l'argument doit se prendre ainsi :

Tous ceux qui ne sont point amis de Dieu ne sont pas heureux ;
Or il y a des riches qui sont du nombre de ceux qui ne sont pas amis de Dieu ;
Donc il y a des riches qui ne sont point heureux.

Mais ce qui fait qu'il n'est pas nécessaire d'exprimer la mineure de cette sorte, et qu'on lui laisse l'apparence d'une proposition négative, c'est que c'est la même chose de dire négativement qu'un homme n'est pas ami de Dieu, et de dire affirmativement qu'il est non ami de Dieu, c'est-à-dire du nombre de ceux qui ne sont pas amis de Dieu.

EXEMPLE VI. Il y a beaucoup d'arguments semblables dont toutes les propositions paraissent négatives, et qui néanmoins sont très-bons, parce qu'il y en a une qui n'est négative qu'en apparence, et qui est affirmative en effet, comme nous venons de le faire voir, et comme on verra encore par cet exemple :

1. Ces sortes de syllogismes s'analysent bien plus simplement en donnant à l'attribut la quantité qu'il a dans la pensée; la majeure est : les amis de Dieu sont *tous* les heureux. Voilà pourquoi il est fort bon, tout en étant de la première figure, puisque l'attribut de la majeure est vraiment universel. C'est un argument en A E E, forme condamnée par les logiciens, et qui peut être défectueuse ou concluante. L'explication proposée par Arnauld, outre qu'elle est peu naturelle, a le défaut de faire porter la négation sur l'attribut; il suffirait de la généraliser pour supprimer toutes les propositions négatives.

Ce qui n'a point de parties ne peut périr par la dissolution de ses parties ;

Notre âme n'a point de parties ;

Donc notre âme ne peut périr par la dissolution de ses parties.

Il y a des gens qui apportent ces sortes de syllogismes pour montrer que l'on ne doit pas prétendre que cet axiome de la logique : *On ne conclut rien de pures négatives,* soit vrai généralement et sans distinction [1] ; mais ils n'ont pas pris garde que, dans le sens, la mineure de ce syllogisme et autres semblables est affirmative, parce que le milieu, qui est le sujet de la majeure, en est l'attribut; or le sujet de la majeure n'est pas *ce qui a des parties,* mais *ce qui n'a point de parties;* et ainsi le sens de la mineure est : *notre âme est une chose qui n'a point de parties*, ce qui est une proposition affirmative d'un attribut négatif.

Ces mêmes personnes prouvent encore que les arguments négatifs sont quelquefois concluants, par ces exemples : *Jean n'est pas raisonnable : donc il n'est point homme. Nul animal ne voit : donc nul homme ne voit.* Mais ils devraient considérer que ces exemples ne sont que des enthymèmes, et que nul enthymème ne conclut qu'en vertu d'une proposition sous-entendue, et qui par conséquent doit être dans l'esprit, quoiqu'elle ne soit pas exprimée ; or, dans l'un et l'autre de ces exemples, la proposition sous-entendue est nécessairement affirmative. Dans le premier, celle-ci : *Tout homme est raisonnable : Jean n'est point raisonnable : donc Jean n'est point homme;* et, dans l'autre : *Tout homme est animal : nul animal ne voit : donc nul homme ne voit* [2] *;* or on ne peut pas dire que ces syllogismes soient de pures négatives, et, par conséquent, les enthymèmes, qui ne concluent que parce qu'ils enferment ces syllogismes entiers dans l'esprit de celui qui les fait, ne peuvent être apportés en exemple, pour faire voir qu'il y a quelquefois des arguments de pures négatives qui concluent.

1. C'est certainement la règle la plus essentielle, et elle ne souffre aucune exception.

2. Ces syllogismes sont faux, parce qu'ils ont en réalité quatre termes, le moyen étant pris dans deux acceptions ; il y a équivoque par homonymie.

CHAPITRE X.

Principe général par lequel, sans aucune réduction aux figures et aux modes, on peut juger de la bonté ou du défaut de tout syllogisme.

Nous avons vu comme on peut juger si les arguments complexes sont concluants ou vicieux, en les réduisant à la forme des arguments plus communs, pour en juger ensuite par les règles communes; mais comme il n'y a point d'apparence que notre esprit ait besoin de cette réduction pour faire ce jugement, cela a fait penser qu'il fallait qu'il y eût des règles plus générales, sur lesquelles même les communes fussent appuyées, par où l'on reconnût plus facilement la bonté ou le défaut de toutes sortes de syllogismes; et voici ce qui en est venu dans l'esprit[1].

Lorsqu'on veut prouver une proposition dont la vérité ne paraît pas évidemment, il semble que tout ce qu'on a à faire soit de trouver une proposition plus connue qui confirme celle-là, laquelle, pour cette raison, on peut appeler la proposition *contenante*. Mais, parce qu'elle ne peut pas la contenir expressément et dans les mêmes termes, puisque, si cela était, elle n'en serait point différente, et ainsi elle ne servirait de rien pour la rendre plus claire, il est nécessaire qu'il y ait encore une autre proposition qui fasse voir que celle que

1. Il faut s'entendre sur le sens de ces mots : *règles du syllogisme*. Si l'on veut désigner par là des procédés à suivre pour raisonner avec justesse, l'inutilité radicale n'en est pas douteuse, et le dédain de Port-Royal s'explique, « car elles sont certainement plus difficiles à comprendre que les difficultés qu'elles sont destinées à éclaircir. » (Destutt de Tracy, *Logique*, p. 26.) Mais si elles expriment avec justesse les conditions d'un acte intellectuel important, si elles en résument l'analyse, ce sont de véritables lois de la pensée, dont la connaissance intéresse l'être qui pense. C'est de cette manière qu'il faut les entendre. Voilà pourquoi on peut ne pas attacher une grande importance aux essais nombreux qui ont été tentés pour les réduire, et dont on voit un exemple dans ce chapitre. L'ambition de ceux qui s'y livrent est de trouver une maxime, une sorte de formule qu'ils puissent appliquer à tout raisonnement, et qui par sa vertu mette en plein jour les défauts et les erreurs les plus cachées. Cette recette d'infaillibilité doit être reléguée parmi les chimères. Mais on peut se demander si les lois secondaires, dont on a lu l'expression au chapitre III, ne se résument pas en un petit nombre de lois plus générales. Nous avons déjà avancé qu'on pouvait les restreindre à trois propositions. On verra à la fin de ce chapitre que beaucoup de logiciens les ont ramenées à l'unité.

nous avons appelée *contenante* contient en effet celle que l'on veut prouver; et celle-là peut s'appeler *applicative*[1].

Dans les syllogismes affirmatifs, il est souvent indifférent laquelle des deux on appelle *contenante*, parce qu'elles contiennent toutes deux, en quelque sorte, la conclusion, et qu'elles servent mutuellement à faire voir que l'autre la contient.

Par exemple, si je doute si un homme vicieux est malheureux, et que je raisonne ainsi :

Tout esclave de ses passions est malheureux ;
Tout vicieux est esclave de ses passions ;
Donc tout vicieux est malheureux,

quelque proposition que vous preniez, vous pourrez dire qu'elle contient la conclusion, et que l'autre le fait voir; car la majeure la contient, parce qu'*esclave de ses passions* contient sous soi *vicieux ;* c'est-à-dire que *vicieux* est renfermé dans son étendue, et est un de ses sujets, comme la mineure le fait voir; et la mineure la contient aussi, parce qu'*esclave de ses passions* comprend dans son idée celle de malheureux, comme la majeure le fait voir[2].

1. On comprend bien qu'une proposition universelle contienne une proposition particulière, ayant même sujet et même attribut : *quelques hommes sont mortels*, voilà une assertion contenue dans celle-ci : *tous les hommes sont mortels*. Mais il est peu exact de dire que l'une des deux prémisses contienne une conclusion dont le sujet ou l'attribut sont différents. De plus, toutes les propositions universelles où l'attribut est affirmé ou nié de tout le sujet sont logiquement égales en universalité, en tant que propositions; et quant aux particulières, elles ne sont pas comparables, puisque le sujet en est d'une quantité indéfinie. On ne peut dire que des propositions égales en quantité, ou de quantité indéterminée, soient contenues l'une dans l'autre. Ces expressions conviennent mieux aux termes. Dans beaucoup de syllogismes le moyen est contenu dans l'extension du majeur, et le mineur dans celle du moyen. Aussi Buffier et après lui Euler ont-ils présenté comme principe du raisonnement cette proposition : « Ce qui est dans le contenu est dans le contenant, » formule plus exacte que celle qu'on vient de lire. Mais encore il arrive que le moyen terme soit égal à l'un des deux autres en extension, ou même à tous deux : *tout être libre de faire le mal est responsable, l'homme est libre de faire le mal, l'homme est responsable.* L'extension de ces trois termes, leur sphère, comme disent les logiciens, est tout à fait égale. Euler, qui a figuré les modes du syllogisme en les représentant sous les formes de cercles intérieurs, sécants, ou extérieurs, ne pourrait donner le symbole de celui-là; car le domaine de la liberté (telle qu'on l'attribue à l'homme), celui de la responsabilité, et celui de l'humanité coïncident.

2. C'est vrai pour cet exemple; mais on voit que l'auteur s'appuie sur les relations de termes, et non sur celles des propositions. Il faut noter en passant qu'il ne tient compte que de l'extension des termes. Si on en considère la compré-

Néanmoins, comme la majeure est presque toujours plus générale, on la regarde d'ordinaire comme la proposition contenante, et la mineure comme applicative[1].

Pour les syllogismes négatifs, comme il n'y a qu'une proposition négative, et que la négation n'est proprement enfermée que dans la négation, il semble qu'on doive toujours prendre la proposition négative pour la contenante, et l'affirmative pour l'applicative seulement, soit que la négative soit la majeure, comme en *Celarent, Ferio, Cesare, Festino*; soit que ce soit la mineure, comme en *Camestres* et *Baroco*.

Car si je prouve par cet argument que nul avare n'est heureux,

Tout heureux est content ;
Nul avare n'est content ;
Donc nul avare n'est heureux,

il est plus naturel de dire que la mineure, qui est négative, contient la conclusion, qui est aussi négative; et que la majeure est pour montrer qu'elle la contient : car cette mineure, *nul avare n'est content,* séparant totalement *content* d'avec *avare*, en sépare aussi *heureux*, puisque, selon la majeure, *heureux* est totalement enfermé dans l'étendue de *content*[2].

Il n'est pas difficile de montrer que toutes les règles que nous avons données ne servent qu'à faire voir que la conclusion est contenue dans l'une des premières propositions, et que l'autre le fait voir; et que les arguments ne sont vicieux

hension, c'est la conclusion qui contient la majeure : ainsi dans le syllogisme cité ci-après, *vicieux* contient l'attribut *esclave de ses passions*, lequel contient à son tour *malheureux*. C'est le petit terme qui a le plus de compréhension, chaque fois qu'il mérite ce nom, et qu'il a le moins d'extension. Mais on voit que ces dénominations n'ont rien d'absolu, les trois termes pouvant être égaux en extension et en compréhension.

1. Des règles ne peuvent être acceptées en cette matière, si elles ne s'appliquent que « presque toujours. »

2. C'est encore substituer les relations des termes à celles des propositions. C'est à peu près le principe des modes négatifs tel qu'Euler l'a énoncé : « Tout ce qui est hors du contenant est hors du contenu. » *Avare* est hors du contenant *content* et par suite de son contenu *heureux*. Ici donc c'est le moyen qui contient le grand terme; et comme le petit terme est hors du moyen, il est hors du grand terme. Si on choisit un syllogisme de la première figure : *nul être créé n'est parfait, tout homme est créé, nul homme n'est parfait,* c'est au contraire le petit terme qui est contenu dans le moyen, lequel est séparé du majeur.

que quand on manque à observer cela, et qu'ils sont toujours bons quand on l'observe[1]. Car toutes ces règles se réduisent à deux principales, qui sont le fondement des autres[2] : l'une, *que nul terme ne peut être plus général dans la conclusion que dans les prémisses;* or, cela dépend visiblement de ce principe général, *que les prémisses doivent contenir la conclusion:* ce qui ne pourrait pas être si, le même terme étant dans les prémisses et dans la conclusion, il avait moins d'étendue dans les prémisses que dans la conclusion ; car le moins général ne contient pas le plus général, *quelque homme* ne contient pas *tout homme*[3].

L'autre règle générale est, *que le moyen doit être pris au moins une fois universellement;* ce qui dépend encore de ce principe que *la conclusion doit être contenue dans les prémisses.* Car, supposons que nous ayons à prouver *que quelque ami de Dieu est pauvre,* et que nous nous servions pour cela de cette proposition, *quelque saint est pauvre,* je dis qu'on ne verra jamais évidemment que cette proposition contient la conclusion que par une autre proposition où le moyen, qui est *saint,* soit pris universellement ; car, il est visible qu'afin que cette proposition, *quelque saint est pauvre,* contienne la conclusion, *quelque ami de Dieu est pauvre,* il faut et il suffit que le terme *quelque saint* contienne le terme *quelque ami de Dieu,* puisque pour l'autre elles l'ont commun. Or un terme particulier n'a point d'étendue déterminée[4]; il ne contient

1. C'est là ce que quelques logiciens appellent pompeusement « les règles des modernes. » Le sens exact de ces mots, c'est que dans tout raisonnement la conclusion doit être tirée des prémisses, et que le syllogisme explicite doit le montrer. C'est une vérité que nul logicien n'a ignorée, et Arnauld n'a sans doute pas la prétention de l'avoir découverte. Aristote l'exprime dans sa définition : « Le syllogisme est une énonciation, dans laquelle certaines propositions étant posées, on en conclut nécessairement quelque autre proposition différente de celles-là, *par cela seul qu'elles sont posées.* » *Premiers analytiques,* I, 1, 8. Vouloir réduire toutes les règles à ce prétendu principe, c'est les ramener à une définition, et dire que le syllogisme sera défectueux, toutes les fois qu'il n'y aura pas de syllogisme.

2. S'il n'y a que ces deux règles, pourquoi les remplacer par deux autres moins précises? Mais ces deux règles elles-mêmes sont choisies arbitrairement; la seconde a bien plus d'importance que la première; et elles ne dispensent pas de toutes les autres.

3. La remarque est très-juste : pour éviter ce défaut, il est bon de donner à chaque terme des propositions, même à l'attribut, la quantité qu'il a dans la pensée.

4. Aristote ne distinguait que deux quantités des termes, l'une qu'il appelait définie, et l'autre indéfinie.

certainement que ce qu'il enferme dans sa compréhension et dans son idée.

Et par conséquent, afin que le terme *quelque saint* contienne le terme *quelque ami de Dieu*, il faut qu'*ami de Dieu* soit contenu dans la compréhension de l'idée de *saint*.

Or, tout ce qui est contenu dans la compréhension d'une idée en peut être universellement affirmé; tout ce qui est enfermé dans la compréhension de l'idée de *triangle* peut être affirmé de *tout triangle;* tout ce qui est enfermé dans l'idée d'*homme* peut être affirmé de *tout homme*[1], et, par conséquent, afin qu'*ami de Dieu* soit enfermé dans l'idée de *saint*, il faut que *tout saint soit ami de Dieu;* d'où il s'ensuit que cette conclusion, *quelque ami de Dieu est pauvre*, ne peut être contenue dans cette proposition, *quelque saint est pauvre*, où le moyen *saint* est pris particulièrement, qu'en vertu d'une proposition où il soit pris universellement, puisqu'elle doit faire voir qu'un *ami de Dieu* est contenu dans la compréhension de l'idée de *saint;* c'est ce qu'on ne peut montrer qu'en affirmant *ami de Dieu* de *saint* pris universellement, *tout saint est ami de Dieu*[2], et par conséquent nulle des prémisses ne contiendrait la conclusion, si le moyen étant pris particulièrement dans l'une des propositions, il n'était pris universellement dans l'autre, ce qu'il fallait démontrer[3].

1. Cela est évident par l'origine même des notions générales : l'esprit ne met sous cette idée, triangle, et ne désigne sous ce nom que des caractères communs à tous les triangles, et qu'on en peut indistinctement affirmer.

2. La démonstration est exacte, mais compliquée. Ce sont des efforts perdus, et une manière peu louable de simplifier. L'usage de la règle qu'on prétend réduire à une autre serait bien plus commode, et en somme on prouve plutôt que l'autre en dépend, et y est comme subordonnée. De plus, on n'indique pas la méthode qui peut nous faire reconnaître quand les prémisses contiennent la conclusion; et pour le découvrir on voit par l'exemple même de l'auteur qu'il faut recourir aux règles elles-mêmes. Pour la critique de ce chapitre, voir Seguy, *Philosophia ad usum scholarum accommodata*, I, 175; Larroque, *Éléments*, p. 202. *La Logique à l'usage du diocèse de Lyon* adopte au contraire cette règle, « *optima est recentiorum regula.* »

3. Beaucoup de logiciens ont essayé de réduire les règles à un seul principe très-général. Deux choses qui sont les mêmes avec une même troisième, sont les mêmes entre elles (Aristote, Leibnitz, etc.). — Si deux choses sont identiques avec une même troisième, elles sont dans la même mesure identiques entre elles; mais si l'une est, et l'autre n'est pas identique avec la troisième, elles sont mutuellement opposées (Reimarus). — La règle universelle de tous les syllogismes, c'est qu'ils doivent faire connaître la *raison suffisante* d'une proposition donnée (Waldin). — La loi suprême de tout syllogisme, c'est que, ce que nous ne

CHAPITRE XI.

Application de ce principe général à plusieurs syllogismes qui paraissent embarrassés.

Sachant donc, par ce que nous avons dit dans la seconde partie, ce que c'est que l'étendue et la compréhension des termes, par où l'on peut juger quand une proposition en contient ou n'en contient pas une autre, on peut juger de la bonté ou du défaut de tout syllogisme, sans considérer s'il est simple ou composé, complexe ou incomplexe, sans prendre garde aux figures ni aux modes, par ce seul principe général : *que l'une des deux propositions doit contenir la conclusion*, et *l'autre faire voir qu'elle la contient* : c'est ce qui se comprendra mieux par des exemples.

pouvons penser autrement que comme vrai, est vrai; et ce que nous ne pouvons absolument pas penser, ou ne penser que comme faux, est faux (Crusius). — Les choses qui conviennent ou disconviennent à une troisième, conviennent ou disconviennent entre elles (Suter). — « Nota notæ est nota rei ipsius; repugnans notæ, repugnat rei ipsi (les scolastiques). Quicquid prædicatur de omni, idem etiam de aliquo; quicquid prædicatur de nullo, id nec de aliquo prædicatur. » (Ce sont les principes connus dans l'École sous le nom de *dictum de omni*, et *dictum de nullo*; en réalité ils ne sont applicables qu'à la première figure.) — Si une première chose en contient une seconde, dans laquelle une troisième est comprise, la première comprend la troisième (Buffier : comparer Euler). — A tous ces principes qui sont vrais en eux-mêmes, mais qui ne peuvent être la loi du syllogisme, parce qu'ils ne s'appliquent pas à tous les cas, il vaut mieux substituer avec Kant cette maxime : ce qui dépend de la condition d'une règle, dépend aussi de la règle elle-même. Mais Hamilton a exprimé une règle universelle, pour tous les syllogismes, qui dépasse en netteté et en précision toutes les autres. Ce n'est pas un principe abstrait ; c'est la condition même de tout syllogisme. Pour l'entendre, il faut savoir que les relations des termes extrêmes entre eux dépendent de leurs relations avec le moyen terme. Or, à ne considérer que la quantité des termes, on peut affirmer : 1° un tout d'un autre tout ; 2° un tout d'une partie ; 3° une partie d'un tout ; 4° une partie d'une autre partie. De même pour la négation on peut : 5° nier une partie d'une autre partie ; 6° une partie d'un tout ; 7° un tout d'une partie ; 8° un tout d'un autre tout. Ces huit relations dans l'ordre où l'on vient de les énumérer forment une série décroissante, de la première où il y a affirmation totale, jusqu'à la dernière où il y a négation absolue. Appelons, pour abréger, la première *la plus forte*, et la dernière *la plus faible*. On aura cette règle, applicable à tous les cas, remplaçant à la rigueur toutes les autres, suppléant à leurs lacunes, corrigeant leurs défauts : « La relation *la plus faible* qui existe entre l'un ou l'autre de deux termes et un même troisième, duquel l'un au moins est affirmé, subsiste entre ces deux termes eux-mêmes. » Quant au principe qui fait la certitude du syllogisme, c'est celui qu'on appelle principe d'identité ou de contradiction, proposition identique, qui ne fait qu'exprimer l'impossibilité où est l'esprit de se contredire en le sachant : le même est le même ; ce qui est, est ; A est A.

Exemple I. Je doute si ce raisonnement est bon :

Le devoir d'un chrétien est de ne point louer ceux qui commettent des actions criminelles ;

Or, ceux qui se battent en duel commettent une action criminelle ;

Donc le devoir d'un chrétien est de ne point louer ceux qui se battent en duel.

Je n'ai que faire de me mettre en peine pour savoir à quelle figure ni à quel mode on peut le réduire[1] ; mais il me suffit de considérer si la conclusion est contenue dans l'une des deux premières propositions, et si l'autre le fait voir, et je trouve d'abord que la première n'ayant rien de différent de la conclusion, sinon qu'il y a en l'une *ceux qui commettent des actions criminelles,* et en l'autre, *ceux qui se battent en duel,* celle où il y a, *commettre des actions criminelles* contiendra celle où il y a *se battre en duel,* pourvu que *commettre des actions criminelles* contienne *se battre en duel.*

Or, il est visible, par le sens, que le terme de *ceux qui commettent des actions criminelles* est pris universellement, et que cela s'entend de tous ceux qui en commettent, quelles qu'elles soient : et ainsi la mineure, *ceux qui se battent en duel commettent une action criminelle,* faisant voir que *se battre en duel* est contenu sous ce terme de *commettre des actions criminelles,* elle fait voir aussi que la première proposition contient la conclusion.

Exemple II. Je doute si ce raisonnement est bon :

L'Évangile promet le salut aux chrétiens ;
Il y a des méchants qui sont chrétiens ;
Donc l'Évangile promet le salut à des méchants.

Pour en juger, je n'ai qu'à regarder que la majeure ne peut contenir la conclusion, si le mot de *chrétiens* n'y est pris

1. C'est peine perdue, en effet, pour en apprécier la vérité ; mais non pas pour vérifier les lois du raisonnement. Si l'on veut simplement s'assurer de la valeur de la pensée, il ne faut pas recourir à la règle proposée : il suffit d'ajouter à la conclusion le moyen terme, en l'y rattachant par les mots *parce que,* et l'on voit tout de suite si l'on a bien ou mal raisonné. On le voit parce que c'est évident : le devoir d'un chrétien est de ne point louer ceux qui se battraient en duel, *parce qu'ils* commettent une action criminelle, ou *parce que* le duel est un acte criminel. Le raisonnement qu'on vient de lire n'est pas même construit en syllogisme.

généralement pour *tous les chrétiens*, et non pour *quelques chrétiens* seulement ; car, si l'Évangile ne promet le salut qu'à quelques chrétiens, il ne s'ensuit pas qu'il le promette à des méchants qui seraient chrétiens, parce que ces méchants peuvent n'être pas du nombre de ces chrétiens auxquels l'Évangile promet le salut ; c'est pourquoi ce raisonnement conclut bien, mais la majeure est fausse, si le mot de *chrétiens* se prend dans la majeure pour *tous les chrétiens ;* et il conclut mal, s'il ne se prend que pour *quelques chrétiens ;* car alors la première proposition ne contiendrait point la conclusion[1].

Mais, pour savoir s'il doit se prendre universellement, cela doit se juger par une autre règle que nous avons donnée dans la seconde partie[2], qui est que, *hors les faits, ce dont on affirme est pris universellement quand il est exprimé indéfiniment :* car, quoique *ceux qui commettent des actions criminelles* dans le premier exemple, et *chrétiens*, dans le deuxième, soient partie d'un attribut, ils tiennent lieu néanmoins de sujet au regard de l'autre partie du même attribut ; car ils sont ce dont on affirme, qu'on ne doit pas les louer, ou qu'on leur promet le salut : et par conséquent, n'étant point restreints, ils doivent être pris universellement, et ainsi, l'un et l'autre argument est bon dans la forme ; mais la majeure du second est fausse, si ce n'est qu'on entendît par le mot de *chrétiens*, ceux qui vivent conformément à l'Évangile, auquel cas la mineure serait fausse, parce qu'il n'y a point de méchants qui vivent conformément à l'Évangile.

Exemple III. Il est aisé de voir, par le même principe, que ce raisonnement ne vaut rien :

La loi divine commande d'obéir aux magistrats séculiers ;
Les évêques ne sont point des magistrats séculiers ;
Donc la loi divine ne commande point d'obéir aux évêques.

1. N'est-il pas plus simple de marquer que le moyen terme *chrétiens* est pris deux fois particulièrement? L'Évangile promet le salut à *quelques* chrétiens, quelques méchants sont *quelques* chrétiens. Il y a quatre termes.

2. Chapitre XIII. Il est bon de ne pas prendre cette règle au pied de la lettre, surtout dans son application à la majeure de ce raisonnement. Cette proposition a un sens très-clair, et on n'y parle que de ceux qui sont réellement chrétiens. La seconde est vraie comme la première, quoi qu'en dise Arnauld ; mais de deux propositions vraies on peut conclure une erreur ; il suffit qu'on ait mal raisonné ; il y a ici défaut en la forme et non en la matière.

Car nulle des premières propositions ne contient la conclusion, puisqu'il ne s'ensuit pas que la loi divine, commandant une chose, n'en commande pas une autre; et ainsi, la mineure fait bien voir que les *évêques* ne sont pas compris sous le nom de *magistrats séculiers*, et que le commandement d'honorer les magistrats séculiers ne comprend point les évêques ; mais la majeure ne dit pas que Dieu n'ait fait d'autre commandements que celui-là[1], comme il faudrait qu'elle fît pour enfermer la conclusion en vertu de cette mineure : ce qui fait que cet autre argument est bon :

Exemple IV. *Le christianisme n'oblige les serviteurs de servir leurs maîtres que dans les choses qui ne sont point contre la loi de Dieu ;*

Or un mauvais commerce est contre la loi de Dieu ;

Donc le christianisme n'oblige point les serviteurs de servir leurs maîtres dans un mauvais commerce.

Car la majeure contient la conclusion, puisque la mineure, *mauvais commerce*, est contenue dans le nombre des choses qui sont contre la loi de Dieu, et que la majeure, étant exclusive, vaut autant que si on disait : *La loi divine n'oblige point les serviteurs de servir leurs maîtres dans toutes les choses qui sont contre la loi de Dieu.*

Exemple V. On peut résoudre facilement ce sophisme commun par ce seul principe :

Celui qui dit que vous êtes un animal dit vrai[2] *;*

Celui qui dit que vous êtes un oison dit que vous êtes un animal ;

Donc celui qui dit que vous êtes un oison dit vrai.

1. Trois termes, *évêques, ceux à qui la loi*, etc., et *magistrats séculiers* : le raisonnement sera bon dans la forme, et mauvais dans la matière, ou au contraire mauvais dans la forme, et bon suivant la matière, selon la quantité que l'on assignera à l'attribut, *ceux à qui la loi*, etc. Si l'on dit : les magistrats séculiers sont *tous* ceux à qui la loi commande d'obéir, on conclura régulièrement que les évêques ne sont nuls de ceux-là. Si on pose que les magistrats sont *quelques-uns* de ceux à qui, etc.; on commettra une faute grossière en concluant que les évêques ne sont *nuls* de ceux-là.

2. Est-il besoin de ce principe pour résoudre cette ineptie? Et est-ce là l'usage des règles du syllogisme? Ne voit-on pas du premier coup que le terme moyen *animal* est distribué en deux de ses espèces, l'homme et l'oison, et qu'il n'y a pas l'apparence d'un raisonnement?

Car il suffit de dire que nulle de ces deux premières propositions ne contient la conclusion; puisque, si la majeure la contenait, n'étant différente de la conclusion qu'en ce qu'il y a *animal* dans la majeure, *oison* dans la conclusion, il faudrait qu'*animal* contînt *oison;* mais *animal* est pris particulièrement dans cette majeure, puisqu'il est attribut de cette proposition incidente affirmative, *vous êtes un animal ;* et par conséquent il ne pourrait contenir *oison* que dans sa compréhension ; ce qui obligerait, pour le faire voir, de prendre le mot d'*animal* universellement dans la mineure, en affirmant *oison* de tout animal : ce qu'on ne peut faire, et ce qu'on ne fait pas aussi, puisque *animal* est encore pris particulièrement dans la mineure, étant encore, aussi bien que dans la majeure, l'attribut de cette proposition affirmative incidente *vous êtes un animal.*

Exemple VI. On peut encore résoudre par là cet ancien sophisme, qui est rapporté par saint Augustin :

Vous n'êtes pas ce que je suis ;
Je suis homme ;
Donc vous n'êtes pas homme.

Cet argument ne vaut rien par les règles des figures, parce qu'il est de la première, et que la première proposition, qui en est la mineure, est négative : mais il suffit de dire que la conclusion n'est point contenue dans la première de ces propositions, et que l'autre proposition, *je suis homme,* ne fait point voir qu'elle y soit contenue ; car la conclusion étant négative, le terme d'homme y est pris universellement, et ainsi n'est point contenu dans le terme *ce que je suis,* parce que celui qui parle ainsi n'est pas *tout homme, mais seulement quelque homme,* comme il paraît en ce qu'il dit seulement dans la proposition applicative, *je suis homme,* où le terme d'homme est restreint à une signification particulière parce qu'il est attribut d'une proposition affirmative : or, le général n'est pas contenu dans le particulier.

CHAPITRE XII.

Des syllogismes conjonctifs.

Les syllogismes conjonctifs ne sont pas tous ceux dont les propositions sont conjonctives ou composées, mais ceux dont la majeure est tellement composée qu'elle enferme toute la conclusion : on peut les réduire à trois genres, *les conditionnels, les disjonctifs* et *les copulatifs*[1].

Des syllogismes conditionnels.

Les syllogismes conditionnels sont ceux où la majeure est une proposition conditionnelle, qui contient toute la conclusion[2], comme[3] :

S'il y a un Dieu, il faut l'aimer ;
Or il y a un Dieu ;
Donc il faut l'aimer.

1. La nomenclature des syllogismes, telle qu'on la présente ici, manque d'exactitude. Il est impossible d'admettre que les syllogismes *disjonctifs* soient une espèce de ceux qu'on appelle *conjonctifs*, puisque les deux mots s'opposent; on ne voit pas non plus quelle différence on mettra entre le genre, *conjonctif*, et une espèce, *copulatif*. Les anciens logiciens divisent ordinairement les syllogismes en deux classes, les *catégoriques* et les *hypothétiques*, et attribuent cette distinction à Aristote; mais elle appartient à ses commentateurs, Théophraste et Eudème. Aristote désigne par κατηγορικός le syllogisme affirmatif et non pas celui qu'on appelle simple; et quand aux Συλλογισμοὶ ἐξ ὑποθέσεως dont il parle, ce sont des syllogismes dont la conclusion n'a de force que grâce à une convention, ἐξ ὁμολογίας, et qui n'ont peut-être rien de commun avec les fameux syllogismes hypothétiques, dont la théorie est restée le tourment des logiciens. En adoptant avec une légère modification la division de Port-Royal, on distinguera les syllogismes *simples*, qui peuvent être *incomplexes* ou *complexes*; et les syllogismes *composés*, qui se divisent en *conditionnels* ou *hypothétiques*, *disjonctifs*, et *copulatifs* ou *conjonctifs*.

2. La théorie des syllogismes hypothétiques ne se trouve pas dans l'*Organon* d'Aristote, qui ajoute pourtant, après avoir distingué les syllogismes concluant par convention, et ceux qui concluent δεικτικῶς, qu'on appelle dans l'école *ostensifs*, « qu'il y a beaucoup d'autres syllogismes concluant par hypothèse, » et il promet de les discuter. La tradition veut même qu'il ait tenu sa promesse, et que son ouvrage ait été perdu. Ses commentateurs y ont suppléé d'une manière imparfaite, et, même après les travaux modernes, cette partie de la logique est restée très-obscure.

3. La déduction consiste à découvrir ou à démontrer un rapport entre deux notions en les comparant à une troisième. Voilà ce qu'il y a d'essentiel dans cette

La majeure a deux parties : la première s'appelle l'antécédent, *s'il y a un Dieu;* la deuxième, le conséquent, *il faut l'aimer* [1].

Ce syllogisme peut être de deux sortes, parce que de la même majeure on peut former deux conclusions.

La première est, quand, ayant affirmé le conséquent dans la majeure, on affirme l'antécédent dans la mineure, selon

opération. Les syllogismes composés sont-ils, comme les autres, l'expression du raisonnement ? Alors on pourra y retrouver les deux notions, et celle à laquelle on les compare, et malgré des différences extérieures qui peuvent s'expliquer, ils devront présenter à l'analyse les mêmes éléments que les syllogismes simples. Sinon il sera prouvé ou que l'on se fait depuis Aristote une idée fausse de la déduction, ou que cette idée restant exacte, l'esprit est capable d'effectuer une autre opération, dont les syllogismes composés sont l'expression. Nous croyons que la déduction est bien définie, qu'il n'y a aucune autre opération du même genre qui soit restée inconnue aux logiciens et aux psychologues, et que les syllogismes conditionnels et autres du même genre ne diffèrent en rien d'essentiel des autres. Nous tâcherons de le montrer en analysant chacun des exemples proposés.

1. Tout syllogisme simple ou complexe peut s'énoncer sous la forme conditionnelle. Prenons l'exemple le plus banal : Tous les animaux sont mortels, les hommes sont des animaux, les hommes sont mortels. Rien n'empêche de l'écrire ainsi : Si les hommes sont des animaux, ils sont mortels ; or ils sont des animaux, donc ils sont mortels. La mineure et la conclusion n'ont pas varié ; la majeure seule a changé. On y distingue deux propositions : la mineure : *les hommes sont des animaux*, et la conclusion : *ils sont mortels;* et ces deux propositions sont énoncées de manière à faire voir que, si la première est vraie, la seconde en suit nécessairement. Cette majeure est à elle seule un véritable enthymème, qui énonce que les trois termes animaux, hommes, mortels, peuvent former un syllogisme : tous les hommes sont mortels, *parce que* tous sont des animaux ; ce qui suppose dans l'esprit cette notion antérieure : *tous les animaux sont mortels*. La majeure d'un syllogisme ainsi construit est donc à elle seule l'expression elliptique de tout un raisonnement. Mais alors, dira-t-on, pourquoi est-elle suivie d'une mineure et d'une conclusion ? C'est qu'elle déclare seulement le rapport comme possible, et non comme réel ; c'est, pour parler la langue d'Aristote, le raisonnement en puissance, tandis que ces deux autres expriment le raisonnement en acte. Désignons l'attribut, le sujet et le moyen par A, S, M. La majeure dit : si S est M, S est A, ce qui n'a de sens qu'à condition que M soit A. Voici donc tout le raisonnement : Si S est M, et que M soit A, S est A. Le raisonnement est donc possible ; on ajoute que S est M, et que par conséquent S est A, ce qui est le raisonnement en acte. Il y a donc là deux enthymèmes, la majeure étant supposée de part et d'autre. L'un dit : Les hommes sont mortels, s'ils sont des animaux ; c'est le mode *possible* ; l'autre : Les hommes sont mortels parce qu'ils sont des animaux ; c'est le mode *actuel*. D'où nous tirons cette loi générale : tout syllogisme hypothétique enferme deux raisonnements dont la majeure est sous-entendue ; le premier énonce simplement les conditions de la déduction, ce qui la rendra possible ; le second la déduction elle-même. De là vient qu'on peut toujours transformer un raisonnement catégorique en raisonnement hypothétique et réciproquement. Car si ce raisonnement est fait, il est possible ; et s'il est possible et connu comme tel, il est fait mentalement.

cette règle : *en posant l'antécédent, on pose le conséquent*[1].

Si la matière ne peut se mouvoir d'elle-même, il faut que le premier mouvement lui ait été donné de Dieu ;

Or la matière ne peut se mouvoir d'elle-même ;

Il faut donc que le premier mouvement lui ait été donné de Dieu[2].

La deuxième sorte est, quand on ôte le conséquent pour ôter l'antécédent, selon cette règle : *ôtant le conséquent, on ôte l'antécédent*[3].

1. Appliquons le principe énoncé dans la note précédente, et analysons ce raisonnement : on se demande si Dieu est ce qu'il faut aimer. Le raisonnement est-il possible? La majeure le déclare, en disant que si Dieu est un être, il est ce qu'il faut aimer. Puis le raisonnement s'effectue et on affirme que Dieu est un certain être, et que par suite il est ce qu'il faut aimer. La conclusion, qu'on la donne comme possible ou comme une assertion, suppose dans les deux cas cette majeure implicite : que *certain* être est ce qu'il faut aimer. Toute la validité du raisonnement dépend de cette majeure, et de l'idée qu'on se fait de ce *certain* être; car ce n'est pas *tout* être ; autrement la majeure pourrait servir à n'importe quelle conclusion : tout ce qui existe est digne d'amour, donc le vice est digne d'amour. Mais on entend ici l'existence déterminée à un être parfait, créateur, intelligent, souverainement bon. Si toutes ces idées n'étaient pas implicitement contenues dans l'idée d'existence, on ne verrait pas pourquoi il faut aimer Dieu, parce qu'il existe. Il faut sans cesse en revenir à ce principe, qu'on n'analyse bien un raisonnement qu'en exprimant ce qui souvent dans le langage reste elliptique. Le terme moyen est ici un terme singulier : une existence déterminée, personnelle, celle que nous appelons la perfection : ce qui a *cette* existence est digne d'amour, Dieu est ce qui a *cette* existence, Dieu est digne d'amour. Les lois de la déduction se trouvent donc confirmées, et on a en réalité un syllogisme de la première figure en *Barbara*.

2. Le syllogisme régulier, en abrégeant, peut se construire ainsi : Ce qui ne peut se mouvoir de soi-même est mû par Dieu ; la matière est ce qui ne peut se mouvoir de soi-même ; donc elle est mue par Dieu. Ce n'est pas à dire qu'entre ce syllogisme et celui du texte il n'y ait pas de différence. Comme on l'a déjà dit, le dernier enferme deux actes de la pensée, l'un qui s'assure de la possibilité du raisonnement, l'autre qui l'effectue. Cette différence est plus apparente que réelle, et elle tient au langage plus qu'à la pensée. La matière, dit-on, d'abord, est mue par Dieu, si elle n'est mue d'elle-même : c'est la condition du problème; c'est une convention préalable, et par là on peut voir qu'il n'y a peut-être pas entre ces syllogismes et ceux que l'on appelle dans l'école, d'après Aristote, *per confessionem, per consensum* ou *per conventionem,* autant de différence qu'Hamilton le soutient.

3. Les deux propositions n'ont rien d'affirmatif ni de négatif; leur qualité est purement indéterminée ; mais si on détermine celle de l'une, celle de l'autre le sera du même coup. Voilà pourquoi il y aura toujours deux conclusions possibles; suivant que la mineure sera négative ou affirmative, la conclusion affirmera ou niera. C'est encore une preuve de cette vérité que la majeure de ces sortes de syllogismes exprime la possibilité d'un raisonnement, et que les deux autres propositions l'effectuent. La mutuelle dépendance de deux propositions peut être marquée sans affirmation ni négation. S'il y a un Dieu, il faut l'aimer ; s'il n'y a pas de

Si quelqu'un des élus périt, Dieu se trompe;
Mais Dieu ne se trompe point;
Donc aucun des élus ne périt [1].

C'est le raisonnement de saint Augustin : *Horum si quisquam perit, fallitur Deus : sed nemo eorum perit, quia non fallitur Deus.*

Les arguments conditionnels sont vicieux en deux manières : l'une est, quand la majeure est une conditionnelle déraisonnable, et dont la conséquence est contre les règles, comme si je concluais le général du particulier, en disant : Si nous nous trompons en quelque chose, nous nous trompons en tout.

Mais cette fausseté dans la majeure de ces syllogismes en regarde plutôt la matière que la forme [2]; ainsi, on ne les con-

Dieu, il ne faut pas l'aimer : voilà le raisonnement possible; mais la mineure se prononce. Aussi est-il important que cette mutuelle dépendance soit bien marquée, autrement le raisonnement pourrait facilement devenir vicieux : si l'hippogriffe existe, l'animal existe; or l'hippogriffe n'existe pas; donc l'animal n'existe pas. Cet argument est absurde, parce que la quantité des termes y est mal marquée ; il suffit de la rétablir. Si l'hippogriffe n'existe pas, *quelque* animal n'existe pas; on conclura très-légitimement que certain animal n'existe pas. Autrement on serait tenté de croire, contre la règle précédente, qu'on peut nier l'antécédent et poser le conséquent.

1. Question à résoudre : *la mort d'un élu est-elle possible ;* moyen terme, *l'erreur de Dieu.* Nulle erreur de Dieu n'est possible, la mort d'un élu est une erreur de Dieu; la mort d'un élu n'est pas possible. Syllogisme de la première figure *Celarent.* La majeure, telle qu'elle est exprimée, prépare le raisonnement. La conclusion sera affirmative ou négative suivant la mineure. Voilà sans doute pourquoi Hamilton soutient parfois que de tels arguments ne sont que des préparations. « Ils n'opèrent pas sur la question, ils ne la résolvent pas; ils la mettent seulement dans l'état requis pour le procédé syllogistique. » M. Barthélémy Saint-Hilaire, dont l'autorité est si grande en ces matières, combat au nom d'Aristote cette théorie. Nous la croyons incomplète plutôt que fausse. Il y a dans ces syllogismes à la fois une préparation et un argument; l'esprit s'assure des conditions mêmes du raisonnement et ensuite il les met en œuvre. Il y a donc une vraie conclusion. Le moyen terme, c'est-à-dire, suivant l'expression si juste d'Aristote, *la preuve,* c'est l'erreur de Dieu. Suivant que cette erreur est ou n'est pas possible, la conclusion est affirmative ou négative.

2. La matière c'est le sens des propositions, la forme c'est leur arrangement dans le syllogisme ; l'une peut être fausse et l'autre régulière; il y a alors erreur. L'une peut être vraie et l'autre irrégulière, et il y a paralogisme. Mais l'exemple est mal choisi, car il y a erreur en la forme. Les deux propositions ne sont pas mutuellement dépendantes; *toujours* ne dépend pas de *quelquefois.* Si donc on pose le second terme, le premier ne s'ensuit pas. On aurait alors : celui qui se trompe toujours est incapable de vérité; l'homme se trompe *quelquefois;* donc l'homme, etc. Il y a quatre termes. Mais souvent ces sortes de syllogismes, comme tous les autres, sont des modèles de déduction rigoureuse, et n'en sont que plus faux, lorsque les propositions prémisses sont fausses elles-mêmes.

sidère comme vicieux selon la forme que quand on tire une mauvaise conclusion de la majeure, vraie ou fausse, raisonnable ou déraisonnable : ce qui se fait de deux sortes.

La première, lorsqu'on infère l'antécédent du conséquent [1], comme si on disait :

Si les Chinois sont mahométans, ils sont infidèles ;
Or ils sont infidèles ;
Donc ils sont mahométans.

La deuxième sorte d'arguments conditionnels qui sont faux, est quand de la négation de l'antécédent on infère la négation du conséquent, comme dans le même exemple :

Si les Chinois sont mahométans, ils sont infidèles ;
Or ils ne sont pas mahométans ;
Donc ils ne sont pas infidèles [2].

Il y a néanmoins de ces arguments conditionnels qui semblent avoir ce second défaut, qui ne laissent pas d'être fort bons, parce qu'il y a une exclusion sous-entendue dans la majeure, quoique non exprimée [3]. Exemple : Cicéron ayant publié une loi contre ceux qui achèteraient les suffrages, et Muréna étant accusé de les avoir achetés, Cicéron, qui plaidait pour lui, se justifie par cet argument du reproche que lui faisait Caton, d'agir, dans cette défense, contre sa loi : *Etenim si largitionem factam esse confiterer, idque recte factum esse defenderem, facerem improbe, etiamsi alius legem tulisset; cum vero nihil commissum contra legem esse defendam, quid est quod meam defensionem latio legis impediat ?* Il semble que cet argument soit semblable à celui d'un blasphémateur qui dirait pour s'excuser : *Si je niais qu'il y eût un Dieu, je*

1. C'est un très-mauvais moyen de juger : il faut en revenir, comme toujours, à la quantité des termes : *quelques* infidèles sont mahométans, les Chinois sont *quelques* infidèles. Il n'y a rien à conclure.

2. Certes il est faux de dire : les Chinois ne sont pas infidèles parce qu'ils ne sont pas mahométans, mais ce serait vrai si *tous* les infidèles étaient *tous* les mahométans ; et dans ce cas on inférerait très-bien de la négation de l'antécédent *mahométan*, celle du conséquent *infidèle*. Le vice de l'argument c'est que le majeur *infidèles* est pris particulièrement dans la majeure : les mahométans sont *quelques* infidèles, et universellement dans la conclusion : donc les Chinois ne sont aucun des infidèles. Mais si on lui laisse sa quantité, on conclura très-logiquement : les Chinois ne sont pas *quelques* infidèles.

3. Remarque pleine de sagacité, et qui confirme le sens des notes précédentes.

serais un méchant; mais quoique je blasphème, je ne nie pas qu'il y ait un Dieu; donc je ne suis pas un méchant. Cet argument ne vaudrait rien, parce qu'il y a d'autres crimes que l'athéisme qui rendent un homme méchant[1]; mais ce qui fait que celui de Cicéron est bon, quoique Ramus l'ait proposé pour exemple d'un mauvais raisonnement, c'est qu'il enferme dans le sens une particule exclusive, et qu'il faut le réduire à ces termes :

Ce serait alors seulement qu'on pourrait me reprocher avec raison d'agir contre ma loi, si j'avouais que Muréna eût acheté les suffrages, et que je ne laissasse pas de justifier son action;
Mais je prétends qu'il n'a point acheté les suffrages;
Et par conséquent je ne fais rien contre ma loi.

Il faut dire la même chose de ce raisonnement de Vénus dans Virgile, en parlant à Jupiter :

Si sine pace tua atque invito numine Troes
Italiam petiere, luant peccata, neque illos
Juveris auxilio : sin tot responsa secuti,
Quæ superi manesque dabant, cur nunc tua quisquam
Flectere jussa potest, aut cur nova condere fata?

car ce raisonnement se réduit à ces termes :

Si les Troyens étaient venus en Italie contre le gré des dieux, ils seraient punissables;
Mais ils ne sont pas venus contre le gré des dieux;
Donc ils ne sont pas punissables.

Il faut donc y suppléer quelque chose; autrement il serait semblable à celui-ci, qui certainement ne conclut pas :

Si Judas était entré dans l'apostolat sans vocation, il aurait dû être rejeté de Dieu;
Mais il n'est pas entré sans vocation;
Donc il n'a pas dû être rejeté de Dieu.

1. Le défaut de cet argument c'est que nier Dieu ce n'est pas l'unique condition de la perversité; celle-là supprimée, il en reste d'autres, comme le blasphème. Si on ramène le raisonnement à un syllogisme, il est facile de voir que le grand terme est pris particulièrement dans la majeure et universellement dans la conclusion : ceux qui nient Dieu sont *quelques* méchants; je ne nie pas Dieu, donc je ne suis *nul* méchant. L'argument serait bon si on concluait : je ne suis pas *quelque* méchant.

Mais ce qui fait que celui de Vénus, dans Virgile, n'est pas vicieux, c'est qu'il faut considérer la majeure comme étant exclusive dans le sens, de même que s'il y avait :

Ce serait alors seulement que les Troyens seraient punissables et indignes du secours des dieux, s'ils étaient venus en Italie contre leur gré ;
Donc, etc.

Ou bien il faut dire, ce qui est la même chose, que l'affirmative, *si sine pace tua, etc.*, enferme dans le sens cette négative :

Si les Troyens ne sont venus dans l'Italie que par l'ordre des dieux, il n'est pas juste que les dieux les abandonnent ;
Or ils n'y sont venus que par l'ordre des dieux ;
Donc, etc.[1].

Des syllogismes disjonctifs.

On appelle syllogismes disjonctifs ceux dont la première proposition est disjonctive, c'est-à-dire dont les parties sont jointes par *vel, ou*, comme celui-ci de Cicéron :

Ceux qui ont tué César sont parricides ou défenseurs de la liberté[2] *;*

Or ils ne sont point parricides ;
Donc ils sont défenseurs de la liberté[3].

1. Toutes ces explications peuvent être simplifiées, si on en revient aux conditions essentielles du syllogisme. Dans le premier, *punissable* est pris dans la majeure dans une partie de son sens, et la conclusion lui laisse toute son extension ; dans le second, on commence par affirmer que ceux qui manquent de vocation sont *du nombre* de ceux que Dieu rejette, et on conclut qu'ils sont tous ceux-là.

2. Appliquer aux syllogismes de cette catégorie les mêmes principes qu'aux précédents. Ce sont des syllogismes conditionnels : si les meurtriers de César ne sont pas parricides, ils sont défenseurs de la liberté. C'est un raisonnement du même genre que celui qu'on a vu plus haut sur le mouvement de la matière ; il est de la première figure et en *Barbara*. Le moyen terme est *ceux qui ne sont pas parricides ;* il est contenu dans le majeur, *défenseurs de la liberté*, et renferme le mineur, *meurtriers de César*. Il ne faut pas s'arrêter à la forme négative de la mineure : *ils ne sont pas parricides*, parce que le moyen est exprimé ici par une proposition tout entière, et que cette proposition négative est affirmée du mineur : les meurtriers de César sont de ceux qui ne sont pas parricides. Si le syllogisme restait dans la forme imparfaite où on l'a exprimé, il y aurait un exemple d'une conclusion affirmative, avec une des deux prémisses négatives, ce qui serait le bouleversement de toutes les règles, et contraire au simple bon sens.

3. Quelle est la nature d'une proposition disjonctive? C'est d'indiquer deux attributs contradictoires à un même sujet ; si on affirme l'un, l'autre se trouve nié,

Il y en a de deux sortes : la première, quand on ôte une partie pour garder l'autre, comme dans celui que nous venons de proposer, ou dans celui-ci :

Tous les méchants doivent être punis en ce monde ou en l'autre ;
Or il y a des méchants qui ne sont point punis en ce monde ;
Donc ils le seront en l'autre.

Il y a quelquefois trois membres dans cette sorte de syllogismes[1], et alors on en ôte deux pour en garder un, comme dans cet argument de saint Augustin, dans son livre *du Mensonge*, chap. VIII.

Aut non est credendum bonis, aut credendum est eis quos credimus debere aliquando mentiri, aut non est credendum bonos aliquando mentiri. Horum primum perniciosum est ; secundum stultum : restat ergo ut nunquam mentiantur boni.

La seconde sorte, mais moins naturelle, est quand on prend une des parties pour ôter l'autre, comme si l'on disait :

Saint Bernard, témoignant que Dieu avait confirmé par des miracles sa prédication de la croisade, était un saint ou un imposteur ;
Or c'était un saint ;
Donc ce n'était pas un imposteur.

Ces syllogismes disjonctifs ne sont guère faux que par la fausseté de la majeure, dans laquelle la division n'est pas

et réciproquement : les meurtriers de César sont ou parricides, ou défenseurs de la liberté ; les méchants doivent être ou punis en ce monde, ou punis en l'autre. On n'affirme ni l'un ni l'autre de ces attributs ; mais comme ils sont contradictoires, il est évident que la négation de l'un entraînera l'affirmation de l'autre et réciproquement. On peut l'écrire ainsi : tous ceux qui ne sont pas punis en ce monde doivent être punis dans l'autre. On voit donc encore ici que dans le syllogisme disjonctif la majeure enferme toute la conclusion et forme à elle seule une sorte d'enthymème : si les méchants ne sont pas punis dans ce monde, ils doivent l'être dans l'autre, c'est-à-dire : ils le seront dans l'autre, *parce qu'ils* ne le sont pas dans celui-ci. Et c'est sous cette dernière forme que les deux autres propositions traduisent le raisonnement. Le moyen terme, *ceux qui ne sont pas punis en ce monde*, est contenu dans le majeur, ceux qui seront punis dans l'autre, et renferme le mineur, quelques méchants. C'est un syllogisme de la première figure en *Darii*.

1. C'est-à-dire qu'il y a trois attributs possibles, ni plus ni moins ; il pourrait y en avoir un nombre illimité ; si tous, moins un, ne peuvent s'affirmer du sujet, ce dernier devra en être affirmé.

exacte[1], se trouvant un milieu entre les membres opposés, comme si je disais :

Il faut obéir aux princes en ce qu'ils commandent contre la loi de Dieu, ou se révolter contre eux ;

Or il ne faut pas leur obéir en ce qui est contre la loi de Dieu ;

Donc il faut se révolter contre eux[2].

Ou, *or il ne faut pas se révolter contre eux ;*

Donc il faut leur obéir en ce qui est contre la loi de Dieu[3].

L'un et l'autre raisonnement est faux, parce qu'il y a un milieu dans cette disjonction, qui a été observé par les premiers chrétiens, qui est de souffrir patiemment toutes choses, plutôt que de rien faire contre la loi de Dieu, sans néanmoins se révolter contre les princes.

Ces fausses disjonctions sont une des sources les plus communes des faux raisonnements des hommes.

1. On remarquera que dans ces arguments, quand l'une des deux prémisses est négative, la conclusion est affirmative ; et réciproquement, quand il n'y a pas de négatives dans les prémisses, la conclusion est négative. C'est le renversement des règles les plus assurées du syllogisme. Mais il faut pour ce dernier cas (l'autre a été examiné) se rappeler que la vraie majeure est sous-entendue, et qu'elle est négative : nul saint n'est imposteur, saint Bernard est un saint, etc. Syllogisme de la première figure en *Celarent.* Quant à la majeure exprimée, elle ne diffère pas des conditionnelles : s'il est saint, il n'est pas imposteur. C'est une négation absolue : nul saint n'est nul imposteur ; mais on l'exprime sous forme hypothétique et en l'adaptant au sujet du raisonnement, saint Bernard. L'opération est indiquée par cette proposition ; elle est faite par les deux autres.

2. Dans ce raisonnement la question est de savoir si ceux à qui les princes commandent, etc., doivent se révolter ; le moyen terme, c'est *ceux qui doivent obéir.* Ainsi, comme toujours, trois notions : ceux à qui l'on commande contre la loi de Dieu, ceux qui doivent se révolter, ceux qui doivent obéir : on divise le sujet, *ceux à qui l'on commande*, etc., en ses deux attributs possibles, *devant se révolter, devant obéir ;* la vérité du raisonnement dépendra de la vérité de la majeure sous-entendue : il faut se révolter ou obéir ; *nihil tertium.* Ce qui peut aussi bien se traduire par : si l'on ne doit se révolter, on doit obéir. Ou encore : tous ceux qui ne doivent pas obéir doivent se révolter. Or ceux à qui l'on commande, etc., sont de ceux qui ne doivent pas obéir ; ils sont par conséquent de ceux qui doivent se révolter. Ainsi se vérifient jusque dans les exemples les plus irréguliers le mécanisme essentiel à toute déduction ; la fausseté est ici tout entière dans une proposition, qui exprime une incomplète disjonction.

3. La majeure étant : tous ceux qui ne doivent pas obéir doivent se révolter, on peut la convertir : ceux qui doivent se révolter sont tous ceux qui ne doivent pas obéir. On peut alors dans la mineure dire : ceux à qui l'on commande contre la loi de Dieu ne sont pas de ceux qui doivent se révolter : par suite ils ne sont pas de ceux qui ne doivent pas obéir. La conclusion est rigoureusement négative dans la forme.

Des syllogismes copulatifs.

Ces syllogismes ne sont que d'une sorte, qui est quand on prend une proposition copulative niante, dont ensuite on établit une partie pour ôter l'autre[1].

Un homme n'est pas tout ensemble serviteur de Dieu et idolâtre de son argent ;
Or l'avare est idolâtre de son argent ;
Donc il n'est pas serviteur de Dieu[2].

Car cette sorte de syllogisme ne conclut point nécessairement, quand on ôte une partie pour mettre l'autre, comme on peut voir par ce raisonnement tiré de la même proposition[3] :

Un homme n'est pas tout ensemble serviteur de Dieu, et idolâtre de l'argent ;
Or les prodigues ne sont point idolâtres de l'argent ;
Donc ils sont serviteurs de Dieu.

CHAPITRE XIII.

Des syllogismes dont la conclusion est conditionnelle.

On a fait voir qu'un syllogisme parfait ne peut avoir moins de trois propositions; mais cela n'est vrai que quand on conclut absolument, et non quand on ne le fait que conditionnellement, parce qu'alors la seule proposition conditionnelle

1. Voir plus haut, partie II, ch. IX. Ces sortes de syllogismes sont mal à propos distingués des précédents; et une proposition copulative niante a bien l'air d'être une disjonctive.

2. Ces arguments se ramènent aux syllogismes hypothétiques : si un homme est serviteur de Dieu, il n'est pas idolâtre, etc., ou inversement. Ils sont soumis aux mêmes principes. Seulement celui qu'on a pris pour exemple n'est pas exprimé comme il le devrait pour que, suivant la définition, « la majeure enferme toute la conclusion. » Il faudrait dire : un avare n'est pas tout ensemble, etc.

3. La raison en est bien simple : il y a alors deux propositions négatives pour prémisses ; non-seulement on ne conclut pas nécessairement, mais on ne peut jamais conclure : nul idolâtre de l'argent n'est serviteur de Dieu ; les prodigues ne sont pas idolâtres de l'argent ; il n'y a rien à conclure.

peut enfermer une des prémisses outre la conclusion, et même toutes les deux [1].

Exemple : Si je veux prouver que la lune est un corps raboteux, et non poli comme un miroir, ainsi qu'Aristote se l'est imaginé, je ne puis le conclure absolument qu'en trois propositions :

Tout corps qui réfléchit la lumière de toutes parts est raboteux ;
Or la lune réfléchit la lumière de toutes parts ;
Donc la lune est un corps raboteux.

Mais je n'ai besoin que de deux propositions pour le conclure conditionnellement en cette manière :

Tout corps qui réfléchit la lumière de toutes parts est raboteux ;
Donc si la lune réfléchit la lumière de toutes parts, c'est un corps [2] *raboteux.*

Et je puis même renfermer ce raisonnement en une seule proposition, ainsi :

Si tout corps qui réfléchit la lumière de toutes parts est raboteux, et que la lune réfléchisse la lumière de toutes parts, il faut avouer que ce n'est point un corps poli, mais raboteux [3].

Ou bien en liant une des propositions par la particule causale, *parce que*, ou *puisque*, comme :

Si tout vrai ami doit être prêt à donner sa vie pour son ami ;
Il n'y a guère de vrais amis ;

1. Le langage n'exprime pas toujours toute la pensée; il est des jugements qui peuvent être omis; mais dans tous les cas on peut affirmer que dans tout raisonnement par déduction, s'il n'y a pas trois propositions dans le langage, il y a trois jugements dans la pensée. L'un d'eux est implicitement enfermé dans un autre.

2. Il est bien clair que les trois propositions se trouvent ici exprimées; seulement l'une d'elles est énoncée sous forme dubitative, avec réserve de la preuve : au lieu de dire : la lune réfléchit la lumière, on ajourne l'affirmation, on dit : *si* elle reflèchit la lumière.

3. C'est toujours le même syllogisme ; mais la conclusion ne vaut que si les prémisses sont prouvées; on ne les donne pas comme établies; on détermine à quelles conditions on pourrait prouver que la lune est un corps raboteux. C'est le raisonnement en puissance ; rien n'est fait.

Puisqu'il n'y en a guère qui le soient jusqu'à ce point.

Cette manière de raisonner est très-commune et très-belle, et c'est ce qui fait qu'il ne faut pas s'imaginer qu'il n'y ait de raisonnement que lorsqu'on voit trois propositions séparées et arrangées comme dans l'école ; car il est certain que cette seule proposition [1] comprend ce syllogisme entier :

Tout vrai ami doit être prêt à donner sa vie pour ses amis ;
Or il n'y a guère de gens qui soient prêts à donner leur vie pour leurs amis ;
Donc il n'y a guère de vrais amis.

Toute la différence qu'il y a entre les syllogismes absolus et ceux dont la conclusion est enfermée avec l'une des prémisses dans une proposition conditionnelle, est que les premiers ne peuvent être accordés tout entiers, que nous ne demeurions d'accord de ce qu'on aurait voulu nous persuader ; au lieu que dans les derniers, on peut accorder tout, sans que celui qui les fait ait encore rien gagné, parce qu'il lui reste à prouver que la condition d'où dépend la conséquence qu'on lui a accordée est véritable [2].

Et ainsi ces arguments ne sont proprement que des préparations à une conclusion absolue [3] ; mais ils sont aussi très-propres à cela, et il faut avouer que ces manières de raisonner sont très-ordinaires et très-naturelles, et qu'elles ont cet avantage, qu'étant plus éloignées de l'air de l'école, elles en sont mieux reçues dans le monde.

On peut conclure de cette sorte en toutes les figures et en tous les modes, et ainsi, il n'y a point d'autres règles à y observer que les règles mêmes des figures.

Il faut seulement remarquer que la conclusion conditionnelle comprenant toujours l'une des prémisses outre la conclusion, c'est quelquefois la majeure, et quelquefois la mineure.

C'est ce qu'on verra par les exemples de plusieurs conclu-

1. Il y en a bien trois ; quand on ne les verrait pas, on les penserait pour raisonner, et pour accepter le raisonnement.

2. On ne peut mieux dire : la forme du raisonnement est parfaite, mais la matière est réservée ; c'est toujours la différence entre la puissance et l'acte. Mais en logique c'est la forme qui est la puissance et la matière qui est l'acte ; il en est tout au contraire en métaphysique.

3. Remarque pleine de sagacité. Hamilton, qui cite rarement la *Logique* de Port-Royal, a su en faire son profit ; voir plus haut, page 290, note 1.

sions conditionnelles qu'on peut tirer de deux maximes générales, l'une affirmative et l'autre négative.

Soit l'affirmative, ou déjà prouvée, ou accordée : *Tout sentiment de douleur est une pensée :*

On en conclut affirmativement.

1. *Donc, si toutes les bêtes sentent de la douleur,*
Toutes les bêtes pensent. Barbara.

2. *Donc, si quelque plante sent de la douleur,*
Quelque plante pense. Darii.

3. *Donc, si toute pensée est une action de l'esprit,*
Tout sentiment de douleur est une action de l'esprit[1]. Barbara.

4. *Donc, si tout sentiment de douleur est un mal,*
Quelque pensée est un mal. Darapti.

5. *Donc, si le sentiment de douleur est dans la main que l'on brûle,*
Il y a quelque pensée dans la main que l'on brûle. Disamis.

NÉGATIVEMENT.

6. *Donc, si nulle pensée n'est dans le corps,*
Nul sentiment de douleur n'est dans le corps. Celarent.

7. *Donc, si nulle bête ne pense,*
Nulle bête ne sent de la douleur. Camestres.

8. *Donc, si quelque partie de l'homme ne pense point,*
Quelque partie de l'homme ne sent point la douleur. Baroco.

9. *Donc, si nul mouvement de la matière n'est une pensée,*
Nul sentiment de douleur n'est un mouvement de la matière. Cesare.

10. *Donc, si le sentiment de douleur n'est pas agréable,*
Quelque pensée n'est pas agréable. Felapton.

11. *Donc, si quelque sentiment de douleur n'est pas volontaire,*
Quelque pensée n'est pas volontaire. Bocardo.

1. La maxime : tout sentiment de douleur est une pensée, devient ici la mineure. Il en est de même dans l'exemple suivant et dans quelques autres.

On pourrait tirer encore quelques autres conclusions conditionnelles de cette maxime générale : *Tout sentiment de douleur est une pensée ;* mais comme elles seraient peu naturelles, elles ne méritent pas d'être rapportées.

De celles qu'on a tirées, il y en a qui comprennent la mineure, outre la conclusion, savoir : la 1re, 2e, 7e, 8e, et d'autres la majeure, savoir : la 3e, 4e, 5e, 6e, 9e, 10e, 11e.

On peut de même remarquer les diverses conclusions conditionnelles qui peuvent se tirer d'une proposition générale négative ; soit, par exemple, celle-ci :

Nulle matière ne pense.

1. *Donc, si toute âme de bête est matière,*
Nulle âme de bête ne pense. Celarent.

2. *Donc, si quelque partie de l'homme est matière,*
Quelque partie de l'homme ne pense point. Ferio.

3. *Donc, si notre âme pense,*
Notre âme n'est point matière. Cesare.

4. *Donc, si quelque partie de l'homme pense,*
Quelque partie de l'homme n'est point matière. Festino.

5. *Donc, si tout ce qui sent de la douleur pense,*
Nulle matière ne sent de la douleur. Camestres.

6. *Donc, si toute matière est une substance,*
Quelque substance ne pense point. Felapton.

7. *Donc, si quelque matière est cause de plusieurs effets qui paraissent très-merveilleux,*
Tout ce qui est cause d'effets merveilleux ne pense pas. Ferison.

De ces conditionnelles, il n'y a que la cinquième qui enferme la majeure outre la conclusion : toutes les autres renferment la mineure.

Le plus grand usage de ces sortes de raisonnements est d'obliger celui à qui on veut persuader une chose, de reconnaître premièrement la bonté d'une conséquence qu'il peut accorder sans s'engager encore à rien, parce qu'on ne la lui propose que conditionnellement et séparée de la vérité matérielle, pour parler ainsi, de ce qu'elle contient[1].

Et par là on le dispose à recevoir plus facilement la conclusion absolue qu'on en tire, ou en mettant l'antécédent pour mettre le conséquent, ou en ôtant le conséquent pour ôter l'antécédent.

Ainsi un homme m'ayant avoué que *nulle matière ne pense*, j'en conclurai : *donc, si l'âme des bêtes pense, il faut qu'elle soit distincte de la matière.*

Et comme il ne pourra me nier cette conclusion conditionnelle, j'en pourrai tirer l'une ou l'autre de ces deux conséquences absolues :

Or l'âme des bêtes pense ;
Donc elle est distincte de la matière[2];

ou bien au contraire :

Or l'âme des bêtes n'est pas distincte de la matière;
Donc elle ne pense point.

On voit par là qu'il faut quatre propositions, afin que ces sortes de raisonnements soient achevés, et qu'ils établissent quelque chose absolument[3]; et néanmoins on ne doit pas les mettre au rang des syllogismes qu'on appelle composés, parce que ces quatre propositions ne contiennent rien davantage dans le sens que ces trois propositions d'un syllogisme commun :

Nulle matière ne pense ;
Toute âme de bête est matière ;
Donc nulle âme de bête ne pense.

1. C'est en cela que ces raisonnements diffèrent des syllogismes composés, qu'on a analysés dans le chapitre précédent. Dans ces derniers on propose la conséquence d'abord comme « séparée de la vérité matérielle de ce quelle contient, » puis unie à cette vérité.

2. On revient alors au syllogisme conditionnel; mais on exprime la majeure sous-entendue : on a donc d'abord ; si l'âme des bêtes pense, il faut qu'elle soit distincte de la matière, or elle pense, donc elle est distincte de la matière ; c'est-à-dire deux enthymèmes, l'un hypothétique, l'autre absolu, et supposant tous deux cette majeure : nulle matière ne pense. Cette analyse, si bien faite par Arnauld, confirme à notre sens l'explication qu'on a donnée dans les notes du chapitre précédent.

3. On en peut dire autant de tous les syllogismes composés. Il y a toujours une proposition sous-entendue. Mais si on s'exprime catégoriquement, tout se réduit à trois propositions.

CHAPITRE XIV.

Des enthymèmes, et des sentences enthymématiques.

On a déjà dit que l'enthymème était un syllogisme parfait dans l'esprit, mais imparfait dans l'expression, parce qu'on y supprimait quelqu'une des propositions comme trop claire et trop connue, et comme étant facilement suppléée par l'esprit de ceux à qui l'on parle[1]. Cette manière d'argument est si commune dans les discours et dans les écrits, qu'il est rare, au contraire, que l'on y exprime toutes les propositions, parce qu'il y en a d'ordinaire une assez claire pour être supposée, et que la nature de l'esprit humain est d'aimer mieux qu'on lui laisse quelque chose à suppléer, que non pas qu'on s'imagine qu'il ait besoin d'être instruit de tout.

Ainsi cette suppression flatte la vanité de ceux à qui l'on parle, en se remettant de quelque chose à leur intelligence, et en abrégeant le discours, elle le rend plus fort et plus vif. Il est certain, par exemple, que si de ce vers de la *Médée*[2] d'Ovide, qui contient un enthymème très-élégant :

Servare potui, perdere an possim rogas ?

Je t'ai pu conserver, je te pourrai donc perdre,

on avait fait un argument en forme, en cette manière : *Celui qui peut conserver peut perdre ; or je t'ai pu conserver ; donc je te pourrai perdre,* toute la grâce en serait ôtée; la raison en est que, comme une des principales beautés d'un discours est d'être plein de sens, et de donner occasion à l'esprit de

1. Aristote a distingué l'enthymème comme une espèce particulière de syllogisme, mais dans un tout autre sens : c'est, suivant lui, celui qui conclut « de signes et de vraisemblances. » Ses commentateurs ont détourné le sens de ses paroles, et il est prouvé que le mot de syllogisme imparfait, ἀτελής, qui se lit dans le texte même, y a été frauduleusement introduit. En fait, comme la logique a rapport au discours intérieur, πρός τόν ἐν τῇ ψυχῇ λόγον, et non pas au discours extérieur, οὐ πρός τόν ἔξω λόγον, il n'y a logiquement aucune différence entre un enthymème et un syllogisme. L'accident qui les distingue tient au langage, et non à la pensée.

2. Cette pièce est perdue et il n'en reste que ce vers cité par Quintilien, liv. VIII, 5.

former une pensée plus étendue que n'est l'expression, c'en est, au contraire, un des plus grands défauts d'être vide de sens, et de renfermer peu de pensées, ce qui est presque inévitable dans les syllogismes philosophiques; car l'esprit allant plus vite que la langue, et une des propositions suffisant pour en faire concevoir deux, l'expression de la seconde devient inutile, ne contenant aucun nouveau sens. C'est ce qui rend ces sortes d'arguments si rares dans la vie des hommes, parce que, sans même y faire réflexion, on s'éloigne de ce qui ennuie, et l'on se réduit à ce qui est précisément nécessaire pour se faire entendre.

Les enthymèmes sont donc la manière ordinaire dont les hommes expriment leurs raisonnements, en supprimant la proposition qu'ils jugent devoir être facilement suppléée; et cette proposition est tantôt la majeure, tantôt la mineure, et quelquefois la conclusion[1]; quoique alors cela ne s'appelle pas proprement enthymème, tout l'argument étant contenu en quelque sorte dans les deux premières propositions.

Il arrive aussi quelquefois que l'on renferme les deux propositions de l'enthymème dans une seule proposition, qu'Aristote appelle, pour ce sujet, sentence enthymématique, et dont il rapporte cet exemple :

Ἀθάνατον ὀργὴν μὴ φύλαττε, θνητὸς ὤν[2].

Mortel, ne garde pas une haine immortelle.

L'argument entier serait : *Celui qui est mortel ne doit pas conserver une haine immortelle; or vous êtes mortel; donc,* etc., et l'enthymème parfait serait : *Vous êtes mortel; que votre haine ne soit donc pas immortelle.*

1. Hamilton, dans une savante discussion sur l'enthymème, prétend que la doctrine des logiciens sur ce point est fausse, parce que la différence entre cet argument et le syllogisme est tout extérieure, et il a raison; il ajoute qu'elle est incomplète, parce qu'ils n'ont pas vu qu'il y a trois sortes d'enthymèmes, la conclusion pouvant être sous-entendue, aussi bien que chacune des prémisses. Il a sans doute oublié qu'Arnauld a fait bien avant lui cette observation.

2. Aristote appelle en effet sentences enthymématiques « celles qui montrent la raison de l'affirmation; » mais l'exemple qu'il en donne laisse croire qu'il les appelait ainsi parce que, suivant sa doctrine, cette raison était tirée de signes et de vraisemblances. *Rhétorique*, II, 21.

CHAPITRE XV.

Des syllogismes composés de plus de trois propositions.

Nous avons déjà dit que les syllogismes composés de plus de trois propositions s'appellent généralement *sorites* [1].

On peut en distinguer de trois sortes [2] : 1° les gradations, dont il n'est point nécessaire de rien dire davantage que ce qui en a été dit au premier chapitre de cette troisième partie;

2° Les dilemmes, dont nous traiterons dans le chapitre suivant;

3° Ceux que les Grecs ont appelés épichérèmes, qui comprennent la preuve ou de quelqu'une des deux premières propositions, ou de toutes les deux; et ce sont ceux-là dont nous parlerons dans ce chapitre [3].

Comme l'on est souvent obligé de supprimer dans les discours certaines propositions trop claires, il est aussi souvent nécessaire, quand on en avance de douteuses, d'y joindre en même temps des preuves pour empêcher l'impatience de ceux à qui l'on parle, qui se blessent quelquefois lorsqu'on prétend les persuader par des raisons qui leur paraissent fausses ou douteuses; car, quoique l'on y remédie dans la suite, néanmoins il est dangereux de produire, même pour un peu de

1. Ce mot appliqué à une chaîne de raisonnements, *series syllogistica*, est d'origine moderne, et Laurentius Valla, qui écrivait vers 1460, paraît le premier s'en être servi en ce sens. Dans l'antiquité il désigne un sophisme dont Chrysippe le stoïcien, ou peut-être le mégarien Eubulide, passe pour être l'inventeur : celui du tas de blé qui est formé par un seul grain; car il y a un moment où on est forcé de convenir qu'un grain ajouté aux autres fait un monceau, *acervus* : « Inventus, Chrysippe, tui finitor acervi, » dit Perse. On appelait cet argument captieux, du même genre que *le chauve*, le tas, σωρός. Le mot a changé complétement d'acception et a signifié une suite, et comme un monceau de propositions servant à une démonstration, « coacervatio syllogismorum. »

2. Cette nomenclature manque d'exactitude : les dilemmes et les épichérèmes ne sont pas des sorites; et le mot de gradation, *climax*, est synonyme de celui de sorite. Il vaut mieux dire qu'il y a des *polysyllogismes*, et qu'ils sont de plusieurs espèces : le prosyllogisme, dont on ne parle pas ici, le sorite ou gradation, le dilemme, etc. L'épichérème ne fait pas partie de ce genre; car c'est un seul syllogisme avec des explications.

3. Le sens du mot *épichérème* était très-incertain dans l'antiquité. Aristote appelle ainsi le syllogisme dialectique, qu'il distingue du syllogisme démonstratif et du sophisme. Quintilien énumère toutes les acceptions de ce terme. *Institution oratoire*, V, x, 2.

temps, ce dégoût dans leur esprit : et ainsi, il vaut beaucoup mieux que les preuves suivent immédiatement ces propositions douteuses, que non pas qu'elles en soient séparées. Cette séparation produit encore un autre inconvénient bien incommode, c'est qu'on est obligé de répéter la proposition que l'on veut prouver. C'est pourquoi, au lieu que la méthode de l'école est de proposer l'argument entier, et ensuite de prouver la proposition qui reçoit difficulté, celle que l'on suit dans les discours ordinaires est de joindre aux propositions douteuses les preuves qui les établissent, ce qui fait une espèce d'argument composé de plusieurs propositions : car à la majeure on joint les preuves de la majeure, à la mineure les preuves de la mineure, et ensuite on conclut.

L'on peut réduire ainsi toute l'oraison pour Milon à un argument composé, dont la majeure est qu'il est permis de tuer celui qui nous dresse des embûches. Les preuves de cette majeure se tirent de la loi naturelle, du droit des gens, des exemples. La mineure est que Clodius a dressé des embûches à Milon, et les preuves de la mineure sont l'équipage de Clodius, sa suite, etc. La conclusion est, qu'il a donc été permis à Milon de le tuer.

Le péché originel se prouverait par les misères des enfants, selon la méthode dialectique, en cette manière :

Les enfants ne sauraient être misérables qu'en punition de quelque péché qu'ils tirent de leur naissance ; or ils sont misérables ; donc c'est à cause du péché originel. Ensuite il faudrait prouver la majeure et la mineure ; la majeure par cet argument disjonctif : la misère des enfants ne peut procéder que de l'une de ces quatre causes : 1° des péchés précédents commis en une autre vie ; 2° de l'impuissance de Dieu, qui n'avait pas le pouvoir de les en garantir ; 3° de l'injustice de Dieu, qui les asservirait sans sujet ; 4° du péché originel. Or il est impie de dire qu'elle vienne des trois premières causes : elle ne peut donc venir que de la quatrième, qui est le péché originel.

La mineure, *que les enfants sont misérables,* se prouverait par le dénombrement de leurs misères.

Mais il est aisé de voir combien saint Augustin a proposé cette preuve du péché originel avec plus de grâce et de force, en la renfermant dans un argument composé en cette sorte :

« Considérez la multitude et la grandeur des maux qui « accablent les enfants, et combien les premières années de « leur vie sont remplies de vanité, de souffrances, d'illusions, « de frayeurs; ensuite lorsqu'ils sont devenus grands, et qu'ils « commencent même à servir Dieu, l'erreur les tente pour les « séduire, le travail et la douleur les tentent pour les affaiblir, « la concupiscence les tente pour les enflammer, la tristesse « les tente pour les abattre, l'orgueil les tente pour les « élever; et qui pourrait représenter, en peu de paroles, tant « de diverses peines qui appesantissent le joug des enfants « d'Adam? L'évidence de ces misères a forcé les philosophes « païens, qui ne savaient et ne croyaient rien du péché de « notre premier père, de dire que nous n'étions nés que pour « souffrir les châtiments que nous avions mérités par quelques « crimes commis en une autre vie que celle-ci, et qu'ainsi nos « âmes avaient été attachées à des corps corruptibles, par le « même genre de supplice que des tyrans de Toscane faisaient « souffrir à ceux qu'ils attachaient tout vivants avec des corps « morts. Mais cette opinion, que les âmes sont jointes à des « corps en punition des fautes précédentes d'une autre vie, « est rejetée par l'apôtre. Que reste-t-il donc, sinon que la « cause de ces maux effroyables soit ou l'injustice ou l'im- « puissance de Dieu, ou la peine du premier péché de « l'homme? Mais parce que Dieu n'est ni injuste, ni impuis- « sant, il ne reste plus que ce que vous ne voulez pas recon- « naître, mais qu'il faut pourtant que vous reconnaissiez « malgré vous, que ce joug si pesant, que les enfants d'Adam « sont obligés de porter depuis que leurs corps sont sortis du « sein de leur mère, jusqu'au jour qu'ils rentrent dans le « sein de leur mère commune qui est la terre, n'aurait point « été, s'ils ne l'avaient mérité par le crime qu'ils tirent de « leur origine[1]. »

1. Saint Augustin, *Contra Julianum Pelagianum*, IV, 83.

CHAPITRE XVI.

Des dilemmes.

On peut définir un dilemme un raisonnement composé où, après avoir divisé un tout en ses parties, on conclut affirmativement ou négativement du tout ce qu'on a conclu de chaque partie[1].

Je dis *ce qu'on a conclu de chaque partie*, et non pas seulement ce qu'on en aurait affirmé; car on n'appelle proprement dilemme que quand ce que l'on dit de chaque partie est appuyé de sa raison particulière[2].

Par exemple, ayant à prouver qu'*on ne saurait être heureux en ce monde*, on peut le faire par ce dilemme :

On ne peut vivre en ce monde qu'en s'abandonnant à ses passions, ou en les combattant;

Si on s'y abandonne, c'est un état malheureux, parce qu'il est honteux, et qu'on n'y saurait être content;

Si on les combat, c'est aussi un état malheureux, parce qu'il n'y a rien de plus pénible que cette guerre intérieure qu'on est continuellement obligé de se faire à soi-même;

Il ne peut donc y avoir en cette vie de véritable bonheur[3].

1. Cette définition est exacte; mais elle ne marque pas le rapport qu'il y a entre le dilemme et le syllogisme, et semble faire supposer qu'il y a nécessairement dans le dilemme deux syllogismes implicites. Or au fond de chaque dilemme il n'y a qu'un syllogisme catégorique; en tant que raisonnement il ne renferme rien de plus. Ce qui le distingue des autres, c'est que le moyen terme, ou la preuve, est une proposition disjonctive, qui distribue un tout en ses parties; en outre, on y joint des explications pour prouver une des prémisses ou toutes les deux. Le dilemme peut aussi, comme tout syllogisme, se mettre sous la forme hypothétique : ce qui l'a fait appeler par certains logiciens syllogisme hypothético-disjonctif.

2. Ces raisons restent en dehors du raisonnement; elles sont extérieures à la déduction; il n'en faut pas tenir compte, pas plus que dans l'épichérème.

3. Il y a là un simple syllogisme : la question est de savoir si quelque homme vivant peut être véritablement heureux. On y trouve le grand et le petit terme. Le terme moyen exprimé par une proposition disjonctive est égal en extension au mineur, qu'il divise en ses deux seules parties : ceux qui combattent leurs passions, ou y cèdent. On peut sans doute y voir à la rigueur deux termes, et alors il y aura deux syllogismes; mais c'est une complication inutile, les deux attributs étant conditionnellement énoncés comme inhérents à un même sujet, qui est le terme moyen. On a donc : nul de ceux qui combattent leurs passions ou s'y abandonnent ne peut être heureux; tout homme vivant est un de ceux qui com-

Si l'on veut prouver que *les évêques qui ne travaillent point au salut des âmes qui leur sont commises sont inexcusables devant Dieu,* on peut le faire par ce dilemme :

Ou ils sont capables de cette charge, ou ils en sont incapables ;

S'ils en sont capables, ils sont inexcusables de ne pas s'y employer ;

S'ils en sont incapables, ils sont inexcusables d'avoir accepté une charge si importante dont ils ne pouvaient pas s'acquitter ;

Et par conséquent, en quelque manière que ce soit, ils sont inexcusables devant Dieu s'ils ne travaillent au salut des âmes qui leur sont commises[1].

Mais on peut faire quelques observations sur ces sortes de raisonnements.

La première est que l'on n'exprime pas toujours toutes les propositions qui y entrent : car, par exemple, le dilemme que nous venons de proposer est renfermé dans ce peu de paroles d'une harangue de saint Charles, à l'entrée de l'un de ses conciles provinciaux : *Si tanto muneri impares, cur tam ambitiosi? si pares, cur tam negligentes*[2]?

battent, etc.; donc nul homme vivant n'est heureux; première figure, *Celarent.* Voilà toute la déduction. Mais pour qu'il y ait démonstration, il faut établir : 1° que l'on a bien divisé le mineur, tout homme vivant, en ses deux seules espèces, comme l'exprime la mineure; 2° que chacune de ces deux espèces est hors de l'extension du majeur; c'est-à-dire que s'abandonner à ses passions c'est ne pas être heureux, et que s'y livrer ne vaut pas mieux. Aussi, jusqu'à ce que cette preuve soit établie, la forme naturelle du dilemme est conditionnelle : si l'homme s'abandonne à ses passions ou s'il y résiste, il ne peut être heureux; or tout homme s'abandonne, etc... Il n'y a donc pas lieu de distinguer le dilemme du syllogisme hypothétique, ni par suite du syllogisme catégorique. On remarquera que la disjonction peut, au lieu de deux attributs, en séparer trois ou quatre, ce qui a porté certains logiciens à reconnaître outre le *dilemme*, le *trilemme*, le *tétralemme*, le *pentalemme*. Krug, *Logik*, p. 285. Les membres de la disjonction s'appellent *les cornes* du dilemme, qui peut être *bicornis, tricornis*, etc.

1. Vérifier sur cet exemple les principes posés dans la note précédente : terme mineur *certains évêques,* terme majeur *inexcusables,* etc.; terme moyen *capables ou incapables :* deux attributs qui doivent sous un rapport épuiser toute la compréhension du terme mineur, et par suite rendre le moyen égal en extension à ce terme, sans quoi le raisonnement est vicieux. Ici la conclusion est affirmative parce que le moyen terme, égal quant à l'extension au mineur, est contenu dans celle du majeur. Ce qu'il faut surtout expliquer, c'est que l'attribut, inexcusable, convient également aux deux parties du moyen, aux prêtres capables de remplir leurs fonctions, et qui les négligent, aux prêtres qui en sont incapables, etc.

2. Saint Charles Borromée, né à Milan en 1532, archevêque de cette ville, et justement vénéré pour son zèle et son inépuisable charité.

Ainsi il y a beaucoup de choses sous-entendues dans ce dilemme célèbre, par lequel un ancien philosophe prouvait qu'on ne devait point se mêler des affaires de la république[1]:

Si on y agit bien, on offensera les hommes; si on y agit mal, on offensera les dieux; donc on ne doit point s'en mêler.

Et de même en celui par lequel un autre prouvait qu'il ne fallait pas se marier : *Si la femme qu'on épouse est belle, elle cause de la jalousie; si elle est laide, elle déplaît; donc il ne faut point se marier*[2].

Car dans l'un et l'autre de ces dilemmes, la proposition qui devait contenir la partition est sous-entendue; et c'est ce qui est fort ordinaire, parce qu'elle se sous-entend facilement, étant assez marquée par les propositions particulières où l'on traite chaque partie.

Et de plus, afin que la conclusion soit renfermée dans les prémisses, il faut sous-entendre partout quelque chose de général qui puisse convenir à tout comme dans le premier :

Si on agit bien, on offensera les hommes, ce qui est fâcheux;

Si on agit mal, on offensera les dieux, ce qui est fâcheux aussi;

Donc il est fâcheux, en toute manière, de se mêler des affaires de la république.

Cet avis est fort important pour bien juger de la force d'un dilemme. Car ce qui fait, par exemple, que celui-là n'est pas concluant, est qu'il n'est point fâcheux d'offenser les hommes, quand on ne peut l'éviter qu'en offensant Dieu[3].

La deuxième observation est qu'un dilemme peut être vicieux, principalement par deux défauts. L'un est, quand la disjonctive sur laquelle il est fondé est défectueuse, ne comprenant pas tous les membres du tout que l'on divise.

Ainsi le dilemme, pour ne point se marier, ne conclut

1. Opinion commune à beaucoup de personnages anciens; Antisthènes paraît l'avoir enseignée le premier. Voir Cicéron, *de Republica*, I, 4.

2. Diogène-Laerte attribue ce sophisme à Antisthènes : ἂν μὲν καλήν, ἕξεις κοινήν, ἂν δὲ αἰσχράν, ἕξεις ποινήν. Aulu-Gelle en fait honneur à Bias.

3. Le dilemme est vicieux, parce qu'on ne peut pas prouver de l'un des deux membres du moyen terme qu'il est contenu dans l'extension du majeur. C'est un défaut qui n'empêche pas le raisonnement d'être régulier, mais qui rend la conclusion fausse.

pas, parce qu'il peut y avoir des femmes qui ne seront pas si belles qu'elles causent de la jalousie, ni si laides qu'elles déplaisent.

C'est aussi, par cette raison, un très-faux dilemme que celui dont se servaient les anciens philosophes pour ne point craindre la mort. *Ou notre âme,* disaient-il, *périt avec le corps, et ainsi, n'ayant plus de sentiment, nous serons incapables de mal, ou si l'âme survit au corps, elle sera plus heureuse qu'elle n'était dans le corps : donc la mort n'est point à craindre*[1]. Car, comme Montaigne a fort bien remarqué[2], c'était un grand aveuglement de ne pas voir qu'on peut concevoir un troisième état entre ces deux-là, qui est que l'âme demeurant après le corps, se trouvât dans un état de tourment et de misère, et qui donne un juste sujet d'appréhender la mort, de peur de tomber en cet état.

L'autre défaut, qui empêche que les dilemmes ne concluent, est quand les conclusions particulières de chaque partie ne sont pas nécessaires. Ainsi il n'est pas nécessaire qu'une belle femme cause de la jalousie, puisqu'elle peut être si sage et si vertueuse qu'on n'aura aucun sujet de se défier de sa fidélité.

Il n'est pas nécessaire aussi qu'étant laide, elle déplaise à son mari, puisqu'elle peut avoir d'autres qualités si avantageuses d'esprit et de vertu, qu'elle ne laissera pas de lui plaire[3].

La troisième observation est que celui qui se sert d'un dilemme doit prendre garde qu'on ne puisse le retourner contre lui-même. Ainsi Aristote témoigne qu'on retourna contre le philosophe qui ne voulait pas qu'on se mêlât des affaires publiques le dilemme dont il se servait pour le prouver ; car on lui dit :

Si on s'y gouverne selon les règles corrompues des hommes, on contentera les hommes ;

1. Cicéron, *Tusculanes,* liv. I, 11.
2. *Essais,* liv. II, 12.
3. Le sophisme est évident, si l'on donne au raisonnement sa forme régulière : tous ceux qui ont une femme belle ou laide sont malheureux ; tous ceux qui se marient ont une femme belle ou laide ; donc tous ceux qui se marient sont malheureux. Des deux défauts relevés par Arnauld, le premier est le moins grave ; le moyen terme est *grosso modo* la distribution du mineur ; mais le vice capital est dans la majeure, dont les preuves sont dérisoires ; on ne prouve pas qu'avoir une femme belle ce soit être malheureux, et la démonstration n'est pas plus sérieuse pour l'autre alternative.

Si on garde la vraie justice, on contentera les dieux :
Donc on doit s'en mêler.

Néanmoins ce retour n'était pas raisonnable; car il n'est pas avantageux de contenter les hommes en offensant Dieu.

CHAPITRE XVII.

Des lieux[1] ou de la méthode de trouver des arguments. Combien cette méthode est de peu d'usage.

Ce que les rhétoriciens et les logiciens appellent lieux, *loci argumentorum*, sont certains chefs généraux, auxquels on peut rapporter toutes les preuves dont on se sert dans les diverses matières que l'on traite; et la partie de la logique qu'ils appellent invention n'est autre chose que ce qu'ils enseignent de ces lieux[2].

Ramus fait une querelle sur ce sujet à Aristote et aux philosophes de l'école, parce qu'ils traitent des lieux après avoir donné les règles des arguments, et il prétend contre eux qu'il faut expliquer les lieux et ce qui regarde l'invention avant que de traiter de ces règles.

La raison de Ramus est que l'on doit avoir trouvé la matière avant que de songer à la disposer.

Or, l'explication des lieux enseigne à trouver cette matière, au lieu que les règles des arguments n'en peuvent apprendre que la disposition.

1. L'*Organon* d'Aristote renferme un traité intitulé *les Topiques*, et qu'il désigne ailleurs sous le titre de *Traité dialectique*. On sait que Cicéron nous a laissé un petit ouvrage très-différent, il est vrai, sur le même sujet. Le livre d'Aristote est autrement solide, quoique très-subtil et un peu confus. En somme, les *Lieux*, τόποι, sont des classes d'idées, des notions générales d'où l'on peut tirer des arguments, « sedes argumentorum; » ce ne sont pas les arguments eux-mêmes, mais des compartiments dans lesquels on les range; un logicien scolastique les compare aux étiquettes qui indiquent le contenu d'un récipient, *pyxidum indices*. Aristote explique ce nom de *lieux*, en rappelant que pour se souvenir des choses, il suffit de reconnaître le lieu où elles se trouvent.

2. Ramus divise la dialectique en deux parties : l'invention, qui consiste à trouver les arguments, et par suite renferme la théorie des lieux communs, et le jugement, qui consiste à les employer; il n'en distribue pas moins, comme Gassendi et Port-Royal, les matières en quatre parties : l'idée, le jugement, le raisonnement et la méthode.

Mais cette raison est très-faible, parce qu'encore qu'il soit nécessaire que la matière soit trouvée pour la disposer, il n'est pas nécessaire néanmoins d'apprendre à trouver la matière avant d'avoir appris à la disposer : car, pour apprendre à disposer la matière, il suffit d'avoir certaines matières générales pour servir d'exemples; or, l'esprit et le sens commun en fournissent toujours assez, sans qu'il soit besoin d'en emprunter d'aucun art ni d'aucune méthode. Il est donc vrai qu'il faut avoir une matière pour y appliquer les règles des arguments ; mais il est faux qu'il soit nécessaire de trouver cette matière par la méthode des lieux.

On pourrait dire, au contraire, que comme on prétend enseigner dans les lieux l'art de tirer des arguments et des syllogismes, il est nécessaire de savoir auparavant ce que c'est qu'argument et syllogisme ; mais on pourrait peut-être aussi répondre que la nature seule nous fournit une connaissance générale de ce que c'est que raisonnement, qui suffit pour entendre ce qu'on en dit en parlant des lieux [1].

Il est donc assez inutile de se mettre en peine en quel ordre on doit traiter des lieux, puisque c'est une chose à peu près indifférente; mais il serait peut-être plus utile d'examiner s'il ne serait pas plus à propos de n'en point traiter du tout.

On sait que les anciens ont fait un grand mystère de cette méthode, et que Cicéron la préfère même à toute la dialectique, telle qu'elle était enseignée par les stoïciens [2], parce qu'ils ne parlaient point des lieux. Laissons, dit-il, toute cette science, qui ne nous dit rien de l'art de trouver des arguments, et qui ne nous fait que trop de discours pour nous instruire à en juger : *Istam artem totam relinquamus quæ in excogitandis argumentis muta nimium est, in judicandis nimium loquax.* Quintilien et tous les autres rhétoriciens, Aristote et tous les philosophes en parlent de même; de sorte que l'on aurait peine à n'être pas de leur sentiment, si l'expérience générale n'y paraissait entièrement opposée.

On peut en prendre à témoin presque autant de personnes

1. C'est précisément la raison alléguée par Ramus, qui reconnaît à l'homme une faculté logique naturelle, que l'art ne fait que diriger.

2. *De Oratore*, II, 38 : « Stoicus iste nihil adjuvat, quoniam, quemadmodum inveniam quid dicam, non docet. »

qu'il y en a qui ont passé par le cours ordinaire des études, et qui ont appris de cette méthode artificielle de trouver des preuves ce qu'on en apprend dans les colléges; car, y en a-t-il un seul qui puisse dire véritablement que, lorsqu'il a été obligé de traiter quelque sujet, il ait fait réflexion sur ces lieux et y ait cherché les raisons qui lui étaient nécessaires? Qu'on consulte tant d'avocats et de prédicateurs qui sont au monde, tant de gens qui parlent et qui écrivent, et qui ont toujours de la matière de reste; et je ne sais si on en pourra trouver quelqu'un qui ait jamais pensé à faire un argument *a causa, ab effectu, ab adjunctis*[1], pour prouver ce qu'il désirait persuader.

Aussi, quoique Quintilien fasse paraître de l'estime pour cet art, il est obligé néanmoins de reconnaître qu'il ne faut pas, lorsqu'on traite une matière, aller frapper à la porte de tous ces lieux pour en tirer des arguments et des preuves. *Illud quoque,* dit-il, *studiosi eloquentiæ cogitent non esse, cum proposita fuerit materia dicendi, scrutanda singula et velut ostiatim pulsanda, ut sciant an ad id probandum quod intendimus, forte respondeant*[2].

Il est vrai que tous les arguments qu'on fait sur chaque sujet peuvent se rapporter à ces chefs et à ces termes généraux qu'on appelle lieux; mais ce n'est point par cette méthode qu'on les trouve[3]. La nature, la considération attentive du sujet, la connaissance des diverses vérités les fait produire et ensuite l'art les rapporte à certains genres, de sorte que l'on peut dire véritablement des lieux ce que saint Augustin dit en général des préceptes de la rhétorique. On trouve, dit-il, que les règles de l'éloquence sont observées dans les discours des personnes éloquentes, quoiqu'ils n'y pensent pas en les faisant, soit qu'ils les sachent, soit qu'ils les ignorent. Ils pratiquent ces règles, parce qu'ils sont éloquents; mais ils ne s'en servent pas pour être éloquents. *Implent quippe illa, quia sunt eloquentes, non adhibent ut sint eloquentes*[4].

1. Cicéron traduit par *adjuncta,* ce lieu qu'Aristote nomme l'augmentation et la diminution, πρόσθεσις καὶ ἀφαίρεσις.

2. *Institution de l'orateur*, V, 10.

3. On ne peut mieux juger des lieux communs; ils ne servent pas à inventer des idées, mais à mettre de l'ordre dans celles qu'on a trouvées.

4. *De Doctrina christiana,* IV, 3.

L'on marche naturellement, comme ce même Père le remarque en un autre endroit; et en marchant on fait certains mouvements réglés du corps; mais il ne servirait de rien, pour apprendre à marcher, de dire, par exemple, qu'il faut envoyer des esprits en certains nerfs, remuer certains muscles, faire certains mouvements dans les jointures, mettre un pied devant l'autre, et se reposer sur l'un pendant que l'autre avance. On peut bien former des règles en observant ce que la nature nous fait faire; mais on ne fait jamais ces actions par le secours de ces règles: ainsi l'on traite tous les lieux dans les discours les plus ordinaires, et l'on ne saurait rien dire qui ne s'y rapporte; mais ce n'est point en y faisant une réflexion expresse que l'on produit ces pensées; cette réflexion ne pouvant servir qu'à ralentir la chaleur de l'esprit et à l'empêcher de trouver les raisons vives et naturelles, qui sont les vrais ornements de toute sorte de discours[1].

Virgile, dans le neuvième livre de l'Énéide, après avoir représenté Euryale surpris et environné de ses ennemis, qui étaient près de venger sur lui la mort de leurs compagnons que Nisus, ami d'Euryale, avait tués, met ces paroles pleines de mouvement et de passion dans la bouche de Nisus[2]:

Me, me, adsum qui feci : in me convertite ferrum,
O Rutuli! mea fraus omnis; nihil iste, nec ausus,
Nec potuit : cœlum hoc, et sidera conscia testor :
Tantum infelicem nimium dilexit amicum.

C'est un argument, dit Ramus, *a causa efficiente;* mais on pourrait bien juger avec assurance que jamais Virgile ne songea, lorsqu'il fit ces vers, au *lieu* de la cause efficiente. Il ne les aurait jamais faits, s'il s'était arrêté à y chercher cette pensée; et il faut nécessairement que, pour produire des vers si nobles et si animés, il ait non-seulement oublié ces règles, s'il les savait, mais qu'il se soit, en quelque sorte, oublié lui-même pour prendre la passion qu'il représentait.

1. Ce jugement peut être accepté comme définitif; mais il faut distinguer entre l'étude stérile des lieux communs, telle que l'École l'a pratiquée, et les remarques ingénieuses et profondes qui font la meilleure partie du livre des *Topiques,* où l'on trouve « une multitude de détails admirables par leur finesse, par une délicatesse d'observation qui nous montre la présence du génie, même dans les plus petites choses. » Franck, *Esquisse d'une histoire de la logique,* p. 46.

2. *Énéide,* IX, 427.

Le peu d'usage que le monde a fait de cette méthode des lieux, depuis tant de temps qu'elle est trouvée et qu'on l'enseigne dans les écoles, est une preuve évidente qu'elle n'est pas de grand usage; mais quand on se serait appliqué à en tirer tout le fruit qu'on en peut tirer, on ne voit pas qu'on puisse arriver par là à quelque chose qui soit véritablement utile et estimable; car tout ce qu'on peut prétendre par cette méthode, est de trouver sur chaque sujet diverses pensées générales, ordinaires, éloignées, comme les lullistes en trouvent par le moyen de leurs tables[1] : or, tant s'en faut qu'il soit utile de se procurer cette sorte d'abondance, qu'il n'y a rien qui gâte davantage le jugement.

Rien n'étouffe plus les bonnes semences que l'abondance des mauvaises herbes; rien ne rend un esprit plus stérile en pensées justes et solides, que cette mauvaise fertilité de pensées communes. L'esprit s'accoutume à cette facilité, et ne fait plus d'efforts pour trouver les raisons propres, particulières et naturelles, qui ne se découvrent que dans la considération attentive de son sujet.

On devrait considérer que cette abondance, qu'on recherche par le moyen de ces lieux, est un très-petit avantage. Ce n'est pas ce qui manque à la plupart du monde. On pèche beaucoup plus par excès que par défaut; et les discours que l'on fait ne sont que trop remplis de matière. Ainsi, pour former les hommes dans une éloquence judicieuse et solide, il serait bien plus utile de leur apprendre à se taire qu'à parler, c'est-à-dire à supprimer et à retrancher les pensées basses, communes et fausses, qu'à produire, comme ils font, un amas confus de raisonnements bons et mauvais, dont on remplit les livres et les discours.

Et comme l'usage des lieux ne peut guère servir qu'à trouver de ces sortes de pensées, on peut dire que s'il est bon de savoir ce qu'on en dit, parce que tant de personnes célèbres en ont parlé, qu'ils ont formé une espèce de nécessité de ne pas ignorer une chose si commune, il est encore beaucoup plus important d'être très-persuadé qu'il n'y a rien de plus

1. C'est bien l'objet du *grand art* de Raymond Lulle : « Subjectum hujus artis est respondere de omnibus quæstionibus, » dit-il lui-même dans l'introduction de son *Ars brevis*.

ridicule que de les employer pour discourir de tout à perte de vue, comme les lullistes font par le moyen de leurs attributs généraux qui sont des espèces de lieux[1]; et que cette mauvaise facilité de parler de tout, et de trouver raison partout, dont quelques personnes font vanité, est un si mauvais caractère d'esprit, qu'il est beaucoup au-dessous de la bêtise.

C'est pourquoi tout l'avantage qu'on peut tirer de ces lieux se réduit au plus à en avoir une teinture générale, qui sert peut-être un peu, sans qu'on y pense, à envisager la matière que l'on traite par plus de faces et de parties.

CHAPITRE XVIII.

Division des lieux en lieux de grammaire, de logique et de métaphysique.

Ceux qui ont traité des lieux les ont divisés en différentes manières. Celle qui a été suivie par Cicéron dans les livres de l'*Invention* et dans le IIe livre de l'*Orateur*, et par Quintilien au Ve livre de ses *Institutions*, est moins méthodique; mais elle est aussi plus propre pour l'usage des discours du barreau, auquel ils la rapportent particulièrement. Celle de Ramus est trop embarrassée de subdivisions.

En voici une qui paraît assez commode, d'un philosophe allemand fort judicieux et fort solide, nommé Clauberge, dont la Logique m'est tombée entre les mains, lorsqu'on avait déjà commencé à imprimer celle-ci[2].

Les lieux sont tirés ou de la grammaire, ou de la logique, ou de la métaphysique.

Lieux de grammaire.

Les lieux de grammaire sont l'étymologie, et les mots

1. Toute question, suivant les lullistes, est résolue par trois éléments : les sujets, les attributs, les rapports. Ils entreprennent l'énumération de chacun d'eux et reconnaissent neuf attributs généraux, *prædicata absoluta*.

2. Cet ouvrage, très-estimable en effet, parut en 1654 sous ce titre : *Logica vetus et nova*. Jean Clauberg fut le premier cartésien allemand, et développa les principes de la nouvelle doctrine avec plus de précision et de clarté que Descartes lui-même, si on en croyait Leibnitz. En réalité il les interpréta au sens de Malebranche et même de Spinoza. La division des lieux communs, telle qu'on la rapporte ici, ne lui appartient pas en propre.

dérivés de même racine, qui s'appellent en latin *conjugata* et en grec παρώνυμα[1].

On argumente par l'étymologie, quand on dit, par exemple, que plusieurs personnes du monde ne se divertissent jamais, à proprement parler; parce que se divertir, c'est se désappliquer des occupations sérieuses, et qu'elles ne s'occupent jamais sérieusement.

Les mots dérivés de même racine servent aussi à faire trouver des pensées.

Homo sum, humani nil a me alienum puto.
Mortali urgemur ab hoste, mortales.
Quid tam dignum misericordia quam miser?
Quid tam indignum misericordia quam superbus miser?

Qu'y a-t-il de plus digne de miséricorde qu'un misérable? Et qu'y a-t-il de plus indigne de miséricorde qu'un misérable qui est orgueilleux?

Lieux de logique.

Les lieux de logique sont les termes universels, genre, espèce, différence, propre, accident, la définition, la division; et comme tous ces points ont été expliqués auparavant, il n'est pas nécessaire d'en traiter ici davantage.

Il faut seulement remarquer que l'on joint d'ordinaire à ces lieux certaines maximes communes, qu'il est bon de savoir, non pas qu'elles soient fort utiles, mais parce qu'elles sont communes. On en a déjà rapporté quelques-unes sous d'autres termes; mais il est bon de les savoir sous les termes ordinaires.

1° Ce qui s'affirme ou se nie du genre, s'affirme ou se nie de l'espèce. *Ce qui convient à tous les hommes, convient aux grands; mais ils ne peuvent pas prétendre aux avantages qui sont au-dessus des hommes.*

2° En détruisant le genre, on détruit aussi l'espèce. *Celui qui ne juge point du tout, ne juge point mal: celui qui ne parle point du tout, ne parle jamais indiscrètement.*

1. Il y a ici une légère erreur. La signification étymologique est désignée par Aristote en ces termes assez obscurs, ὡς κεῖται τοὔνομα, et Cicéron et Ramus la désignent par le mot *notatio*. Le terme *conjugata* traduit le grec σύστοιχα, les conjugaisons.

3° En détruisant toutes les espèces, l'on détruit les genres. *Les formes qu'on appelle substantielles (excepté l'âme raisonnable) ne sont ni corps ni esprit ; donc ce ne sont point des substances.*

4° Si l'on peut affirmer ou nier de quelque chose la différence totale, on en peut affirmer ou nier l'espèce. *L'étendue ne convient pas à la pensée ; donc elle n'est pas matière.*

5° Si l'on peut affirmer ou nier de quelque chose la propriété, on en peut affirmer ou nier l'espèce. *Étant impossible de se figurer la moitié d'une pensée, ni une pensée ronde et carrée, il est impossible que ce soit un corps.*

6° On affirme ou on nie le défini de ce dont on affirme ou nie la définition. *Il y a peu de personnes justes, parce qu'il y en a peu qui aient une ferme et constante volonté de rendre à chacun ce qui lui appartient.*

Lieux de métaphysique.

Les lieux de métaphysique sont certains termes généraux, convenant à tous les êtres, auxquels on rapporte plusieurs arguments, comme les causes, les effets, le tout, les parties, les termes opposés[1]. Ce qu'il y a de plus utile est d'en savoir quelques divisions générales, et principalement des causes.

Les définitions qu'on donne dans l'école aux causes en général, en disant qu'*une cause est ce qui produit un effet*, ou *ce par quoi une chose est*, sont si peu nettes, et il est si difficile de voir comment elles conviennent à tous les genres de causes, qu'on aurait aussi bien fait de laisser ce mot entre ceux que l'on ne définit point, l'idée que nous en avons étant aussi claire que les définitions qu'on en donne.

Mais la division des causes en quatre espèces, qui sont la cause finale, efficiente, matérielle et formelle, est si célèbre qu'il est nécessaire de la savoir[2].

On appelle CAUSE FINALE la fin pour laquelle une chose est.

1. C'est avec quelques additions la division d'Aristote dans les *Topiques*.

2. « La sagesse est la science des causes, et il y a quatre sortes de causes ou de principes, ἀρχή : 1° l'essence, ce que chaque chose est suivant l'être, τὴν οὐσίαν, καὶ τὸ τί ἦν εἶναι ; 2° la matière, le sujet, τὴν ὕλην καὶ τὸ ὑποκείμενον ; 3° la cause du mouvement, τὴν ἀρχὴν τῆς κινήσεως ; 4° la fin, le bien, τὸ οὗ ἕνεκεν, τὸ ἀγαθόν. Aristote, *Métaphysique*, I, 3. Sur les lieux tirés de la cause, γενέσεις καὶ φθοραί, voir les *Topiques*, III, 6 ; IV ; 4 *et passim*.

Il y a des fins *principales,* qui sont celles que l'on regarde principalement, et des fins *accessoires,* qu'on ne considère que par surcroît.

Ce que l'on prétend faire ou obtenir est appelé *finis cujus gratia.* Ainsi, la santé est la fin de la médecine, parce qu'elle prétend la procurer.

Celui pour qui l'on travaille est appelé *finis cui.* L'homme est la fin de la médecine en cette manière, parce que c'est à lui qu'elle a dessein d'apporter la guérison.

Il n'y a rien de plus ordinaire que de tirer des arguments de la fin; ou pour montrer qu'une chose est imparfaite, comme un discours est mal fait lorsqu'il n'est pas propre à persuader; ou pour faire voir qu'il est vraisemblable qu'un homme a fait ou fera quelque action, parce qu'elle est conforme à la fin qu'il a accoutumé de se proposer (d'où vient cette parole célèbre d'un juge de Rome, qu'il fallait examiner avant toutes choses, *cui bono,* c'est-à-dire quel intérêt un homme aurait eu à faire une chose, parce que les hommes agissent ordinairement selon leur intérêt); ou pour montrer, au contraire, qu'on ne doit pas soupçonner un homme d'une action, parce qu'elle aurait été contraire à sa fin.

Il y a encore plusieurs autres manières de raisonner par la fin, que le bon sens découvrira mieux que tous les préceptes; ce qui soit dit aussi pour les autres lieux.

La cause efficiente est celle qui produit une autre chose. On en tire des arguments, en montrant qu'un effet n'est pas, parce qu'il n'a pas eu de cause suffisante, ou qu'il est ou sera, en faisant voir que toutes ces causes sont. Si ces causes sont nécessaires, l'argument est nécessaire; si elles sont libres et contingentes, il n'est que probable.

Il y a diverses espèces de cause efficiente, dont il est utile de savoir les noms :

Dieu créant Adam était sa cause *totale,* parce que rien ne concourait avec lui; mais le père et la mère ne sont chacun que causes *partielles* de leur enfant, parce qu'ils ont besoin l'un de l'autre.

Le soleil est une cause *propre* de la lumière; mais il n'est cause qu'*accidentelle* de la mort d'un homme que sa chaleur aurait fait mourir, parce qu'il était mal disposé.

Le père est cause *prochaine* de son fils ;

L'aïeul n'en est que la cause *éloignée*.

La mère est une cause *productive*.

La nourrice n'est qu'une cause *conservante*.

Le père est une cause *univoque* à l'égard de ses enfants, parce qu'ils lui sont semblables en nature.

Dieu n'est qu'une cause *équivoque* à l'égard des créatures, parce qu'elles ne sont pas de la nature de Dieu.

Un ouvrier est la cause *principale* de son ouvrage ; ses instruments n'en sont que la cause *instrumentale*.

L'air qui entre dans les orgues est une cause *universelle* de l'harmonie des orgues ;

La disposition particulière de chaque tuyau et celui qui en joue en sont les causes *particulières* qui déterminent l'universelle.

Le soleil est une cause *naturelle*.

L'homme, une cause *intellectuelle* à l'égard de ce qu'il fait avec jugement.

Le feu qui brûle du bois est une cause *nécessaire*.

Un homme qui marche est une cause *libre*.

Le soleil, éclairant une chambre, est la cause *propre* de sa clarté ; l'ouverture de la fenêtre n'est qu'une cause ou condition sans laquelle l'effet ne se ferait pas, *conditio sine qua non*.

Le feu, brûlant une maison, est la cause *physique* de l'embrasement ; l'homme qui y a mis le feu en est la cause *morale*.

On rapporte encore à la cause efficiente, la cause *exemplaire*[1], qui est le modèle que l'on se propose en faisant un ouvrage, comme le dessin d'un bâtiment par lequel un architecte se conduit ; ou généralement ce qui est cause de l'être, objective de notre idée, ou de quelque autre image que ce soit, comme le roi Louis XIV est la cause *exemplaire* de son portrait.

1. Dans une lettre intéressante sur ce sujet, Sénèque fait remarquer que la cause exemplaire joue un rôle important dans la philosophie platonicienne, les idées étant les types que Dieu consulte pour former l'univers ; et après avoir cité les quatre causes reconnues par les péripatéticiens, il ajoute : « His quintam Plato adjicit, exemplar, quam ipse ideam vocat ; hoc enim est ad quod respiciens artifex id quod destinabat efficit. » *Lettre* LXV.

La cause matérielle est ce dont les choses sont formées, comme l'or est la matière d'un vase d'or ; ce qui convient ou ne convient pas à la matière, convient ou ne convient pas aux choses qui en sont composées.

La forme est ce qui rend une chose telle et la distingue des autres, soit que ce soit un être réellement distingué de la matière, selon l'opinion de l'École[1], soit que ce soit seulement l'arrangement des parties. C'est par la connaissance de cette forme qu'on en doit expliquer les propriétés.

Il y a autant de différents effets que de causes, ces mots étant réciproques. La manière ordinaire d'en tirer des arguments est de démontrer que si l'effet est, la cause est, rien ne pouvant être sans cause. On prouve aussi qu'une cause est bonne ou mauvaise quand les effets en sont bons ou mauvais, ce qui n'est pas toujours vrai dans les causes par accident.

On a parlé suffisamment du tout et des parties dans le chapitre de la division, et ainsi il n'est pas nécessaire d'en rien ajouter ici.

On fait de quatre sortes de termes opposés :

Les relatifs, comme père, fils ; maître, serviteur.

Les contraires, comme froid et chaud ; sain et malade.

Les privatifs, comme la vie, la mort ; la vue, l'aveuglement ; l'ouïe, la surdité ; la science, l'ignorance.

Les contradictoires, qui consistent dans un terme et dans la simple négation de ce terme : voir, ne voir pas.

La différence qu'il y a entre ces deux dernières sortes d'opposés est que les termes privatifs enferment la négation d'une forme dans un sujet qui en est capable, au lieu que les négatifs ne marquent point cette capacité. C'est pourquoi on ne dit point qu'une pierre est aveugle ou morte, parce qu'elle n'est capable ni de la vue ni de la vie[2].

Comme ces termes sont opposés, on se sert de l'un pour

1. C'est plus particulièrement l'opinion de ceux qu'on appelle *réalistes*. Mais tous les autres, quand ils appliquent à l'homme cette célèbre distinction, et regardent le corps comme sa matière, et l'âme comme sa forme, sont bien forcés de faire de la forme un être véritable.

2. On peut nier d'une chose n'importe quel attribut ; mais elle ne peut être privée que de ceux qu'elle pourrait avoir.

nier l'autre. Les termes contradictoires ont cela de propre qu'en ôtant l'un on établit l'autre[1].

Il y a plusieurs sortes de comparaisons : car l'on compare les choses, ou égales, ou inégales ; ou semblables, ou dissemblables. On prouve que ce qui convient ou ne convient pas à une chose égale ou semblable, convient ou ne convient pas à une autre chose à qui elle est égale ou semblable.

Dans les choses inégales, on prouve négativement que, si ce qui est plus probable n'est pas, ce qui est moins probable n'est pas à plus forte raison ; ou affirmativement que, si ce qui est moins probable est, ce qui est plus probable est aussi. On se sert d'ordinaire des différences ou des dissimilitudes pour ruiner ce que d'autres auraient voulu établir par des similitudes, comme on ruine l'argument qu'on tire d'un arrêt en montrant qu'il est donné sur un autre cas.

Voilà grossièrement une partie de ce que l'on dit des lieux. Il y a des choses qu'il est plus utile de ne savoir qu'en cette manière. Ceux qui en désireront davantage le peuvent voir dans les auteurs qui en ont traité avec plus de soin. On ne saurait néanmoins conseiller à personne de l'aller chercher dans les Topiques d'Aristote, parce que ce sont des livres étrangement confus[2] ; mais il y a quelque chose d'assez beau sur ce sujet dans le premier livre de sa Rhétorique, où il enseigne diverses manières de faire voir qu'une chose est utile, agréable, plus grande, plus petite. Il est vrai néanmoins qu'on n'arrivera jamais par ce chemin à aucune connaissance bien solide.

1. C'est le principe de certains raisonnements disjonctifs, et c'est vrai de tous les termes opposés, quand il n'y a pas de milieu.

2. Le jugement est sévère sans être injuste. Cette confusion s'explique parce que dans plusieurs passages le texte est transposé ou mutilé. On a relevé dans les *Topiques* l'indication de trois cent quatre-vingt-deux arguments, qui y paraissent jetés pêle-mêle.

CHAPITRE XIX.

Des diverses manières de mal raisonner, que l'on appelle sophismes.

Quoique, sachant les règles des bons raisonnements, il ne soit pas difficile de reconnaître ceux qui sont mauvais, néanmoins, comme les exemples à fuir frappent souvent davantage que les exemples à imiter, il ne sera pas inutile de représenter les principales sources des mauvais raisonnements que l'on appelle *sophismes* ou *paralogismes*, parce que cela donnera encore plus de facilité à les éviter[1].

Je ne les réduirai qu'à sept ou huit, y en ayant quelques-uns de si grossiers, qu'ils ne méritent pas d'être remarqués.

I. *Prouver autre chose que ce qui est en question.*

Ce sophisme est appelé par Aristote *ignoratio el enchi*[2], c'est-à-dire l'ignorance de ce que l'on doit prouver contre son adversaire. C'est un vice très-ordinaire dans les contestations des hommes. On dispute avec chaleur, et souvent on ne s'entend pas l'un l'autre. La passion ou la mauvaise foi fait qu'on attribue à son adversaire ce qui est éloigné de son sentiment,

1. On peut mal juger ou mal raisonner; dans le premier cas il y a *erreur*, et dans le second *sophisme*. Mal juger c'est toujours au fond faire une induction défectueuse; mal raisonner, une fausse déduction. Tout raisonnement dans lequel la conclusion est légitimement tirée des prémisses est bon en tant que déduction, encore que les prémisses contiennent quelque fausseté; car cette fausseté, ce n'est pas la déduction qui l'y a mise; elle est le résultat d'une erreur tout à fait étrangère à l'acte de raisonner. Il n'y a donc sophisme que du fait de la déduction elle-même. Aussi les *sophismes* proprement dits sont-ils très-rares : le plus souvent la fausseté de la conclusion tient à l'erreur contenue dans une des prémisses ou dans toutes deux; les vices de forme sont trop faciles à éviter pour que l'esprit s'y laisse souvent tromper; et dans ce cas même combien de fois y a-t-il mensonge plutôt qu'erreur! Le sophiste ne se trompe pas; il veut nous tromper. On appelle *paralogisme* un faux raisonnement commis de bonne foi; c'est l'exception. Si on dressait la liste des fausses idées les plus communes, on trouverait des milliers d'*erreurs* pour un seul *paralogisme*. La plupart des sophismes dont on va parler ne sont que de véritables erreurs, quand ils ne sont pas des mensonges.

2. Le dernier des traités désignés sous le nom commun d'*Organon* est intitulé : περὶ τῶν σοφιστικῶν ἐλέγχων, mots que l'on peut ainsi traduire : des moyens de réfuter les sophismes. Les scolastiques ont forgé le mot *Elenchi*, qui dans ce cas particulier signifie la question à traiter, παρὰ τὴν τοῦ ἐλέγχου ἄγνοιαν.

pour le combattre avec plus d'avantage, ou qu'on lui impute les conséquences qu'on s'imagine pouvoir tirer de sa doctrine, quoiqu'il les désavoue et qu'il les nie. Tout cela peut se rapporter à cette première espèce de sophisme qu'un homme de bien et sincère doit éviter sur toutes choses.

Il eût été à souhaiter qu'Aristote, qui a eu soin de nous avertir de ce défaut, eût eu autant de soin de l'éviter; car on ne peut dissimuler qu'il n'ait combattu plusieurs des anciens philosophes en rapportant leurs opinions peu sincèrement. Il réfute Parménide et Mélissus, pour n'avoir admis qu'un seul principe de toutes choses, comme s'ils avaient entendu par là le principe dont elles sont composées; au lieu qu'ils entendaient le seul et unique principe dont toutes les choses ont tiré leur origine, qui est Dieu[1].

Il accuse tous les anciens de n'avoir pas reconnu la privation pour un des principes des choses naturelles, et il les traite sur cela de rustiques et de grossiers : mais qui ne voit que ce qu'il nous représente comme un grand mystère qui eût été ignoré jusqu'à lui, ne peut jamais avoir été ignoré de personne, puisqu'il est impossible de ne pas voir qu'il faut que la matière dont on fait une table ait la privation de la forme de table, c'est-à-dire ne soit pas table avant qu'on en fasse une table? Il est vrai que ces anciens ne s'étaient pas avisés de cette connaissance pour expliquer les principes des choses naturelles, parce qu'en effet il n'y a rien qui y serve moins, étant assez visible qu'on n'en connaît pas mieux comment se fait une horloge, pour savoir que la matière dont on l'a faite a dû n'être pas horloge, avant qu'on en fît une horloge[2].

1. Parménide et Melissus sont deux philosophes de l'école d'Élée. Arnauld, quand il accuse Aristote de ne pas être sincère dans l'examen des opinions de ses prédécesseurs, se fait l'écho d'une calomnie, que Bacon avait déjà propagée en lui reprochant « d'égorger ses frères, comme font les despotes ottomans pour régner seuls. » Le caractère du grand homme, qui s'est fait un devoir sacré de préférer la vérité à ses affections, ὅσιον προτιμᾶν τὴν ἀλήθειαν, était à la hauteur de son génie; et quant à sa clairvoyance, elle est rarement en défaut. C'est lui qui a parfaitement compris le sens des doctrines de Parménide, et c'est Arnauld qui les dénature.

2. A supposer que la *privation* soit une invention si oiseuse, comment y découvrir le sophisme dont on cherche l'exemple? Il n'est pas loyal d'ailleurs d'isoler de toute une doctrine un seul mot, d'en donner une idée grossière, et de prononcer sommairement contre tout le système. Sur la privation voir plus haut, page 34, note 1.

C'est donc une injustice à Aristote de reprocher à ces anciens philosophes d'avoir ignoré une chose qu'il est impossible d'ignorer, et de les accuser de ne s'être pas servis, pour expliquer la nature, d'un principe qui n'explique rien; et c'est une illusion et un sophisme que d'avoir produit au monde ce principe de la privation comme un rare secret, puisque ce n'est point ce que l'on cherche, quand on tâche de découvrir les principes de la nature. On suppose comme une chose connue, qu'une chose n'est pas avant que d'être faite : mais on veut savoir de quels principes elle est composée et quelle cause l'a produite[1].

Aussi n'y a-t-il jamais eu de statuaire, par exemple, qui, pour apprendre à quelqu'un la manière de faire une statue, lui ait donné, pour première instruction, cette leçon par laquelle Aristote veut qu'on commence l'explication de tous les ouvrages de la nature : Mon ami, la première chose que vous devez savoir est que, pour faire une statue, il faut choisir un marbre qui ne soit pas encore cette statue que vous voulez faire[2].

II. *Supposer pour vrai ce qui est en question.*

C'est ce qu'Aristote appelle *pétition de principe*[3], ce qu'on voit assez être entièrement contraire à la vraie raison; puisque, dans tout raisonnement, ce qui sert de preuve doit être plus clair et plus connu que ce qu'on veut prouver.

Cependant Galilée l'accuse, et avec justice, d'être tombé lui-même dans ce défaut, lorsqu'il veut prouver, par cet argument, que la terre est au centre du monde.

La nature des choses pesantes est de tendre au centre du monde, et des choses légères de s'en éloigner ;

Or l'expérience nous fait voir que les choses pesantes

1. Arnauld tombe lui-même dans l'erreur qu'il reproche si durement à Aristote. Il semble ignorer le but de ses *Leçons de physique*, et y substitue arbitrairement un objet auquel Aristote ne songeait pas.

2. En somme il est facile de voir que ce premier sophisme est une simple erreur d'induction. On infère de certains indices le sens d'une doctrine qu'on réfute, on la dénature ; mais la déduction n'est pas l'origine de cette méprise ; elle ne commence que quand l'erreur est commise.

3. Παρὰ τὸ ἐν ἀρχῇ λαμβάνειν. *Réfutation des sophismes*, 27.

tendent au centre de la terre, et que les choses légères s'en éloignent ;

Donc le centre de la terre est le même que le centre du monde.

Il est clair qu'il y a dans la majeure de cet argument une manifeste pétition de principe ; car nous voyons bien que les choses pesantes tendent au centre de la terre, mais d'où Aristote a-t-il appris qu'elles tendent au centre du monde, s'il ne suppose que le centre de la terre est le même que le centre du monde ? Ce qui est la conclusion même qu'il veut prouver par cet argument,

Ce sont aussi de pures pétitions de principes que la plupart des arguments dont on se sert pour prouver un certain genre bizarre de substances, qu'on appelle dans l'école des *formes substantielles*[1], lesquelles on prétend être corporelles, quoiqu'elles ne soient pas des corps, ce qui est assez difficile à comprendre[2]. S'il n'y avait des formes substantielles, disent-ils, il n'y aurait point de génération ; or, il y a génération dans le monde ; donc il y a des formes substantielles.

Il n'y a qu'à distinguer l'équivoque du mot de génération pour voir que cet argument n'est qu'une pure pétition de principe ; car si l'on entend par le mot de génération la production naturelle d'un nouveau tout dans la nature, comme la

1. Les péripatéticiens professent que toute substance est constituée par deux éléments : la matière et la forme ; et les philosophes du moyen âge acceptent tous cette doctrine. Ils définissent la forme ce qui donne à la matière sa réalité, qui la fait passer de l'état de simple puissance à celui de vraie substance. Il y a donc dans chaque chose une forme essentielle, une qualité propre qui la détermine à être ce qu'elle est, et la distingue des autres : c'est *la forme substantielle ;* il y a aussi des propriétés secondaires qu'on pourrait retrancher de la substance sans l'anéantir : ce sont les formes accidentelles. Cette distinction n'a rien de déraisonnable en soi ; mais beaucoup de philosophes, au lieu d'y voir seulement une abstraction, firent de la matière, simple possibilité, et de la forme, principe de détermination, de véritables êtres. C'est contre ce réalisme excessif que la critique d'Arnauld a quelque valeur ; il n'est en cela que l'interprète de Descartes, qui dit expressément : « Il n'y a dans la matière aucune de ces formes, ou qualités dont on dispute dans l'école. » Leibnitz, moins acharné contre le passé, parce qu'il le connaît mieux, ne trouve pas que tout soit à dédaigner dans la scolastique : « Il semble que depuis peu le nom des formes substantielles est devenu infâme auprès de certaines gens, et qu'on a honte d'en parler. Cependant il y a en cela encore peut-être plus de mode que de raison. »

2. Ce n'est pas très-exact : toutes les formes substantielles ne sont pas regardées comme des corps, l'âme étant elle-même une forme.

production d'un poulet qui se forme dans un œuf, on a raison de dire qu'il y a des générations en ce sens ; mais on n'en peut pas conclure qu'il y ait des formes substantielles, puisque le seul arrangement des parties par la nature peut produire ces nouveaux touts et ces nouveaux êtres naturels. Mais si l'on entend par le mot de génération, comme ils entendent ordinairement, la production d'une nouvelle substance qui ne fût pas auparavant, savoir, de cette forme substantielle, on supposera justement ce qui est en question : étant visible que celui qui nie les formes substantielles ne peut pas accorder que la nature produise des formes substantielles[1], et tant s'en faut qu'il puisse être porté par cet argument à avouer qu'il y en ait, qu'il doit en tirer une conclusion contraire en cette sorte : S'il y avait des formes substantielles, la nature pourrait produire des substances qui ne seraient pas auparavant ; or la nature ne peut pas produire de nouvelles substances, puisque ce serait une espèce de création, et partant il n'y a point de formes substantielles.

En voici un autre de même nature : S'il n'y avait point de formes substantielles, disent-ils encore, les êtres naturels ne seraient pas des touts, qu'ils appellent *per se, totum per se,* mais des êtres par accident ; or ils sont des touts *per se,* donc il y a des formes substantielles.

Il faut encore prier ceux qui se servent de cet argument de vouloir expliquer ce qu'ils entendent par un tout *per se, totum per se;* car, s'ils entendent, comme ils font, un être composé de matière et de forme, il est clair que c'est une pétition de principe, puisque c'est comme s'ils disaient : S'il n'y avait point de formes substantielles, les êtres naturels ne seraient pas composés de matière et de formes substantielles ; or ils sont composés de matière et de formes substantielles ; donc il y a des formes substantielles. Que s'ils entendent autre chose, qu'ils le disent, et on verra qu'ils ne prouvent rien[2].

1. Cela prouve que le raisonnement n'est concluant que pour ceux, qui déjà on admis certains principes antérieurs ; si on l'isole, il perd toute sa force.

2. Ils veulent dire par là que si on accorde qu'il y a des formes, il y en a de deux sortes : les unes substantielles, « actus primarius una cum materia constituens unum per se ; » les autres accidentelles, c'est-à-dire ne formant avec le sujet qu'une unité par accident. La critique d'Arnauld, en s'attaquant à la forme de l'argument, fait fausse route.

On s'est arrêté un peu en passant à faire voir la faiblesse des arguments sur lesquels on établit dans l'école ces sortes de substances, qui ne se découvrent ni par le sens, ni par l'esprit, et dont on ne sait autre chose, sinon qu'on les appelle des formes substantielles; parce que, quoique ceux qui les soutiennent le fassent à très-bon dessein, néanmoins les fondements dont ils se servent et les idées qu'ils donnent de ces formes, obscurcissent et troublent des preuves très-solides et très-convaincantes de l'immortalité de l'âme, qui sont prises de la distinction des corps et des esprits, et de l'impossibilité qu'il y a qu'une substance qui n'est pas matière périsse par les changements qui arrivent dans la matière; car, par le moyen de ces formes substantielles, on fournit, sans y penser, aux libertins[1], des exemples de substances qui périssent, qui ne sont pas proprement matière, et à qui on attribue, dans les animaux, une infinité de pensées, c'est-à-dire d'actions purement spirituelles; et c'est pourquoi il est utile pour la religion et pour la conviction des impies et des libertins de leur ôter cette réponse, en leur faisant voir qu'il n'y a rien de plus mal fondé que ces substances périssables qu'on appelle des formes substantielles[2].

On peut rapporter encore à cette sorte de sophisme la preuve que l'on tire d'un principe différent de ce qui est en question, mais que l'on sait n'être pas moins contesté que celui contre lequel on dispute. Ce sont, par exemple, deux dogmes également constants parmi les catholiques : l'un que tous les points de la foi ne peuvent pas se prouver par l'Écriture seule; l'autre, que c'est un point de la foi que les enfants sont capables du baptême. Ce serait donc mal raisonner à un anabaptiste de prouver contre les catholiques qu'ils ont tort de croire que les enfants soient capables du baptême, parce que nous n'en voyons rien dans l'Écriture, puisque cette preuve

1. On sait que dans cette acception le mot de *libertins* désigne ceux qui abusent de la liberté de penser.

2. Il est certain que la doctrine de la matière et de la forme, telle qu'Aristote la conçoit, est peu conciliable avec l'immortalité de l'âme, mais non pas pour les raisons qu'Arnauld fait valoir ici. On doit remarquer cependant qu'elle fut acceptée au moment même où les croyances religieuses avaient le plus d'autorité, et que saint Thomas, par exemple, a cru pouvoir faire de l'âme humaine une forme du corps, sans cependant compromettre l'immortalité.

supposerait que l'on ne devrait croire de foi que ce qui est dans l'Écriture, ce qui est nié par les catholiques.

Enfin on peut rapporter à ce sophisme tous les raisonnements où l'on prouve une chose inconnue, par une qui est autant ou plus inconnue, ou une chose incertaine par une autre qui est autant ou plus incertaine[1].

III. *Prendre pour cause ce qui n'est point cause.*

Ce sophisme s'appelle *non causa pro causa.* Il est très-ordinaire parmi les hommes, et on y tombe en plusieurs manières : l'une est par la simple ignorance des véritables causes des choses[2]. C'est ainsi que les philosophes ont attribué mille effets à la crainte du vide, qu'on a prouvé démonstrativement en ce temps, et par des expériences très-ingénieuses, n'avoir pour cause que la pesanteur de l'air, comme on peut le voir dans l'excellent traité de Pascal. Les mêmes philosophes enseignent ordinairement que les vases pleins d'eau se fendent à la gelée, parce que l'eau se resserre, et ainsi laisse du vide, que la nature ne peut souffrir ; et néanmoins on a reconnu qu'ils ne se rompent que parce qu'au contraire l'eau étant gelée occupe plus de place qu'avant d'être gelée, ce qui fait aussi que la glace nage sur l'eau.

On peut rapporter au même sophisme, quand on se sert de causes éloignées et qui ne prouvent rien, pour prouver des choses, ou assez claires d'elle-mêmes, ou fausses, ou au moins douteuses, comme quand Aristote veut prouver que le monde est parfait par cette raison : « Le monde est parfait parce « qu'il contient des corps ; le corps est parfait parce qu'il a « trois dimensions; les trois dimensions sont parfaites parce « que trois sont tout (*quia tria sunt omnia*), et trois sont tout « parce qu'on ne se sert pas du mot de *tout,* quand il n'y a « qu'une chose ou deux, mais seulement quand il y en a « trois[3]. » On prouvera par cette raison que le moindre atome

1. La pétition de principe est un vrai sophisme, c'est-à-dire un syllogisme vicieux, où l'on ne trouve que deux termes. Le moyen est absent, mais représenté par des mots qui expriment, sous une forme différente, la même idée que l'un des deux extrêmes. Il faut remarquer que, si l'on est de bonne foi, on se trompe en vertu d'une fausse induction; on infère de la différence des mots la diversité des idées; on distingue pour le sens, *faire dormir,* et *avoir une vertu dormitive.*

2. Ce n'est donc pas un sophisme, mais une erreur.

3. *Du Ciel,* I, 1.

est aussi parfait que le monde, puisqu'il a trois dimensions aussi bien que le monde; mais tant s'en faut que cela prouve que le monde soit parfait, qu'au contraire tout corps, en tant que corps, est essentiellement imparfait, et que la perfection du monde consiste principalement en ce qu'il enferme des créatures qui ne sont pas corps.

Le même philosophe prouve qu'il y a trois mouvements simples, parce qu'*il y a trois dimensions*. Il est difficile de voir la conséquence de l'un à l'autre.

Il prouve aussi que le ciel est inaltérable et incorruptible, parce qu'il se meut circulairement, et qu'il n'y a rien de contraire au mouvement circulaire; mais, 1° on ne voit pas ce que fait la contrariété du mouvement à la corruption ou à l'altération du corps; 2° on voit encore moins pourquoi le mouvement circulaire d'orient en occident n'est pas contraire à un autre mouvement circulaire d'occident en orient[1].

L'autre cause qui fait tomber les hommes dans ce sophisme est la sotte vanité, qui nous fait avoir honte de reconnaître notre ignorance ; car c'est de là qu'il arrive que nous aimons mieux nous forger des causes imaginaires des choses dont on nous demande raison, que d'avouer que nous n'en savons pas la cause, et la manière dont nous nous échappons de cette confession de notre ignorance est assez plaisante[2]. Quand nous voyons un effet dont la cause nous est inconnue, nous nous imaginons l'avoir découverte, lorsque nous avons joint à cet effet un mot général de *vertu* et de *faculté*, qui ne forme dans notre esprit aucune autre idée, sinon que cet effet a quelque cause, ce que nous savions bien avant que d'avoir trouvé ce mot. Il n'y a personne, par exemple, qui ne sache que ses artères battent; que le fer étant proche de l'aimant va s'y joindre, que le séné purge, et que le pavot endort. Ceux qui ne font point profession de science, et à qui l'ignorance n'est pas honteuse, avouent franchement qu'ils connaissent ces effets, mais qu'ils n'en savent pas la cause; au lieu que les savants, qui rougiraient d'en dire autant, s'en tirent d'une autre manière, et prétendent qu'ils ont découvert la vraie cause de

1. Il y a là sans doute des opinions fausses, mais qui ne peuvent, sans beaucoup de complaisance, passer pour des exemples du sophisme qu'on analyse.

2. C'est moins une sotte vanité qu'un besoin irrésistible de notre esprit.

ces effets, qui est qu'il y a dans les artères une vertu pulsifique, dans l'aimant une vertu magnétique, dans le séné une vertu purgative, et dans le pavot une vertu soporifique. Voilà qui est fort commodément résolu, et il n'y a point de Chinois qui n'eût pu avec autant de facilité se tirer de l'admiration où on était des horloges en ce pays-là, lorsqu'on leur en apporta d'Europe; car il n'aurait eu qu'à dire qu'il connaissait parfaitement la raison de ce que les autres trouvaient si merveilleux, et que ce n'était autre chose, sinon qu'il y avait dans cette machine une vertu *indicatrice* qui marquait les heures sur le cadran, et une vertu *sonorifique* qui les faisait sonner; il se serait rendu aussi savant par là dans la connaissance des horloges, que le sont ces philosophes dans la connaissance du battement des artères, et des propriétés de l'aimant, du séné et du pavot[1].

Il y a encore d'autres mots qui servent à rendre les hommes savants à peu de frais, comme de sympathie, d'antipathie, de qualités occultes; mais encore tous ceux-là ne diraient rien de faux s'ils se contentaient de donner à ces mots de *vertu* et de *faculté* une notion générale de cause quelle qu'elle soit, intérieure ou extérieure, dispositive ou active. Car il est certain qu'il y a dans l'aimant quelque disposition qui fait que le fer va plutôt s'y joindre qu'à une autre pierre, et il a été permis aux hommes d'appeler cette disposition, en quoi que ce soit qu'elle consiste, *vertu magnétique*, de sorte que s'ils se trompent, c'est seulement en ce qu'ils s'imaginent en être plus savants pour avoir trouvé ce mot, ou bien en ce que par là ils veulent que nous entendions une certaine qualité imaginaire, par laquelle l'aimant attire le fer, laquelle ni eux ni personne n'a jamais conçue.

Mais il y en a d'autres qui nous donnent pour les véritables causes de la nature de pures chimères, comme font les astrologues, qui rapportent tout aux influences des astres et qui ont même trouvé par là qu'il fallait qu'il y eût un ciel immobile au-dessus de tous ceux à qui ils donnent du mouvement, parce que la terre portant diverses choses en divers pays :

1. On ne peut railler avec plus de raison la science scolastique et ses explications verbales par les causes occultes; cette illusion, pour avoir été plus commune au moyen âge, n'a pas disparu avec lui.

Non omnis fert omnia tellus,
India mittit ebur, molles sua thura Sabæi[1],

on n'en pouvait rapporter la cause qu'aux influences d'un ciel qui, étant immobile, eût toujours les mêmes aspects sur les mêmes endroits de la terre.

Aussi l'un d'eux, ayant entrepris de prouver par des raisons physiques l'immobilité de la terre, fait l'une de ses principales démonstrations de cette raison mystérieuse, que si la terre tournait autour du soleil, les influences des astres iraient de travers, ce qui causerait un grand désordre dans le monde.

C'est par ces influences qu'on épouvante les peuples, quand on voit paraître quelque comète[2], ou qu'il arrive quelque grande éclipse, comme celle de l'an 1654, qui devait bouleverser le monde, et principalement la ville de Rome, ainsi qu'il était expressément marqué dans la chronologie de Helvicus[3], *Romæ fatalis,* quoiqu'il n'y ait aucune raison, ni que les comètes et les éclipses puissent avoir aucun effet considérable sur la terre, ni que des causes générales comme celles-là agissent plutôt en un endroit qu'en un autre, et menacent plutôt un roi ou un prince qu'un artisan; ainsi en voit-on cent qui ne sont suivies d'aucun effet remarquable. Que s'il arrive quelquefois des guerres, des mortalités, des pestes et la mort de quelque prince après des comètes ou des éclipses, il en arrive aussi sans comètes et sans éclipses; et d'ailleurs ces effets sont si généraux et si communs, qu'il est bien difficile qu'ils n'arrivent tous les ans en quelque endroit du monde : de sorte que ceux qui disent en l'air que cette comète menace quelque grand de la mort ne se hasardent pas beaucoup.

C'est encore pis quand ils donnent ces influences chimériques pour la cause des inclinations des hommes, vicieuses ou vertueuses, et même de leurs actions particulières et des événements de leur vie, sans en avoir d'autre fondement, sinon qu'entre mille prédictions il arrive par hasard que quelques-unes sont vraies; mais si l'on veut juger des choses par le bon sens, on avouera qu'un flambeau allumé dans la cham-

1. *Géorgiques,* I, 56.
2. Arnauld renvoie en note à l'opuscule de Bayle, *Pensées sur les comètes.*
3. *Chronologia universalis,* 1618, par Helvicus, savant allemand, érudit dans les langues anciennes et orientales.

bre d'une femme qui accouche doit avoir plus d'effet sur le corps de son enfant, que la planète de Saturne, en quelque aspect qu'elle le regarde, et avec quelque autre qu'elle soit jointe.

Enfin il y en a qui apportent des causes chimériques d'effets chimériques, comme ceux qui, supposant que la nature abhorre le vide, et qu'elle fait des efforts pour l'éviter (ce qui est un effet imaginaire : car la nature n'a horreur de rien, et tous les effets qu'on attribue à cette horreur dépendent de la seule pesanteur de l'air), ne laissent pas d'apporter des raisons de cette horreur imaginaire, qui sont encore plus imaginaires. La nature abhorre le vide, dit l'un d'entre eux, parce qu'elle a besoin de la continuité des corps pour faire passer les influences, et pour la propagation des qualités. C'est une étrange sorte de science que celle-là, qui prouve ce qui n'est point par ce qui n'est point.

C'est pourquoi, quand il s'agit de rechercher les causes des effets extraordinaires que l'on propose, il faut d'abord examiner avec soin si ces effets sont véritables ; car souvent on se fatigue inutilement à chercher des raisons de choses qui ne sont point, et il y en a une infinité qu'il faut résoudre en la même manière que Plutarque résout cette question qu'il se propose : Pourquoi les poulains qui ont été courus par les loups sont plus vites que les autres ; car, après avoir dit que c'est peut-être parce que ceux qui étaient plus lents ont été pris par les loups, et qu'ainsi ceux qui sont échappés étaient les plus vites, ou bien que la peur leur ayant donné une vitesse extraordinaire, ils en ont retenu l'habitude, il rapporte enfin une autre solution, qui est apparemment véritable : c'est, dit-il, que peut-être cela n'est pas vrai. C'est ainsi qu'il faut résoudre un grand nombre d'effets qu'on attribue à la lune, comme, que les os sont pleins de moelle lorsqu'elle est pleine, et vides lorsqu'elle est en décours ; qu'il en est de même des écrevisses ; car il n'y a qu'à dire que tout cela est faux, comme des personnes fort exactes m'ont assuré l'avoir éprouvé, les os et les écrevisses se trouvant indifféremment tantôt pleins et tantôt vides dans tous les temps de la lune. Il y a bien de l'apparence qu'il en est de même de quantité d'observations que l'on fait pour la coupe des bois, pour cueillir ou semer les graines, pour enter les arbres, pour prendre des médecines ;

et le monde se délivrera peu à peu de toutes ces servitudes, qui n'ont point d'autre fondement que des suppositions dont personne n'a jamais éprouvé sérieusement la vérité. C'est pourquoi il y a de l'injustice dans ceux qui prétendent que, pourvu qu'ils allèguent une expérience ou un fait tiré de quelque auteur ancien, on est obligé de le recevoir sans examen.

C'est encore à cette sorte de sophisme qu'on doit rapporter cette tromperie ordinaire de l'esprit humain, *post hoc, ergo propter hoc.* Cela est arrivé ensuite de telle chose : il faut donc que cette chose en soit la cause. C'est par là que l'on a conclu que c'était une étoile nommée Canicule, qui était cause de la chaleur extraordinaire que l'on sent durant les jours, que l'on appelle caniculaires ; ce qui a fait dire à Virgile, en parlant de cette étoile que l'on appelle en latin *Sirius :*

Aut sirius ardor :
Ille sitim morbosque ferens mortalibus ægris
Nascitur, et lævo contristat lumine cælum[1].

Cependant, comme M. Gassendi a fort bien remarqué, il n'y a rien de moins vraisemblable que cette imagination ; car cette étoile étant de l'autre côté de la ligne, ses effets devraient être plus forts sur les lieux où elle est plus perpendiculaire ; et néanmoins les jours que nous appelons caniculaires ici, sont le temps de l'hiver de ce côté-là : de sorte qu'ils ont bien plus de sujet de croire en ce pays-là que la canicule leur apporte du froid, que nous n'en avons de croire qu'elle nous cause le chaud[2].

IV. *Dénombrement imparfait.*

Il n'y a guère de défaut de raisonnement où les personnes habiles tombent plus facilement, qu'en celui de faire des dénombrements imparfaits, et de ne considérer pas assez toutes les manières dont une chose peut être ou peut arriver ; ce qui leur fait conclure témérairement, ou qu'elle n'est pas, parce

1. *Énéide*, X, 273.
2. Il est difficile d'avoir raison en meilleurs termes ; tout en admirant ces pages, il faut ne pas perdre de vue que la méprise qui s'y trouve décrite est une simple erreur d'induction, et non pas un sophisme.

qu'elle n'est pas d'une certaine manière, quoiqu'elle puisse être d'une autre; ou qu'elle est de telle façon, quoiqu'elle puisse être encore d'une autre manière, qu'ils n'ont pas considérée.

On peut trouver des exemples de ces raisonnements défectueux dans les preuves sur lesquelles M. Gassendi établit le principe de sa philosophie, qui est le vide répandu entre les parties de la matière, qu'il appelle *vacuum disseminatum;* et je les rapporterai d'autant plus volontiers, que M. Gassendi ayant été un homme célèbre, qui avait plusieurs connaissances très-curieuses, les fautes mêmes qu'il pourrait avoir mêlées dans ce grand nombre d'ouvrages qu'on a publiés après sa mort ne sont pas méprisables et méritent d'être sues : au lieu qu'il est fort inutile de se charger la mémoire de celles qui se trouvent dans les auteurs qui n'ont point de réputation[1].

Le premier argument que M. Gassendi emploie pour prouver ce vide répandu, et qu'il prétend faire passer en un endroit pour une démonstration aussi claire que celle des mathématiques, est celui-ci :

S'il n'y avait point de vide et que tout fût rempli de corps, le mouvement serait impossible, et le monde ne serait qu'une grande masse de matière roide, inflexible et immobile : car le monde étant tout rempli, aucun corps ne peut se remuer qu'il ne prenne la place d'un autre; ainsi, si le corps A se remue, il faut qu'il déplace un autre corps au moins égal à soi, savoir B; et B, pour se remuer, en doit aussi déplacer un autre. Or cela ne peut arriver qu'en deux manières : l'une, que ce déplacement des corps aille à l'infini, ce qui est ridicule et impossible; l'autre, qu'il se fasse circulairement, et que le dernier corps déplacé occupe la place d'A.

Il n'y a point encore jusqu'ici de dénombrement imparfait; et il est vrai, de plus, qu'il est rididule de s'imaginer qu'en remuant un corps, on en remue jusqu'à l'infini, qui se déplacent l'un l'autre : l'on prétend seulement que le mouve-

1. Gassendi adoptant, en les corrigeant, les principes de la physique d'Épicure, devait tout expliquer dans la nature par les atomes et le vide. Descartes, au contraire, nie formellement l'existence du vide. C'est un débat qui s'est prolongé entre les *vacuistes* et les *antivacuistes*, et qui, négligé de nos jours, n'en est pas pour cela définitivement terminé.

ment se fait en cercle, et que le dernier corps remué occupe la place du premier, qui est A, et qu'ainsi tout se trouve rempli. C'est aussi ce que M. Gassendi entreprend de réfuter par cet argument : le premier corps remué, qui est A, ne peut se mouvoir, si le dernier, qui est X, ne peut se remuer. Or X ne peut se remuer, puisque pour se remuer il faudrait qu'il prît la place de l'A, laquelle n'est pas encore vide; et partant, X ne pouvant se remuer, A ne le peut aussi ; donc tout demeure immobile. Tout ce raisonnement n'est fondé que sur cette supposition, que le corps X, qui est immédiatement devant A, ne puisse se remuer qu'en un seul cas, qui est, que la place d'A soit déjà vide lorsqu'il commence à se remuer : en sorte qu'avant l'instant où il l'occupe, il y en ait un autre où l'on puisse dire qu'elle est vide. Mais cette supposition est fausse et imparfaite, parce qu'il y a encore un cas dans lequel il est très-possible que X se remue, qui est, qu'au même instant qu'il occupe la place d'A, A quitte cette place, et dans ce cas, il n'y a nul inconvénient que A pousse B, et B pousse C jusqu'à X, et que X dans le même instant occupe la place d'A; par ce moyen il y aura du mouvement, et il n'y aura point de vide.

Or, que ce soit un cas possible, c'est-à-dire qu'il puisse arriver qu'un corps occupe la place d'un autre corps au même instant que ce corps la quitte, c'est une chose qu'on est obligé de reconnaître dans quelque hypothèse que ce soit, pourvu seulement qu'on admette quelque matière continue : car, par exemple, en distinguant dans un bâton deux parties qui se suivent immédiatement, il est clair que, lorsqu'on le remue, au même instant que la première quitte un espace, cet espace est occupé par la seconde, et qu'il n'y en a point où l'on puisse dire que cet espace est vide de la première, et n'est pas rempli de la seconde. Cela est encore plus clair dans un cercle de fer qui tourne autour de son centre; car alors chaque partie occupe au même instant l'espace qui a été quitté par celle qui la précède, sans qu'il soit besoin de s'imaginer aucun vide. Or, si cela est possible dans un cercle de fer, pourquoi ne le sera-t-il pas dans un cercle qui sera en partie de bois et en partie d'air? et pourquoi le corps A, que l'on suppose de bois, poussant et déplaçant le corps B, que l'on suppose d'air, le corps B n'en pourra-t-il pas déplacer un autre, et cet autre un autre jusqu'à X, qui entrera dans la place d'A au même temps qu'il la quittera?

Il est donc clair que le défaut du raisonnement de M. Gassendi vient de ce qu'il a cru qu'afin qu'un corps occupât la place d'un autre, il fallait que cette place fût vide auparavant, et en un instant précédent, et qu'il n'a pas considéré qu'il suffisait qu'elle se vidât au même instant.

Les autres preuves qu'il rapporte sont tirées de diverses expériences, par lesquelles il fait voir avec raison que l'air se comprime, et que l'on peut faire entrer un nouvel air dans un espace qui en paraît déjà tout rempli, comme on voit dans les ballons et les arquebuses à vent.

Sur ces expériences il forme ce raisonnement : si l'espace A, étant déjà tout rempli d'air, est capable de recevoir une nouvelle quantité d'air par compression, il faut que ce nouvel air qui y entre, ou soit mis par pénétration dans l'espace déjà occupé par l'autre air, ce qui est impossible; ou que cet air, enfermé dans A, ne le remplît pas entièrement, mais qu'il y eût entre les parties de l'air des espaces vides, dans lesquels le nouvel air est reçu; et cette seconde hypothèse prouve, dit-il, ce que je prétends, qui est qu'il y a des espaces vides entre les parties de la matière, capables d'être remplis de nouveaux corps. Mais il est assez étrange que M. Gassendi ne se soit pas aperçu qu'il raisonnait sur un dénombrement imparfait, et qu'outre l'hypothèse de la pénétration, qu'il a raison de juger naturellement impossible, et celle des vides répandus entre les parties de la matière qu'il veut établir, il y en a une troisième dont il ne dit rien, et qui, étant possible, fait que son argument ne conclut rien ; car l'on peut supposer qu'entre les parties plus grossières de l'air il y a une matière plus subtile et plus déliée, et qui, pouvant sortir par les pores de tous les corps, fait que l'espace qui semble rempli d'air peut encore recevoir un autre air nouveau, parce que cette matière subtile, étant chassée par les parties de l'air que l'on y enfonce par force, leur fait place en sortant au travers des pores.

Et M. Gassendi était d'autant plus obligé de réfuter cette hypothèse, qu'il admet lui-même cette matière subtile qui pénètre les corps et passe par tous les pores, puisqu'il veut que le froid et le chaud soient des corpuscules qui entrent dans nos pores, qu'il dit la même chose de la lumière, et qu'il reconnaît même que, dans l'expérience célèbre que l'on fait avec du vif-argent, qui demeure suspendu à une hauteur de deux pieds trois pouces et demi dans les tuyaux qui sont plus longs que cela, et laisse en haut un espace qui paraît vide, et qui n'est certainement rempli d'aucune matière sensible; il reconnaît, dis-je, qu'on ne peut pas prétendre avec raison que cet espace soit absolument vide, puisque la lumière y passe, laquelle il prend pour un corps.

Ainsi, en remplissant de matière subtile ces espaces qu'il prétend être vides, il trouvera autant de place pour y faire entrer de nouveaux corps, que s'ils étaient actuellement vides[1].

V. *Juger d'une chose par ce qui ne lui convient que par accident.*

Ce sophisme est appelé dans l'école *fallacia accidentis*, qui est lorsque l'on tire une conclusion absolue, simple et sans restriction de ce qui n'est vrai que par accident. C'est ce que font tant de gens qui déclament contre l'antimoine, parce qu'étant mal appliqué il produit de mauvais effets; et d'autres qui attribuent à l'éloquence tous les mauvais effets qu'elle produit quand on en abuse; ou à la médecine, les fautes de quelques médecins ignorants.

C'est par là que les hérétiques de ce temps ont fait croire à tant de peuples abusés qu'on devait rejeter comme des inventions de Satan l'invocation des saints, la vénération des reliques, la prière pour les morts, parce qu'il s'était glissé des abus et de la superstition parmi ces saintes pratiques autorisées par toute l'antiquité, comme si le mauvais usage que les hommes peuvent faire des meilleures choses les rendait mauvaises.

On tombe souvent aussi dans ce mauvais raisonnement quand on prend les simples occasions pour les véritables causes[2]; comme qui accuserait la religion chrétienne d'avoir été la cause du massacre d'une infinité de personnes qui ont

1. Le dénombrement imparfait peut être un vrai sophisme : le moyen terme y sera pris deux fois particulièrement, puisqu'on en omet toujours quelque partie.

2. Il semble plutôt que ces erreurs se rapportent à celles qu'on a signalées plus haut, p. 319.

mieux aimé souffrir la mort que de renoncer à Jésus-Christ; au lieu que ce n'est pas à la religion chrétienne, ni à la constance des martyrs, qu'on doit attribuer ces meurtres, mais à la seule injustice et à la seule cruauté des païens. C'est par ce sophisme qu'on impute souvent aux gens de bien d'être cause de tous les maux qu'ils eussent pu éviter en faisant des choses qui eussent blessé leur conscience, parce que s'ils avaient voulu se relâcher dans cette exacte observance de la loi de Dieu, ces maux ne seraient pas arrivés.

On voit aussi un exemple considérable de ce sophisme dans le raisonnement ridicule des Épicuriens, qui concluaient que les dieux devaient avoir une forme humaine, parce que dans toutes les choses du monde il n'y avait que l'homme qui eût l'usage de la raison. *Les dieux,* disaient-ils, *sont très-heureux : nul ne peut être heureux sans la vertu; il n'y a point de vertu sans la raison ; et la raison ne se trouve nulle part ailleurs qu'en ce qui a la forme humaine ; il faut donc avouer que les dieux sont en forme humaine.* Mais ils étaient bien aveugles de ne pas voir que, quoique dans l'homme la substance qui pense et qui raisonne soit jointe à un corps humain, ce n'est pas néanmoins la figure humaine qui fait que l'homme pense et raisonne, étant ridicule de s'imaginer que la raison et la pensée dépendent de ce qu'il a un nez, une bouche, des joues, deux bras, deux mains, deux pieds; et ainsi c'était un sophisme puéril à ces philosophes de conclure qu'il ne pouvait y avoir de raison que dans la forme humaine, parce que dans l'homme elle se trouvait jointe par accident à la forme humaine[1].

VI. *Passer du sens divisé au sens composé, ou du sens composé au sens divisé.*

L'un de ces sophismes s'appelle *fallacia compositionis*, et l'autre *fallacia divisionis*[2]. On les comprendra mieux par des exemples.

1. Sous ce cinquième chef on trouve de véritables sophismes, par lesquels on met plus dans la conclusion, qu'il n'y a dans les prémisses, comme quand on conclut de ce que la liberté a des inconvénients à cette proposition, qu'elle n'a que des inconvénients. Le plus souvent nous sommes encore en cela dupes d'une fausse induction.

2. Aristote les désigne sous ces noms : σύνθεσις, διαίρεσις.

Jésus-Christ dit, dans l'Évangile, en parlant de ses miracles : *Les aveugles voient, les boiteux marchent droit, les sourds entendent.* Cela ne peut être vrai qu'en prenant ces choses séparément, et non conjointement, c'est-à-dire dans le sens divisé, et non dans le sens composé; car les aveugles ne voyaient pas demeurant aveugles, et les sourds n'entendaient pas demeurant sourds; mais ceux qui avaient été aveugles auparavant et ne l'étaient plus voyaient, et de même des sourds.

C'est aussi dans le même sens qu'il est dit, dans l'Écriture, que Dieu justifie les impies; car cela ne veut pas dire qu'il tient pour justes ceux qui sont encore impies, mais qu'il rend justes, par sa grâce, ceux qui auparavant étaient impies.

Il y a, au contraire, des propositions qui ne sont véritables qu'en un sens opposé à celui-là, qui est le sens composé, comme quand saint Paul dit que les médisants, les fornicateurs, les avares, n'entreront point dans le royaume des cieux; car cela ne veut pas dire que nul de ceux qui auront eu ces vices ne sera sauvé; mais seulement que ceux qui y demeureront attachés, et qui ne les auront point quittés, en se convertissant à Dieu, n'auront point de part au royaume du ciel.

Il est aisé de voir qu'on ne peut passer, sans sophisme, de l'un de ces sens à l'autre, et que ceux-là, par exemple, raisonneraient mal qui se promettraient le ciel en demeurant dans leurs crimes, parce que Jésus-Christ est venu pour sauver les pécheurs, et qu'il dit, dans l'Évangile, que les femmes de mauvaise vie précéderont les Pharisiens dans le royaume de Dieu; ou qui, au contraire, ayant mal vécu, désespéreraient de leur salut, comme n'ayant plus rien à attendre que la punition de leurs crimes; parce qu'il est dit que la colère de Dieu est réservée à tous ceux qui vivent mal, et que toutes les personnes vicieuses n'ont point de part à l'héritage de Jésus-Christ. Les premiers passeraient du sens divisé au sens composé, en se promettant, quoique toujours pécheurs, ce qui n'est promis qu'à ceux qui cessent de l'être par une véritable conversion; et les derniers passeraient du sens composé au sens divisé, en appliquant à ceux qui ont été pécheurs et qui cessent de l'être en se convertissant à Dieu, ce qui ne regarde que les pécheurs qui demeurent dans leurs péchés et dans leur mauvaise vie [1].

VII. *Passer de ce qui est vrai à quelque égard, à ce qui est vrai simplement.*

C'est ce qu'on appelle dans l'école *a dicto secundum quid ad dictum simpliciter* [2]. En voici des exemples : les Épicuriens prouvaient encore que les dieux devaient avoir la forme humaine, parce qu'il n'y en a point de plus belle que celle-là, et que tout ce qui est beau doit être en Dieu. C'était mal raisonner; car la forme humaine n'est point absolument une beauté, mais seulement au regard des corps; et ainsi, n'étant une perfection qu'à quelque égard et non simplement, il ne s'ensuit pas qu'elle doive être en Dieu, parce que toutes les perfections sont en Dieu, n'y ayant que celles qui sont simplement perfections, c'est-à-dire qui n'enferment aucune imperfection, qui soient nécessairement en Dieu [3].

Nous voyons aussi dans Cicéron, au troisième livre de la *Nature des dieux,* un argument ridicule de Cotta contre l'existence de Dieu, qui peut se rapporter au même défaut. « Comment, dit-il, pouvons-nous concevoir Dieu, ne pouvant lui attribuer aucune vertu? Car dirons-nous qu'il a de la prudence? Mais la prudence consistant dans le choix des biens et des maux, quel besoin Dieu peut-il avoir de ce choix, n'étant capable d'aucun mal? Dirons-nous qu'il a de l'intelligence et de la raison? Mais la raison et l'intelligence nous servent à découvrir ce qui nous est inconnu par ce qui nous est connu : or il ne peut y avoir rien d'inconnu à Dieu. La justice ne peut aussi être en Dieu, puisqu'elle ne regarde que la société des hommes; ni la tempérance, parce qu'il n'a point de voluptés à modérer; ni la force, parce qu'il n'est susceptible ni de douleur ni de travail, et qu'il n'est exposé à aucun péril.

1. Ces sortes de mauvais raisonnements sont, comme le dit Aristote, fondés sur les abus du langage, παρὰ τὴν λέξιν. Ce ne sont pas des sophismes à proprement parler, mais des erreurs d'induction.

2. Ce sophisme ne se distingue guère du cinquième; Aristote pourtant ne les confond pas.

3. Ce n'est pas mal raisonner; c'est partir d'une généralisation défectueuse, à savoir que la perfection de la beauté est dans l'homme.

Comment donc pourrait être Dieu ce qui n'aurait ni intelligence ni vertu ? »

Il est difficile de rien concevoir de plus impertinent que cette manière de raisonner. Elle est semblable à la pensée d'un paysan qui, n'ayant jamais vu que des maisons couvertes de chaume, et ayant ouï dire qu'il n'y a point dans les villes de toits de chaume, en conclurait qu'il n'y a point de maisons dans les villes, et que ceux qui y habitent sont bien malheureux, étant exposés à toutes les injures de l'air[1]. C'est comme Cotta ou plutôt Cicéron raisonne. Il ne peut y avoir en Dieu de vertus semblables à celles qui sont dans les hommes : donc il ne peut y avoir de vertus en Dieu. Et ce qui est merveilleux, c'est qu'il ne conclut qu'il n'y a point de vertu en Dieu, que parce que l'imperfection qui se trouve dans la vertu humaine ne peut être en Dieu, de sorte que ce lui est une preuve que Dieu n'a point d'intelligence, parce que rien ne lui est caché ; c'est-à-dire qu'il ne voit rien, parce qu'il voit tout ; qu'il ne peut rien, parce qu'il peut tout ; qu'il ne jouit d'aucun bien, parce qu'il possède tous les biens.

VIII. *Abuser de l'ambiguïté des mots, ce qui peut se faire en diverses manières.*

On peut rapporter à cette espèce de sophisme tous les syllogismes qui sont vicieux parce qu'il s'y trouve quatre termes ; soit parce que le milieu y est pris deux fois particulièrement ; ou parce qu'il est pris en un sens dans la première proposition, et en un autre sens dans la seconde ; ou enfin parce que les termes de la conclusion ne sont pas pris dans le même sens dans les prémisses que dans la conclusion : car nous ne restreignons pas le mot d'ambiguïté aux seuls mots qui sont grossièrement équivoques, ce qui ne trompe presque jamais ; mais nous comprenons par là tout ce qui peut faire changer de sens à un mot, surtout lorsque les hommes ne s'aperçoivent pas aisément de ce changement, parce que diverses choses étant signifiées par le même son, ils les prennent pour la même chose. Sur quoi on peut voir ce qui a été dit vers la fin de la

1. Encore une fausse induction : il raisonnerait bien en partant d'une erreur. On ne peut ici reconnaître un vrai sophisme.

première partie, où l'on a aussi parlé du remède qu'on doit apporter à la confusion des mots ambigus, en les définissant si nettement qu'on n'y puisse être trompé.

Ainsi je me contenterai d'apporter quelques exemples de cette ambiguïté qui trompe quelquefois d'habiles gens. Telle est celle qui se trouve dans les mots qui signifient quelque tout, qui peut se prendre ou collectivement pour toutes ses parties ensemble, ou distributivement pour chacune de ses parties. C'est par là qu'on doit résoudre ce sophisme des Stoïciens, qui concluait que le monde était un animal doué de raison, « parce que ce qui a l'usage de la raison est meilleur que ce qui ne l'a point. Or il n'y a rien, disaient-ils, qui soit meilleur que le monde : donc le monde a l'usage de la raison. » La mineure de cet argument est fausse, parce qu'ils attribuaient au monde ce qui ne convient qu'à Dieu, qui est d'être tel qu'on ne puisse rien concevoir de meilleur et de plus parfait. Mais, en se bornant dans les créatures, quoique l'on puisse dire qu'il n'y a rien de meilleur que le monde, en le prenant collectivement pour l'universalité de tous les êtres que Dieu a créés, tout ce qu'on en peut conclure au plus est que le monde a l'usage de la raison, selon quelques-unes de ses parties, telles que sont les anges et les hommes, et non pas que le tout ensemble soit un animal qui ait l'usage de la raison.

Ce serait de même mal raisonner que de dire : l'homme pense : or l'homme est composé de corps et d'âme ; donc le corps et l'âme pensent; car il suffit, afin que l'on puisse attribuer la pensée à l'homme entier, qu'il pense selon une des parties, d'où il ne s'ensuit nullement qu'il pense selon l'autre [1].

1. L'ambiguïté des termes est une des causes les plus ordinaires des fausses conclusions, et par suite des sophismes proprement dits, puisque le vice consiste dans la forme. Mais ce vice lui-même a pour principe une première méprise ; nous avons inféré de l'unité du mot l'unité de l'idée : simple induction. Si nous ne commettons pas cette confusion, il y a mensonge et non pas sophisme ; si nous la commettons, la déduction est fausse sans doute, mais par suite d'une fausse induction ; par où l'on voit une fois de plus qu'en résumé toute erreur peut se ramener à l'induction comme à son principe, et que les paralogismes eux-mêmes, s'expliquent le plus souvent par une première erreur qui est antérieure à l'acte de raisonner.

IX. *Tirer une conclusion générale d'une induction défectueuse.*

On appelle induction, lorsque la recherche de plusieurs choses particulières nous mène à la connaissance d'une vérité générale[1]. Ainsi, lorsqu'on a éprouvé sur beaucoup de mers que l'eau en est salée, et sur beaucoup de rivières que l'eau en est douce, on conclut généralement que l'eau de la mer est salée, et celle des rivières douce. Les diverses épreuves qu'on a faites que l'or ne diminue point au feu ont fait juger que cela est vrai de tout or; et comme on n'a point trouvé de peuple qui ne parle, on croit pour très-certain que tous les hommes parlent, c'est-à-dire se servent des sons pour signifier leur pensée[2].

C'est même par là que toutes nos connaissances commencent, parce que les choses singulières se présentent à nous avant les universelles, quoique ensuite les universelles servent à connaître les singulières[3].

Mais il est vrai néanmoins que l'induction seule n'est jamais un moyen certain d'acquérir une science parfaite, comme on le fera voir en un autre endroit, la considération des choses singulières servant seulement d'occasion à notre esprit de faire attention à ses idées naturelles, selon lesquelles il juge de la vérité des choses en général[4]; car il est vrai, par exemple, que je ne me serais peut-être jamais avisé de considérer la nature d'un triangle, si je n'avais vu un triangle qui m'a donné occasion d'y penser; mais ce n'est pas néanmoins

1. On a justement reproché à la *Logique* de Port-Royal d'avoir négligé l'étude de l'induction. Cette omission s'explique d'autant moins que les auteurs connaissaient les travaux de Bacon.

2. Si la théorie de l'induction est omise, la définition qu'on en donne et les exemples sont d'une grande exactitude.

3. C'est reconnaître combien l'induction est importante, et il est étonnant qu'on la range néanmoins parmi les sophismes.

4. Cela peut être vrai pour les sciences mathématiques, qui ne sont que le développement de certains principes rationnels; mais à quoi peut-il servir pour la connaissance des choses réelles, de faire attention à ses idées naturelles? On sait que Descartes, quoiqu'il recommande les expériences, n'y cherche guère que la confirmation de certaines conceptions anticipées : « Dieu a imprimé en nos âmes de telles notions des lois de la nature, qu'après y avoir fait assez de réflexion, nous ne saurions douter qu'elles ne soient exactement observées, en tout ce qui est ou ce qui se peut dans le monde. »

l'examen particulier de tous les triangles qui m'a fait conclure généralement et certainement de tous, que l'espace qu'ils comprennent est égal à celui du rectangle de toute leur base et de la moitié de leur hauteur (car cet examen serait impossible), mais la seule considération de ce qui est renfermé dans l'idée du triangle que je trouve dans mon esprit[1].

Quoi qu'il en soit, réservant à un autre endroit de traiter de cette matière[2], il suffit de dire ici que les inductions défectueuses, c'est-à-dire qui ne sont pas entières, font souvent tomber en erreur, et je me contenterai d'en rapporter un exemple remarquable[3].

Toutes les philosophies avaient cru jusqu'à ce temps, comme une vérité indubitable, qu'une seringue étant bien bouchée, il était impossible d'en tirer le piston sans la faire crever, et que l'on pouvait faire monter de l'eau si haut qu'on voudrait par des pompes aspirantes : ce qui le faisait croire

1. Quand nous avons l'idée du triangle, ce n'est pas celle d'une chose particulière; ce que nous affirmons de son essence est nécessaire, et le contraire implique contradiction. Il n'y a donc pas lieu de rechercher si tous les triangles ont quelque propriété, ni même s'il y a des triangles; il suffit d'analyser et de développer la notion que nous en avons. Il n'est donc pas exact, pour prouver que « l'induction n'est jamais un moyen d'acquérir une science parfaite, » de citer un exemple où il n'y a rien qui ressemble à l'induction telle qu'on l'a définie.

2. Voir la quatrième partie, ch. VI; on y trouve çà et là quelques mots qui peuvent se rapporter à ce sujet; mais on ne voit pas que l'auteur ait tenu sa promesse.

3. Une induction défectueuse est donc, d'après Arnauld, celle qui n'est pas *entière;* c'est-à-dire qui ressemble au dénombrement imparfait. L'induction pour être légitime devrait, suivant lui, être la simple addition des cas observés, et la vérité générale, le résumé exact des vérités particulières. Ce serait alors un vrai syllogisme, où le moyen terme ne serait que l'énumération des parties de l'un des deux extrêmes, ce qu'Aristote appelle le syllogisme épagogique. L'induction ainsi conçue est tout à fait stérile; et même jamais elle ne se renferme dans ces limites. On serait alors condamné à dire suivant un des exemples cités : tel et tel morceau d'or ne diminue pas au feu, donc beaucoup de morceaux d'or ne diminuent pas au feu; ce ne serait vrai que pour les cas observés, pour les lieux et les temps où l'on aurait fait l'observation. L'induction la plus prudente dépasse toujours ces bornes. Celle que l'on appelle ici défectueuse, parce qu'elle n'est pas entière, est un procédé légitime et fécond, et quelques-unes des vérités les plus assurées, de celles dont on ne peut douter sans folie, ont cette seule origine. Il n'en est pas moins vrai que l'induction, comme l'analogie, est une source intarissable d'erreurs, on pourrait presque dire l'unique cause de nos faux jugements. Car tous les paralogismes qu'on vient de citer supposent préalablement une fausse induction. Quant aux sophismes proprement dits, ce ne sont pas des méprises de la part de celui qui les fait, mais des mensonges; et ceux qui les entendent et s'y laissent prendre ne font pas une faute de raisonnement, mais accordent leur croyance sans un examen suffisant, ce qui est encore une manière d'abuser de l'induction.

si fermement, c'est qu'on s'imaginait s'en être assuré par une induction très-certaine, en ayant fait une infinité d'expériences; mais l'un et l'autre s'est trouvé faux, parce que l'on a fait de nouvelles expériences qui ont fait voir que le piston d'une seringue, quelque bouchée qu'elle fût, pouvait se tirer, pourvu qu'on y employât une force égale au poids d'une colonne d'eau de plus de trente-trois pieds de haut, de la grosseur de la seringue, et qu'on ne saurait lever de l'eau par une pompe aspirante plus haut de trente-deux à trente-trois pieds.

CHAPITRE XX.

Des mauvais raisonnements que l'on commet dans la vie civile et dans les discours ordinaires.

Voilà quelques exemples des fautes les plus communes que l'on commet en raisonnant dans les matières des sciences; mais parce que le principal usage de la raison n'est pas dans ces sortes de sujets, qui entrent peu dans la conduite de la vie, et dans lesquels même il est moins dangereux de se tromper, il serait sans doute beaucoup plus utile de considérer généralement ce qui engage les hommes dans les faux jugements qu'ils font en toute sorte de matière, et principalement en celle des mœurs et des autres choses qui sont importantes à la vie civile, et qui font le sujet ordinaire de leurs entretiens. Mais, parce que ce dessein demanderait un ouvrage à part qui comprendrait presque toute la morale, on se contentera de marquer ici en général une partie des causes de ces faux jugements, qui sont si communs parmi les hommes [1].

On ne s'est pas arrêté à distinguer les faux jugements des mauvais raisonnements, et on a recherché indifféremment les causes des uns et des autres; tant parce que les faux jugements sont les sources des mauvais raisonnements, et les

1. On attribue ce chapitre si justement admiré à Nicole, l'auteur des *Essais de morale ;* et il y a toute espèce de raisons vraisemblables pour lui en faire honneur. On devrait peut-être au même titre lui rapporter un grand nombre d'autres pages, où l'on peut sans témérité reconnaître son style.

attirent par une suite nécessaire[1], que parce qu'en effet il y a presque toujours un raisonnement caché et enveloppé en ce qui nous paraît un jugement simple, y ayant toujours quelque chose qui sert de motif et de principe à ce jugement. Par exemple, lorsque l'on juge qu'un bâton qui paraît courbé dans l'eau, l'est en effet, ce jugement est fondé sur cette proposition générale et fausse, que ce qui paraît courbé à nos sens est courbé en effet[2], et ainsi enferme un raisonnement, quoique non développé. En considérant donc généralement les causes de nos erreurs[3], il semble qu'on puisse les rapporter à deux principales : l'une intérieure, qui est le déréglement de la volonté, qui trouble et dérègle le jugement[4] ; l'autre extérieure, qui consiste dans les objets dont on juge, et qui trompent notre esprit par une fausse apparence[5]. Or, quoique les causes se joignent presque toujours ensemble, il y a néanmoins certaines erreurs où l'un paraît plus que l'autre, et c'est pourquoi nous les traiterons séparément.

Des sophismes d'amour-propre, d'intérêt et de passion.

I. Si on examine avec soin ce qui attache ordinairement les hommes plutôt à une opinion qu'à une autre, on trouvera que ce n'est pas la pénétration de la vérité et la force des raisons, mais quelque lien d'amour-propre, d'intérêt ou de passion. C'est le poids qui emporte la balance, et qui nous détermine dans la plupart de nos doutes ; c'est ce qui donne le plus grand branle à nos jugements, et qui nous y arrête le plus fortement. Nous jugeons des choses, non par ce qu'elles sont

1. Rien n'est plus vrai ; seulement il faut entendre par faux jugement une fausse induction ; l'exemple qu'on va lire est un exemple d'induction téméraire.

2. Cette proposition générale est très-vraie, et si elle ne l'était, nous en serions réduits au scepticisme absolu quant à l'existence des choses extérieures. Si les objets ne sont pas tels qu'ils nous paraissent, nous sommes condamnés à l'ignorer perpétuellement. Mais l'induction défectueuse qu'on rapporte ici est fondée sur cette autre proposition fausse, que l'on peut toujours juger de l'étendue tangible par l'étendue visible, et conclure de la lumière à la forme. Pour une fois d'ailleurs que ce principe nous trompe, il nous rend des milliers de services.

3. C'est bien là le sujet de ce chapitre, dont le titre n'est pas exact.

4. La volonté est ici confondue avec l'inclination, comme dans la doctrine de Malebranche.

5. Cette division n'est pas très-rigoureuse, car les apparences des objets ne sont fausses que par le défaut de notre esprit.

en elles-mêmes, mais par ce qu'elles sont à notre égard; et la vérité et l'utilité ne sont pour nous qu'une même chose.

Il n'en faut point d'autres preuves que ce que nous voyons tous les jours, que des choses tenues partout ailleurs pour douteuses, ou même pour fausses, sont tenues pour très-certaines par tous ceux d'une nation ou d'une profession, ou d'un institut; car n'étant pas possible que ce qui est vrai en Espagne soit faux en France, ni que l'esprit de tous les Espagnols soit tourné si différemment de celui de tous les Français, qu'à ne juger des choses que par les règles de la raison, ce qui paraît vrai généralement aux uns paraisse faux généralement aux autres, il est visible que cette diversité de jugement ne peut venir d'autre cause, sinon qu'il plaît aux uns de tenir pour vrai ce qui leur est avantageux, et que les autres, n'y ayant point d'intérêt, en jugent d'une autre sorte.

Cependant qu'y a-t-il de moins raisonnable que de prendre notre intérêt pour motif de croire une chose? Tout ce qu'il peut faire au plus est de nous porter à considérer avec plus d'attention les raisons qui peuvent nous faire découvrir la vérité de ce que nous désirons être vrai; mais il n'y a que cette vérité qui doit se trouver dans la chose, même indépendamment de nos désirs, qui doive nous persuader. Je suis d'un tel pays; donc je dois croire qu'un tel saint y a prêché l'Évangile. Je suis d'un tel ordre; donc je crois qu'un tel privilége est véritable. Ce ne sont pas là des raisons. De quelque ordre et de quelque pays que vous soyez, vous ne devez croire que ce qui est vrai, et que ce que vous seriez disposé à croire si vous étiez d'un autre pays, d'un autre ordre, d'une autre profession.

II. Mais cette illusion est bien plus visible lorsqu'il arrive du changement dans les passions: car, quoique toutes choses soient demeurées dans leur place, il semble néanmoins à ceux qui sont émus de quelque passion nouvelle, que le changement qui ne s'est fait que dans leur cœur ait changé toutes les choses extérieures qui y ont quelque rapport. Combien voit-on de gens qui ne peuvent plus reconnaître aucune bonne qualité, ni naturelle, ni acquise, dans ceux contre qui ils ont conçu de l'aversion, ou qui ont été contraires en quelque chose à leurs sentiments, à leurs désirs, à leurs intérêts! Cela suffit pour devenir tout d'un coup à leur égard téméraire, orgueilleux, ignorant, sans foi, sans honneur, sans conscience. Leurs affections et leurs désirs ne sont ni plus justes ni plus modérés que leur haine. S'ils aiment quelqu'un, il est exempt de toute sorte de défauts; tout ce qu'il désire est juste et facile, tout ce qu'il ne désire pas est injuste et impossible, sans qu'ils puissent alléguer aucune raison de tous ces jugements que la passion même qui les possède : de sorte qu'encore qu'ils ne fassent pas dans leur esprit ce raisonnement formel : Je l'aime; donc c'est le plus habile homme du monde; Je le hais; donc c'est un homme de néant, ils le font en quelque sorte dans leur cœur; et c'est pourquoi on peut appeler ces sortes d'égarements des sophismes et des illusions du cœur, qui consistent à transporter nos passions dans les objets de nos passions, et à juger qu'ils sont ce que nous voulons ou désirons qu'ils soient : ce qui est sans doute très-déraisonnable, puisque nos désirs ne changent rien dans l'être de ce qui est hors de nous, et qu'il n'y a que Dieu, dont la volonté soit tellement efficace, que les choses sont tout ce qu'il veut qu'elles soient.

III. On peut rapporter à la même illusion de l'amour-propre celle de ceux qui décident tout par un principe fort général et fort commode, qui est, qu'ils ont raison, qu'ils connaissent la vérité; d'où il ne leur est pas difficile de conclure que ceux qui ne sont pas de leur sentiment se trompent; en effet, la conclusion est nécessaire.

Le défaut de ces personnes ne vient que de ce que l'opinion avantageuse qu'elles ont de leurs lumières leur fait prendre toutes leurs pensées pour tellement claires et évidentes, qu'elles s'imaginent qu'il suffit de les proposer pour obliger tout le monde à s'y soumettre; et c'est pourquoi elles se mettent peu en peine d'en apporter des preuves; elles écoutent peu les raisons des autres, elles veulent tout emporter par autorité, parce qu'elles ne distinguent jamais leur autorité de la raison; elles traitent de téméraires tous ceux qui ne sont pas de leur sentiment, sans considérer que si les autres ne sont pas de leur sentiment, elles ne sont pas aussi du sentiment des autres, et qu'il n'est pas juste de supposer sans preuve que nous avons raison, lorsqu'il s'agit de convaincre des personnes qui ne sont d'une autre opinion que nous, que parce qu'elles sont persuadées que nous n'avons pas raison.

IV. Il y en a de même qui n'ont point d'autre fondement, pour rejeter certaines opinions, que ce plaisant raisonnement : Si cela était, je ne serais pas un habile homme ; or je suis un habile homme ; donc cela n'est pas. C'est la principale raison qui a fait rejeter longtemps certains remèdes très-utiles et des expériences très-certaines, parce que ceux qui ne s'en étaient point encore avisés concevaient qu'ils se seraient donc trompés jusqu'alors. Quoi! si le sang, disaient-ils, avait une révolution circulaire dans le corps; si l'aliment ne se portait pas au foie par les veines mésaraïques ; si l'artère veineuse portait le sang au cœur ; si le sang montait par la veine cave descendante; si la nature n'avait point d'horreur du vide; si l'air était pesant et avait un mouvement en bas, j'aurais ignoré des choses importantes dans l'anatomie et dans la physique ! il faut donc que tout cela ne soit pas. Mais pour les guérir de cette fantaisie, il ne faut que leur bien représenter que c'est un très-petit inconvénient qu'un homme se trompe, et qu'ils ne laisseront pas d'être habiles en d'autres choses, quoiqu'ils ne l'aient pas été en celles qui auraient été nouvellement découvertes.

V. Il n'y a rien aussi de plus ordinaire que de voir des gens se faire mutuellement les mêmes reproches et se traiter, par exemple, d'opiniâtres, de passionnés, de chicaneurs, lorsqu'ils sont de différents sentiments. Il n'y a presque point de plaideurs qui ne s'entr'accusent d'allonger le procès et de couvrir la vérité par des adresses artificieuses ; et ainsi ceux qui ont raison et ceux qui ont tort parlent presque le même langage et font les mêmes plaintes, et s'attribuent les uns aux autres les mêmes défauts; ce qui est une des choses les plus incommodes qui soient dans la vie des hommes, et qui jettent la vérité et l'erreur, la justice et l'injustice dans une si grande obscurité, que le commun du monde est incapable d'en faire le discernement ; et il arrive de là que plusieurs s'attachent, au hasard et sans lumière, à l'un des partis, et que d'autres les condamnent tous deux comme ayant également tort.

Toute cette bizarrerie naît encore de la même maladie qui fait prendre à chacun pour principe qu'il a raison : car de là il n'est pas difficile de conclure que tous ceux qui nous résistent sont opiniâtres, puisque être opiniâtre, c'est ne se rendre pas à la raison.

Mais encore qu'il soit vrai que ces reproches de passion, d'aveuglement, de chicanerie, qui sont très-injustes de la part de ceux qui se trompent, soient justes et légitimes de la part de ceux qui ne se trompent pas, néanmoins, parce qu'ils supposent que la vérité est du côté de celui qui les fait, les personnes sages et judicieuses, qui traitent quelque matière contestée, doivent éviter de s'en servir avant que d'avoir suffisamment établi la vérité et la justice de la cause qu'ils soutiennent. Ils n'accuseront donc jamais leurs adversaires d'opiniâtreté, de témérité, de manquer de sens commun, avant que de l'avoir bien prouvé. Ils ne diront point, s'ils ne l'ont fait voir auparavant, qu'ils tombent en des absurdités et des extravagances insupportables; car les autres en diront autant de leur côté; ce qui n'est rien avancer, et ainsi ils aimeront mieux se réduire à cette règle si équitable de saint Augustin : *Omittamus ista communia, quæ dici ex utraque parte possunt, licet vere dici ex utraque parte non possint;* et ils se contenteront de défendre la vérité par les armes qui lui sont propres et que le mensonge ne peut emprunter, qui sont les raisons claires et solides.

VI. L'esprit des hommes n'est pas seulement naturellement amoureux de lui-même, mais il est aussi naturellement jaloux, envieux et malin à l'égard des autres; il ne souffre qu'avec peine qu'ils aient quelque avantage, parce qu'il les désire tous pour lui; et comme c'en est un de connaître la vérité et d'apporter aux hommes quelque nouvelle lumière, on a une passion secrète de leur ravir cette gloire, ce qui engage souvent à combattre sans raison les opinions et les inventions des autres.

Ainsi, comme l'amour-propre fait souvent faire ce raisonnement ridicule : C'est une opinion que j'ai inventée, c'est celle de mon ordre, c'est un sentiment qui m'est commode, il est donc véritable; la malignité naturelle fait souvent faire cet autre qui n'est pas moins absurde : C'est un autre que moi qui l'a dit, cela est donc faux : ce n'est pas moi qui ai fait ce livre, il est donc mauvais.

C'est la source de l'esprit de contradiction si ordinaire parmi les hommes, et qui les porte, quand ils entendent ou lisent quelque chose d'autrui, à considérer peu les raisons qui pourront les persuader, et à ne songer qu'à celles qu'ils croient pouvoir opposer. Ils sont toujours en garde contre la vérité, et ils ne pensent qu'aux moyens de la repousser et de l'obscurcir, en quoi ils réussissent presque toujours, la fertilité de l'esprit humain étant inépuisable en fausses raisons.

Quand ce vice est dans l'excès, il fait un des principaux caractères de l'esprit de pédanterie, qui met son plus grand plaisir à chicaner les autres sur les plus petites choses et à contredire tout avec une basse malignité ; mais il est souvent plus imperceptible et plus caché ; et l'on peut dire même que personne n'en est entièrement exempt, parce qu'il a sa racine dans l'amour-propre, qui vit toujours dans les hommes.

La connaissance de cette disposition maligne et envieuse, qui réside dans le fond du cœur des hommes, nous fait voir qu'une des plus importantes règles qu'on puisse garder pour n'engager pas dans l'erreur ceux à qui l'on parle, et ne leur donner point d'éloignement de la vérité qu'on veut leur persuader, est de n'irriter que le moins qu'on peut leur envie, leur jalousie en parlant de soi, et en leur présentant des objets auxquels elle puisse s'attacher.

Car les hommes, n'aimant guère qu'eux-mêmes, ne souffrent qu'avec impatience qu'un autre les applique à soi, et veuille qu'on le regarde avec estime. Tout ce qu'ils ne rapportent pas à eux-mêmes leur est odieux et importun, et ils passent ordinairement de la haine des personnes à la haine des opinions et des raisons; et c'est pourquoi les personnes sages évitent autant qu'elles peuvent d'exposer aux yeux des autres les avantages qu'elles ont ; elles fuient de se présenter en face et de se faire envisager en particulier, et tâchent plutôt de se cacher dans la presse pour n'être pas remarquées, afin qu'on ne voie dans leurs discours que la vérité qu'elles proposent.

Feu M. Pascal, qui savait autant de véritable rhétorique que personne en ait jamais su, portait cette règle jusqu'à prétendre qu'un honnête homme devait éviter de se nommer et même de se servir des mots de *je* et de *moi ;* et il avait accoutumé de dire sur ce sujet que la piété chrétienne anéantit le *moi* humain, et que la civilité humaine le cache et le supprime. Ce n'est pas que cette règle doive aller jusqu'au scrupule; car il y a des rencontres où ce serait se gêner inutilement que de vouloir éviter ces mots; mais il est toujours bon de l'avoir en vue pour s'éloigner de la méchante coutume de quelques individus qui ne parlent que d'eux-mêmes, et qui se citent partout lorsqu'il n'est point question de leur sentiment : ce qui donne lieu à ceux qui les écoutent de soupçonner que ce regard si fréquent vers eux-mêmes ne naisse d'une secrète complaisance qui les porte souvent vers cet objet de leur amour, et excite en eux, par une suite naturelle, une aversion secrète pour ces gens-là et pour tout ce qu'ils disent. C'est ce qui fait voir qu'un des caractères les plus indignes d'un honnête homme, est celui que Montaigne a affecté, de n'entretenir ses lecteurs que de ses humeurs, de ses inclinations, de ses fantaisies, de ses maladies, de ses vertus et de ses vices; et qu'il ne naît que d'un défaut de jugement aussi bien que d'un violent amour de soi-même. Il est vrai qu'il tâche autant qu'il peut d'éloigner de lui le soupçon d'une vanité basse et populaire, en parlant librement de ses défauts, aussi bien que de ses bonnes qualités, ce qui a quelque chose d'aimable par une apparence de sincérité; mais il est facile de voir que tout cela n'est qu'un jeu et un artifice qui doit le rendre encore plus odieux. Il parle de ses vices pour les faire connaître, et non pour les faire détester; il ne prétend pas qu'on doive moins l'en estimer; il les regarde comme des choses à peu près indifférentes, et plutôt galantes que honteuses : s'il les découvre, c'est qu'il s'en soucie peu, et qu'il croit qu'il n'en sera pas plus vil ni plus méprisable; mais quand il appréhende que quelque chose le rabaisse un peu, il est aussi adroit que personne à le cacher; c'est pourquoi un auteur célèbre de ce temps remarque agréablement, qu'ayant eu soin fort inutilement de nous avertir, en deux endroits de son livre, qu'il avait un page, qui était un officier assez peu utile en la maison d'un gentilhomme de six mille livres de rente, il n'avait pas eu le même soin de nous dire qu'il avait eu aussi un clerc ayant été conseiller du parlement de Bordeaux; cette charge, quoique très-honorable en soi, ne satisfaisant pas assez la vanité qu'il avait de faire paraître partout une humeur de gentilhomme et de cavalier, et un éloignement de la robe et des procès.

Il y a néanmoins de l'apparence qu'il ne nous eût pas celé cette circonstance de sa vie, s'il eût pu trouver quelque maréchal de France qui eût été conseiller de Bordeaux, comme il a bien voulu nous faire savoir qu'il avait été maire de cette ville; mais, après nous avoir avertis qu'il avait succédé en cette charge à monsieur le maréchal de Biron, et qu'il l'avait laissée à monsieur le maréchal de Matignon.

Mais ce n'est pas le plus grand mal de cet auteur que la vanité, et il est plein d'un si grand nombre d'infamies honteuses et de maximes épicuriennes et impies, qu'il est étrange qu'on l'ait souffert si longtemps dans les mains de tout le monde, et qu'il y ait même des personnes d'esprit qui n'en connaissent pas le venin.

Il ne faut point d'autres preuves pour juger de son libertinage que cette manière même dont il parle de ses vices; car, reconnaissant en plusieurs endroits qu'il avait été engagé en un grand nombre de désordres criminels, il déclare néanmoins en d'autres qu'il ne se repent de rien, et que s'il avait à revivre, il revivrait comme il avait vécu. « Quant à moi, dit-il, je puis désirer en général d'être autre; je puis condamner ma forme universelle, m'en déplaire et supplier Dieu pour mon entière réformation et pour l'excuse de ma faiblesse naturelle; mais cela, je ne dois le nommer repentir, ce me semble, non plus que le déplaisir de n'être ni ange ni Caton. Mes actions sont réglées et conformes à ce que je suis et à ma condition : je ne puis faire mieux, et le repentir ne touche pas proprement les choses qui ne sont pas en notre force... Je ne me suis pas attendu d'attacher monstrueusement la queue d'un philosophe à la tête et au corps d'un homme perdu, ni que ce chétif bout de vie[1] eût à désavouer et à démentir la plus belle, entière et longue partie de ma vie... Si j'avais à revivre, je revivrais comme j'ai vécu : ni je ne plains le passé, ni je ne crains l'avenir. » Paroles horribles, et qui marquent une extinction entière de tout sentiment de religion, mais qui

1. Ces deux mots *de vie* ne sont pas dans le texte de Montaigne et en altèrent le sens. Il y a dans toutes les éditions de la *Logique* d'assez nombreuses altérations de ce passage, et parfois des contre-sens. Comme ce ne peut-être qu'une erreur, nous avons rétabli le texte. Voir Montaigne, liv. III, ch. II.

sont dignes de celui qui parle ainsi en un autre endroit : « Je me plonge la tête baissée stupidement dans la mort, sans la considérer et reconnaître, comme dans une profondeur muette et obscure, qui m'engloutit tout d'un coup et m'étouffe en un moment, plein d'un puissant sommeil, plein d'insipidité et d'indolence[1]. » Et en un autre endroit : « La mort, qui n'est qu'un quart d'heure de passion, sans conséquence et sans nuisance, ne mérite pas des préceptes particuliers. »

Quoique cette digression semble assez éloignée de ce sujet, elle y rentre néanmoins, par cette raison qu'il n'y a point de livre qui inspire davantage cette mauvaise coutume de parler de soi, de s'occuper de soi, et de vouloir que les autres s'y occupent : ce qui corrompt étrangement la raison, et dans nous, par la vanité qui accompagne toujours ces discours, et dans les autres, par le dépit et l'aversion qu'ils en conçoivent. Il n'est permis de parler de soi-même qu'aux personnes d'une vertu éminente, et qui témoignent, par la manière avec laquelle elles le font, que si elles publient leurs bonnes actions, ce n'est que pour exciter les autres à en louer Dieu, ou pour les édifier ; et si elles publient leurs fautes, ce n'est que pour s'en humilier devant les hommes, et pour les en détourner ; mais pour les personnes du commun, c'est une vanité ridicule de vouloir informer les autres de leurs petits avantages ; et c'est une effronterie punissable que de découvrir leurs désordres au monde, sans témoigner d'en être touchés, puisque le dernier excès de l'abandonnement dans le vice est de n'en point rougir et de n'en avoir ni confusion ni repentir, mais d'en parler indifféremment comme de toute autre chose : en quoi consiste proprement l'esprit de Montaigne[2].

1. La fin de ce passage n'est guère intelligible : Nicole cite sans doute de mémoire. Montaigne dit : « qui m'engloutit d'un saut et m'accable en un instant d'un puissant sommeil plein d'insipidité et d'indolence. » Peut-être si l'on citait le commencement de la phrase, la pensée deviendrait-elle moins téméraire : « Il m'advient souvent d'imaginer avec quelque plaisir les dangers mortels et les attendre, etc. » Liv. III, ch. IX.

2. Ce jugement sur Montaigne est un morceau achevé et vraiment éloquent ; mais on ne peut s'empêcher de le trouver sinon injuste, au moins passionné dans sa rigueur. Pascal est moins sévère, et dans son *Entretien avec M. de Sacy*, ne dissimule pas sa faiblesse pour les défauts charmants de Montaigne, « qui est incomparable pour confondre l'orgueil, pour désabuser ceux qui s'attachent à leurs opinions, etc. ; qui est pernicieux seulement à ceux qui ont quelque pente à l'im-

VII. On peut distinguer, en quelque sorte, de la contradiction maligne et envieuse, une autre sorte d'humeur moins mauvaise, mais qui engage dans les mêmes fautes de raisonnement: c'est l'esprit de dispute, qui est encore un défaut qui gâte beaucoup l'esprit.

Ce n'est pas qu'on puisse blâmer généralement les disputes; on peut dire, au contraire, que pourvu qu'on en use bien, il n'y a rien qui serve davantage à donner diverses ouvertures, ou pour trouver la vérité ou pour la persuader aux autres. Le mouvement d'un esprit, qui s'occupe seul à l'examen de quelque matière, est d'ordinaire trop froid et trop languissant; il a besoin d'une certaine chaleur qui l'excite et qui réveille ses idées; et c'est d'ordinaire par les diverses oppositions qu'on nous fait, que l'on découvre où consiste la difficulté de la persuasion et l'obscurité; ce qui nous donne lieu de faire effort pour la vaincre[1].

Mais il est vrai qu'autant cet exercice est utile, lorsque l'on en use comme il faut et avec un entier dégagement de passion, autant est-il dangereux lorsqu'on en use mal et que l'on met sa gloire à soutenir son sentiment à quelque prix que ce soit, et à contredire celui des autres. Rien n'est plus capable de nous éloigner de la vérité et de nous jeter dans l'égarement que cette sorte d'humeur. On s'accoutume, sans qu'on s'en aperçoive, à trouver raison partout, et à se mettre au-dessus des raisons, en ne s'y rendant jamais : ce qui conduit peu à peu à n'avoir rien de certain et à confondre la vérité avec l'erreur, en les regardant l'une et l'autre comme également probables. C'est ce qui fait qu'il est si rare que l'on termine quelque question par la dispute, et qu'il n'arrive presque jamais que deux philosophes tombent d'accord. On trouve toujours à repartir et à se défendre, parce que l'on a pour but d'éviter non l'erreur mais le silence, et que l'on croit qu'il est moins honteux de se tromper toujours, que d'avouer que l'on s'est trompé.

Ainsi, à moins qu'on ne se soit accoutumé par un long exercice à se posséder parfaitement, il est très-difficile qu'on

piété. » Malebranche blâme Montaigne, mais non pas avec cette véhémence, d'autant plus remarquable qu'elle n'est pas dans le caractère de Nicole.

1. C'est alors de la discussion plutôt que de la dispute.

ne perde de vue la vérité dans les disputes, parce qu'il n'y a guère d'action qui excite plus les passions. « Quel vice n'éveillent-elles pas, dit un auteur célèbre[1], étant presque toujours commandées par la colère? Nous entrons en inimitié premièrement contre les raisons, puis contre les personnes; nous n'apprenons à disputer que pour contredire, et chacun contredisant et étant contredit, il en arrive que le fruit de la dispute est d'anéantir la vérité. L'un va en orient, l'autre en occident; on perd le principal, et l'on s'écarte dans la presse des incidents; au bout d'une heure de tempête, on ne sait ce qu'on cherche; l'un est en bas, l'autre est en haut, l'autre à côté; l'un se prend à un mot et à une similitude, l'autre n'écoute et n'entend plus ce qu'on lui oppose, et il est si engagé dans sa course, qu'il ne pense plus qu'à se suivre, et non pas vous. Il y en a qui, se trouvant faibles, craignent tout, refusent tout, confondent la dispute dès l'entrée, ou bien, au milieu de la contestation, se mutinent à se taire, affectant un orgueilleux mépris ou une sottement modeste fuite de contention; pourvu que celui-ci frappe, il ne regarde pas combien il se découvre; l'autre compte ses mots et les pèse pour raisons; celui-là n'y emploie que l'avantage de sa voix et de ses poumons; on en voit qui concluent contre eux-mêmes, et d'autres qui lassent et étourdissent tout le monde de préfaces et de digressions inutiles. Il y en a enfin qui s'arment d'injures, et qui feront une querelle d'Allemand pour se défaire de la conférence d'un esprit qui presse le leur. » Ce sont les vices ordinaires de nos disputes, qui sont assez ingénieusement représentées par cet écrivain qui, n'ayant jamais connu les véritables grandeurs de l'homme, en a assez bien connu les défauts; et l'on peut juger par là combien ces sortes de conférences sont capables de dérégler l'esprit, à moins que l'on n'ait un extrême soin non-seulement de ne pas tomber soi-même le premier dans ces défauts, mais aussi de ne pas suivre ceux qui y tombent, et de se régler tellement, qu'on puisse les voir s'égarer sans s'égarer soi-même, et sans s'écarter de la fin que l'on doit se proposer,

1. Cet auteur célèbre, c'est Montaigne, et après la remontrance qu'il lui a fait subir, Nicole lui devait bien une mention plus explicite. Tout ce passage est emprunté, sauf quelques changements insignifiants, au livre III, ch. VIII.

qui est l'éclaircissement de la vérité que l'on examine.

VIII. Il se trouve des personnes, principalement parmi ceux qui hantent la cour, qui, reconnaissant assez combien ces humeurs contredisantes sont incommodes et désagréables, prennent une route toute contraire, qui est de ne rien contredire, mais de louer et d'approuver tout indifféremment; et c'est ce qu'on appelle complaisance, qui est une humeur plus commode pour la fortune, mais aussi désavantageuse pour le jugement; car, comme les contredisants prennent pour vrai le contraire de ce qu'on leur dit, les complaisants semblent prendre pour vrai tout ce qu'on leur dit; et cette accoutumance corrompt premièrement leur discours et ensuite leur esprit.

C'est par ce moyen qu'on a rendu les louanges si communes, et qu'on les donne si indifféremment à tout le monde, qu'on ne sait plus qu'en conclure. Il n'y a point dans la gazette de prédicateur qui ne soit des plus éloquents et qui ne ravisse ses auditeurs par la profondeur de sa science; tous ceux qui meurent sont illustres en piété; les plus petits auteurs pourraient faire des livres des éloges qu'ils reçoivent de leurs amis; de sorte que, dans cette profusion de louanges que l'on fait avec si peu de discernement, il y a sujet de s'étonner qu'il y ait des personnes qui en soient si avides, et qui ramassent avec tant de soin celles qu'on leur donne.

Il est impossible que cette confusion dans le langage ne produise la même confusion dans l'esprit, et que ceux qui s'accoutument à louer tout ne s'accoutument aussi à approuver tout; mais quand la fausseté ne serait que dans les paroles et non dans l'esprit, cela suffit pour en éloigner ceux qui aiment sincèrement la vérité.

Il n'est pas nécessaire de reprendre tout ce qu'on voit de mal; mais il est nécessaire de ne louer que ce qui est véritablement louable; autrement l'on jette ceux qu'on loue de cette sorte dans l'illusion, l'on contribue à tromper ceux qui jugent de ces personnes par ces louanges, et l'on fait tort à ceux qui en méritent de véritables, en les rendant communes à ceux qui n'en méritent pas; enfin l'on détruit toute la foi du langage, et l'on brouille toutes les idées des mots, en faisant qu'ils ne soient plus signes de nos jugements et de nos pensées, mais seulement d'une civilité extérieure qu'on veut rendre à ceux que l'on loue, comme pourrait être une révérence; car c'est tout ce que l'on doit conclure des louanges et des compliments ordinaires.

IX. Entre les diverses manières par lesquelles l'amour-propre jette les hommes dans l'erreur, ou plutôt les y affermit et les empêche d'en sortir, il n'en faut pas oublier une, qui est sans doute des principales et des plus communes: c'est l'engagement à soutenir quelque opinion, à laquelle on s'est attaché par d'autres considérations que par celles de la vérité; car cette vue de défendre son sentiment fait que l'on ne regarde plus, dans les raisons dont on se sert, si elles sont vraies ou fausses, mais si elles peuvent servir à persuader ce que l'on soutient; l'on emploie toutes sortes d'arguments, bons et mauvais, afin qu'il y en ait pour tout le monde, et l'on passe quelquefois jusqu'à dire des choses qu'on sait bien être absolument fausses, pourvu qu'elles servent à la fin qu'on se propose. En voici quelques exemples:

Une personne intelligente ne soupçonnera jamais Montaigne d'avoir cru toutes les rêveries de l'astrologie judiciaire; cependant, quand il en a besoin pour rabaisser sottement les hommes, il les emploie comme de bonnes raisons. « A considérer, dit-il, la domination et puissance que ces corps-là ont non-seulement sur nos vies et conditions de notre fortune, mais sur nos inclinations mêmes, qu'ils régissent, poussent et agitent à la merci de leurs influences, pourquoi les priverons-nous d'âme, de vie et de discours[1] ? »

Veut-il détruire l'avantage que les hommes ont sur les bêtes par le commerce de la parole, il nous rapporte des contes ridicules, et dont il connaît l'extravagance mieux que personne, et en tire des conclusions plus ridicules. « Il y en a, dit-il, qui se sont vantés d'entendre le langage des bêtes, comme Apollonius Thyanéus, Mélampus, Tirésias, Thalès et autres; et puisqu'il est ainsi, comme disent les cosmographes, qu'il y a des nations qui reçoivent un chien pour roi, il faut bien qu'ils donnent certaine interprétation à sa voix et à ses mouvements. »

1. *Essais*, liv. II, ch. XII. Les conclusions suivantes sont tirées du même endroit.

L'on conclura, par cette raison, que quand Caligula fit son cheval consul, il fallait bien que l'on entendît les ordres qu'il donnait dans l'exercice de cette charge; mais on aurait tort d'accuser Montaigne de cette mauvaise conséquence : son dessein n'était pas de parler raisonnablement, mais de faire un amas confus de tout ce qu'on peut dire contre les hommes; ce qui est néanmoins un vice très-contraire à la justesse de l'esprit et à la sincérité d'un homme de bien.

Qui pourrait de même souffrir cet autre raisonnement du même auteur sur le sujet des augures que les païens tiraient du vol des oiseaux, et dont les plus sages d'entre eux se sont moqués? « De toutes les prédictions du temps passé, dit-il, les plus anciennes et les plus certaines étaient celles qui se tiraient du vol des oiseaux; nous n'avons rien de pareil ni de si admirable; cette règle, cet ordre du branler de leur aile, par lequel on tire des conséquences des choses à venir, il faut bien qu'il soit conduit par quelque excellent moyen à une si noble opération : car c'est prêter à la lettre que d'attribuer ce grand effet à quelque ordonnance naturelle, sans l'intelligence, le consentement et le discours de celui qui le produit, et c'est une opinion évidemment fausse. »

N'est-ce pas une chose assez plaisante, que de voir un homme qui ne tient rien d'évidemment vrai ni d'évidemment faux, dans un traité fait exprès pour établir le pyrrhonisme et pour détruire l'évidence de la certitude, nous débiter sérieusement ces rêveries comme des vérités certaines, et traiter l'opinion contraire d'évidemment fausse? Mais il se moque de nous quand il parle de la sorte, et il est inexcusable de se jouer ainsi de ses lecteurs en leur disant des choses qu'il ne croit pas, et que l'on ne peut pas croire sans folie.

Il était sans doute aussi bon philosophe que Virgile, qui n'attribue pas même à une intelligence qui soit dans les oiseaux les changements réglés qu'on voit dans leurs mouvements selon la diversité de l'air, dont on peut tirer quelque conjecture pour la pluie et le beau temps, comme l'on peut voir dans ces vers admirables des *Géorgiques :*

Haud equidem credo quia sit divinitus illis
Ingenium, aut rerum fato prudentia major;
Verum ubi tempestas et cœli mobilis humor

Mutavere vias, et Jupiter humidus Austris
Densat, erant quæ rara modo, et quæ densa relaxat,
Vertuntur species animorum, et pectora motus
Nunc hos nunc alios, dum nubila ventus agebat,
Concipiunt : hinc ille avium concentus in agris,
Et lætæ pecudes, et ovantes gutture corvi[1].

Mais ces égarements étant volontaires, il ne faut qu'avoir un peu de bonne foi pour les éviter : les plus communs et les plus dangereux sont ceux que l'on ne reconnaît pas, parce que l'engagement où l'on est entré de défendre un sentiment trouble la vue de l'esprit, et lui fait prendre pour vrai tout ce qui sert à sa fin ; et l'unique remède qu'on peut y apporter est de n'avoir pour fin que la vérité, et d'examiner avec tant de soin les raisonnements, que l'engagement même ne puisse pas nous tromper.

Des faux raisonnements qui naissent des objets mêmes.

On a déjà remarqué qu'il ne fallait pas séparer les causes intérieures de nos erreurs de celles qui se tirent des objets, que l'on peut appeler extérieures, parce que la fausse apparence de ces objets ne serait pas capable de nous jeter dans l'erreur, si la volonté ne poussait l'esprit à former un jugement précipité, lorsqu'il n'est pas encore suffisamment éclairé.

Mais, parce qu'elle ne peut aussi exercer cet empire sur l'entendement dans les choses entièrement évidentes, il est visible que l'obscurité des objets y contribue beaucoup, et même il y a souvent des rencontres où la passion qui porte à mal raisonner est assez imperceptible, et c'est pourquoi il est utile de considérer séparément ces illusions, qui naissent principalement des choses mêmes.

I. C'est une opinion fausse et impie, que la vérité soit tellement semblable au mensonge, et la vertu au vice, qu'il soit impossible de les discerner; mais il est vrai que dans la plupart des choses il y a un mélange d'erreur et de vérité, de vice et de vertu, de perfection et d'imperfection, et que ce mélange est une des plus ordinaires sources des faux jugements des hommes.

1. *Géorgiques*, I, 415.

Car c'est par ce mélange trompeur que les bonnes qualités des personnes qu'on estime font approuver leurs défauts, et que les défauts de ceux qu'on n'estime pas font condamner ce qu'ils ont de bon, parce que l'on ne considère pas que les personnes les plus imparfaites ne le sont pas en tout, et que Dieu laisse aux plus vertueuses des imperfections qui, étant des restes de l'infirmité humaine, ne doivent pas être l'objet de notre imitation ni de notre estime.

La raison en est que les hommes ne considèrent guère les choses en détail ; ils ne jugent que selon leur plus forte impression, et ne sentent que ce qui les frappe davantage : ainsi lorsqu'ils aperçoivent dans un discours beaucoup de vérités, ils ne remarquent pas les erreurs qui y sont mêlées; et, au contraire, s'il y a des vérités mêlées parmi beaucoup d'erreurs, ils ne font attention qu'aux erreurs ; le fort emportant le faible, et l'impression la plus vive étouffant celle qui est plus obscure.

Cependant il y a une injustice manifeste à juger de cette sorte : il ne peut y avoir de juste raison de rejeter la raison, et la vérité n'en est pas moins vérité pour être mêlée avec le mensonge : elle n'appartient jamais aux hommes, quoique ce soient les hommes qui la proposent; ainsi, encore que les hommes, par leurs mensonges, méritent qu'on les condamne, les vérités qu'ils avancent ne méritent pas d'être condamnées.

C'est pourquoi la justice et la raison demandent que, dans toutes les choses qui sont ainsi mêlées de bien et de mal, on en fasse le discernement, et c'est particulièrement dans cette séparation judicieuse que paraît l'exactitude de l'esprit ; c'est par là que les Pères de l'Église ont tiré des livres des païens des choses excellentes pour les mœurs, et que saint Augustin n'a pas fait de difficulté d'emprunter d'un hérétique donatiste sept règles pour l'intelligence de l'Écriture.

C'est à quoi la raison nous oblige lorsque l'on peut faire cette distinction; mais parce que l'on n'a pas toujours le temps d'examiner en détail ce qu'il y a de bien et de mal dans chaque chose, il est juste en ces rencontres de leur donner le nom qu'elles méritent selon leur plus considérable partie : ainsi l'on doit dire qu'un homme est bon philosophe lorsqu'il raisonne ordinairement bien, et qu'un livre est bon lorsqu'il y a notablement plus de bien que de mal.

Et c'est encore en quoi les hommes se trompent beaucoup,

que dans ces jugements généraux; car ils n'estiment et ne blâment souvent les choses que selon ce qu'elles ont de moins considérable, leur peu de lumière faisant qu'ils ne pénètrent pas ce qui est le principal, lorsque ce n'est pas le plus sensible.

Ainsi, quoique ceux qui sont intelligents dans la peinture estiment infiniment plus le dessin que le coloris ou la délicatesse du pinceau, néanmoins les ignorants sont plus touchés d'un tableau dont les couleurs sont vives et éclatantes que d'un autre plus sombre, qui serait admirable pour le dessin.

Il faut pourtant avouer que les faux jugements ne sont pas si ordinaires dans les arts, parce que ceux qui n'y savent rien s'en rapportent plus aisément aux sentiments de ceux qui y sont habiles; mais ils sont bien fréquents dans les choses qui sont de la juridiction du peuple, et dont le monde prend la liberté de juger, comme l'éloquence.

On appelle, par exemple, un prédicateur éloquent, lorsque ses périodes sont bien justes, et qu'il ne dit point de mauvais mots; et, sur ce fondement, Vaugelas dit en un endroit[1] qu'un mauvais mot fait plus de tort à un prédicateur ou à un avocat qu'un mauvais raisonnement. On doit croire que c'est une vérité de fait qu'il rapporte et non un sentiment qu'il autorise; et il est vrai qu'il se trouve des personnes qui jugent de cette sorte, mais il est vrai aussi qu'il n'y a rien de moins raisonnable que ces jugements; car la pureté du langage, le nombre des figures, sont tout au plus dans l'éloquence ce que le coloris est dans la peinture, c'est-à-dire que ce n'en est que la partie la plus basse et la plus matérielle; mais la principale consiste à concevoir fortement les choses et à les exprimer, en sorte qu'on en porte dans l'esprit des auditeurs une image vive et lumineuse, qui ne présente pas seulement ces choses toutes nues, mais aussi les mouvements avec lesquels on les conçoit; et c'est ce qui peut se rencontrer en des personnes peu exactes dans la langue et peu justes dans le nombre, et qui se rencontre même rarement dans ceux qui s'appliquent trop aux mots et aux embellissements, parce que cette vue les détourne des choses, et affaiblit la vigueur de leurs pensées,

1. Sans doute dans ses *Remarques sur la grammaire française,* ouvrage alors très-considéré.

comme les peintres remarquent que ceux qui excellent dans le coloris n'excellent pas ordinairement dans le dessin ; l'esprit n'étant pas capable de cette double application, et l'une nuisant à l'autre.

On peut dire généralement que l'on n'estime dans le monde la plupart des choses que par l'extérieur, parce qu'il ne se trouve presque personne qui en pénètre l'intérieur et le fond ; tout se juge sur l'étiquette, et malheur à ceux qui ne l'ont pas favorable ! Il est habile, intelligent, solide, tant que vous voudrez ; mais il ne parle pas facilement et ne se démêle pas bien d'un compliment : qu'il se résolve à être peu estimé toute sa vie du commun du monde, et à voir qu'on lui préfère une infinité de petits esprits. Ce n'est pas un grand mal que de n'avoir pas la réputation qu'on mérite ; mais c'en est un considérable de suivre ces faux jugements, et de ne regarder les choses que par l'écorce ; et c'est ce qu'on doit tâcher d'éviter.

II. Entre les causes qui nous engagent dans l'erreur par un faux éclat qui nous empêche de la reconnaître, on peut mettre avec raison une certaine éloquence pompeuse et magnifique, que Cicéron appelle *abundantem sonantibus verbis uberibusque sententiis ;* car il est étrange combien un faux raisonnement se coule doucement dans la suite d'une période qui remplit bien l'oreille, ou d'une figure qui nous surprend, et qui nous amuse à la regarder.

Non-seulement ces ornements nous dérobent la vue des faussetés qui se mêlent dans le discours, mais ils y engagent insensiblement, parce que souvent elles sont nécessaires pour la justesse de la période ou de la figure : ainsi, quand on voit un orateur commencer une longue gradation ou une antithèse à plusieurs membres, on a sujet d'être sur ses gardes, parce qu'il arrive rarement qu'il s'en tire sans donner quelque contorsion à la vérité, pour l'ajuster à la figure ; il en dispose ordinairement comme l'on ferait des pierres d'un bâtiment ou du métal d'une statue : il la taille, il l'étend, il l'accourcit, il la déguise, selon qu'il lui est nécessaire, pour la placer dans ce vain ouvrage de paroles qu'il veut former.

Combien le désir de faire une pointe a-t-il fait produire de fausses pensées ! Combien la rime a-t-elle engagé de gens à mentir ! Combien l'affectation de ne se servir que des mots de

Cicéron, et de ce qu'on appelle la pure latinité, a-t-elle fait écrire de sottises à certains auteurs italiens! Qui ne rirait d'entendre dire à Bembe[1] qu'un pape avait été élu par la faveur des dieux immortels, *deorum immortalium beneficiis?* Il y a même des poëtes qui s'imaginent qu'il est de l'essence de la poésie d'introduire des divinités païennes, et un poëte allemand, aussi bon versificateur qu'écrivain peu judicieux, ayant été repris avec raison, par François Pic de la Mirande[2], d'avoir fait entrer dans un poëme, où il décrit des guerres de chrétiens contre chrétiens, toutes les divinités du paganisme, et d'avoir mêlé Apollon, Diane, Mercure, avec le pape, les électeurs et l'empereur, soutient nettement que sans cela il n'aurait pas été poëte, en se servant, pour le prouver, de cette étrange raison, que les vers d'Hésiode, d'Homère et de Virgile sont remplis des noms et des fables de ces dieux, d'où il conclut qu'il lui est permis de faire de même.

Ces mauvais raisonnements sont souvent imperceptibles à ceux qui les font, et les trompent les premiers; ils s'étourdissent par le son de leurs paroles : l'éclat de leurs figures les éblouit, et la magnificence de certains mots les attire, sans qu'ils s'en aperçoivent, à des pensées si peu solides, qu'ils les rejetteraient sans doute s'ils y faisaient quelque réflexion.

Il est croyable, par exemple, que c'est le mot de vestale qui a flatté un auteur de ce temps, et qui l'a porté à dire à une demoiselle, pour l'empêcher d'avoir honte de savoir le latin, qu'elle ne devait pas rougir de parler une langue que parlaient les vestales; car s'il avait considéré cette pensée, il aurait vu qu'on aurait pu dire avec autant de raison à cette demoiselle qu'elle devait rougir de parler une langue que parlaient autrefois les courtisanes de Rome, qui étaient en bien plus grand nombre que les vestales, ou qu'elle devait rougir de parler une autre langue que celle de son pays, puisque les anciennes vestales ne parlaient que leur langue naturelle. Tous ces raisonnements, qui ne valent rien, sont aussi bons que celui de cet auteur; et la vérité est que les vestales ne peuvent servir

1. « Pierre Bembo, noble Vénitien, secrétaire de Léon X et puis cardinal, a été l'une des meilleures plumes du XVIe siècle, quoiqu'il faille convenir qu'il est quelquefois tombé dans le ridicule, etc. » Bayle, *Dictionnaire historique*.

2. Le neveu de Jean Pic de la Mirandole, qui étonna son siècle par son savoir précoce et mourut prématurément.

de rien pour justifier ni pour condamner les filles qui apprennent le latin.

Les faux raisonnements de cette sorte, que l'on rencontre si souvent dans les écrits de ceux qui affectent le plus d'être éloquents, font voir combien la plupart des personnes qui parlent ou qui écrivent auraient besoin d'être bien persuadées de cette excellente règle, qu'*il n'y a rien de beau que ce qui est vrai;* ce qui retrancherait des discours une infinité de vains ornements et de pensées fausses. Il est vrai que cette exactitude rend le style plus sec et moins pompeux; mais elle le rend aussi plus vif, plus sérieux, plus clair et plus digne d'un honnête homme; l'impression en est bien plus forte et bien plus durable; au lieu que celle qui naît simplement de ces périodes si ajustées est tellement superficielle, qu'elle s'évanouit presque aussitôt qu'on les a entendues.

III. C'est un défaut très-ordinaire parmi les hommes de juger témérairement des actions et des intentions des autres, et l'on n'y tombe guère que par un mauvais raisonnement, par lequel en ne connaissant pas assez distinctement toutes les causes qui peuvent produire quelque effet, on attribue cet effet précisément à une cause, lorsqu'il peut avoir été produit par plusieurs autres; ou bien l'on suppose qu'une cause qui, par accident, a eu un certain effet en une rencontre, et étant jointe à plusieurs circonstances, le doit avoir en toutes rencontres.

Un homme de lettres se trouve de même sentiment qu'un hérétique sur une matière de critique indépendante des controverses de la religion; un adversaire malicieux en conclura qu'il a de l'inclination pour les hérétiques, mais il le conclura témérairement et malicieusement, parce que c'est peut-être la raison et la vérité qui l'engagent dans ce sentiment.

Un écrivain parlera avec quelque force contre une opinion qu'il croit dangereuse. On l'accusera sur cela de haine et d'animosité contre les auteurs qui l'ont avancée; mais ce sera injustement et témérairement, cette force pouvant naître de zèle pour la vérité, aussi bien que de haine contre les personnes.

Un homme est ami d'un méchant, donc, conclut-on, il est lié d'intérêt avec lui, et il est participant de ses crimes; cela ne s'ensuit pas, peut-être les a-t-il ignorés, et peut-être n'y a-t-il point pris de part.

On manque de rendre quelque civilité à ceux à qui on en doit; c'est, dit-on, un orgueilleux et un insolent; mais ce n'est peut-être qu'une inadvertance ou un simple oubli.

Toutes ces choses extérieures ne sont que des signes équivoques, c'est-à-dire qui peuvent signifier plusieurs choses; et c'est juger témérairement que de déterminer ce signe à une chose particulière, sans en avoir de raison particulière : le silence est quelquefois signe de modestie et de jugement, et quelquefois de bêtise; la lenteur marque quelquefois la prudence, et quelquefois la pesanteur de l'esprit; le changement est quelquefois signe d'inconstance, et quelquefois de sincérité; ainsi c'est mal raisonner que de conclure qu'un homme est inconstant, de cela seul qu'il a changé de sentiment, car il peut avoir eu raison d'en changer.

IV. Les fausses inductions par lesquelles on tire des propositions générales de quelques expériences particulières, sont une des plus communes sources des faux raisonnements des hommes. Il ne leur faut que trois ou quatre exemples pour former une maxime et un lieu commun, et pour s'en servir ensuite de principe pour décider toute chose[1].

Il y a beaucoup de maladies cachées aux plus habiles médecins, et souvent les remèdes ne réussissent pas : des esprits excessifs en concluent que la médecine est absolument inutile, et que c'est un métier de charlatan.

Il y a des femmes légères et déréglées : cela suffit à des jaloux pour concevoir des soupçons injustes contre les plus honnêtes, et à des écrivains licencieux, pour les condamner toutes généralement.

Il y a souvent des personnes qui cachent de grands vices sous une apparence de piété : des libertins en concluent que toute la dévotion n'est qu'hypocrisie.

Il y a des choses obscures et cachées, et l'on se trompe quelquefois grossièrement : toutes choses sont obscures et incertaines, disent les anciens et les nouveaux pyrrhoniens,

1. L'observation est d'une grande justesse; mais ces sortes d'erreurs ne proviennent pas de la nature des objets, et l'on ne voit pas pourquoi elles se trouvent dans cette seconde catégorie.

et nous ne pouvons connaître la vérité d'aucune chose avec certitude.

Il y a de l'inégalité dans quelques actions des hommes : cela suffit pour en faire un lieu commun, dont personne ne soit excepté : « La raison, disent-ils, est si manque et si aveugle, qu'il n'y a nulle si claire facilité qu'il lui soit assez claire ; l'aisé et le malaisé lui sont tout un, tous sujets également ; et la nature, en général, désavoue sa juridiction. Nous ne pensons ce que nous voulons qu'à l'instant que nous le voulons ; nous ne voulons rien librement, rien absolument, rien constamment. »

La plupart du monde ne saurait représenter les défauts ou les bonnes qualités des autres que par des propositions générales et excessives. De quelques actions particulières on en conclut l'habitude ; de trois ou quatre fautes, on en fait une coutume ; ce qui arrive une fois le mois ou une fois l'an, arrive tous les jours, à toute heure, à tout moment dans les discours des hommes, tant ils ont peu de soin de garder dans leurs paroles les bornes de la vérité et de la justice.

V. C'est une faiblesse et une injustice que l'on condamne souvent et que l'on évite peu, de juger des conseils par les événements, et de rendre coupables ceux qui ont pris une résolution prudente selon les circonstances qu'ils pouvaient voir, de toutes les mauvaises suites qui en sont arrivées, ou par un simple hasard, ou par la malice de ceux qui l'ont traversée ou par quelques autres rencontres qu'il ne leur était pas possible de prévoir. Non-seulement les hommes aiment autant être heureux que sages, mais ils ne font pas de différence entre heureux et sages, ni entre malheureux et coupables. Cette distinction leur paraît trop subtile. On est ingénieux pour trouver les fautes que l'on s'imagine avoir attiré les mauvais succès ; et comme les astrologues, lorsqu'ils savent un certain accident, ne manquent jamais de trouver l'aspect des astres qui l'a produit, on ne manque aussi jamais de trouver, après les disgrâces et les malheurs, que ceux qui y sont tombés les ont mérités par quelque imprudence. Il n'a pas réussi, il a donc tort. C'est ainsi que l'on raisonne dans le monde, et qu'on y a toujours raisonné, parce qu'il y a toujours eu peu d'équité dans les jugements des hommes, et que, ne connaissant pas les vraies causes des choses, ils en substituent selon les événements, en louant ceux qui réussissent, et en blâmant ceux qui ne réussissent pas.

VI. Mais il n'y a point de faux raisonnements plus fréquents parmi les hommes que ceux où l'on tombe, ou en jugeant témérairement de la vérité des choses par une autorité qui n'est pas suffisante pour nous en assurer, ou en décidant le fond par la manière. Nous appelons l'un le sophisme de l'autorité, et l'autre le sophisme de la manière.

Pour comprendre combien ils sont ordinaires, il ne faut que considérer que la plupart des hommes ne se déterminent point à croire un sentiment plutôt qu'un autre, par des raisons solides et essentielles qui en feraient connaître la vérité, mais par certaines marques extérieures et étrangères qui sont plus convenables, ou qu'ils jugent plus convenables à la vérité qu'à la fausseté.

La raison en est que la vérité intérieure des choses est souvent assez cachée; que les esprits des hommes sont ordinairement faibles et obscurs, pleins de nuages et de faux jours, au lieu que ces marques extérieures sont claires et sensibles : de sorte que, comme les hommes se portent aisément à ce qui leur est le plus facile, ils se rangent presque toujours du côté où ils voient ces marques extérieures qu'ils discernent facilement.

Elles peuvent se réduire à deux principales : l'autorité de celui qui propose la chose, et la manière dont elle est proposée; et ces deux voies de persuader sont si puissantes qu'elles emportent presque tous les esprits.

Ainsi, Dieu qui voulait que la connaissance certaine des mystères de la foi pût s'acquérir par les plus simples d'entre les fidèles, a eu la bonté de s'accommoder à cette faiblesse de l'esprit des hommes, en ne la faisant pas dépendre d'un examen particulier de tous les points qui nous sont proposés à croire; mais en nous donnant pour règle certaine de la vérité l'autorité de l'Église universelle qui nous les propose, qui, étant claire et évidente, retire les esprits de tous les embarras où les engageraient nécessairement les discussions particulières de ces mystères.

Ainsi, dans les choses de la foi, l'autorité de l'Église universelle est entièrement décisive ; et tant s'en faut qu'elle puisse être un sujet d'erreur, qu'on ne tombe dans l'erreur qu'en s'écartant de son autorité et en refusant de s'y soumettre.

On tire aussi, dans les matières de religion, des arguments convaincants de la manière dont elles sont proposées. Quand on a vu, par exemple, en divers siècles de l'Église, et principalement dans le dernier, des hommes qui tâchaient de planter leurs opinions par le fer et par le sang ; quand on les a vus armés contre l'Église par le schisme, contre les puissances temporelles par la révolte ; quand on a vu des gens sans mission ordinaire, sans miracles, sans aucunes marques extérieures de piété, et plutôt avec des marques sensibles de déréglement, entreprendre de changer la foi et la discipline de l'Église, une manière si criminelle était plus que suffisante pour les faire rejeter par toutes les personnes raisonnables, et pour empêcher les plus grossières de les écouter.

Mais dans les choses dont la connaissance n'est pas absolument nécessaire, et que Dieu a laissées davantage au discernement de la raison de chacun en particulier, l'autorité et la manière ne sont pas si considérables, et elles servent souvent à engager plusieurs personnes à des jugements contraires à la vérité.

On n'entreprend pas ici de donner des règles et des bornes précises de la déférence qu'on doit à l'autorité dans les choses humaines, mais de marquer seulement quelques fautes grossières que l'on commet en cette matière.

Souvent on ne regarde que le nombre des témoins, sans considérer si ce nombre fait qu'il soit plus probable qu'on ait rencontré la vérité, ce qui n'est pas raisonnable. Car, comme un auteur de ce temps a judicieusement remarqué, dans les choses difficiles et qu'il faut que chacun trouve par soi-même, il est plus vraisemblable qu'un seul trouve la vérité, que non pas qu'elle soit découverte par plusieurs. Ainsi ce n'est pas une bonne conséquence : cette opinion est suivie du plus grand nombre des philosophes, donc elle est la plus vraie.

Souvent on se persuade par certaines qualités qui n'ont aucune liaison avec la vérité des choses dont il s'agit. Ainsi, il y a quantité de gens qui croient, sans autre examen, ceux qui sont les plus âgés et qui ont plus d'expérience, dans les choses mêmes qui ne dépendent ni de l'âge ni de l'expérience, mais de la lumière de l'esprit.

La piété , la sagesse, la modération, sont sans doute les qualités les plus estimables qui soient au monde, et elles doivent donner beaucoup d'autorité aux personnes qui les possèdent, dans les choses qui dépendent de la piété, de la sincérité, et même d'une lumière de Dieu, qu'il est plus probable que Dieu communique davantage à ceux qui le servent plus purement; mais il y a une infinité de choses qui ne dépendent que d'une lumière humaine, d'une expérience humaine, d'une pénétration humaine, et dans ces choses, ceux qui ont l'avantage de l'esprit et de l'étude méritent plus de créance que les autres. Cependant, il arrive souvent le contraire, et plusieurs estiment qu'il est plus sûr de suivre dans ces choses mêmes le sentiment des plus gens de bien.

Cela vient en partie de ce que ces avantages d'esprit ne sont pas si sensibles que le règlement extérieur qui paraît dans les personnes de piété, et en partie aussi de ce que les hommes n'aiment point à faire des distinctions; le discernement les embarrasse; ils veulent tout ou rien. S'ils ont créance à une personne pour quelque chose, ils la croient en tout; s'ils n'en ont point pour une autre, ils ne la croient en rien; ils aiment les voies courtes, décisives et abrégées; mais cette humeur, quoique ordinaire, ne laisse pas d'être contraire à la raison, qui nous fait voir que les mêmes personnes ne sont pas croyables en tout, parce qu'elles ne sont pas éminentes en tout, et que c'est mal raisonner que de conclure : c'est un homme grave; donc il est intelligent et habile en toutes choses.

VII. Il est vrai que s'il y a des erreurs pardonnables, ce sont celles où l'on s'engage en déférant plus qu'il ne faut au sentiment de ceux qu'on estime gens de bien; mais il y a une illusion beaucoup plus absurde en soi, et qui est néanmoins très-ordinaire, qui est de croire qu'un homme dit vrai, parce qu'il est de condition, qu'il est riche ou élevé en dignité.

Ce n'est pas que personne fasse expressément ces sortes de raisonnements : Il a cent mille livres de rente, donc il a raison; il est de grande naissance, donc on doit croire ce qu'il avance comme véritable; c'est un homme qui n'a point de bien, il a donc tort : néanmoins il se passe quelque chose de semblable dans l'esprit de la plupart des hommes, et qui emporte leur jugement sans qu'ils y pensent.

Qu'une même chose soit proposée par une personne de qualité, ou par un homme de néant, on l'approuvera souvent dans la bouche de cette personne de qualité, lorsqu'on ne daignera pas même l'écouter dans celle d'un homme de basse condition. L'Écriture a voulu nous instruire de cette humeur des hommes, en la présentant parfaitement dans le livre de l'Ecclésiastique : Si le riche parle, dit-elle, tout le monde se tait, et on élève ses paroles jusqu'aux nues ; si le pauvre parle, on demande qui est celui-là? *Dives locutus est, et omnes tacuerunt et verbum illius usque ad nubes perducunt; pauper locutus est, et dicunt : Quis est hic?*

Il est certain que la complaisance et la flatterie ont beaucoup de part dans l'approbation que l'on donne aux actions et aux paroles des personnes de condition, et qu'ils l'attirent souvent aussi par une certaine grâce extérieure et par une manière d'agir noble, libre et naturelle, qui leur est quelquefois si particulière, qu'elle est presque inimitable à ceux qui sont de basse naissance; mais il est certain aussi qu'il y en a plusieurs qui approuvent tout ce que font et disent les grands, par un abaissement intérieur de leur esprit, qui plie sous le faix de la grandeur, et qui n'a pas la vue assez ferme pour en soutenir l'éclat; et que cette pompe extérieure qui les environne en impose toujours un peu, et fait quelque impression sur les âmes les plus fortes.

La raison de cette tromperie vient de la corruption du cœur des hommes, qui, ayant une passion ardente pour l'honneur et les plaisirs, conçoivent nécessairement beaucoup d'amour pour les richesses et les autres qualités, par le moyen desquelles on obtient ces honneurs et ces plaisirs. Or l'amour que l'on a pour toutes ces choses que le monde estime fait que l'on juge heureux ceux qui les possèdent; et en les jugeant heureux, on les place au-dessus de soi, et on les regarde comme des personnes éminentes et élevées. Cette accoutumance de les regarder avec estime passe insensiblement de leur fortune à leur esprit. Les hommes ne font pas d'ordinaire les choses à demi. On leur donne donc une âme aussi élevée que leur rang, on se soumet à leurs opinions, et c'est la raison de la créance qu'ils trouvent ordinairement dans les affaires qu'ils traitent.

Mais cette illusion est encore bien plus forte dans les grands mêmes, qui n'ont pas eu soin de corriger l'impression que leur fortune fait naturellement dans leur esprit, qu'elle n'est dans ceux qui leur sont inférieurs. Il y en a peu qui ne fassent une raison de leur condition et de leurs richesses, et qui ne prétendent que leurs sentiments doivent prévaloir sur celui de ceux qui sont au-dessous d'eux. Ils ne peuvent souffrir que ces gens qu'ils regardent avec mépris prétendent avoir autant de jugement et de raison qu'eux; et c'est ce qui les rend si impatients à la moindre contradiction qu'on leur fait.

Tout celà vient encore de la même source, c'est-à-dire des fausses idées qu'ils ont de leur grandeur, de leur noblesse et de leurs richesses. Au lieu de les considérer comme des choses entièrement étrangères à leur être, qui n'empêchent pas qu'ils ne soient parfaitement égaux à tout le reste des hommes, selon l'âme et selon le corps, et qui n'empêchent pas qu'ils n'aient le jugement aussi faible et aussi capable de se tromper que celui de tous les autres, ils incorporent en quelque manière dans leur essence toutes ces qualités de grand, de noble, de riche, de maître, de seigneur, de prince; ils en grossissent leur idée, et ne se représentent jamais à eux-mêmes, sans tous leurs titres, tout leur attirail et tout leur train.

Ils s'accoutument à se regarder dès leur enfance comme une espèce séparée des autres hommes; leur imagination ne les mêle jamais dans la foule du genre humain; ils sont toujours comtes ou ducs à leurs yeux et jamais simplement hommes; ainsi, ils se taillent une âme et un jugement selon la mesure de leur fortune, et ne se croient pas moins au-dessus des autres par leur esprit qu'ils ne le sont par leur condition et par leur fortune.

La sottise de l'esprit humain est telle, qu'il n'y a rien qui ne lui serve à grandir l'idée qu'il a de lui-même. Une belle maison, un habit magnifique, une grande barbe, font qu'il s'en croit plus habile, et, si l'on y prend garde, il s'estime davantage à cheval ou en carrosse qu'à pied. Il est facile de persuader à tout le monde qu'il n'y a rien de plus ridicule que ces jugements; mais il est très-difficile de se garantir entièrement de l'impression secrète que toutes ces choses extérieures font dans l'esprit. Tout ce qu'on peut faire est de s'accoutumer, autant qu'on le peut, à ne donner aucune autorité à toutes les qualités qui ne peuvent en rien contribuer à trouver la vérité ; et de n'en donner à celles mêmes qui y contribuent qu'autant qu'elles y contribuent effectivement. L'âge, la science, l'étude, l'expérience, l'esprit, la vivacité, la retenue, l'exactitude, le travail, servent pour trouver la vérité des choses cachées, et ainsi ces qualités méritent qu'on y ait égard; mais il faut pourtant les peser avec soin, et ensuite en faire comparaison avec les raisons contraires, car de chacune de ces choses en particulier on ne conclut rien de certain, puisqu'il y a des opinions très-fausses qui ont été approuvées par des personnes de fort bon esprit et qui avaient une grande partie de ces qualités.

VIII. Il y a encore quelque chose de plus trompeur dans les surprises qui naissent de la manière, car on est porté naturellement à croire qu'un homme a raison, lorsqu'il parle avec grâce, avec facilité, avec gravité, avec modération et avec douceur, et à croire, au contraire, qu'un homme a tort, lorsqu'il parle désagréablement, ou qu'il fait paraître de l'emportement, de l'aigreur, de la présomption dans ses actions et dans ses paroles.

Cependant, si l'on ne juge du fond des choses que par ces manières extérieures et sensibles, il est impossible qu'on n'y soit souvent trompé. Car il y a des gens qui débitent gravement et modestement des sottises; et d'autres, au contraire, qui, étant d'un naturel prompt, ou qui, étant même possédés de quelque passion qui paraît dans leur visage et dans leurs paroles, ne laissent pas d'avoir la vérité de leur côté. Il y a des esprits fort médiocres et très-superficiels qui, pour avoir été nourris à la cour, où l'on étudie et où l'on pratique mieux l'art de plaire que partout ailleurs, ont des manières fort agréables, sous lesquelles ils font passer beaucoup de faux jugements; il y en a d'autres, au contraire, qui, n'ayant aucun extérieur, ne laissent pas d'avoir l'esprit grand et solide dans le fond. Il y en a qui parlent mieux qu'ils ne pensent, et d'autres qui pensent mieux qu'ils ne parlent. Ainsi, la raison veut que ceux qui en sont capables n'en jugent point par ces choses extérieures, et qu'ils ne laissent pas de se rendre à la vérité, non-seulement lorsqu'elle est proposée avec ces manières choquantes et désagréables, mais lors même qu'elle est mêlée avec quantité de faussetés : car une même personne peut dire vrai en une chose et faux dans une autre, avoir raison en ce point et tort en celui-là.

Il faut donc considérer chaque chose séparément, c'est-à-dire qu'il faut juger de la manière par la manière, et du fond par le fond, et non du fond par la manière, ni de la manière par le fond. Une personne a tort de parler avec colère, et elle a raison de dire vrai; et, au contraire, une autre a raison de parler sagement et civilement, et elle a tort d'avancer des faussetés.

Mais, comme il est raisonnable d'être sur ses gardes, pour ne pas conclure qu'une chose soit vraie ou fausse, parce qu'elle est proposée de telle ou telle façon, il est juste aussi que ceux qui désirent persuader les autres de quelque vérité qu'ils ont reconnue, s'étudient à la revêtir des manières favorables qui sont propres à la faire approuver, et à éviter les manières odieuses qui ne sont capables que d'en éloigner les hommes.

Ils doivent se souvenir que, quand il s'agit d'entrer dans l'esprit du monde, c'est peu de chose que d'avoir raison; et que c'est un grand mal de n'avoir que raison, et de n'avoir pas ce qui est nécessaire pour faire goûter la raison.

S'ils honorent sérieusement la vérité, ils ne doivent pas la déshonorer en la couvrant des marques de la fausseté et du mensonge; et s'ils l'aiment sincèrement, ils ne doivent pas attirer sur elle la haine et l'aversion des hommes par la manière choquante dont ils la proposent. C'est le plus grand précepte de la rhétorique, qui est d'autant plus utile, qu'il sert à régler l'âme aussi bien que les paroles; car, encore que ce soient deux choses différentes d'avoir tort dans la manière et d'avoir tort dans le fond, néanmoins les fautes de la manière sont souvent plus grandes et plus considérables que celles du fond.

En effet, toutes ces manières fières, présomptueuses, aigres, opiniâtres, emportées, viennent toujours de quelque déréglement d'esprit, qui est souvent plus considérable que le défaut d'intelligence et de lumière que l'on reprend dans les autres; et même il est toujours injuste de vouloir persuader les hommes de cette sorte; car il est bien juste que l'on se rende à la vérité, quand on la connaît; mais il est injuste qu'on exige des autres qu'ils tiennent pour vrai tout ce que 'on croit, et qu'ils défèrent à notre seule autorité; et c'est néanmoins ce que l'on fait en proposant la vérité avec ces manières choquantes : car l'air du discours entre ordinairement dans l'esprit avec les raisons, l'esprit étant plus prompt pour apercevoir cet air, qu'il ne l'est pour comprendre la solidité des preuves, qui souvent ne se comprennent point du tout. Or, l'air du discours étant séparé des preuves, ne marque que l'autorité que celui qui parle s'attribue; de sorte que s'il est aigre et impérieux, il rebute nécessairement l'esprit des autres, parce qu'il paraît qu'on veut emporter par autorité, et par une espèce de tyrannie, ce qu'on ne doit obtenir que par la persuasion et par la raison.

Cette injustice est encore plus grande, s'il arrive qu'on emploie ces manières choquantes pour combattre des opinions communes et reçues; car la raison d'un particulier peut bien être préférée à celle de plusieurs, lorsqu'elle est plus vraie; mais un particulier ne doit jamais prétendre que son autorité doive prévaloir à celle de tous les autres.

Ainsi, non-seulement la modestie et la prudence, mais la justice même oblige de prendre un air rabaissé quand on combat des opinions communes ou une autorité affermie, parce qu'autrement on ne peut éviter cette injustice, d'opposer l'autorité d'un particulier à une autorité, ou publique, ou plus grande et plus établie. On ne peut témoigner trop de modération quand il s'agit de troubler la possession d'une opinion reçue ou d'une créance acquise depuis longtemps. Ce qui est si vrai, que saint Augustin l'étend même aux vérités de la religion, ayant donné cette excellente règle à tous ceux qui sont obligés d'instruire les autres.

« Voici de quelle sorte, dit-il, les catholiques sages et religieux enseignent ce qu'ils doivent enseigner aux autres : si ce sont des choses communes et autorisées, ils les proposent d'une manière pleine d'assurance, et qui ne témoigne aucun doute, en l'accompagnant de toute la douceur qui leur est possible; mais si ce sont des choses extraordinaires, quoiqu'ils en reconnaissent très-clairement la vérité, ils les proposent plutôt comme des doutes et comme des questions à examiner, que comme des dogmes et des décisions arrêtées, pour s'accommoder en cela à la faiblesse de ceux qui les écoutent. » Que si une vérité est si haute qu'elle surpasse les forces de ceux à qui l'on parle, ils aiment mieux la retenir pour quelque temps, pour leur donner lieu de croître et de s'en rendre capables, que de la leur découvrir en cet état de faiblesse, où elle ne ferait que les accabler[1].

1. Ce chapitre suffirait à lui seul pour conservor à l'ouvrage tout entier une des premières places parmi les œuvres du XVIIe siècle. C'est tout simplement un chef-d'œuvre comparable aux pages les plus parfaites de nos grands moralistes. Il est inutile de faire ressortir tous les mérites de ces pages, la simplicité énergique de cette prose, la profondeur des observations, la générosité des sentiments et la hardiesse même de quelques idées.

QUATRIÈME PARTIE.

ARGUMENT ANALYTIQUE.

La méthode dont on doit traiter dans cette dernière partie peut se définir l'art de bien disposer une suite de plusieurs pensées, ou pour découvrir la vérité quand nous l'ignorons, ou pour la prouver aux autres, quand nous la connaissons déjà. Comme elle a pour fin la vérité, il faut montrer que l'esprit peut l'atteindre, et par quelles voies diverses il y parvient; ces voies sont l'analyse et la synthèse pour les choses que nous connaissons par nous-mêmes, l'autorité des personnes dignes de croyance pour les autres. Il y aura donc en tout quatre questions dans cette partie : de la science, de la méthode d'analyse, de la méthode de synthèse, de la foi, soit humaine soit divine.

§ I. Avons-nous des connaissances claires et certaines, et la conviction, qu'on appelle *science* ou certitude, est-elle légitime? Les sceptiques font profession de le nier; mais ces opinions sont des jeux de personnes oisives et ingénieuses, qui n'y croient pas dans la pratique. En tout cas, si quelqu'un pouvait se mettre hors de la nature humaine au point de douter de l'existence du monde, il ne pourrait douter de son doute, c'est-à-dire de sa pensée, de ses idées. Il y a donc de la certitude, et elle provient surtout de la raison, mais aussi des sens. Les sens ne peuvent nous assurer ni de la nature, ni même de la grandeur véritable et naturelle de chaque corps; leurs jugements sont tout relatifs; nous ne savons pas s'ils sont les mêmes chez tous les hommes; mais en somme il y a aussi de la certitude dans leurs perceptions. C'est en somme une égale faute de vouloir faire passer toutes choses pour certaines ou pour incertaines; il y en a de trois genres : les unes sont connues clairement, d'autres peuvent l'être, d'autres enfin sont au-dessus de notre portée, comme toutes les questions qui regardent la puissance de Dieu. Les philosophes doivent discerner les questions où l'esprit peut atteindre, de celles où il n'est pas capable d'arriver; et parmi ces dernières on peut ranger hardiment une infinité de problèmes métaphysiques.

Pourtant il faut remarquer que beaucoup de choses certaines sont incompréhensibles, et ne pas confondre connaître avec comprendre.

Quoi de plus incompréhensible que l'éternité? La divisibilité à l'infini de la matière ne confond-elle pas l'esprit? et cependant quoi de plus assuré? La géométrie en donne des preuves certaines. Toute étendue peut infiniment se diviser, infiniment s'augmenter, comme tout mouvement peut se ralentir à l'infini. Forçons donc notre esprit à avouer qu'il y a des choses qui sont, quoiqu'il ne soit pas capable de les comprendre. Il est bon de le fatiguer à ces subtilités pour dompter sa présomption, et lui ôter de sa hardiesse. Ch. I.

§ II. Il y a deux sortes de méthodes, l'une pour découvrir la vérité, *l'analyse*, ou *méthode de résolution* ou *d'invention ;* l'autre pour la faire entendre aux autres, *la synthèse*, ou *méthode de composition* ou *de doctrine*.

La méthode d'analyse sert pour résoudre quelque question plutôt que pour traiter le corps entier d'une science; et pour ne parler que des questions de choses, en omettant ce qui concerne les mots, il y en a de quatre sortes : on peut chercher les causes par les effets, par exemple la nature de l'aimant par les phénomènes qu'il produit; les effets par les causes : on connaît la force motrice du vent et de l'eau, on en cherche les effets utiles à la société; le tout par les parties, ou enfin une partie par le tout et une autre partie, comme on le fait dans les diverses opérations sur les nombres. Dans tous les cas, il faut déterminer le point précis de la question ; discerner ce qui est connu et ce qui ne l'est pas, sans rien ajouter aux données et sans rien en omettre, et bien comprendre quelles sont les conditions de ce que l'on cherche. Le succès dépend plus du jugement et de l'adresse de l'esprit que des règles particulières. On observera cependant avec profit celles que Descartes a proposées dans le *Discours de la méthode*. Ch. II.

§ III. Les deux méthodes ont cela de commun, que l'on doit toujours passer de ce qui est plus connu à ce qui l'est moins. Mais l'analyse prend ces vérités connues dans l'examen de la chose que l'on se propose de connaître; la synthèse trouve son point de départ dans les principes dont la question proposée est une conséquence; dans le premier cas, on n'énonce les maximes évidentes qu'à mesure qu'on en a besoin; dans le second, on les établit d'abord; enfin ces deux méthodes ne diffèrent que comme le chemin qu'on fait en montant d'une vallée sur une montagne, de celui que l'on fait en descendant de la montagne dans la vallée.

La méthode de composition est celle dont on se sert pour expliquer toutes les sciences; on en a le modèle dans la géométrie. Elle consiste à ne laisser aucune ambiguïté dans les termes, à raisonner sur des principes clairs et évidents, à prouver démonstrativement toutes les conclusions. Il y a donc des règles pour les définitions, pour les axiomes, pour les démonstrations.

1° On définira tous les termes un peu obscurs ou équivoques et pour le faire on se servira de termes connus ou expliqués.

2° Les axiomes sont des propositions si claireset si évidentes d'elles-mêmes, qu'elles n'ont pas besoin d'être démontrées; ceux qui les contestent se démentent au fond de leur pensée, et il y a dans ces vérités une certitude irrésistible, qui n'est pas le résultat de l'expérience et qui dépasse l'induction. Tous les axiomes peuvent se réduire à cette maxime : tout ce qui est contenu dans l'idée claire et distincte d'une chose peut s'affirmer avec vérité de cette chose. Il y a deux règles essentielles à observer dans l'usage des axiomes : regarder comme telles toutes les propositions où il suffit d'un peu d'attention pour voir clairement que l'attribut convient au sujet; démontrer toutes celles où ce peu d'attention ne suffit pas.

3° Pour démontrer, il faut ne se servir que des vérités indubitables, et éviter tout vice dans la forme d'argumenter. On observera la première prescription, si toutes les preuves sont, ou des définitions, ou des axiomes accordés, ou des propositions démontrées, ou la construction de la chose même dont il s'agira; on ne péchera pas contre la seconde si on n'abuse jamais de l'équivoque des termes, et si on substitue mentalement à chaque mot la définition qui l'explique. Les géomètres ne sont pas en cela exempts de tout reproche; on peut les blâmer d'avoir plus de soin de la certitude que de l'évidence, et de convaincre l'esprit que de l'éclairer; ils prouvent à tout prix, même des choses qui n'ont pas besoin de preuves; ils démontrent par l'impossible ce qui force la conviction sans instruire; ils vont chercher leurs raisons trop loin, et enfin ne disposent pas leurs matières dans l'ordre naturel, ni avec une méthode parfaite. Il faudra donc ajouter aux six règles qu'on a énoncées deux nouveaux préceptes pour les démonstrations, ce qui réduira à huit règles principales toute la méthode des sciences : traiter les choses dans leur ordre naturel, en commençant par les plus générales et les plus simples; diviser chaque genre en toutes ses espèces, chaque tout en toutes ses parties, et chaque difficulté en tous ses cas. Ch. III à XII.

§ IV. Il y a des connaissances que nous tenons de l'autorité des personnes dignes de croyance, et qui se distinguent de celles que nous devons à nos facultés, comme la foi se distingue de la science. Quand l'autorité de Dieu nous persuade, c'est la foi divine; et la foi humaine, quand c'est la parole des hommes; la première est infaillible, elle doit avoir plus de force sur notre esprit que notre propre raison, mais cela même est raisonnable, car la foi suppose toujours quelque raison. Quant à la seconde, il y a deux égarements à éviter : croire trop légèrement et être incrédule sans motif. A côté des vérités nécessaires qui ne souffrent aucune exception, il y a les événements humains et contingents, dont le contraire n'implique pas contradiction. Il est toujours possible qu'ils aient ou qu'ils n'aient pas été. Il ne faut donc pas les considérer en eux-mêmes, mais tenir compte des circonstances intérieures, c'est-à-dire qui appartiennent au fait, et de celles qui regardent les personnes et qu'on peut appeler extérieures. Les premières peuvent rendre le fait vraisemblable ou non; les secondes le rendront certain ou douteux. Enfin on peut juger des faits à venir comme des autres, seulement en considérant les circonstances qui sont ordinairement jointes avec ces faits et qui les rendent probables.

DE LA MÉTHODE.

Il nous reste à expliquer la dernière partie de la logique, qui regarde la méthode, laquelle est sans doute l'une des plus utiles et des plus importantes[1]. Nous avons cru devoir y joindre ce qui regarde la démonstration, parce qu'elle ne consiste pas d'ordinaire en un seul argument, mais dans une suite de plusieurs raisonnements, par lesquels on prouve invinciblement quelque vérité ; et que même il sert de peu, pour bien démontrer, de savoir les règles des syllogismes, ce à quoi l'on manque très-peu souvent[2]; mais que le tout est de bien arranger ses pensées, en se servant de celles qui sont claires et évidentes, pour pénétrer dans ce qui paraissait plus caché[3].

Et, comme la démonstration a pour fin la science, il est nécessaire d'en dire quelque chose auparavant.

CHAPITRE PREMIER.

De la science; qu'il y en a. Que les choses que l'on connaît par l'esprit sont plus certaines que ce que l'on connaît par les sens. Qu'il y a des choses que l'esprit humain est incapable de savoir. Utilité que l'on peut tirer de cette ignorance nécessaire.

Si, lorsque l'on considère quelque maxime, on en connaît la vérité en elle-même, et par l'évidence qu'on y aperçoit, qui nous persuade sans autre raison, cette sorte de connaissance

1. Si la logique est l'art de penser, la méthode n'en est pas seulement une des parties les plus utiles, elle est toute la logique.

2. On ne peut trop insister sur cette vérité : parmi des milliers d'erreurs on en trouverait une à peine qui eût pour origine une faute de raisonnement, si par le raisonnement on entend la déduction.

3. Il ne faut pas borner la méthode, comme on le fait ici, et plus explicitement ailleurs, à bien arranger ses pensées; elle a pour but de nous aider à les trouver; c'est un art de découvertes.

s'appelle intelligence; et c'est ainsi que l'on connaît les premiers principes[1].

Mais si elle ne nous persuade pas par elle-même, on a besoin de quelque autre motif pour s'y rendre, et ce motif est ou l'autorité ou la raison[2]. Si c'est l'autorité qui fait que l'esprit embrasse ce qui lui est proposé, c'est ce qu'on appelle foi. Si c'est la raison, alors, ou cette raison ne produit pas une entière conviction, mais laisse encore quelque doute; et cet acquiescement de l'esprit, accompagné de doute, est ce qu'on nomme opinion[3].

Que si cette raison nous convainc entièrement, alors, ou elle n'est claire qu'en apparence et faute d'attention; et la persuasion qu'elle produit est une erreur, si elle est fausse en effet, ou du moins un jugement téméraire, si, étant vraie en soi, on n'a pas néanmoins eu assez de raison de la croire véritable.

Mais, si cette raison n'est pas seulement apparente, mais solide et véritable, ce qui se reconnaît par une attention plus longue et plus exacte, par une persuasion plus ferme, et par la qualité de la clarté qui est plus vive et plus pénétrante, alors la conviction que cette raison produit s'appelle science[4], sur laquelle on forme diverses questions.

La première est, s'il y en a, c'est-à-dire si nous avons des connaissances fondées sur des raisons claires et certaines; ou, en général, si nous avons des connaissances claires et certaines[5] : car cette question regarde autant l'intelligence que la science[6].

1. Au lieu du mot intelligence, on dirait sans doute aujourd'hui intuition, pour désigner l'acte, et raison pour nommer la faculté qui l'opère. C'est du reste le langage de Descartes, qui dans ses règles pour la direction de l'esprit réduit tous nos moyens de connaître à l'intuition et à la déduction.

2. Une maxime qui n'est pas évidente d'elle-même ne peut le devenir que par le raisonnement; le seul *motif* qui puisse nous persuader c'est qu'elle dépend d'une autre maxime évidente. Quant à l'*autorité*, ce n'est pas un *motif* irréductible et primitif, puisqu'elle ne nous persuade que si la raison l'approuve.

3. L'évidence des objets produit la certitude dans l'esprit; et la probabilité ne fait naître que des opinions.

4. On parle ici de la science considérée comme un état de l'esprit, *habitus mentis*, comme on dit dans l'école. La persuasion et la qualité de la clarté ne sont pas des signes infaillibles pour la reconnaître. L'esprit s'attache aussi fermement à l'erreur.

5. La certitude est un fait, la question est de savoir si c'est un droit, si elle est aussi légitime que naturelle.

6. Beaucoup plus l'intelligence que la science, au sens où l'on a pris ces deux

Il s'est trouvé des philosophes qui ont fait profession de le nier, et qui ont même établi sur ce fondement toute leur philosophie; et entre ces philosophes, les uns se sont contentés de nier la certitude en admettant la vraisemblance; et ce sont les nouveaux académiciens[1] : les autres, qui sont les pyrrhoniens, ont même nié cette vraisemblance, et ont prétendu que toutes choses étaient également obscures et incertaines.

Mais la vérité est que toutes ces opinions, qui ont fait tant de bruit dans le monde, n'ont jamais subsisté que dans des discours, des disputes ou des écrits, et que personne n'en a jamais été sérieusement persuadé. C'étaient des jeux et des amusements de personnes oisives et ingénieuses, mais ce ne furent jamais des sentiments dont ils fussent intérieurement pénétrés, et par lesquels ils voulussent se conduire : c'est pourquoi le meilleur moyen de convaincre ces philosophes était de les rappeler à leur conscience et à la bonne foi, et de leur demander, après tous ces discours par lesquels ils s'efforçaient de montrer qu'on ne peut distinguer le sommeil de la veille, ni la folie du bon sens, s'ils n'étaient pas persuadés, malgré toutes leurs raisons, qu'ils ne dormaient pas, et qu'ils avaient l'esprit sain; et, s'ils eussent eu quelque sincérité, ils auraient démenti toutes leurs vaines subtilités, en avouant franchement qu'ils ne pouvaient pas ne point croire toutes ces choses quand ils l'eussent voulu[2].

Que s'il se trouvait quelqu'un qui pût entrer en doute s'il ne dort point ou s'il n'est point fou, ou qui pût même croire que l'existence de toutes les choses extérieures est incertaine, et qu'il est douteux s'il y a un soleil, une lune et une matière, au moins personne ne saurait douter, comme dit saint Augustin, s'il est, s'il pense, s'il vit[3]; car, soit qu'il dorme ou qu'il veille, soit qu'il ait l'esprit sain ou malade, soit qu'il se trompe ou qu'il ne se trompe pas, il est certain

termes : le premier désignant la connaissance des principes, et le second celle des vérités dont l'évidence n'est pas immédiate. Tout dépend donc des principes.

1. Voir plus haut, page 11, note 3.

2. Voilà le langage du bon sens, et c'est peut-être la meilleure réfutation du scepticisme.

3. Arnauld aurait pu nommer Descartes. Mais saint Augustin est particulièrement cher à tout Port-Royal, dont les hommages ont contribué à ressusciter sa gloire et son autorité.

au moins, puisqu'il pense, qu'il est et qu'il vit, étant impossible de séparer l'être et la vie de la pensée, et de croire que ce qui pense n'est pas et ne vit pas[1]; et de cette connaissance claire, certaine et indubitable, il peut en former une règle pour approuver comme vraies toutes les pensées qu'il trouvera claires, comme celle-là lui paraît[2].

Il est impossible de même de douter de ses perceptions en les séparant de leur objet : qu'il y ait ou qu'il n'y ait pas un soleil et une terre, il m'est certain que je m'imagine en voir un; il m'est certain que je doute lorsque je doute[3]; que je crois voir lorsque je crois voir; que je crois entendre lorsque je crois entendre, et ainsi des autres : de sorte qu'en se renfermant dans son esprit seul, et en y considérant ce qui s'y passe, on y trouve une infinité de connaissances claires et dont il est impossible de douter[4].

Cette considération peut servir à décider une autre question que l'on fait sur ce sujet, qui est, si les choses que l'on ne connaît que par l'esprit sont plus ou moins certaines que celles que l'on connaît par les sens : car il est clair, par ce que nous venons de dire, que nous sommes plus assurés de nos perceptions et de nos idées, que nous ne voyons que par une réflexion d'esprit, que nous ne le sommes de tous les objets de nos sens[5]. L'on peut dire même qu'encore que les sens ne nous trompent pas toujours dans le rapport qu'ils nous font, néanmoins la certitude que nous avons qu'ils ne nous trompent pas ne vient pas des sens, mais d'une réflexion de l'esprit par laquelle nous discernons quand nous devons croire et quand nous ne devons pas croire les sens[6].

1. Ces derniers mots ont l'air d'être une preuve, qui ressemblerait beaucoup à un cercle, puisque les idées de l'être et de la pensée supposent déjà ce qui est en question, l'existence de l'être pensant. Le *Cogito, ergo sum* serait un sophisme s'il était une *preuve* de notre existence.

2. Il semble que ceci appartienne en propre à Descartes, et ne puisse plus être prêté à saint Augustin.

3. Ce ne serait pas l'avis des pyrrhoniens résolus.

4. C'est établir que la certitude est naturelle et irrésistible, mais non pas qu'elle soit légitime; ce dernier point ne peut être prouvé, et n'a guère besoin de l'être.

5. Voir la deuxième des *Méditations* de Descartes.

6. Les sens ne nous trompent jamais; la certitude qu'ils nous donnent ne vient pas de la réflexion, elle est tout immédiate, et si nous ne nous y confiions pas, nous ne saurions sur quel fondement la critiquer. Ces réflexions deviennent vraies si on les applique aux opérations discursives, qui ont pour principe nos perceptions.

Et c'est pourquoi il faut avouer que saint Augustin a eu raison de soutenir, après Platon, que le jugement de la vérité et la règle pour la discerner n'appartiennent point aux sens, mais à l'esprit : *Non est judicium veritatis in sensibus ;* et que même cette certitude que l'on peut tirer des sens ne s'étend pas bien loin, et qu'il y a plusieurs choses que l'on peut savoir par les sens, et dont on ne peut pas dire que l'on ait une assurance entière.

Par exemple, on peut bien savoir par les sens qu'un tel corps est plus grand qu'un autre corps; mais on ne saurait savoir avec certitude quelle est la grandeur véritable et naturelle de chaque corps; et, pour comprendre cela, il n'y a qu'à considérer que si tout le monde n'avait jamais regardé les objets extérieurs qu'avec des lunettes qui les grossissent, il est certain qu'on ne se serait figuré les corps et toutes les mesures des corps que selon la grandeur dans laquelle ils nous auraient été représentés par ces lunettes : or nos yeux mêmes sont des lunettes, et nous ne savons pas précisément s'ils ne diminuent point ou n'augmentent point les objets que nous voyons, et si les lunettes artificielles, que nous croyons les diminuer ou les augmenter, ne les établissent point, au contraire, dans leur grandeur véritable; et partant, on ne connaît pas certainement la grandeur absolue et naturelle de chaque corps[1].

On ne sait point aussi si nous les voyons de la même grandeur que les autres hommes : car encore que deux personnes les mesurant conviennent ensemble qu'un certain corps n'a, par exemple, que cinq pieds, néanmoins ce que l'un conçoit par un pied n'est peut-être pas ce que l'autre conçoit; car l'un conçoit ce que ses yeux lui rapportent, et un autre de même : or peut-être que les yeux de l'un ne lui rapportent pas la même chose que ce que les yeux des autres leur

1. On s'explique à peine ces lignes qui ne paraissent pas dignes de la sagacité de leur auteur. Que veut-il dire par la *grandeur absolue et naturelle*? Qui ne sait que la grandeur est un rapport; qu'un seul corps pris en lui-même n'est ni grand ni petit; qu'on ne peut dire du monde entier, dans son tout, qu'il soit grand ou petit, et que ces idées ne naissent que d'une comparaison? Il n'y a donc pas de grandeur en soi; et nos sens sont excusables de ne nous faire connaître rien de tel. Pascal se demande de même si les lunettes changent la grandeur *naturelle* des objets, ou si elles rétablissent la *véritable*. La question n'a guère de sens.

représentent, parce que ce sont des lunettes autrement taillées[1].

Il y a pourtant beaucoup d'apparence que cette diversité n'est pas grande, parce que l'on ne voit pas dans la conformation de l'œil une différence, qui puisse produire un changement bien notable; outre que, quoique nos yeux soient des lunettes, ce sont pourtant des lunettes taillées de la main de Dieu; et ainsi l'on a sujet de croire qu'elles ne s'éloignent de la vérité des objets que par quelques défauts, qui corrompent ou troublent leur figure naturelle.

Quoi qu'il en soit, si le jugement de la grandeur des objets est incertain en quelque sorte, aussi n'est-il guère nécessaire; et il n'en faut nullement conclure qu'il n'y ait pas plus de certitude dans tous les autres rapports des sens : car, si je ne sais pas précisément, comme j'ai dit, quelle est la grandeur absolue et naturelle d'un éléphant, je sais pourtant qu'il est plus grand qu'un cheval et moindre qu'une baleine, ce qui suffit pour l'usage de la vie.

Il y a donc de la certitude et de l'incertitude et dans l'esprit et dans les sens; et ce serait une faute égale de vouloir faire passer toutes choses ou pour certaines ou pour incertaines.

La raison, au contraire, nous oblige d'en reconnaître de trois genres.

Car il y en a que l'on peut connaître clairement et certainement; il y en a que l'on ne connaît pas, à la vérité, clairement, mais que l'on peut espérer de pouvoir connaître, et il y en a enfin qu'il est impossible de connaître avec certitude, ou parce que nous n'avons point de principes qui nous y conduisent, ou parce qu'elles sont trop disproportionnées à notre esprit[2].

Le premier genre comprend tout ce que l'on connaît par démonstration ou par intelligence.

1. Celui qui verrait tous les objets plus grands ou plus petits que nous, les voyant tous de la même façon, les percevrait dans les mêmes rapports. Or la grandeur n'est qu'un rapport. L'illusion de l'auteur est singulière, et ce n'était pas la peine de faire appel, comme on le voit quelques lignes plus bas, à la véracité de Dieu « qui a taillé nos lunettes. »

2. Celles-là mêmes nous les connaissons; car autrement nous ne pourrions en parler, ni juger qu'elles sont au-dessus de notre portée; mais nous ne les comprenons pas.

Le second est la matière de l'étude des philosophes[1]; mais il est possible qu'ils s'y occupent fort inutilement, s'ils ne savent le distinguer du troisième, c'est-à-dire s'ils ne peuvent discerner les choses où l'esprit peut arriver, de celles où il n'est pas capable d'atteindre.

Le plus grand abrégement que l'on puisse trouver dans l'étude des sciences est de ne s'appliquer jamais à la recherche de tout ce qui est au-dessus de nous, et que nous ne saurions espérer raisonnablement de pouvoir comprendre. De ce genre sont toutes les questions qui regardent la puissance de Dieu, qu'il est ridicule de vouloir renfermer dans les bornes étroites de notre esprit, et généralement tout ce qui tient de l'infini; car notre esprit étant fini, il se perd et s'éblouit dans l'infinité, et demeure accablé sous la multitude des pensées contraires qu'elle fournit.

C'est une solution très-commode et très-courte pour se tirer d'un grand nombre de questions, dont on disputera toujours tant que l'on en voudra disputer, parce que l'on n'arrivera jamais à une connaissance assez claire pour fixer et arrêter nos esprits[2]. Est-il possible qu'une créature ait été créée dans l'éternité? Dieu peut-il faire un corps infini en grandeur, un mouvement infini en vitesse, une multitude infinie en nombre? Un nombre infini est-il pair ou impair? Y a-t-il un infini plus grand que l'autre? Celui qui dira tout d'un coup : Je n'en sais rien, sera aussi avancé en un moment que celui qui s'appliquera à raisonner vingt ans sur ces sortes de sujets; et la seule différence qu'il peut y avoir entre eux, est que celui qui s'efforcera de pénétrer ces questions est en danger de tomber en un degré plus bas que la simple ignorance, qui est de croire savoir ce qu'il ne sait pas[3].

1. La philosophie serait distinguée des autres sciences, parce que la vérité qu'elle recherche ne serait pas claire encore, mais pourrait le devenir. A ce compte toute question qui n'est pas encore résolue serait une question de philosophie, et toute vérité démontrée cesserait d'appartenir à cette science.

2. Tel est à peu près le langage de ceux qui s'appellent aujourd'hui positivistes; et c'est pour des raisons analogues, mais dans d'autres intentions, qu'ils bannissent la métaphysique de l'ordre des sciences.

3. Ces problèmes sont-ils difficiles; ou plutôt ne sont-ils pas avant tout mal posés? Que veulent dire ces mots « créé *dans* l'éternité? » L'éternité est-elle un contenant? a-t-elle un dedans et un dehors? La difficulté ne provient-elle pas de l'impropriété des termes? De même associer l'idée d'infini à celle de corps, de vitesse ou de nombre, c'est jouer sur les mots.

Il y a de même une infinité de questions métaphysiques qui, étant trop vagues, trop abstraites et trop éloignées des principes clairs et connus, ne se résoudront jamais; et le plus sûr est de s'en délivrer le plus tôt qu'on peut, et après avoir appris légèrement qu'on les forme, se résoudre de bon cœur à les ignorer.

Nescire quædam magna pars sapientiæ.

Par ce moyen, en se délivrant des recherches où il est comme impossible de réussir, on pourra faire plus de progrès dans celles qui sont plus proportionnées à notre esprit[1].

Mais il faut remarquer qu'il y a des choses qui sont incompréhensibles dans leur manière, et qui sont certaines dans leur existence. On ne peut concevoir comment elles peuvent être, et il est certain néanmoins qu'elles sont[2].

Qu'y a-t-il de plus incompréhensible que l'éternité? et qu'y a-t-il en même temps de plus certain? en sorte que ceux qui, par un aveuglement horrible, ont détruit dans leur esprit la connaissance de Dieu, sont obligés de l'attribuer au plus vil et au plus méprisable de tous les êtres, qui est la matière.

Quel moyen de comprendre que le plus petit grain de matière soit divisible à l'infini, et que l'on ne puisse jamais arriver à une partie si petite, que, non-seulement elle n'en enferme plusieurs autres, mais qu'elle n'en enferme une infinité; que le plus petit grain de blé enferme en soi autant de parties, quoique à proportion plus petites, que le monde entier[3]; que toutes les figures imaginables s'y trouvent actuellement, et qu'il contienne en soi un petit monde avec toutes

1. C'est une leçon de modestie qui peut être salutaire, mais qui peut aussi excuser les défaillances de l'esprit. Quand même la curiosité de l'homme ne parviendrait pas à se satisfaire sur tous ces problèmes, il vaut mieux les agiter que de les omettre; ses recherches, fussent-elles vaines, lui rappellent au moins qu'il y a là des mystères. Du reste, l'homme est attiré vers elles par un penchant irrésistible : si la science les néglige, l'ignorance les résoudra à sa manière.

2. Pensée profonde et qu'il faut sans cesse méditer quand on aborde l'étude de l'infini : duquel on peut dire « que l'incompréhensibilité est contenue dans sa raison formelle. » (Descartes.)

3. Si la doctrine qu'on énonce était vraie, il faudrait dire que ces parties ne sont pas à proportion plus petites que celles du monde entier; car si l'on suppose ce grain de blé au centre du monde, et une infinité de lignes partant de tous les points de la circonférence, elles occuperont toute l'étendue de ce grain. L'absurdité même de la conclusion révèle l'erreur du principe.

ses parties, un soleil, un ciel, des étoiles, des planètes, une terre dans une justesse admirable de proportions; et qu'il n'y ait aucune des parties de ce grain qui ne contienne encore un monde proportionnel? Quelle peut être la partie dans ce petit monde, qui répond à la grosseur d'un grain de blé, et quelle effroyable différence doit-il y avoir, afin qu'on puisse dire véritablement que ce qu'est un grain de blé à l'égard du monde entier, cette partie l'est à l'égard d'un grain de blé? Néanmoins cette partie, dont la petitesse nous est déjà incompréhensible, contient encore un autre monde proportionnel, et ainsi à l'infini, sans qu'on en puisse trouver aucune qui n'ait autant de parties proportionnelles que tout le monde, quelque étendue qu'on lui donne[1].

Toutes ces choses sont inconcevables, et néanmoins il faut nécessairement qu'elles soient, puisque l'on démontre la divisibilité de la matière à l'infini, et que la géométrie nous en fournit des preuves aussi claires que d'aucune des vérités qu'elle nous découvre[2].

Car cette science nous fait voir qu'il y a de certaines lignes qui n'ont nulle mesure commune, et qu'elle appelle pour cette raison incommensurables, comme la diagonale d'un carré et les côtés. Or, si cette diagonale et ces côtés étaient composés d'un certain nombre de parties indivisibles,

1. Peut-être tout cela n'est-il pas aussi incompréhensible qu'on veut bien le dire. Si l'on examine comment se forme en nous l'idée de grandeur, on découvre bien vite qu'elle résulte d'une comparaison. Rien n'est en soi ni grand ni petit; mais toute portion de l'étendue peut être comparée à une autre, et n'est grande que par rapport à une autre ; chaque fois que nous concevons une étendue comme grande, nous sommes forcés d'en concevoir une plus petite, ou indifféremment une plus grande. La matière est-elle pour cela divisible à l'infini comme le soutient Arnauld à l'exemple de Pascal, comme Euler et tant d'autres géomètres l'ont prétendu? Il faudrait pour le croire confondre l'idée abstraite de grandeur, simple rapport, avec l'idée de la matière réelle, et croire qu'en étudiant l'étendue sous ses trois dimensions la géométrie étudie les corps tels que nous les percevons. En somme une *grandeur* étant conçue, cette idée n'est intelligible pour nous que si nous pensons à une autre grandeur; de même qu'un corps n'est perceptible que parce qu'il se distingue des autres corps. C'est la *grandeur* qui est divisible à l'infini, et non la *matière;* et dire que nous ne pouvons concevoir que cette divisibilité ait un terme, c'est dire que nous ne pouvons, sans faire une comparaison, avoir une idée qui a pour origine une comparaison : et qu'en pensant à cette idée nous pensons en même temps à ce sans quoi elle n'existerait pas.

2. On va voir ce que valent ces preuves; on peut déjà surprendre la confusion qui les rend spécieuses, puisqu'on emprunte à la géométrie, qui étudie les conditions d'existence des corps, des lumières sur la nature intime de ces corps.

une de ces parties indivisibles ferait la mesure commune de ces deux lignes; et, par conséquent, il est impossible que ces deux lignes soient composées d'un certain nombre de parties indivisibles[1].

On démontre encore dans cette science qu'il est impossible qu'un nombre carré soit double d'un autre nombre carré, et que cependant il est très-possible qu'un carré d'étendue soit double d'un autre carré d'étendue; or, si ces deux carrés d'étendue étaient composés d'un certain nombre de parties finies, le grand carré contiendrait le double des parties du petit; et tous les deux étant carrés, il y aurait un carré de nombre double d'un autre carré de nombre, ce qui est impossible[2].

Enfin il n'y a rien de plus clair que cette raison, que deux néants d'étendue ne peuvent former une étendue, et que toute étendue a des parties : or, en prenant deux de ces parties qu'on suppose indivisibles, je demande si elles ont de l'étendue, ou si elles n'en ont point; si elles en ont, elles sont donc divisibles, et elles ont plusieurs parties; si elles n'en ont point, ce sont donc deux néants d'étendue; et ainsi il est impossible qu'elles puissent former une étendue[3].

1. La ligne est une conception abstraite; la longueur, sans épaisseur ni largeur, n'est pas la matière; de ce que deux lignes ne peuvent être mesurées par une même grandeur, il ne suit pas que deux corps ne soient pas composés de parties indivisibles. Si la doctrine, très-contestable, des atomes ne souffrait pas d'autres difficultés, on pourrait l'adopter.

2. C'est toujours la même confusion entre l'étendue géométrique et les forces réelles, dont l'ensemble est désigné par le terme général de *matière*. Il n'y a pas de matière dans un carré d'étendue.

3. Euler reproduit cet argument contre Leibnitz et ses partisans. Il est certain que deux néants d'étendue ne peuvent former une étendue, pas plus que deux zéros ne peuvent former un nombre. Deux de ces parties ont donc de l'étendue, c'est-à-dire qu'elles peuvent produire sur nos sens l'effet que nous désignons par ce mot, si difficile à éclaircir. Est-ce à dire qu'elles soient divisibles? Oui, si l'on admet d'avance que toute étendue est divisible, c'est-à-dire la proposition même qu'il faudrait démontrer. Il y a là un cercle; car pour prouver la divisibilité de l'étendue, on commence par poser en principe « que toute étendue a des parties. » Euler avoue que l'idée d'étendue est abstraite, mais il soutient que cette abstraction étant formée par la perception des corps, on peut affirmer de ceux-ci ce qui est vrai de l'idée générale d'étendue, « comme on affirme d'un arbre ce qui est vrai de l'idée générale d'arbre. » Donc, si l'étendue est conçue comme divisible, le corps d'où l'on a abstrait cette qualité peut être divisé à l'infini. Cet argument aurait une grande valeur si en effet on percevait l'étendue pure par les sens, si elle était une qualité inhérente à la matière, la matière elle-même. Mais quel est celui de nos sens qui nous donne l'idée de l'étendue pure? ni la vue ni le toucher ne nous font percevoir l'étendue sans la couleur, sans la solidité, sans la tempéra-

Il faut renoncer à la certitude humaine pour douter de la vérité de ces démonstrations; mais, pour aider à concevoir, autant qu'il est possible, cette divisibilité infinie de la matière, j'y joindrai encore une preuve, qui fait voir en même temps une division à l'infini et un mouvement qui se ralentit à l'infini, sans jamais arriver au repos.

Il est certain que quand on douterait si l'étendue peut se diviser à l'infini, on ne saurait au moins douter qu'elle ne puisse s'augmenter à l'infini, et qu'à un plan de cent mille lieues on ne puisse en joindre un autre de cent mille lieues, et ainsi à l'infini[1] : or, cette augmentation infinie de l'étendue prouve sa divisibilité à l'infini; et, pour le comprendre, il n'y a qu'à s'imaginer une mer plate, que l'on augmente en longueur à l'infini, et un vaisseau sur le bord de cette mer qui s'éloigne du port en droite ligne; il est certain qu'en regardant du port le bas du vaisseau au travers d'un verre ou d'un autre corps diaphane, le rayon qui se terminera au bas de ce vaisseau passera par un certain point du verre, et que le rayon horizontal passera par un autre point du verre plus élevé que le premier. Or, à mesure que le vaisseau s'éloi-

ture, etc. Ce sont là les qualités réelles de la matière, c'est-à-dire l'effet des forces matérielles sur nos organes. Nos perceptions sont comparables entre elles; de là l'idée de partie et de tout, et celle de grandeur. En un mot, l'étendue dont on parle ici c'est la grandeur. La grandeur n'est pas inhérente au corps, puisqu'un corps en lui-même n'est ni grand ni petit; donc l'étendue n'est pas une qualité réelle des corps; dire qu'elle est divisible à l'infini, c'est dire que la grandeur ne peut jamais être conçue sans un rapport avec une autre grandeur, moindre ou plus considérable; ce n'est pas affirmer que le corps, objet de la perception, soit en lui-même grand ou petit, ni par suite qu'il soit infiniment divisible. Voir, sur ce sujet obscur, Pascal, de l'*Esprit géométrique*, premier fragment, avec les notes de M. E. Havet; Malebranche, *Recherche de la vérité*, liv. I, ch. VI; Euler, *Lettres à une princesse d'Allemagne*, IIe partie, lettres LIV à LXXIV. Bayle, dans l'article de Zénon du *Dictionnaire historique*, rapporte les raisons de M. Nicole dans l'*Art de penser;* les fortifie encore; mais il démontre de plus que la géométrie n'est pas moins détruite si on admet la divisibilité à l'infini; il relève à peu près comme Kant le fera plus tard cette contradiction, et y voit une preuve de l'impuissance de l'esprit humain. Leibnitz, on le sait, croit que la matière est l'ensemble des phénomènes, ou des effets produits par des forces simples et indivisibles, des atomes de force, pour ainsi dire. Ce ne sont donc pas des zéros.

1. L'idée de grandeur comprend celle de plus et de moins; il est bien évident qu'on peut toujours concevoir un objet plus grand qu'un objet donné. Voilà comment la matière se peut augmenter à l'infini. C'est dire qu'en la concevant, et nous pouvons porter nos conceptions aussi loin que possible, nous la concevrons toujours comme nous l'avons perçue, c'est-à-dire comme capable de produire sur nos sens des effets comparables entre eux.

gnera, le point du rayon qui se terminera au bas du vaisseau montera toujours, et divisera infiniment l'espace qui est entre ces deux points; et plus le vaisseau s'éloignera, plus il montera lentement, sans que jamais il cesse de monter, ni qu'il puisse arriver au point du rayon horizontal, parce que ces deux lignes se coupant dans l'œil, ne seront jamais ni parallèles, ni une même ligne[1]. Ainsi, cet exemple nous fournit en même temps la preuve d'une division à l'infini de l'étendue, et d'un ralentissement à l'infini du mouvement[2].

C'est par cette diminution infinie de l'étendue, qui naît de sa divisibilité, qu'on peut prouver ces problèmes qui semblent impossibles dans les termes: Trouver un espace infini égal à un espace fini, ou qui ne soit que la moitié, le tiers, etc., d'un espace fini. On peut les résoudre en diverses manières, et en voici une assez grossière, mais très-facile. Si l'on prend la moitié d'un carré, et la moitié de cette moitié, et ainsi à l'infini, et que l'on joigne toutes ces moitiés par leur plus longue ligne, on en fera un espace d'une figure irrégulière, et qui diminuera toujours à l'infini par un des bouts, mais qui sera égal à tout le carré; car la moitié, et la moitié de la moitié, plus la moitié de cette seconde moitié, et ainsi à l'infini, font le tout; le tiers et le tiers du tiers, et le tiers du nouveau tiers, et ainsi à l'infini font la moitié. Les quarts pris de la même sorte font le tiers, et les cinquièmes le quart. Joignant bout à bout ces tiers et ces quarts, on en fera une figure qui contiendra la moitié ou le tiers de l'aire du total, et qui sera infinie d'un côté en longueur, en diminuant continuellement en largeur.

L'utilité qu'on peut tirer de ces spéculations n'est pas simplement d'acquérir ces connaissances, qui sont d'elles-mêmes

1. Il est bien évident que deux lignes qui aboutissent de deux points divers à un seul et même point ne coïncident pas, et ne sont pas parallèles; il est bien évident aussi qu'entre elles on peut imaginer une infinité de lignes, puisque la ligne est supposée sans largeur; mais en quoi tout cela prouve-t-il que la matière soit divisible à l'infini? Les lignes n'ont pas de largeur, elles ne peuvent s'exclure en ce sens.

2. La divisibilité à l'infini du mouvement est liée de près à celle de l'étendue, de la durée et du nombre. La vitesse d'un corps dont le mouvement est uniforme est mesurée par l'espace qu'il parcourt dans l'unité de temps; or, comme on peut toujours concevoir un espace plus ou moins grand qu'un autre, on peut toujours concevoir une vitesse plus ou moins grande qu'une vitesse donnée. Ce qui est divisible à l'infini c'est encore la grandeur de l'espace.

assez stériles; mais c'est d'apprendre à connaître les bornes de notre esprit, et à lui faire avouer, malgré qu'il en ait, qu'il y a des choses qui sont, quoiqu'il ne soit pas capable de les comprendre; et c'est pourquoi il est bon de le fatiguer à ces subtilités, afin de dompter sa présomption, et lui ôter la hardiesse d'opposer jamais ses faibles lumières aux vérités que l'Église lui propose, sous prétexte qu'il ne peut pas les comprendre ; car puisque la vigueur de l'esprit des hommes est contrainte de succomber au plus petit atome de la matière, et d'avouer qu'il voit clairement qu'il est infiniment divisible, sans pouvoir comprendre comment cela peut se faire, n'est-ce pas pécher visiblement contre la raison que de refuser de croire les effets merveilleux de la toute-puissance de Dieu, qui est d'elle-même incompréhensible, par cette raison que notre esprit ne peut les comprendre[1] ?

Mais comme il est avantageux de faire sentir quelquefois à son esprit sa propre faiblesse, par la considération de ces objets qui le surpassent, et qui, le surpassant, l'abattent et l'humilient, il est certain aussi qu'il faut tâcher de choisir, pour l'occuper ordinairement, des sujets et des matières qui lui soient plus proportionnées, et dont il soit capable de trouver et de comprendre la vérité, soit en prouvant les effets par les causes, ce qui s'appelle démontrer *à priori;* soit en démontrant, au contraire, les causes par les effets, ce qui s'appelle prouver *à posteriori*[2]. Il faut un peu étendre ces termes, pour y réduire toutes sortes de démonstrations; mais il a été bon de les marquer en passant, afin qu'on les entende, et que l'on ne soit pas surpris en les voyant dans des livres ou dans des discours de philosophie; et parce que ces raisons sont d'ordinaire composées de plusieurs parties, il est nécessaire, pour les rendre claires et concluantes, de les disposer en un certain

1. Bayle cite cette conclusion, qu'il attribue, comme tout le chapitre, à Nicole ; il trouve que l'exposition de ces arguments « peut avoir de grands usages par rapport à la religion. » N'est-ce pas nous avertir que le scepticisme y trouvera encore plus de profit que la foi? *Dictionnaire historique*, art. Zénon, note G, VI.

2. Le sens de ces mots est toujours assez mal fixé : on entend parfois par connaissance *à priori* toute vérité d'évidence immédiate, et on réserve l'autre dénomination pour celles qu'on démontre. Plus exactement les jugements de la raison sont *à priori*, et ceux de l'expérience *à posteriori*. Quant à l'acception indiquée par l'auteur, et qui lui est propre, elle n'a jamais été adoptée.

ordre et une certaine méthode; et c'est de cette méthode que nous traiterons dans la plus grande partie de ce livre.

CHAPITRE II.

De deux sortes de méthodes, analyse et synthèse. Exemple de l'analyse.

On peut appeler généralement méthode l'art de bien disposer une suite de plusieurs pensées, ou pour découvrir la vérité, quand nous l'ignorons, ou pour la prouver aux autres, quand nous la connaissons déjà[1].

Ainsi, il y a deux sortes de méthodes; l'une pour découvrir la vérité, qu'on appelle *analyse* ou *méthode de résolution*, et qu'on peut aussi appeler *méthode d'invention;* et l'autre, pour la faire entendre aux autres, quand on l'a trouvée, qu'on appelle *synthèse* ou *méthode de composition*, et qu'on peut aussi appeler *méthode de doctrine*[2].

On ne traite pas d'ordinaire par analyse le corps entier d'une science, mais on s'en sert seulement pour résoudre quelque question[3].

Or, toutes les questions sont ou de mots ou de choses.

J'appelle ici questions de mots, non pas celles où on cher-

1. On voit par là qu'on ne traitera ici que de la méthode des sciences abstraites, où il s'agit de disposer une suite de plusieurs pensées, et non pas de découvrir des faits ou des lois.

2. Les mots d'analyse et de synthèse ont deux sens très-différents. Dans la première acception, ils désignent la décomposition d'un tout pour en connaître les éléments, et sa reconstitution pour connaître les rapports des parties dans l'ensemble; ce sont alors les deux procédés essentiels à toute méthode. Dans le second sens ils désignent seulement des procédés de démonstration applicables aux vérités abstraites; ces dénominations ont été employées de cette façon par les anciens géomètres; on en retrouve la première mention dans les *Éléments* d'Euclide; mais Pappus d'Alexandrie en fait remonter l'invention à Platon. Les géomètres contemporains ne les ont guère conservées; le mot d'analyse dans leur langage est devenu presque synonyme de celui d'algèbre. La distinction n'en est pas moins importante. Voir un mémoire intéressant du savant M. Duhamel : *des Méthodes dans les sciences de raisonnement.*

3. « La plus grande partie de ce que l'on dit ici des questions a été tirée d'un manuscrit de feu M. Descartes que M. Clercelier a eu la bonté de prêter (*note des auteurs*). Ce manuscrit, écrit en latin et intitulé : *Regulæ ad directionem*

che des mots, mais celles où, par les mots, on cherche des choses, comme celles où il s'agit de trouver le sens d'une énigme, ou d'expliquer ce qu'a voulu dire un auteur par des paroles obscures et ambiguës.

Les questions de choses peuvent se réduire à quatre principales espèces.

La première est quand on cherche les causes par les effets. On sait, par exemple, les divers effets de l'aimant; on en cherche la cause : on sait les divers effets qu'on a accoutumé d'attribuer à l'horreur du vide; on cherche si c'en est la vraie cause, et on a trouvé que non : on connaît le flux et le reflux de la mer; on demande quelle peut être la cause d'un si grand mouvement et si réglé[1]?

La deuxième est quand on cherche les effets par les causes. On a su, par exemple, de tout temps, que le vent et l'eau avaient grande force pour mouvoir les corps; mais les anciens n'ayant pas assez examiné quels pouvaient être les effets de ces causes, ne les avaient point appliqués, comme on a fait depuis, par le moyen des moulins, à un grand nombre de choses très-utiles à la société humaine, et qui soulagent notablement le travail des hommes, ce qui devrait être le fruit de la vraie physique : de sorte que l'on peut dire que la première sorte de questions, où l'on cherche les causes par les effets, fait toute la spéculation de la physique; et que la seconde sorte, où l'on cherche les effets par les causes, en fait toute la pratique.

ingenii, ne parut qu'en 1701 dans les œuvres posthumes de Descartes. Il a été traduit en français. Arnauld en résume et en interprète assez librement quelques passages, contenus dans la règle XIII, et il semble même qu'il ait eu une copie de l'ouvrage, moins incomplète que celle qu'on a publiée et qui laisse beaucoup de lacunes.

1. Descartes remarque que « les anciens géomètres se servaient d'une espèce d'analyse qu'ils étendaient à la solution des problèmes. » Il y voit, comme dans l'algèbre, « les fruits spontanés des principes d'une méthode naturelle. » Ce sont ces règles qu'il veut indiquer, mais, ajoute-t-il, celui qui suivra attentivement ma pensée verra que je n'embrasse ici rien moins que les mathématiques ordinaires, mais que j'expose une autre méthode, dont elles sont plutôt l'enveloppe que le fond. *Règles pour la direction de l'esprit,* IV. Cette méthode est donc applicable à la physique et à la philosophie : elle consiste, suivant lui, dans l'intuition pour les *choses simples,* et dans la déduction pour les *questions.* Pour l'aimant, par exemple, il faut d'abord rassembler les expériences qu'on possède sur cette pierre, puis *déduire* de là quelle en est la nature : « Il n'y a que deux voies ouvertes à l'homme pour arriver à une connaissance certaine de la vérité : l'intuition évidente et la déduction nécessaire. » *Ibid.,* XII.

La troisième espèce des questions est, quand par les parties on cherche le tout; comme lorsque ayant plusieurs nombres, on en cherche la somme, en les ajoutant l'un à l'autre : ou qu'en ayant deux, on en cherche le produit, en les multipliant l'un par l'autre.

La quatrième est quand, ayant le tout et quelque partie, on cherche une autre partie; comme lorsque ayant un nombre et ce que l'on doit ôter, on cherche ce qui restera; ou qu'ayant un nombre, on cherche quelle en sera la tantième partie.

Mais il faut remarquer que, pour étendre plus loin ces deux dernières sortes de questions, et afin qu'elles comprennent ce qui ne pourrait pas proprement se rapporter aux deux premières, il faut prendre le mot de partie plus généralement pour tout ce que comprend une chose, ses modes, ses extrémités, ses accidents, ses propriétés, et généralement tous ses attributs; de sorte que ce sera, par exemple, chercher un tout par ses parties, que de chercher l'aire d'un triangle par sa hauteur et par sa base; et ce sera, au contraire, chercher une partie par le tout et une autre partie, que de chercher le côté d'un rectangle par la connaissance qu'on a de son aire et de l'un de ses côtés.

Or, de quelque nature que soit la question que l'on propose à résoudre, la première chose qu'il faut faire est de concevoir nettement et distinctement ce que c'est précisément qu'on demande, c'est-à-dire quel est le point précis de la question.

Car il faut éviter ce qui arrive à plusieurs, qui, par une précipitation d'esprit, s'appliquent à résoudre ce qu'on leur propose, avant que d'avoir assez considéré par quels signes et par quelles marques ils pourront reconnaître ce qu'ils cherchent, quand ils le rencontreront : comme si un valet à qui son maître aurait commandé de chercher l'un de ses amis, se hâtait d'y aller, avant que d'avoir su particulièrement de son maître quel est cet ami.

Or, encore que dans toute question il y ait quelque chose d'inconnu, autrement il n'y aurait rien à chercher, il faut néanmoins que cela même qui est inconnu soit marqué et désigné par de certaines conditions, qui nous déterminent à rechercher une chose plutôt qu'une autre, et qui puissent nous faire juger, quand nous l'aurons trouvée, que c'est ce que nous cherchions.

Et ce sont ces conditions que nous devons bien envisager d'abord, en prenant garde de n'en point ajouter qui ne soient pas enfermées dans ce que l'on a proposé, et de n'en point omettre qui y seraient enfermées ; car on peut pécher en l'une et en l'autre manière.

On pécherait en la première manière, si, lors, par exemple, que l'on nous demande quel est l'animal qui, au matin, marche à quatre pieds, à midi à deux, et au soir à trois, on se croyait astreint de prendre tous ces mots de pied, de matin, de midi, de soir dans leur propre et naturelle signification ; car celui qui propose cette énigme n'a point mis pour condition qu'on dût les prendre de la sorte ; mais il suffit que ces mots puissent, par métaphore, se rapporter à une autre chose ; et ainsi cette question est bien résolue, quand on a dit que cet animal est l'homme.

Supposons encore qu'on nous demande par quel artifice pouvait avoir été faite la figure d'un Tantale, qui, étant couché sur une colonne, au milieu d'un vase, en posture d'un homme qui se penche pour boire, ne pouvait jamais le faire, parce que l'eau pouvait bien monter dans le vase jusqu'à sa bouche, mais s'enfuyait toute sans qu'il en demeurât rien dans le vase aussitôt qu'elle était arrivée jusqu'à ses lèvres, on pécherait en ajoutant des conditions qui ne serviraient de rien à la solution de cette demande, si l'on s'amusait à chercher quelque secret merveilleux dans la figure de ce Tantale qui ferait fuir cette eau aussitôt qu'elle aurait touché ses lèvres, car cela n'est point enfermé dans la question ; et si on le conçoit bien, on doit la réduire à ces termes, de faire un vase qui tienne l'eau, n'étant plein que jusqu'à une certaine hauteur, et qui la laisse toute aller, si on le remplit davantage ; et cela est fort aisé ; car il ne faut que cacher un siphon dans la colonne, qui ait un petit trou en bas par où l'eau y entre, et dont la plus longue jambe ait son ouverture par-dessous le pied du vase : tant que l'eau que l'on mettra dans le vase ne sera pas arrivée au haut du siphon, elle y demeurera ; mais quand elle y sera arrivée, elle s'enfuira toute par la plus longue jambe du siphon, qui est ouverte au-dessous du pied du vase.

On demande encore quel pouvait être le secret de ce buveur d'eau qui se fit voir à Paris, il y a vingt ans, et comment il pouvait se faire qu'en jetant de l'eau de sa bouche, il remplît en même temps cinq ou six verres différents d'eaux de diverses couleurs. Si l'on s'imagine que ces eaux de diverses couleurs étaient dans son estomac, et qu'il les séparait en les jetant l'une dans un verre et l'autre dans l'autre, on cherchera un secret que l'on ne trouvera jamais, parce qu'il n'est pas possible : au lieu qu'on n'a qu'à chercher pourquoi l'eau sortie en même temps de la même bouche paraissait de diverses couleurs dans chacun de ces verres; il y a grande apparence que cela venait de quelque teinture qu'il avait mise au fond de ces verres.

C'est aussi l'artifice de ceux qui proposent des questions qu'ils ne veulent pas que l'on puisse résoudre facilement, d'environner ce qu'on doit trouver de tant de conditions inutiles, et qui ne servent de rien à le faire trouver, que l'on ne puisse pas facilement découvrir le vrai point de la question, et qu'ainsi on perde le temps et on se fatigue inutilement l'esprit en s'arrêtant à des choses qui ne peuvent contribuer en rien à la résoudre.

L'autre manière dont on pèche, dans l'examen des conditions de ce que l'on cherche, est quand on en omet qui sont essentielles à la question que l'on propose. On propose, par exemple, de trouver par art le mouvement perpétuel ; car on sait bien qu'il y en a de perpétuels dans la nature, comme sont les mouvements des fontaines, des rivières, des astres. Il y en a qui, s'étant imaginé que la terre tourne sur son centre, et que ce n'est qu'un gros aimant dont la pierre d'aimant a toutes les propriétés, ont cru aussi qu'on pourrait disposer un aimant de telle sorte qu'il tournerait toujours circulairement; mais quand cela serait, on n'aurait pas satisfait au problème de trouver par art le mouvement perpétuel, puisque ce mouvement serait aussi naturel que celui d'une roue qu'on expose au courant d'une rivière.

Lors donc qu'on a bien examiné les conditions qui désignent et qui marquent ce qu'il y a d'inconnu dans la question, il faut ensuite examiner ce qu'il y a de connu, puisque c'est par là qu'on doit arriver à la connaissance de ce qui est inconnu; car il ne faut pas nous imaginer que nous devions trouver un nouveau genre d'être, au lieu que notre lumière ne peut s'étendre qu'à reconnaître que ce que l'on cherche participe en telle et telle manière à la nature des choses qui nous sont connues. Si un homme, par exemple, était aveugle de naissance, on se tuerait en vain de chercher des arguments et des preuves pour lui faire avoir les vraies idées des couleurs telles que nous les avons par les sens; et de même, si l'aimant et les autres corps dont on cherche la nature étaient un nouveau genre d'êtres, et tel que notre esprit n'en aurait point conçu de semblables, nous ne devrions pas nous attendre de le connaître jamais par raisonnement; mais nous aurions besoin pour cela d'un autre esprit que le nôtre. Et ainsi l'on doit croire avoir trouvé tout ce qui peut se trouver par l'esprit humain, si l'on peut concevoir distinctement un tel mélange des êtres et des natures qui nous sont connus, qu'il produise tous les effets que nous voyons dans l'aimant[1].

Or, c'est dans l'attention que l'on fait à ce qu'il y a de connu dans la question que l'on veut résoudre, que consiste principalement l'analyse; tout l'art étant de tirer de cet examen beaucoup de vérités qui puissent nous mener à la connaissance de ce que nous cherchons.

Comme si l'on propose : *Si l'âme de l'homme est immortelle,* et que, pour le chercher, on s'applique à considérer la nature de notre âme, on y remarque, premièrement, que c'est le propre de l'âme de penser, et qu'elle pourrait douter de tout, sans pouvoir douter si elle pense, puisque le doute même est une pensée. On examine ensuite ce que c'est que de penser; et, ne voyant point que dans l'idée de la pensée, il y ait rien d'enfermé de ce qui est enfermé dans l'idée de la substance étendue qu'on appelle corps, et qu'on peut même nier de la pensée tout ce qui appartient au corps, comme d'être long, large, profond, d'avoir diversité de parties, d'être d'une telle ou d'une telle figure, d'être divisible, etc., sans détruire pour cela l'idée qu'on a de la pensée; on en conclut que la pensée n'est point un mode de la substance étendue, parce qu'il est de la nature du mode de ne pouvoir être conçu en niant de lui la chose dont il serait mode. D'où l'on infère

1. Ces dernières lignes sont traduites assez fidèlement des *Règles pour la direction de l'esprit*, XIV. Il n'est pas sûr qu'Arnauld ait toujours interprété et expliqué fidèlement les idées de Descartes, telles qu'il les exprime dans cet important ouvrage, où d'ailleurs elles ne s'appliquent pas à l'analyse proprement dite.

encore que la pensée n'étant point un mode de la substance étendue, il faut que ce soit l'attribut d'une autre substance; et qu'ainsi la substance qui pense et la substance étendue soient deux substances réellement distinctes. D'où il s'ensuit que la destruction de l'une ne doit point emporter la destruction de l'autre; puisque même la substance étendue n'est point proprement détruite, mais que tout ce qui arrive, en ce que nous appelons destruction, n'est autre chose que le changement ou la dissolution de quelques parties de la matière, qui demeure toujours dans la nature, comme nous jugeons fort bien qu'en rompant toutes les roues d'une horloge, il n'y a point de substance détruite, quoique l'on dise que cette horloge est détruite : ce qui fait voir que l'âme, n'étant point divisible et composée d'aucunes parties, ne peut périr, et par conséquent qu'elle est immortelle.

Voilà ce qu'on appelle *analyse* ou *résolution*, où il faut remarquer : 1° qu'on doit y pratiquer, aussi bien que dans la méthode qu'on appelle *de composition*, de passer toujours de ce qui est plus connu à ce qui l'est moins; car il n'y a point de vraie méthode qui puisse se dispenser de cette règle;

2° Mais qu'elle diffère de celle de composition, en ce que l'on prend ces vérités connues dans l'examen particulier de la chose que l'on se propose de connaître, et non dans les choses plus générales, comme on fait dans la méthode de doctrine. Ainsi, dans l'exemple que nous avons proposé, on ne commence pas par l'établissement de ces maximes générales : que nulle substance ne périt, à proprement parler; que ce qu'on appelle destruction n'est qu'une dissolution de parties; qu'ainsi ce qui n'a point de parties ne peut être détruit, etc.; mais on monte par degrés à ces connaissances générales;

3° On n'y propose les maximes claires et évidentes qu'à mesure qu'on en a besoin, au lieu que dans l'autre on les établit d'abord, ainsi que nous dirons plus bas;

4° Enfin ces deux méthodes ne diffèrent que comme le chemin qu'on fait en montant d'une vallée en une montagne, de celui que l'on fait en descendant de la montagne dans la vallée[1]; ou comme diffèrent les deux manières dont on peut

1. « A ce langage je vois seulement que ce sont là deux méthodes contraires et que si l'une est bonne, l'autre est mauvaise. En effet, on ne peut aller que du

se servir pour prouver qu'une personne est descendue de saint Louis, dont l'une est de montrer que cette personne a tel pour père, qui était fils d'un tel, et celui-là d'un autre, et ainsi jusqu'à saint Louis; et l'autre de commencer par saint Louis, et montrer qu'il a eu tels enfants, et ces enfants d'autres, en descendant jusqu'à la personne dont il s'agit : et cet exemple est d'autant plus propre, en cette rencontre, qu'il est certain que, pour trouver une généalogie inconnue, il faut remonter du fils au père : au lieu que, pour l'expliquer après l'avoir trouvée, la manière la plus ordinaire est de commencer par le tronc pour en faire voir les descendants; qui est aussi ce qu'on fait d'ordinaire dans les sciences, où, après s'être servi de l'analyse pour trouver quelque vérité, on se sert de l'autre méthode pour expliquer ce qu'on a trouvé.

On peut comprendre par là ce que c'est que l'analyse des géomètres : car voici en quoi elle consiste. Une question leur ayant été proposée, dont ils ignorent la vérité ou la fausseté, si c'est un théorème, la possibilité ou l'impossibilité, si c'est un problème, ils supposent que cela est comme il est proposé; et, examinant ce qui s'ensuit de là, s'ils arrivent, dans cet examen, à quelque vérité claire dont ce qui leur est proposé soit une suite nécessaire, ils en concluent que ce qui leur est proposé est vrai[1]; et reprenant ensuite par où ils avaient fini,

connu à l'inconnu. Or, si l'inconnu est sur la montagne, ce ne sera pas en descendant qu'on y arrivera; et s'il est dans la vallée, ce ne sera pas en montant. De pareilles opinions ne méritent pas une critique plus sérieuse. » Tel est le jugement que Condillac (*Logique*, ch. VI) porte sur ce passage. Il est très-exagéré dans sa sévérité. Sans doute on ne peut pas partir de l'inconnu; mais une proposition peut être incertaine sans être inconnue; un problème peut être posé sans être résolu. L'esprit peut indifféremment aller de la vérité qu'il conçoit, qu'il suppose même, à la vérité dont elle est la conséquence; ou de celle-ci descendre à celle-là. Condillac, qui réduit toute la méthode à l'analyse, se méprend sur la nature de ce procédé : il l'entend comme la décomposition d'un tout en ses parties, et non pas comme une méthode propre à la solution des problèmes de raisonnement. Voyez Duhamel : *des Méthodes dans les sciences de raisonnement*, ch. XIV.

1. « Ainsi pour démontrer un théorème il faut le regarder comme vrai et en tirer des conséquences jusqu'à ce que l'on arrive à quelque vérité claire; mais nous savons que les propositions ainsi obtenues n'entraînent pas nécessairement la première. L'auteur dit bien : « *s'ils arrivent à une vérité claire dont ce qui leur est proposé soit une suite nécessaire.* » Mais c'est précisément ce que n'apprendra pas la marche qu'il indique. » (Duhamel, *ouvrage cité*, p. 78). Le savant mathématicien prétend que l'erreur consiste à recommander d'examiner ce qui suit de la proposition admise comme vraie, au lieu de prescrire de rechercher de quelle proposition elle serait la conséquence. On peut en effet déduire des conséquences vraies de

ils le démontrent par l'autre méthode qu'on appelle de *composition*. Mais s'ils tombent, par une suite nécessaire de ce qui leur est proposé, dans quelque absurdité ou impossibilité, ils en concluent que ce qu'on leur avait proposé est faux et impossible.

Voilà ce qu'on peut dire généralement de l'analyse, qui consiste plus dans le jugement et dans l'adresse de l'esprit que dans des règles particulières. Ces quatre, néanmoins, que Descartes propose dans sa *Méthode*, peuvent être utiles pour se garder de l'erreur en voulant rechercher la vérité dans les sciences humaines, quoique, à dire vrai, elles soient générales pour toutes sortes de méthodes, et non particulières pour la seule analyse.

La 1re est de *ne recevoir jamais aucune chose pour vraie, qu'on ne la connaisse évidemment être telle, c'est-à-dire d'éviter soigneusement la précipitation et la prévention, et de ne comprendre rien de plus en ses jugements que ce qui se présente si clairement à l'esprit, qu'on n'ait aucune occasion de le mettre en doute.*

La 2e, de *diviser chacune des difficultés qu'on examine en autant de parcelles qu'il se peut, et qu'il est requis pour les résoudre.*

La 3e, de *conduire par ordre ses pensées, en commençant par les objets les plus simples et les plus aisés à connaître, pour monter peu à peu, comme par degrés, jusqu'à la connaissance des plus composés, et supposant même de l'ordre entre ceux qui ne se précèdent point naturellement les uns les autres.*

La 4e, de *faire partout des dénombrements si entiers et des*

propositions fausses; la méthode proposée ne serait efficace que pour prouver la fausseté du théorème, dans le cas où une de ces conséquences serait absurde. Bref la méthode analytique s'emploie pour la démonstration des théorèmes et pour la solution des problèmes. S'il s'agit d'une proposition à démontrer, « on cherchera si elle peut se déduire comme conséquence nécessaire de propositions admises, auquel cas elle sera démontrée. Si l'on n'aperçoit pas de quelles propositions connues elle pourrait être déduite, on cherchera de quelle proposition non admise elle pourrait l'être, et alors la question sera ramenée à démontrer la vérité de cette dernière. On continuera ainsi jusqu'à ce que l'on parvienne à une proposition reconnue vraie. (*Ibid.*, p. 41.) De même pour un problème on le ramènera à un autre qui puisse être immédiatement résolu; si cet autre ne peut l'être, on le ramènera à un troisième et ainsi de suite, jusqu'à ce qu'on parvienne à un problème qu'on sache résoudre. (*Ibid.*, p. 43.)

revues si générales, qu'on puisse s'assurer de ne rien omettre.

Il est vrai qu'il y a beaucoup de difficulté à observer ces règles; mais il est toujours avantageux de les avoir dans l'esprit et de les garder, autant que l'on peut, lorsqu'on veut trouver la vérité par la voie de la raison, et autant que notre esprit est capable de la connaître.

CHAPITRE III.

De la méthode de composition, et particulièrement de celle qu'observent les géomètres.

Ce que nous avons dit dans le chapitre précédent nous a déjà donné quelque idée de la méthode de composition, qui est la plus importante, en ce que c'est celle dont on se sert pour expliquer toutes les sciences[1].

Cette méthode consiste principalement à commencer par les choses les plus générales et les plus simples, pour passer aux moins générales et plus composées[2]. On évite par là les redites, puisque, si l'on traitait les espèces avant le genre, comme il est impossible de bien connaître une espèce sans en connaître le genre, il faudrait expliquer plusieurs fois la nature du genre dans l'explication de chaque espèce.

Il y a encore beaucoup de choses à observer pour rendre cette méthode parfaite et entièrement propre à la fin qu'elle doit se proposer, qui est de nous donner une connaissance claire et distincte de la vérité; mais, parce que les préceptes généraux sont plus difficiles à comprendre, quand ils sont séparés de toute matière, nous considérerons la méthode que suivent les géomètres comme étant celle qu'on a toujours jugée la plus propre pour persuader la vérité et en convaincre

1. Dans la pensée de l'auteur la méthode analytique serait seule propre à découvrir la vérité, et la méthode synthétique servirait à la démontrer aux autres. Cette différence est exagérée : il est certain qu'en méditant sur une proposition on en découvre parfois les conséquences, quand elles sont prochaines et nécessaires; et que celles-ci peuvent conduire à d'autres. La méthode de synthèse, appliquée aux connaissances abstraites, n'est donc pas stérile.

2. Ce n'est possible que dans les mathématiques.

entièrement l'esprit[1] ; et nous ferons voir premièrement ce qu'elle a de bon, et, en second lieu, ce qu'elle semble avoir de défectueux.

Les géomètres ayant pour but de n'avancer rien que de convaincant, ils ont cru pouvoir y arriver en observant trois choses en général :

La 1re est de *ne laisser aucune ambiguïté dans les termes,* à quoi ils ont pourvu par les définitions des mots dont nous avons parlé dans la première partie ;

La 2e est de *n'établir leurs raisonnements que sur des principes clairs et évidents,* et qui ne puissent être contestés par aucune personne d'esprit : ce qui fait qu'avant toutes choses ils posent les axiomes qu'ils demandent qu'on leur accorde, comme étant si clairs, qu'on les obscurcirait en voulant les prouver[2] ;

La 3e est de *prouver démonstrativement toutes les conclusions qu'ils avancent,* et en ne se servant que des définitions qu'ils ont posées, des principes qui leur ont été accordés comme étant très-évidents, ou des propositions qu'ils en ont déjà tirées par la force du raisonnement, et qui leur deviennent après autant de principes.

Ainsi on peut réduire à ces trois chefs tout ce que les géomètres observent pour convaincre l'esprit et renfermer le tout en ces cinq règles très-importantes[3].

RÈGLES NÉCESSAIRES :

Pour les définitions.

1re. *Ne laisser aucun des termes un peu obscurs ou équivoques, sans le définir ;*

1. « Parmi les sciences faites il n'existe que l'arithmétique et la géométrie qui soient entièrement exemptes de fausseté ou d'incertitude, parce que toutes deux procèdent par un enchaînement de conséquences que la raison déduit l'une de l'autre. » Descartes, *Règles,* etc., II.

2. On pourrait demander à Arnauld quels sont les théorèmes établis sur les axiomes. Les axiomes rendent toute démonstration possible, mais ne figurent pas dans le raisonnement. Ce sont des propositions stériles, d'où l'on ne tire guère de conséquences.

3. Ces règles sont empruntées à l'opuscule de Pascal, *de l'Esprit géométrique,* édition Havet, p. 41. Pascal en donne huit, mais il déclare qu'il y en a trois « qui ne sont pas absolument nécessaires, et qu'il est comme impossible d'observer toujours exactement. »

2°. *N'employer dans les définitions que des termes parfaitement connus ou déjà expliqués.*

Pour les axiomes.

3°. *Ne demander en axiomes que des choses parfaitement évidentes.*

Pour les démonstrations.

4°. *Prouver toutes les propositions un peu obscures, en n'employant à leur preuve que les définitions qui auront précédé, ou les axiomes qui auront été accordés, ou les propositions qui auront déjà été démontrées, ou la construction de la chose même dont il s'agira, lorsqu'il y aura quelque opération à faire.*

5°. *N'abuser jamais de l'équivoque des termes, en manquant d'y substituer mentalement les définitions qui les restreignent et qui les expliquent.*

Voilà ce que les géomètres ont jugé nécessaire pour rendre les preuves convaincantes et invincibles ; et il faut avouer que l'attention à observer ces règles est suffisante pour éviter de faire de faux raisonnements en traitant les sciences, ce qui sans doute est le principal, tout le reste pouvant se dire utile plutôt que nécessaire.

CHAPITRE IV.

Explication plus particulière de ces règles, et premièrement de celles qui regardent les définitions.

Quoique nous ayons déjà parlé dans la première partie de l'utilité des définitions des termes, néanmoins cela est si important que l'on ne peut trop l'avoir dans l'esprit, puisque par là on démêle une infinité de disputes qui n'ont souvent pour sujet que l'ambiguïté des termes, que l'un prend en un sens, et l'autre en un autre : de sorte que de très-grandes contestations cesseraient en un moment, si l'un ou l'autre des disputants avait soin de marquer nettement et en peu de paroles ce qu'il entend par les termes qui sont le sujet de la dispute.

Cicéron a remarqué que la plupart des disputes entre les philosophes anciens, et surtout entre les stoïciens et les académiciens[1], n'étaient fondées que sur cette ambiguïté de paroles, les stoïciens ayant pris plaisir, pour se relever, de prendre les termes de la morale en d'autres sens que les autres, ce qui faisait croire que leur morale était bien plus sévère et plus parfaite, quoique en effet cette prétendue perfection ne fût que dans les mots, et non dans les choses : le sage des stoïciens ne prenant pas moins tous les plaisirs de la vie que les philosophes des autres sectes qui paraissaient moins rigoureux, et n'évitant pas avec moins de soins les maux et les incommodités, avec cette seule différence qu'au lieu que les autres philosophes se servaient des mots ordinaires de biens et de maux, les stoïciens, en jouissant des plaisirs, ne les appelaient pas des biens, mais des choses préférables, προηγμένα, et en fuyant les maux, ne les appelaient pas des maux, mais seulement des choses rejetables, ἀποπροηγμένα[2].

C'est donc un avis très-utile de retrancher de toutes les disputes tout ce qui n'est fondé que sur l'équivoque des mots, en les définissant par d'autres termes si clairs qu'on ne puisse plus s'y méprendre.

A cela sert la première des règles que nous venons de rapporter : *Ne laisser aucun terme un peu obscur ou équivoque qu'on ne le définisse.*

Mais pour tirer toute l'utilité que l'on doit de ces définitions il faut encore y ajouter la seconde règle : *N'employer dans les définitions que des termes parfaitement connus ou déjà expliqués;* c'est-à-dire, que des termes qui désignent clairement, autant qu'il se peut, l'idée qu'on veut signifier par le mot qu'on définit.

Car, quand on n'a pas désigné assez nettement et assez distinctement l'idée à laquelle on veut attacher un mot, il est presque impossible que dans la suite on ne passe insensiblement à une autre idée que celle qu'on a désignée, c'est-à-dire

1. *De finibus*, III, 25.

2. Il y a entre le stoïcisme et les autres sectes des différences plus profondes que celles des mots ; et la théorie des *choses préférables*, qui est une concession faite à la faiblesse humaine, n'en implique pas moins sur la nature et la destinée de l'homme des principes très-différents de ceux des académiciens.

qu'au lieu de substituer mentalement, à chaque fois qu'on se sert de ce mot, la même idée qu'on a désignée, on n'en substitue une autre que la nature nous fournit ; et c'est ce qu'il est aisé de découvrir en substituant expressément la définition au défini; car cela ne doit rien changer de la proposition, si l'on est toujours demeuré dans la même idée : au lieu que cela la changera, si l'on n'y est pas demeuré[1].

Tout cela se comprendra mieux par quelques exemples. Euclide définit l'angle plan rectiligne : *la rencontre de deux lignes droites inclinées sur un même plan*[2]. Si l'on considère cette définition comme une simple définition de mots, en sorte qu'on regarde le mot d'*angle* comme ayant été dépouillé de toute signification, pour n'avoir plus que celle de la rencontre de deux lignes, on ne doit point y trouver à redire; car il a été permis à Euclide d'appeler du mot d'*angle* la rencontre de deux lignes; mais il a été obligé de s'en souvenir et de ne prendre plus le mot d'*angle* qu'en ce sens. Or, pour juger s'il l'a fait, il ne faut que substituer, toutes les fois qu'il parle de l'*angle*, au mot d'*angle* la définition qu'il a donnée; et si, en substituant cette définition, il se trouve quelque absurdité en ce qu'il dit de l'angle, il s'ensuivra qu'il n'est pas demeuré dans la même idée qu'il avait désignée, mais qu'il est passé insensiblement à une autre, qui est celle de la nature. Il enseigne, par exemple, à diviser un angle en deux. Substituez sa définition. Qui ne voit que ce n'est point la rencontre de deux lignes qui a des côtés et qui a une base ou sous-tendante, mais que tout cela convient à l'espace compris entre les lignes, et non à la rencontre des lignes?

Il est visible que ce qui a embarrassé Euclide, et ce qui l'a empêché de désigner l'angle par les mots d'espace compris entre deux lignes qui se rencontrent, est qu'il a vu que cet espace pouvait être plus grand ou plus petit, quand les côtés de l'angle sont plus longs ou plus courts, sans que l'angle en soit plus grand ou plus petit; mais il ne devait pas conclure de là que l'angle rectiligne n'était pas un espace, mais seule-

1. Voir Pascal, ouvrage cité, p. 40.

2. « Un angle plan est l'inclinaison mutuelle de deux lignes qui se rencontrent dans un plan, et qui ont des directions différentes. » Un géomètre contemporain, R. Simson, suppose qu'il y a à cet endroit dans le texte grec quelque interpolation d'un copiste maladroit.

ment que c'était un espace compris entre deux lignes droites qui se rencontrent, indéterminé selon celle de ces deux dimensions qui répond à la longueur de ces lignes, et déterminé selon l'autre par la partie proportionnelle d'une circonférence qui a pour centre le point où ces lignes se rencontrent.

Cette définition désigne si nettement l'idée que tous les hommes ont d'un angle, que c'est tout ensemble une définition du mot et une définition de la chose; excepté que le mot d'*angle* comprend aussi, dans le discours ordinaire, un angle solide, au lieu que, par cette définition, on le restreint à signifier un angle plan rectiligne; et lorsqu'on a ainsi défini l'angle, il est indubitable que tout ce que l'on pourra dire ensuite de l'angle plan rectiligne, tel qu'il se trouve dans toutes les figures rectilignes, sera vrai de cet angle ainsi défini, sans qu'on soit jamais obligé de changer d'idée, ni qu'il se rencontre jamais aucune absurdité en substituant la définition à la place du défini; car c'est cet espace ainsi expliqué que l'on peut diviser en deux, en trois, en quatre; c'est cet espace qui a deux côtés entre lesquels il est compris; c'est cet espace qu'on peut terminer du côté qu'il est de soi-même indéterminé, par une ligne qu'on appelle base ou sous-tendante; c'est cet espace qui n'est point considéré comme plus grand ou plus petit, pour être compris entre des lignes plus longues ou plus courtes, parce qu'étant indéterminé selon cette dimension, ce n'est point de là qu'on doit prendre sa grandeur et sa petitesse. C'est par cette définition qu'on trouve le moyen de juger si un angle est égal à un autre angle, ou plus petit : car, puisque la grandeur de cet espace n'est déterminée que par la partie proportionnelle d'une circonférence qui a pour centre le point où les lignes qui comprennent l'angle se rencontrent, lorsque deux angles ont pour mesure l'aliquote partie chacun de sa circonférence, comme la dixième partie, ils sont égaux; et si l'un a la dixième, et l'autre la douzième, celui qui a la dixième est plus grand que celui qui a la douzième. Au lieu que, par la définition d'Euclide, on ne saurait entendre en quoi consiste l'égalité des deux angles; ce qui fait une horrible confusion dans ses éléments, comme Ramus a remarqué, quoique lui-même ne rencontre guère mieux.

Voici d'autres définitions d'Euclide, où il fait la même faute qu'en celle de l'angle. *La raison*, dit-il, *est une habitude de deux grandeurs du même genre, comparées l'une à l'autre selon la quantité; la proportion est une similitude de raisons* [1].

Par ces définitions, le non de *raison* doit comprendre l'habitude qui est entre deux grandeurs, lorsque l'on considère de combien l'une surpasse l'autre : car on ne peut nier que ce ne soit une habitude de deux grandeurs comparées selon la quantité ; et par conséquent, quatre grandeurs auront proportion ensemble, lorsque la différence de la première à la seconde est égale à la différence de la troisième à la quatrième. Il n'y a donc rien à dire à ces définitions d'Euclide, pourvu qu'il demeure toujours dans ces idées qu'il a désignées par ces mots, et à qui il a donné les noms de *raison* et de *proportion*. Mais il n'y demeure pas, puisque, selon toute la suite de son livre, ces quatre nombres 3, 5, 8, 10, ne sont point en proportion, quoique la définition qu'il a donnée au mot de *proportion* leur convienne; puisqu'il y a entre le premier nombre et le second, comparés selon la quantité, une habitude semblable à celle qui est entre le troisième et le quatrième.

Il fallait donc, pour ne pas tomber dans cet inconvénient, remarquer qu'on peut comparer deux grandeurs en deux manières: l'une, en considérant de combien l'une surpasse l'autre; et l'autre, de quelle manière l'une est contenue dans l'autre ; et comme ces deux habitudes sont différentes, il fallait leur donner divers noms, donnant à la première le nom de *différence*, et réservant à la seconde le nom de *raison*. Il fallait ensuite définir la *proportion* l'égalité de l'une ou de l'autre de ces sortes d'habitudes, c'est-à-dire de la *différence* ou de la *raison*; et, comme cela fait deux espèces, les distinguer aussi par deux divers noms, en appelant l'égalité des différences *proportion arithmétique*, et l'égalité des raisons *proportion géométrique*; et parce que cette dernière est d'un usage beaucoup plus grand que la première, on pouvait encore avertir que lorsque simplement on nomme *proportion*, ou gran-

1. Il est inutile de remarquer que le mot d'habitude, traduit du latin *habitudo* et du grec ἕξις, n'est plus employé dans ce sens.

deurs proportionnelles, on entend la proportion géométrique, et que l'on n'entend l'arithmétique que quand on l'exprime. Voilà ce qui aurait démêlé toute cette obscurité et aurait levé toute équivoque.

Tout cela nous fait voir qu'il ne faut pas abuser de cette maxime, que les définitions des mots sont arbitraires; mais qu'il faut avoir grand soin de désigner si nettement et si clairement l'idée à laquelle on veut lier le mot que l'on définit, qu'on ne puisse s'y tromper dans la suite du discours, en changeant cette idée, c'est-à-dire en prenant le mot en un autre sens que celui qu'on lui a donné par la définition, en sorte qu'on ne puisse substituer la définition en la place du défini, sans tomber dans quelque absurdité.

CHAPITRE V.

Que les géomètres semblent n'avoir pas toujours bien compris la différence qu'il y a entre la définition des mots et la définition des choses.

Quoiqu'il n'y ait point d'auteurs qui se servent mieux de la définition des mots que les géomètres, je me crois néanmoins ici obligé de remarquer qu'ils n'ont pas toujours pris garde à la différence que l'on doit mettre entre les définitions des choses et les définitions des mots, qui est que les premières sont contestables, et que les autres sont incontestables; car j'en vois qui disputent de ces définitions de mots avec la même chaleur que s'il s'agissait des choses mêmes[1].

Ainsi, l'on peut voir dans les commentaires de Clavius sur Euclide une longue dispute et fort échauffée entre Pelletier et lui, touchant l'espace entre la tangente et la circonférence, que Pelletier prétendait n'être pas un angle, au lieu que Clavius soutient que c'en est un. Qui ne voit que tout cela pouvait se terminer en un seul mot, en se demandant l'un à l'autre ce qu'il entendait par le mot angle?

1. Il n'est pas évident que les définitions en géométrie soient nominales; on définit des conceptions de l'esprit, et le mot n'est fait que pour la chose qu'il exprime.

Nous voyons encore que Simon Stevin[1], très-célèbre mathématicien du prince d'Orange, ayant défini le nombre : *Nombre est cela par lequel s'explique la quantité de chacune chose,* il se met ensuite fort en colère contre ceux qui ne veulent pas que l'unité soit nombre, jusqu'à faire des exclamations de rhétorique, comme s'il s'agissait d'une dispute fort solide. Il est vrai qu'il mêle dans ce discours une question de quelque importance, qui est de savoir si l'unité est au nombre comme le point est à la ligne; mais c'est ce qu'il fallait distinguer pour ne pas brouiller deux choses très-différentes : et ainsi, traitant à part ces deux questions, l'une, si l'unité est nombre, l'autre si l'unité est au nombre ce que le point est à la ligne, il fallait dire, sur la première, que ce n'était qu'une dispute de mots, et que l'unité était nombre ou n'était pas nombre, selon la définition qu'on voudrait donner au nombre : qu'en le définissant comme Euclide : *Nombre est une multitude d'unités assemblées,* il était visible que l'unité n'était pas nombre; mais que, comme cette définition d'Euclide était arbitraire, et qu'il était permis d'en donner une autre au nom de nombre, on pouvait lui en donner une comme est celle que Stevin apporte, selon laquelle l'unité est nombre. Par là la première question est vidée, et on ne peut rien dire, outre cela, contre ceux à qui il ne plaît pas d'appeler l'unité nombre, sans une manifeste pétition de principe, comme on peut voir en examinant les prétendues démonstrations de Stevin. La première est :

La partie est de même nature que le tout ;
Unité est partie d'une multitude d'unités ;
Donc l'unité est de même nature qu'une multitude d'unités, et par conséquent nombre.

Cet argument ne vaut rien du tout; car, quand la partie serait toujours de la même nature que le tout, il ne s'ensuivrait pas qu'elle dût toujours avoir le même nom que le tout; et, au contraire, il arrive très-souvent qu'elle n'a point le

1. Clavius est un savant jésuite qui travailla à la réforme du calendrier et publia des commentaires sur Euclide, qui ont longtemps passé pour les meilleurs. Stevin est un mathématicien d'une tout autre valeur, qui devança plusieurs découvertes de Descartes et de Newton.

même nom. Un soldat est une partie de l'armée, et n'est point une armée; une chambre est une partie d'une maison, et non point une maison; un demi-cercle n'est point un cercle; la partie d'un carré n'est point un carré. Cet argument prouve donc au plus que l'unité, étant partie de la multitude des unités, a quelque chose de commun avec toute multitude d'unités, selon quoi on pourra dire qu'ils sont de même nature; mais cela ne prouve pas qu'on soit obligé de donner le même nom de nombre à l'unité et à la multitude d'unités, puisqu'on peut, si l'on veut, garder le nom de nombre pour la multitude d'unités, et ne donner à l'unité que son nom même d'unité ou de partie du nombre.

La seconde raison de Stevin ne vaut pas mieux :

Si du nombre donné l'on n'ôte aucun nombre, le nombre donné demeure :

Donc si l'unité n'était pas nombre, en ôtant un de trois, le nombre donné demeurerait, ce qui est absurde.

Mais cette majeure est ridicule, et suppose ce qui est en question; car Euclide niera que le nombre donné demeure, lorsqu'on n'en ôte aucun nombre, puisqu'il suffit, pour ne pas demeurer tel qu'il était, qu'on en ôte ou un nombre ou une partie du nombre, tel qu'est l'unité; et si cet argument était bon, on prouverait de la même manière qu'en ôtant un demi-cercle d'un cercle donné, le cercle donné doit demeurer, parce qu'on n'en a ôté aucun cercle.

Ainsi tous les arguments de Stevin prouvent au plus qu'on peut définir le nombre en sorte que le mot de nombre convienne à l'unité, parce que l'unité et la multitude d'unités ont assez de convenance pour être signifiées par un même nom ; mais ils ne prouvent nullement qu'on ne puisse pas aussi définir le nombre en restreignant ce mot à la multitude d'unités, afin de ne pas être obligé d'excepter l'unité toutes les fois qu'on explique des propriétés qui conviennent à tous les nombres, hormis à l'unité.

Mais la seconde question, qui est de savoir si l'unité est aux nombres comme le point est à la ligne, n'est point de même nature que la première, et n'est point une dispute de mot, mais de chose : car il est absolument faux que l'unité soit au nombre comme le point est à la ligne, puisque l'unité ajoutée au nombre le fait plus grand, au lieu que le point ajouté à la ligne ne la fait point plus grande. L'unité est partie du nombre, et le point n'est pas partie de la ligne. L'unité ôtée du nombre, le nombre donné ne demeure point; et le point ôté de la ligne, la ligne donnée demeure.

Le même Stevin est plein de semblables disputes sur les définitions des mots, comme quand il s'échauffe pour prouver que le nombre n'est point une quantité discrète; que la proportion des nombres est toujours arithmétique, et non géométrique, que toute racine de quelque nombre que ce soit est un nombre : ce qui fait voir qu'il n'a point compris proprement ce que c'était qu'une définition de mot, et qu'il a pris les définitions des mots, qui ne peuvent être contestées, pour les définitions des choses, que l'on peut souvent contester avec raison.

CHAPITRE VI.

Des règles qui regardent les axiomes, c'est-à-dire les propositions claires et évidentes par elles-mêmes.

Tout le monde demeure d'accord qu'il y a des propositions si claires et si évidentes d'elles-mêmes, qu'elles n'ont pas besoin d'être démontrées; et que toutes celles qu'on ne démontre point doivent être telles pour être principes d'une véritable démonstration [1] : car si elles sont tant soit peu incertaines, il est clair qu'elles ne peuvent être le fondement d'une conclusion tout à fait certaine.

Mais plusieurs ne comprennent pas assez en quoi consiste cette clarté et cette évidence d'une proposition, car, premièrement, il ne faut pas s'imaginer qu'une proposition ne soit claire et certaine que lorsque personne ne la contredit; et qu'elle doive passer pour douteuse, ou qu'au moins on soit obligé de la prouver, lorsqu'il se trouve quelqu'un qui la nie. Si cela était, il n'y aurait rien de certain ni de clair, puisqu'il s'est trouvé des philosophes qui ont fait profession de douter

1. Ces propositions, qui servent de principes en géométrie, sont plutôt les définitions que les axiomes.

généralement de tout, et qu'il y en a même qui ont prétendu qu'il n'y avait aucune proposition qui fût plus vraisemblable que sa contraire. Ce n'est donc point par les contestations des hommes qu'on doit juger de la certitude ni de la clarté, car il n'y a rien qu'on ne puisse contester, surtout de parole ; mais il faut tenir pour clair ce qui paraît tel à tous ceux qui veulent prendre la peine de considérer les choses avec attention, et qui sont sincères à dire ce qu'ils en pensent intérieurement. C'est pourquoi il y a une parole de très-grand sens dans Aristote, qui est que la démonstration ne regarde proprement que le discours intérieur[1], parce qu'il n'y a rien de si bien démontré qui ne puisse être nié par un homme opiniâtre, qui s'engage à contester de paroles les choses mêmes dont il est intérieurement persuadé, ce qui est une très-mauvaise disposition, et très-indigne d'un esprit bien fait, quoiqu'il soit vrai que cette humeur se prend souvent dans les écoles de philosophie, par la coutume qu'on y a introduite de disputer de toutes choses, et de mettre son honneur à ne se rendre jamais, celui-là étant jugé avoir le plus d'esprit qui est le plus prompt à trouver des défaites pour s'échapper ; au lieu que le caractère d'un honnête homme est de rendre les armes à la vérité, aussitôt qu'il l'aperçoit, et de l'aimer dans la bouche même de son adversaire.

Secondement, les mêmes philosophes, qui tiennent que toutes nos idées viennent de nos sens, soutiennent aussi que toute la certitude et toute l'évidence des propositions viennent ou immédiatement ou médiatement des sens. « Car, disent-ils, cet axiome même, qui passe pour le plus clair et le plus évident que l'on puisse désirer : le tout est plus grand que sa partie, n'a trouvé de créance dans notre esprit que parce que, dès notre enfance, nous avons observé en particulier, et que tout l'homme est plus grand que sa tête, et toute une maison qu'une chambre, et toute une forêt qu'un arbre, et tout le ciel qu'une étoile. »

Cette imagination est aussi fausse que celle que nous avons réfutée dans la première partie, *que toutes nos idées viennent de nos sens ;* car si nous n'étions assurés de cette vérité : *le tout est plus grand que sa partie,* que par les diverses obser-

1. *Derniers analytiques,* I, 10, 7.

vations que nous en avons faites depuis notre enfance, nous n'en serions que probablement assurés, puisque l'induction n'est un moyen certain de connaître une chose que quand nous sommes assurés que l'induction est entière[1], n'y ayant rien de plus ordinaire que de découvrir la fausseté de ce que nous avons cru vrai sur des inductions qui nous paraissaient si générales, qu'on ne s'imaginait point pouvoir y trouver d'exception.

Ainsi, il n'y a pas longtemps qu'on croyait indubitable que l'eau contenue dans un vaisseau courbé, dont un côté était beaucoup plus large que l'autre, se tenait toujours au niveau, n'étant pas plus haut dans le petit côté que dans le grand, parce qu'on s'en était assuré par une infinité d'observations ; et néanmoins, on a trouvé depuis peu que cela est faux, quand l'un des côtés est extrêmement étroit, parce qu'alors l'eau s'y tient plus haute que dans l'autre côté. Tout cela fait voir que les seules inductions ne sauraient nous donner une certitude entière d'aucune vérité[2], à moins que nous ne fussions assurés qu'elles fussent générales, ce qui est impossible; et par conséquent nous ne serions que probablement assurés de la vérité de cet axiome : *le tout est plus grand que sa partie,* si nous n'en étions assurés que pour avoir vu qu'un homme est plus grand que sa tête, une forêt qu'un seul arbre, une maison qu'une chambre, le ciel qu'une étoile, puisque nous aurons toujours sujet de douter s'il n'y aurait point quelque autre tout auquel nous n'aurions pas pris garde, qui ne serait pas plus grand que sa partie.

Ce n'est donc point de ces observations que nous avons faites depuis notre enfance, que la certitude de cet axiome dépend, puisqu'au contraire il n'y a rien de plus capable de nous entretenir dans l'erreur que de nous arrêter à ces préjugés de notre enfance; mais elle dépend uniquement de ce

1. On a déjà relevé cette erreur sur l'induction, partie III, ch. XIX.

2. Descartes parle tout autrement : « Il faut remarquer que par énumération suffisante ou induction, nous entendons ce moyen qui nous conduit à la vérité plus sûrement que tout autre, excepté l'intuition pure et simple. En effet, si la chose est telle que nous ne puissions la ramener à l'intuition, ce n'est pas dans les formes syllogistiques, mais dans l'induction seule, que nous devons mettre notre confiance. » *Règles pour la direction de l'esprit,* VII. On croirait entendre parler Bacon. Mais au fond Descartes pense comme Arnauld que l'induction doit être entière; seulement il n'affirme pas qu'elle ne puisse pas l'être.

que les idées claires et distinctes que nous avons d'un tout et d'une partie renferment clairement, et que le tout est plus grand que la partie, et que la partie est plus petite que le tout; et tout ce qu'ont pu faire les diverses observations que nous avons faites d'un homme plus grand que sa tête, d'une maison plus grande qu'une chambre, a été de nous servir d'occasion pour faire attention aux idées de *tout* et de *partie;* mais il est absolument faux qu'elles soient cause de la certitude absolue et inébranlable que nous avons de la vérité de cet axiome, comme je crois l'avoir démontré[1].

Ce que nous avons dit de cet axiome peut se dire de tous les autres, et ainsi je crois que la certitude et l'évidence de la connaissance humaine dans les choses naturelles dépendent de ce principe :

Tout ce qui est contenu dans l'idée claire et distincte d'une chose peut s'affirmer avec vérité de cette chose[2].

Ainsi, parce qu'*être animal* est renfermé dans l'idée de l'*homme,* je puis affirmer de l'homme qu'il est animal; parce qu'avoir tous ses diamètres égaux est renfermé dans l'idée d'un cercle, je puis affirmer de tout cercle que tous ses diamètres sont égaux; parce qu'avoir tous ses angles égaux à deux droits est renfermé dans l'idée d'un triangle, je dois l'affirmer de tout triangle.

Et l'on ne peut contester ce principe sans détruire toute l'évidence de la connaissance humaine, et établir un pyrrhonisme ridicule; car nous ne pouvons juger des choses que par les idées que nous en avons, puisque nous n'avons aucun moyen de les concevoir, qu'autant qu'elles sont dans notre

1. Il est permis de douter de l'exactitude de cette analyse. Sans doute il y a des principes qui ne viennent pas de l'expérience, mais l'exemple n'est pas bien choisi : les idées de tout et de partie, idées relatives l'une à l'autre, sont dues à l'expérience des sens, comme celles de grand et de petit, dont elles sont inséparables; si nous les unissons par un rapport nécessaire, nous obéissons à la nécessité de ne pas nous contredire : l'attribut répète le sujet : le tout est le tout; ce sont de pures tautologies, des propositions identiques et tout à fait stériles.

2. Aristote réduit tous les axiomes au principe de contradiction, le même est le même, A est A. La formule cartésienne qu'on propose ici n'a pas autant de précision. Sous cette apparence logique on dissimule un fait primitif de la nature humaine, la confiance que nous attachons à nos facultés, la foi naturelle en notre raison. Cette foi ne peut être prouvée ni contestée sans sophisme : il faut l'invoquer pour la justifier, et l'invoquer encore pour la détruire.

esprit, et qu'elles n'y sont que par leurs idées[1]. Or, si les jugements que nous formons en considérant ces idées ne regardaient pas les choses en elles-mêmes, mais seulement nos pensées; c'est-à-dire, si de ce que je vois clairement qu'avoir trois angles égaux à deux droits est renfermé dans l'idée d'un triangle, je n'avais pas droit de conclure que, dans la vérité, tout triangle a trois angles égaux à deux droits, mais seulement que je le pense ainsi[2], il est visible que nous n'aurions aucune connaissance des choses, mais seulement de nos pensées; et par conséquent, nous ne saurions rien des choses que nous nous persuadons savoir le plus certainement; mais nous saurions seulement que nous les pensons être de telle sorte, ce qui détruirait manifestement toutes les sciences.

Et il ne faut pas craindre qu'il y ait des hommes qui demeurent sérieusement d'accord de cette conséquence, que nous ne savons d'aucune chose si elle est vraie ou fausse en elle-même; car il y en a de si simples et de si évidentes, comme : *Je pense, donc je suis ; le tout est plus grand que sa partie,* qu'il est impossible de douter sérieusement si elles sont telles en elles-mêmes que nous les concevons. La raison est qu'on ne saurait en douter sans y penser, et on ne saurait y penser sans les croire vraies, et par conséquent on ne saurait en douter.

Néanmoins ce principe seul ne suffit pas pour juger de ce qui doit être reçu pour axiome; car il y a des attributs qui sont véritablement renfermés dans l'idée des choses qui s'en peuvent néanmoins et s'en doivent démontrer, comme l'égalité de tous les angles d'un triangle à deux droits, et de tous ceux d'un hexagone à huit droits, mais il faut prendre garde si l'on n'a besoin que de considérer l'idée d'une chose avec une attention médiocre, pour voir clairement qu'un tel attribut y est renfermé, ou si de plus il est nécessaire d'y joindre quelque autre idée pour s'apercevoir de cette liaison. Quand il n'est

1. Ce langage n'est pas d'une grande exactitude; ni les choses ni les idées ne sont *dans* notre esprit. L'idée est le résultat de l'action de la réalité sur une force intelligente; c'est cette force elle-même modifiée par la réalité.

2. L'exemple n'est pas bien choisi; dans la réalité il n'y a pas de principe mais l'observation n'en est pas moins juste et répond d'avance au scepticisme de Kant, qui fait des idées de la raison de simples conditions subjectives do la connaissance.

besoin que de considérer l'idée, la proposition peut être prise pour axiome, surtout si cette considération ne demande qu'une attention médiocre dont tous les esprits ordinaires soient capables; mais si l'on a besoin de quelque autre idée que de l'idée de la chose, c'est une proposition qu'il faut démontrer[1]. Ainsi, l'on peut donner ces deux règles pour les axiomes :

RÈGLE I. *Lorsque pour voir clairement qu'un attribut convient à un sujet, comme pour voir qu'il convient au tout d'être plus grand que sa partie, on n'a besoin que de considérer les deux idées du sujet et de l'attribut avec une médiocre attention, en sorte qu'on ne puisse le faire sans s'apercevoir que l'idée de l'attribut est véritablement renfermée dans l'idée du sujet, on a droit alors de prendre cette proposition pour un axiome qui n'a pas besoin d'être démontré, parce qu'il a de lui-même toute l'évidence que pourrait lui donner la démonstration, qui ne pourrait faire autre chose, sinon de montrer que cet attribut convient au sujet en se servant d'une troisième idée pour montrer cette liaison; ce qu'on voit déjà sans l'aide d'aucune troisième idée*[2].

Mais il ne faut pas confondre une simple explication, quand même elle aurait quelque forme d'argument, avec une vraie démonstration; car il y a des axiomes qui ont besoin d'être expliqués pour mieux les faire entendre, quoiqu'ils n'aient pas besoin d'être démontrés; l'explication n'étant autre chose que de dire en autres termes et plus au long ce qui est contenu dans l'axiome; au lieu que la démonstration demande quelque moyen nouveau que l'axiome ne contienne pas clairement.

RÈGLE II. *Quand la seule considération des idées du sujet et de l'attribut ne suffit pas pour voir clairement que l'attribut convient au sujet, la proposition qui l'affirme ne doit point*

1. A ce compte toute vérité de fait, il fait jour, ce papier est blanc, serait un axiome. On oublie d'indiquer à quel signe les axiomes se distinguent des vérités immédiates de la perception : c'est que la proposition contraire implique contradiction; il y a un rapport nécessaire entre l'attribut et le sujet.

2. La règle peut être bonne pour discerner les propositions qui ont besoin de démonstration de celles qui ne doivent ni ne peuvent être démontrées ; mais toute proposition évidente par soi n'est pas un axiome.

être prise pour axiome; mais elle doit être démontrée, en se servant de quelques autres idées pour faire voir cette liaison, comme on se sert de l'idée des lignes parallèles pour montrer que les trois angles d'un triangle sont égaux à deux droits.

Ces deux règles sont plus importantes que l'on ne pense, car c'est un des défauts les plus ordinaires aux hommes, de ne pas assez se consulter eux-mêmes dans ce qu'ils assurent ou qu'ils nient; de s'en rapporter à ce qu'ils en ont ouï dire ou qu'ils ont autrefois pensé, sans prendre garde à ce qu'ils en penseraient eux-mêmes, s'ils considéraient avec plus d'attention ce qui se passe dans leur esprit, de s'arrêter plus au son des paroles qu'à leurs véritables idées; d'assurer comme clair et évident ce qu'il leur serait impossible de concevoir, et de nier comme faux ce qu'il leur serait impossible de ne pas croire vrai, s'ils voulaient prendre la peine d'y penser sérieusement.

Par exemple, ceux qui disent que dans un morceau de bois, outre ses parties et leur situation, leur figure leur mouvement ou leur repos, et les pores qui se trouvent entre ces parties, il y a encore une forme substantielle distinguée de tout cela, croient ne rien dire que de certain, et cependant ils disent une chose que ni eux ni personne n'a jamais comprise et ne comprendra jamais.

Que si, au contraire, on veut leur expliquer les effets de la nature par les parties insensibles dont les corps sont composés, et par leur différente situation, grandeur, figure, mouvement ou repos, et par les pores qui se trouvent entre ces parties, et qui donnent ou ferment le passage à d'autres matières, ils croient qu'on ne leur dit que des chimères, quoiqu'on ne leur dise rien qu'ils ne reçoivent très-facilement; et même, par un renversement d'esprit assez étrange, la facilité qu'ils ont à concevoir ces choses les porte à croire que ce ne sont pas les vraies causes des effets de la nature, mais qu'elles sont plus mystérieuses et plus cachées; de sorte qu'ils sont plus disposés à croire ceux qui les leur expliquent par des principes qu'ils ne croient point, que ceux qui ne se servent que des principes qu'ils entendent[1].

1. La clarté de ces explications n'a pas empêché qu'elles fussent abandonnées avec la physique cartésienne.

Et ce qui est encore plus plaisant est que, quand on leur parle de parties insensibles, ils croient être bien fondés à les rejeter, parce qu'on ne peut les leur faire voir ni toucher, et cependant ils se contentent de formes substantielles, de pesanteur, de vertu attractive, etc., que non-seulement ils ne peuvent voir ni toucher, mais qu'ils ne peuvent même concevoir.

CHAPITRE VII.

Quelques axiomes importants et qui peuvent servir de principes à de grandes vérités.

Tout le monde demeure d'accord qu'il est important d'avoir dans l'esprit plusieurs axiomes et principes, qui, étant clairs et indubitables, puissent nous servir de fondement pour connaître les choses les plus cachées; mais ceux que l'on donne ordinairement sont de si peu d'usage, qu'il est assez inutile de les savoir, car ce qu'ils appellent le premier principe de la connaissance : *Il est impossible que la même chose soit et ne soit pas*[1], est très-clair et très-certain; mais je ne vois point de rencontre où il puisse jamais servir à nous donner aucune connaissance. Je crois donc que ceux-ci pourront être plus utiles. Je commencerai par celui que nous venons d'expliquer[2].

Axiome I. *Tout ce qui est renfermé dans l'idée claire et distincte d'une chose peut en être affirmé avec vérité.*

Axiome II. *L'existence, au moins possible, est renfermée dans l'idée de tout ce que nous concevons clairement et distinctement*[3].

1. Le principe d'identité, ou plutôt, sous cette forme, le principe de contradiction, est l'expression de l'impossibilité où se trouve l'esprit de nier et d'affirmer, en même temps et sous le même rapport, la même chose.

2. On comparera utilement cette liste des axiomes à celle que Reid a dressée sous ce titre : *des Premiers Principes des vérités nécessaires*. Œuvres complètes, traduites par Jouffroy, t. V, p. 128.

3. Confusion de l'ordre logique avec l'ordre de la réalité. Nous ne savons pas ce qui peut rendre l'existence possible; on ne peut pas dire : tout ce qui n'est pas contradictoire pour nous est réel, ou même possible.

Car, dès là qu'une chose est conçue clairement, nous ne pouvons pas ne point la regarder comme pouvant être, puisqu'il n'y a que la contradiction qui se trouve entre nos idées qui nous fait croire qu'une chose ne peut être; or, il ne peut y avoir de contradiction dans une idée lorsqu'elle est claire et distincte.

Axiome III. *Le néant ne peut être cause d'aucune chose*[1]. Il naît d'autres axiomes de celui-ci, qui peuvent en être appelés des corollaires, tels que sont les suivants :

Axiome IV, ou 1er corollaire du 3e. *Aucune chose, ni aucune perfection de cette chose actuellement existante, ne peut avoir le néant ou une chose non existante pour cause de son existence*[2].

Axiome V, ou 2e corollaire du 3e. *Toute la réalité ou perfection qui est dans une chose se rencontre formellement ou éminemment dans sa cause première et totale*[3].

Axiome VI, ou 3e corollaire du 3e. *Nul corps ne peut se mouvoir soi-même,* c'est-à-dire se donner le mouvement, n'en ayant point.

Ce principe est si évident naturellement, que c'est ce qui a introduit les formes substantielles et les qualités réelles de pesanteur et de légèreté, car les philosophes voyant, d'une part, qu'il était impossible que ce qui devait être mû se mût soi-même, et s'étant faussement persuadés, de l'autre, qu'il n'y avait rien hors la pierre qui poussât en bas une pierre qui tombait, ils se sont crus obligés de distinguer deux choses dans une pierre, la matière qui recevait le mouvement, et la

1. Simple tautologie : zéro zéro. Descartes s'est servi de ce prétendu principe et du précédent dans ses *Principes de philosophie*, où perce plus que partout ailleurs sa prédilection pour les procédés de la géométrie.

2. C'est-à-dire que si elle a une cause elle en a une : toutes ces propositions abstraites ne sont guère instructives.

3. Expression compliquée du principe de causalité : la cause doit avoir assez de puissance pour produire son effet. Descartes se sert de ce principe dans la *Troisième Méditation*, pour prouver l'existence de Dieu par l'idée de la perfection. La réalité de l'effet se trouve dans la cause *formellement* lorsqu'elle y est en tout semblable, avec sa nature, son caractère ; elle y est *éminemment* lorsque la cause a des attributs supérieurs, *via eminentiæ*, une puissance qui peut le plus et par suite le moins.

forme substantielle aidée de l'accident de la pesanteur qui le donnait; ne prenant pas garde, ou qu'ils tombaient par là dans l'inconvénient qu'ils voulaient éviter, si cette forme était elle-même matérielle, c'est-à-dire une vraie matière; ou que si elle n'était pas matière, ce devait être une substance qui en fût réellement distincte; ce qu'il leur était impossible de concevoir clairement, à moins que de la concevoir comme un esprit, c'est-à-dire une substance qui pense, comme est véritablement la forme de l'homme, et non pas celle de tous les autres corps[1].

AXIOME VII, OU 4e COROLLAIRE DU 3e. *Nul corps ne peut en mouvoir un autre, s'il n'est mû lui-même :* car si un corps étant en repos ne peut se donner le mouvement à soi-même, il peut encore moins le donner à un autre corps.

AXIOME VIII. *On ne doit pas nier ce qui est clair et évident pour ne pouvoir comprendre ce qui est obscur.*

AXIOME IX. *Il est de la nature d'un esprit fini de ne pouvoir comprendre l'infini.*

AXIOME X. *Le témoignage d'une personne infiniment puissante, infiniment sage, infiniment bonne et infiniment véritable doit avoir plus de force pour persuader notre esprit que les raisons les plus convaincantes.*

Car nous devons être plus assurés que celui qui est infiniment intelligent ne nous trompe pas, et que celui qui est infiniment bon ne nous trompe pas, que nous ne sommes assurés que nous ne nous trompons pas dans les choses les plus claires.

Ces trois derniers axiomes sont le fondement de la foi, de laquelle nous pourrons dire quelque chose plus bas.

AXIOME XI. *Les faits dont les sens peuvent juger facilement étant attestés par un très-grand nombre de personnes de divers temps, de diverses nations, de divers intérêts, qui en parlent*

1. Voir plus haut, page 325, note 1.
2. Cette maxime, comme la précédente, est très-vraie et très-sage, quoique ni l'une ni l'autre ne soient des axiomes.

comme les sachant par eux-mêmes, et qu'on ne peut soupçonner d'avoir conspiré ensemble pour appuyer un mensonge, doivent passer pour aussi constants et indubitables que si on les avait vus de ses propres yeux[1].

C'est le fondement de la plupart de nos connaissances, y ayant infiniment plus de choses que nous savons par cette voie que ne sont celles que nous savons par nous-mêmes.

CHAPITRE VIII.

Des règles qui regardent les démonstrations.

Une vraie démonstration demande deux choses : l'une, que dans la matière il n'y ait rien que de certain et indubitable; l'autre, qu'il n'y ait rien de vicieux dans la forme d'argumenter[2]; or, on aura certainement l'un et l'autre, si l'on observe les deux règles que nous avons posées.

Car il n'y aura rien que de véritable et de certain dans la matière, si toutes les propositions qu'on avancera pour servir de preuves sont :

Ou les définitions des mots qu'on aura expliqués, qui, étant arbitraires, ne peuvent être contestées;

Ou les axiomes qui auront été accordés, et que l'on n'a point dû supposer s'ils n'étaient clairs et évidents d'eux-mêmes par la 3e règle;

Ou des propositions déjà démontrées, et qui, par conséquent, sont devenues claires et évidentes par la démonstration qu'on en a faite;

Ou la construction de la chose même dont il s'agira lorsqu'il y aura quelque opération à faire, ce qui doit être aussi indubitable que le reste, puisque cette construction doit avoir été auparavant démontrée possible, s'il y avait quelque doute qu'elle ne le fût pas.

1. Cette proposition et la précédente ont besoin d'explication et de preuves.

2. La matière en ce sens, c'est chaque affirmation pure à part; la forme, ce sont les rapports des propositions entre elles, suivant les lois du raisonnement; c'est dire qu'il ne doit y avoir ni erreur ni paralogisme.

Il est donc clair qu'en observant la première, on n'avancera jamais pour preuve aucune proposition qui ne soit certaine et évidente.

Il est aussi aisé de montrer qu'on ne péchera point contre la forme de l'argumentation, en observant la seconde règle, qui est de n'abuser jamais de l'équivoque des termes, en manquant d'y substituer mentalement les définitions qui les restreignent et les expliquent.

Car s'il arrive jamais qu'on pèche contre les règles des syllogismes, c'est en se trompant dans l'équivoque de quelque terme, et le prenant en un sens dans l'une des propositions, et en un autre sens dans l'autre, ce qui arrive principalement dans le moyen du syllogisme, qui étant pris en deux divers sens dans les deux premières propositions, est le défaut le plus ordinaire des arguments vicieux. Or il est clair qu'on évitera ce défaut si l'on observe cette seconde règle.

Ce n'est pas qu'il n'y ait encore d'autres vices de l'argumentation outre celui qui vient de l'équivoque des termes; mais c'est qu'il est presque impossible qu'un homme d'un esprit médiocre, et qui a quelque lumière, y tombe jamais, surtout en des matières spéculatives, et ainsi il serait inutile d'avertir d'y prendre garde et d'en donner des règles; et cela serait même nuisible, parce que l'application qu'on aurait à ces règles superflues pourrait divertir de l'attention qu'on doit avoir aux nécessaires. Aussi nous ne voyons point que les géomètres se mettent jamais en peine de la forme de leurs arguments, ni qu'ils pensent à les conformer aux règles de la logique, sans qu'ils y manquent néanmoins, parce que cela se fait naturellement et n'a pas besoin d'étude[1].

Il y a encore une observation à faire sur les propositions qui ont besoin d'être démontrées. C'est qu'on ne doit pas mettre de ce nombre celles qui peuvent l'être par l'application de la règle de l'évidence à chaque proposition évidente; car si cela était, il n'y aurait presque point d'axiome qui n'eût besoin d'être démontré, puisqu'ils peuvent l'être presque tous

1. « La vérité échappe souvent à ces liens, et ceux qui s'en servent y restent enveloppés. C'est ce qui n'arrive pas si souvent à ceux qui n'en font pas usage, et notre expérience nous a démontré que les sophismes les plus subtils ne trompent que les sophistes, et presque jamais ceux qui se servent de leur seule raison. » Descartes, *Règles*, etc., VI.

par celui que nous avons dit pouvoir être pris pour le fondement de toute évidence : *Tout ce que l'on voit clairement être contenu dans une idée claire et distincte, peut en être affirmé avec vérité.* On peut dire, par exemple :

Tout ce qu'on voit clairement être contenu dans une idée claire et distincte, peut être affirmé avec vérité ;

Or on voit clairement que l'idée claire et distincte qu'on a du tout enferme d'être plus grand que sa partie ;

Donc on peut affirmer avec vérité que le tout est plus grand que sa partie.

Mais, quoique cette preuve soit très-bonne[1], elle n'est pas néanmoins nécessaire, parce que notre esprit supplée cette majeure, sans avoir besoin d'y faire une attention particulière ; et ainsi il voit clairement et évidemment que le tout est plus grand que sa partie, sans qu'il ait besoin de faire réflexion d'où lui vient cette évidence ; car ce sont deux choses différentes, de connaître évidemment une chose, et de savoir d'où nous vient cette évidence.

CHAPITRE IX.

De quelques défauts qui se rencontrent d'ordinaire dans la méthode des géomètres.

Nous avons vu ce que la méthode des géomètres a de bon, que nous avons réduit à cinq règles qu'on ne peut trop avoir dans l'esprit ; et il faut avouer qu'il n'y a rien de plus admirable que d'avoir découvert tant de choses si cachées, et les avoir démontrées par des raisons si fermes et si invincibles, en se servant de si peu de règles : de sorte qu'entre tous les philosophes ils ont seuls cet avantage, d'avoir banni de leur école et de leurs livres la contestation et la dispute[2].

1. Cette démonstration puérile pourrait s'appliquer à tout ; la conclusion est plus évidente que la majeure, et la vérité de celle-ci dépend même de celle de l'autre. Enfin il faudrait démontrer cette majeure. Si elle fonde l'évidence, qu'est-ce qui la rendra évidente elle-même ? Pourquoi ne pas dire simplement qu'on ne peut pas tout démontrer ?

2. L'auteur a déjà oublié les discussions de Clavius et de Pelletier, et les apostrophes de Stevin.

Néanmoins, si l'on veut juger des choses sans préoccupation, comme on ne peut leur ôter la gloire d'avoir suivi une voie beaucoup plus assurée que tous les autres, pour trouver la vérité, on ne peut nier aussi qu'ils ne soient tombés en quelques défauts, qui ne les détournent pas de leur fin, mais qui font seulement qu'ils n'y arrivent pas par la voie la plus commode; c'est ce que je tâcherai de montrer, en tirant d'Euclide même les exemples de ces défauts.

Défaut I. *Avoir plus de soin de la certitude que de l'évidence, et de convaincre l'esprit que de l'éclairer.*

Les géomètres sont louables de n'avoir rien voulu avancer que de convaincant; mais il semble qu'ils n'ont pas assez pris garde qu'il ne suffit pas, pour avoir une parfaite science de quelque vérité, d'être convaincu que cela est vrai, si de plus on ne pénètre, par des raisons prises de la nature de la chose même, pourquoi cela est vrai; car, jusqu'à ce que nous soyons arrivés à ce point-là, notre esprit n'est point pleinement satisfait, et cherche encore une plus grande connaissance que celle qu'il a, ce qui est une marque qu'il n'a point encore la vraie science. On peut dire que ce défaut est la source de presque tous les autres que nous remarquerons, et ainsi il n'est pas nécessaire de l'expliquer davantage, parce que nous le ferons assez dans la suite[1].

Défaut II. *Prouver des choses qui n'ont pas besoin de preuves.*

Les géomètres avouent qu'il ne faut pas s'arrêter à vouloir prouver ce qui est clair de soi-même. Ils le font néanmoins souvent, parce que, s'étant plus attachés à convaincre l'esprit qu'à l'éclairer, comme nous venons de dire, ils croient qu'ils le convaincront mieux en trouvant quelque preuve des choses même les plus évidentes, qu'en les proposant simplement, et laissant à l'esprit d'en reconnaître l'évidence.

C'est ce qui a porté Euclide à prouver que les deux côtés d'un triangle pris ensemble sont plus grands qu'un seul[2],

1. Voir surtout le troisième défaut.

2. Les propositions qu'on pourrait à la rigueur démontrer, mais dont l'évidence n'a rien à attendre d'une démonstration, se nomment des *postulats*, du latin *postula-*

quoique cela soit évident par la seule notion de la ligne droite, qui est la plus courte longueur qui puisse se donner entre deux points, et la mesure naturelle de la distance d'un point à un point, ce qu'elle ne serait pas, si elle n'était aussi la plus courte de toutes les lignes qui puissent être tirées d'un point à un point.

C'est ce qui l'a encore porté à ne pas faire une demande, mais un problème qui doit être démontré, de *tirer une ligne égale à une ligne donnée,* quoique cela soit aussi facile et plus facile que de faire un cercle ayant un rayon donné.

Ce défaut est venu, sans doute, de n'avoir pas considéré que toute la certitude et l'évidence de nos connaissances dans les sciences naturelles vient de ce principe : *Qu'on peut assurer d'une chose tout ce qui est contenu dans son idée claire et distincte.* D'où il s'ensuit que si nous n'avons besoin, pour connaître qu'un attribut est renfermé dans une idée, que de la simple considération de l'idée, sans y en mêler d'autres, cela doit passer pour évident et pour clair, comme nous avons déjà dit plus haut.

Je sais bien qu'il y a de certains attributs qui se voient plus facilement dans les idées que les autres; mais je crois qu'il suffit qu'ils puissent s'y voir clairement avec une médiocre attention, et que nul homme qui aura l'esprit bien fait n'en puisse douter sérieusement, pour regarder les propositions qui se tirent ainsi de la simple considération des idées, comme des principes qui n'ont point besoin de preuves, mais au plus d'explication et d'un peu de discours. Ainsi, je soutiens qu'on ne peut faire un peu d'attention sur l'idée d'une ligne droite qu'on ne conçoive non-seulement que sa position ne dépend que de deux points (ce qu'Euclide a pris pour une de ses demandes), mais qu'on ne comprenne aussi sans peine et très-clairement que si une ligne droite en coupe une autre et qu'il y ait deux points dans la coupante, dont chacun soit également distant de deux points de la coupée, il n'y aura

tum, tel est le célèbre postulatum d'Euclide : Deux lignes droites se rencontrent lorsqu'elles font avec une sécante deux angles internes du même côté, dont la somme est moindre que deux angles droits; ou bien chez des géomètres plus récents cette proposition : On ne peut mener d'un point donné qu'une parallèle à une ligne droite. Certains géomètres ont mérité les critiques d'Arnauld, et Condillac se moque avec raison de Wolf qui a prétendu démontrer que le tout est plus grand que la partie. *Art de penser*, ch. IX.

aucun autre point de la coupante qui ne soit également distant de ces deux points de la coupée : d'où il sera aisé de juger quand une ligne sera perpendiculaire à une autre, sans se servir d'angle ni de triangle, dont on ne doit traiter qu'après avoir établi beaucoup de choses qu'on ne saurait démontrer que par les perpendiculaires.

Il est aussi à remarquer que d'excellents géomètres emploient pour principes des propositions moins claires que celle-là; comme lorsque Archimède a établi ses plus belles démonstrations sur cet axiome, *que si deux lignes sur le même plan ont les extrémités communes, et sont courbées ou creuses vers la même part, celle qui est contenue sera moindre que celle qui la contient.*

J'avoue que ce défaut de prouver ce qui n'a pas besoin de preuve ne paraît pas grand, et qu'il ne l'est pas aussi en soi; mais il l'est beaucoup dans les suites, parce que c'est de là que naît ordinairement le renversement de l'ordre naturel dont nous parlerons plus bas; cette envie de prouver ce qui devait être supposé comme clair et évident de soi-même ayant souvent obligé les géomètres de traiter des choses, pour servir de preuves à ce qu'ils n'auraient point dû prouver, qui ne devraient être traitées qu'après, selon l'ordre de la nature[1].

DÉFAUT III. *Démonstrations par l'impossible.*

Ces sortes de démonstrations qui montrent qu'une chose est telle, non par ses principes, mais par quelque absurdité qui s'ensuivrait si elle était autrement, sont très-ordinaires dans Euclide. Cependant il est visible qu'elles peuvent convaincre l'esprit, mais qu'elles ne l'éclairent point; ce qui doit être le principal fruit de la science : car notre esprit n'est point satisfait, s'il ne sait non-seulement que la chose est, mais pourquoi elle est : ce qui ne s'apprend point par une démonstration qui réduit à l'impossible.

Ce n'est pas que ces démonstrations soient tout à fait à

1. Dans ces démonstrations, que la méthode répudie, on fait voir que la proposition contradictoire à celle qu'on veut démontrer est fausse, parce qu'elle conduit à l'absurde. Or, de deux propositions contradictoires, si l'une est fausse, l'autre est vraie.

rejeter; car on peut quelquefois s'en servir pour prouver des négatives qui ne sont proprement que des corollaires d'autres propositions, ou claires d'elles-mêmes, ou démontrées auparavant par une autre voie; et alors cette sorte de démonstration, en réduisant à l'impossible, tient plutôt lieu d'explication que d'une démonstration nouvelle.

Enfin, on peut dire que ces démonstrations ne sont recevables que quand on n'en peut donner d'autres; et que c'est une faute de s'en servir pour prouver ce qui peut se prouver positivement; or, il y a beaucoup de propositions dans Euclide qu'il ne prouve que par cette voie, qui peuvent se prouver autrement sans beaucoup de difficulté.

DÉFAUT IV. *Démonstrations tirées par des voies trop éloignées.*

Ce défaut est très-commun parmi les géomètres. Ils ne se mettent pas en peine d'où les preuves qu'ils apportent sont prises, pourvu qu'elles soient convaincantes; et cependant ce n'est prouver les choses que très-imparfaitement, que de les prouver par des voies étrangères, d'où elles ne dépendent point selon leur nature.

C'est ce qu'on comprendra mieux par quelques exemples. Euclide, livre I, proposition 5, prouve qu'un triangle isoscèle a les deux angles sur la base égaux, en prolongeant également les côtés du triangle, et faisant de nouveaux triangles qu'il compare les uns avec les autres.

Mais n'est-il pas incroyable qu'une chose aussi facile à prouver que l'égalité de ces angles ait besoin de tant d'artifice pour être prouvée, comme s'il y avait rien de plus ridicule que de s'imaginer que cette égalité dépendît de ces triangles étrangers? au lieu qu'en suivant le vrai ordre, il y a plusieurs voies très-faciles, très-courtes et très-naturelles pour prouver cette même égalité.

La 47e du livre I, où il est prouvé que le carré de la base qui soutient un angle droit est égal aux deux carrés des côtés, est une des plus estimées propositions d'Euclide; et néanmoins il est assez clair que la manière dont elle y est prouvée n'est point naturelle, puisque l'égalité de ces carrés ne dépend point de l'égalité des triangles qu'on prend pour moyen de cette démonstration, mais de la proportion des lignes, qu'il est aisé de démontrer, sans se servir d'aucune autre ligne, que de la perpendiculaire du sommet de l'angle droit sur la base.

Tout Euclide est plein de ces démonstrations par des voies étrangères.

DÉFAUT V. *N'avoir aucun soin du vrai ordre de la nature.*

C'est ici le plus grand défaut des géomètres. Ils se sont imaginé qu'il n'y avait presque aucun ordre à garder, sinon que les premières propositions pussent servir à démontrer les suivantes; et ainsi, sans se mettre en peine des règles de la véritable méthode, qui est de commencer toujours par les choses les plus simples et les plus générales, pour passer ensuite aux plus composées et aux plus particulières, ils brouillent toutes choses, et traitent pêle-mêle les lignes et les carrés, prouvent, par des figures, les propriétés des lignes simples, et font une infinité d'autres renversements qui défigurent cette belle science.

Les éléments d'Euclide sont tout pleins de ce défaut. Après avoir traité de l'étendue dans les quatre premiers livres, il traite généralement des proportions de toutes sortes de grandeurs dans le cinquième. Il reprend l'étendue dans le sixième, et traite des nombres dans les septième, huitième et neuvième, pour recommencer au dixième à parler de l'étendue. Voilà pour le désordre général; mais il est encore rempli d'une infinité d'autres particuliers. Il commence le premier livre par la construction d'un triangle équilatère, et vingt-deux propositions après, il donne le moyen général de faire tout triangle de trois lignes droites données, pourvu que les deux soient plus grandes qu'une seule; ce qui emporte la construction particulière d'un triangle équilatère sur une ligne donnée.

Il ne prouve rien des lignes perpendiculaires et des parallèles que par des triangles. Il mêle la dimension des surfaces à celle des lignes.

Il prouve, livre I, proposition 16, que le côté d'un triangle étant prolongé, l'angle extérieur est plus grand que l'un ou l'autre des opposés intérieurement; et seize propositions plus bas, il prouve que cet angle extérieur est égal aux deux opposés.

Il faudrait transcrire tout Euclide pour donner tous les exemples qu'on pourrait apporter de ce désordre.

DÉFAUT VI. *Ne point se servir de divisions et de partitions.*

C'est encore un autre défaut dans la méthode des géomètres, de ne point se servir de divisions et de partitions. Ce n'est pas qu'ils ne marquent toutes les espèces des genres qu'ils traitent; mais c'est simplement en définissant les termes, et mettant toutes les définitions de suite, sans marquer qu'un genre a tant d'espèces, et qu'il ne peut pas en avoir davantage, parce que l'idée générale du genre ne peut recevoir que tant de différences, ce qui donne beaucoup de lumière pour pénétrer la nature du genre et des espèces.

Par exemple, on trouvera dans le premier livre d'Euclide les définitions de toutes les espèces de triangles; mais qui doute que ce ne fût une chose bien plus claire de dire ainsi :

Le triangle peut se diviser selon les côtés ou selon les angles.

Car les côtés sont :

ou	tous égaux, et il s'appelle	*Équilatère.*
	deux seulement égaux, et il s'appelle	*Isoscèle.*
	tous trois inégaux, et il s'appelle	*Scalène.*

Les angles sont :

ou	tous deux aigus, et il s'appelle	*Oxygone.*
	deux seulement aigus, et alors le 3e est	
ou	droit, et il s'appelle	*Rectangle.*
	obtus, et il s'appelle	*Amblygone.*

Il est même beaucoup mieux de ne donner cette division du triangle, qu'après avoir expliqué et démontré toutes les propriétés du triangle en général; d'où l'on aura appris qu'il faut nécessairement que deux angles au moins du triangle soient aigus, parce que les trois ensemble ne sauraient valoir plus de deux droits.

Ce défaut retombe dans celui de l'ordre, qui ne voudrait pas qu'on traitât ni même qu'on définît les espèces qu'après avoir bien connu le genre, surtout quand il y a beaucoup de choses à dire du genre, qui peut être expliqué sans parler des espèces.

CHAPITRE X.

Réponse à ce que disent les géomètres sur ce sujet.

Il y a des géomètres qui croient avoir justifié ces défauts, en disant qu'ils ne se mettent pas en peine de cela; qu'il leur suffit de ne rien dire qu'ils ne prouvent d'une manière convaincante; et qu'ils sont par là assurés d'avoir trouvé la vérité qui est leur unique but.

On avoue aussi que ces défauts ne sont pas si considérables, qu'on ne soit obligé de reconnaître que, de toutes les sciences humaines, il n'y en a point qui aient été mieux traitées que celles qui sont comprises sous le nom général de mathématiques; mais on prétend seulement qu'on pourrait encore y ajouter quelque chose qui les rendrait plus parfaites; et que, quoique la principale chose qu'ils aient dû y considérer soit de ne rien avancer que de véritable, il aurait été néanmoins à souhaiter qu'ils eussent eu plus d'attention à la manière la plus naturelle de faire entrer la vérité dans l'esprit.

Car ils ont beau dire qu'ils ne se soucient pas du vrai ordre, ni de prouver par des voies naturelles ou éloignées, pourvu qu'ils fassent ce qu'ils prétendent, qui est de convaincre; ils ne peuvent pas changer par là la nature de notre esprit, ni faire que nous n'ayons une connaissance beaucoup plus nette, plus entière et plus parfaite des choses que nous savons par leurs vraies causes et leurs vrais principes, que de celles qu'on ne nous a prouvées que par des voies obliques et étrangères.

Et il est de même indubitable qu'on apprend avec une facilité incomparablement plus grande, et qu'on retient beaucoup mieux ce qu'on enseigne dans le vrai ordre; parce que les idées qui ont une suite naturelle s'arrangent bien mieux dans notre mémoire, et se réveillent bien plus aisément les unes les autres.

On peut dire même que ce qu'on a su une fois pour en avoir pénétré la vraie raison, ne se retient pas par mémoire, mais par jugement, et que cela devient tellement propre, qu'on ne peut l'oublier ; au lieu que ce qu'on ne sait que par des démonstrations qui ne sont point fondées sur des raisons naturelles s'échappe aisément, et se retrouve difficilement quand il nous est une fois sorti de la mémoire, parce que notre esprit ne nous donne point de voie pour le retrouver.

Il faut donc demeurer d'accord qu'il est en soi beaucoup mieux de garder cet ordre que de ne point le garder; mais tout ce que pourraient dire des personnes équitables, est qu'il faut négliger un petit inconvénient, lorsqu'on ne peut l'éviter sans tomber dans un plus grand; qu'ainsi c'est un inconvénient de ne pas toujours garder le vrai ordre ; mais qu'il vaut mieux néanmoins ne pas le garder que de manquer à prouver invinciblement ce que l'on avance, et s'exposer à tomber dans quelque erreur et quelque paralogisme, en recherchant de certaines preuves qui peuvent être plus naturelles, mais qui ne sont pas si convaincantes ni si exemptes de tout soupçon de tromperie.

Cette réponse est très-raisonnable; et j'avoue qu'il faut préférer à toute chose l'assurance de ne point se tromper, et qu'il faut négliger le vrai ordre, si on ne peut le suivre sans perdre beaucoup de la force des démonstrations, et s'exposer à l'erreur ; mais je ne demeure pas d'accord qu'il soit impossible d'observer l'un et l'autre, et je m'imagine qu'on pourrait faire des éléments de géométrie où toutes choses seraient traitées dans leur ordre naturel, toutes les propositions prouvées par des voies très-simples et très-naturelles, et où tout néanmoins serait très-clairement démontré. (C'est ce qu'on a depuis exécuté dans les NOUVEAUX ÉLÉMENTS DE GÉOMÉTRIE, et particulièrement dans la nouvelle édition qui vient de paraître[1].)

1. *Nouveaux Éléments de géométrie*, par Arnauld, Paris, 1683.

CHAPITRE XI.

La méthode des sciences réduite à huit règles principales.

On peut conclure de tout ce que nous venons de dire, que, pour avoir une méthode qui soit encore plus parfaite que celle qui est en usage parmi les géomètres, on doit ajouter deux ou trois règles aux cinq que nous avons proposées dans le chapitre II; de sorte que toutes ces règles peuvent se réduire à huit[1].

Dont les deux premières regardent les idées, et peuvent se rapporter à la première partie de cette Logique.

La troisième et la quatrième regardent les axiomes, et peuvent se rapporter à la seconde partie.

La cinquième et la sixième regardent les raisonnements, et peuvent se rapporter à la troisième partie.

Et les deux dernières regardent l'ordre, et peuvent se rapporter à la quatrième partie[2].

Deux règles touchant les définitions.

1. Ne laisser aucun des termes un peu obscurs ou équivoques sans le définir.

2. N'employer dans les définitions que des termes parfaitement connus ou déjà expliqués.

1. Ces règles concernent toute la méthode dans les sciences exactes; on sait que la Logique a négligé la méthode d'observation, bien que les ouvrages de Bacon fussent connus de ses auteurs. C'est une lacune considérable, qui s'explique par l'idée même que les cartésiens se faisaient de la science. On doit pourtant remarquer que Descartes, surtout dans ses *Règles pour la direction de l'esprit*, parle souvent de l'induction, qu'il ramène à une sorte de raisonnement par énumération, et de l'expérience qu'il ne cesse de recommander, en s'élevant contre « la plupart des philosophes qui, négligeant l'expérience, croient que la vérité sortira de leur cerveau comme Minerve du front de Jupiter. » *Règle* V. A cet égard la Logique de Port-Royal est notablement inférieure à l'ouvrage d'où nous tirons ces mots.

2. Ces huit règles contiennent, outre les cinq qu'on a énoncées au chap. III, une règle nouvelle pour les axiomes qui est empruntée à Pascal, comme les cinq autres, et deux règles pour la méthode, qui reproduisent le troisième et le deuxième des quatre célèbres préceptes du *Discours de la méthode*, de Descartes.

Deux règles pour les axiomes.

3. Ne demander en axiomes que des choses parfaitement évidentes.

4. Recevoir pour évident ce qui n'a besoin que d'un peu d'attention pour être reconnu véritable.

Deux règles pour les démonstrations.

5. Prouver toutes les propositions un peu obscures, en n'employant à leur preuve que les définitions qui auront précédé, et les axiomes qui auront été accordés, ou les propositions qui auront déjà été démontrées.

6. N'abuser jamais de l'équivoque des termes, en manquant de substituer mentalement les définitions qui les restreignent et qui les expliquent.

Deux règles pour la méthode.

7. Traiter les choses, autant qu'il se peut, dans leur ordre naturel, en commençant par les plus générales et les plus simples, et expliquant tout ce qui appartient à la nature du genre avant que de passer aux espèces particulières.

8. Diviser, autant qu'il se peut, chaque genre en toutes ses espèces, chaque tout en toutes ses parties, et chaque difficulté en tous ses cas.

J'ai ajouté à ces deux règles, *autant qu'il se peut,* parce qu'il est vrai qu'il arrive beaucoup de rencontres où on ne peut pas les observer à la rigueur, soit à cause des bornes de l'esprit humain, soit à cause de celles qu'on a été obligé de donner à chaque science.

Ce qui fait qu'on y traite souvent d'une espèce, sans qu'on puisse y traiter tout ce qui appartient au genre; comme on traite du cercle dans la géométrie commune, sans rien dire en particulier de la ligne courbe, qui en est le genre, qu'on se contente seulement de définir.

On ne peut pas aussi expliquer d'un genre tout ce qui pourrait s'en dire, parce que cela serait souvent trop long; mais il suffit d'en dire tout ce qu'on veut en dire avant que de passer aux espèces.

Mais je crois qu'une science ne peut être traitée parfaitement, qu'on n'ait grand égard à ces deux dernières règles aussi bien qu'aux autres, et qu'on ne se résolve à ne s'en dispenser que par nécessité ou par une grande utilité.

CHAPITRE XII.

De ce que nous connaissons par la foi, soit humaine, soit divine.

Tout ce que nous avons dit jusqu'ici regarde les sciences humaines, purement humaines, et les connaissances qui sont fondées sur l'évidence de la raison; mais, avant de finir, il est bon de parler d'une autre sorte de connaissance, qui souvent n'est pas moins certaine ni moins évidente en sa manière, qui est celle que nous tirons de l'autorité.

Car il y a deux voies générales qui nous font croire qu'une chose est vraie. La première est la connaissance que nous en avons par nous-mêmes, pour en avoir reconnu et recherché la vérité, soit par nos sens, soit par notre raison; ce qui peut s'appeler généralement *raison,* parce que les sens mêmes dépendent du jugement de la raison; ou *science,* prenant ici ce nom plus généralement qu'on ne le prend dans les écoles, pour toute connaissance d'un objet tirée de l'objet même.

L'autre voie est l'autorité des personnes dignes de croyance qui nous assurent qu'une telle chose est, quoique par nous-mêmes nous n'en sachions rien; ce qui s'appelle foi ou croyance, selon cette parole de saint Augustin : *Quod scimus, debemus rationi; quod credimus, auctoritati*[1].

Mais comme cette autorité peut être de deux sortes, de Dieu ou des hommes, il y a aussi deux sortes de foi, divine et humaine.

La foi divine ne peut être sujette à erreur, parce que Dieu ne peut ni nous tromper ni être trompé.

La foi humaine est de soi-même sujette à erreur, parce

1. *De utilitate credendi,* cap. XI. On fera remarquer plus tard que la garantie même de la foi c'est encore la raison, qui seule juge de l'autorité du témoignage.

que tout homme est menteur, selon l'Écriture, et qu'il peut se faire que celui qui nous assurera une chose comme véritable sera lui-même trompé; et néanmoins, ainsi que nous avons déjà marqué ci-dessus, il y a des choses que nous ne connaissons que par une foi humaine, que nous devons tenir pour aussi certaines et aussi indubitables, que si nous en avions des démonstrations mathématiques; comme ce que l'on sait, par une relation constante de tant de personnes, qu'il est moralement impossible qu'elles eussent pu conspirer ensemble pour assurer la même chose, si elle n'était vrai. Par exemple, les hommes ont assez de peine naturellement à concevoir qu'il y ait des antipodes; cependant, quoique nous n'y ayons pas été, et qu'ainsi nous n'en sachions rien que par une foi humaine, il faudrait être fou pour ne pas le croire, et il faudrait de même avoir perdu le sens pour douter si jamais César, Pompée, Cicéron, Virgile ont été, et si ce ne sont point des personnages feints comme ceux des Amadis[1].

Il est vrai qu'il est souvent assez difficile de marquer précisément quand la foi humaine est parvenue à cette certitude, et quand elle n'y est pas encore parvenue; et c'est ce qui fait tomber les hommes en deux égarements opposés : dont l'un est de ceux qui croient trop légèrement sur les moindres bruits, et l'autre de ceux qui mettent ridiculement la force de l'esprit à ne pas croire les choses les mieux attestées, lorsqu'elles choquent les préventions de leur esprit; mais on peut néanmoins marquer de certaines bornes qu'il faut avoir passées pour avoir cette certitude humaine, et d'autres au delà desquelles on l'a certainement, en laissant un milieu entre ces deux sortes de bornes, qui approche plus de la certitude ou de l'incertitude, selon qu'il approche plus des unes ou des autres[2].

Que si l'on compare ensemble les deux voies générales qui nous font croire qu'une chose est, la raison et la foi, il est certain que la foi suppose toujours quelque raison; car,

1. Amadis de Gaule est le héros d'un roman de chevalerie du XIVe siècle; son nom a été donné ensuite à un grand nombre de personnages dans ce genre de littérature.

2. C'est-à-dire que, suivant les cas, le témoignage des hommes nous donne des idées certaines, probables, douteuses. On fixera plus précisément « ces bornes » dans le chapitre suivant.

comme dit saint Augustin, dans sa lettre CXXII[1], et en beaucoup d'autres lieux, nous ne pourrions pas nous porter à croire ce qui est au-dessus de notre raison, si la raison même ne nous avait persuadés qu'il y a des choses que nous faisons bien de croire, quoique nous ne soyons pas encore capables de les comprendre : ce qui est principalement vrai à l'égard de la foi divine, parce que la vraie raison nous apprend que Dieu étant la vérité même, il ne peut nous tromper en ce qu'il nous révèle de sa nature ou de ses mystères. D'où il paraît qu'encore que nous soyons obligés de captiver notre entendement pour obéir à JÉSUS-CHRIST, comme dit saint Paul, nous ne le faisons pas néanmoins aveuglément et déraisonnablement, ce qui est l'origine de toutes les fausses religions ; mais avec connaissance de cause, et parce que c'est une action raisonnable que de se captiver de la sorte sous l'autorité de Dieu, lorsqu'il nous a donné des preuves suffisantes, comme sont les miracles et autres événements prodigieux, qui nous obligent de croire que c'est lui-même qui a découvert aux hommes les vérités que nous devons croire[2].

Il est certain, en second lieu, que la foi divine doit avoir plus de force sur notre esprit que notre propre raison, et cela par la raison même, qui nous fait voir qu'il faut toujours préférer ce qui est plus certain à ce qui l'est moins ; et qu'il est plus certain que ce que Dieu dit est véritable, que ce que notre raison nous persuade, parce que Dieu est plus incapable de nous tromper que notre raison d'être trompée[3].

Néanmoins, à considérer les choses exactement, jamais ce que nous voyons évidemment ou par la raison ou par le fidèle rapport des sens n'est opposé à ce que la foi divine nous enseigne ; mais ce qui fait que nous le croyons, c'est que nous ne prenons pas garde à quoi doit se terminer l'évidence de notre raison et de nos sens. Par exemple, nos sens nous mon-

1. « Credere non possumus, » dit saint Augustin, « nisi rationales animas haberemus. »

2. On peut comparer ces paroles si sensées à quelques-unes des *Pensées* de Pascal, qu'elles contredisent, et les opposer à des doctrines plus modernes, et non moins inconséquentes.

3. Ce langage n'est pas très-exact. Une certitude est toujours absolument égale à une autre ; l'auteur veut dire que l'une ne détruit pas l'autre, même quand nous ne parvenons pas à les concilier.

trent clairement dans l'Eucharistie de la rondeur et de la blancheur; mais nos sens ne nous apprennent point si c'est la substance du pain qui fait que nos yeux y aperçoivent de la rondeur et de la blancheur; et ainsi la foi n'est point contraire à l'évidence de nos sens, lorsqu'elle nous dit que ce n'est point la substance du pain qui n'y est plus, ayant été changée au corps de Jésus-Christ par le mystère de la Transsubstantiation, et que nous n'y voyons plus que les espèces et les apparences du pain, qui demeurent, quoique la substance n'y soit plus.

Notre raison, de même, nous fait voir qu'un seul corps n'est pas en même temps en divers lieux ni deux corps en un même lieu; mais cela doit s'entendre de la condition naturelle des corps; parce que ce serait un défaut de raison de s'imaginer que notre esprit étant fini, il pût comprendre jusqu'où peut aller la puissance de Dieu, qui est infinie; et ainsi lorsque les hérétiques, pour détruire les mystères de la foi, comme la Trinité, l'Incarnation, l'Eucharistie, opposent ces prétendues impossibilités qu'ils tirent de la raison, ils s'éloignent en cela même visiblement de la raison, en prétendant pouvoir comprendre par leur esprit l'étendue infinie de la puissance de Dieu. C'est pourquoi il suffit de répondre à toutes ces objections ce que saint Augustin dit sur le sujet même de la pénétration des corps : *Sed nova sunt, sed insolita sunt, sed contra naturæ cursum notissimum sunt, quia magna, quia mira, quia divina, et ergo magis vera, certa, firma.*

CHAPITRE XIII.

Quelques règles pour bien conduire sa raison dans la croyance des événements qui dépendent de la foi humaine.

L'usage le plus ordinaire du bon sens et de cette puissance de notre âme qui nous fait discerner le vrai d'avec le faux, n'est pas dans les sciences spéculatives, auxquelles il y a si peu de personnes qui soient obligées de s'appliquer; mais il n'y a guère d'occasion où on l'emploie plus souvent, et où elle soit plus nécessaire, que dans le jugement que l'on porte de ce qui se passe tous les jours parmi les hommes.

Je ne parle point du jugement que l'on fait si une action est bonne ou mauvaise, digne de louange ou de blâme, parce que c'est à la morale à le régler, mais seulement de celui que l'on porte touchant la vérité ou la fausseté des événements humains ; ce qui seul peut regarder la logique, soit qu'on les considère comme passés, comme lorqu'il ne s'agit que de savoir si l'on doit les croire ou ne pas les croire; ou qu'on les considère dans le temps à venir, comme lorsqu'on appréhende qu'ils n'arrivent, ou qu'on espère qu'ils arriveront, ce qui règle nos craintes et nos espérances.

Il est certain qu'on peut faire quelques réflexions sur ce sujet, qui ne seront peut-être pas inutiles, et qui pourront au moins servir à éviter des fautes où plusieurs personnes tombent pour n'avoir pas assez consulté les règles de la raison.

La première réflexion est qu'il faut mettre une extrême différence entre deux sortes de vérités : les unes qui regardent seulement la nature des choses et leur essence immuable, indépendamment de leur existence[1]; et les autres qui regardent les choses existantes, et surtout les événements humains et contingents, qui peuvent être et n'être pas quand il s'agit de l'avenir, et qui pouvaient n'avoir pas été quand il s'agit du passé. J'entends tout ceci selon leurs causes prochaines, en faisant abstraction de leur ordre immuable dans la providence de Dieu; parce que, d'une part, il n'empêche pas la contingence, et que, de l'autre, ne nous étant pas connu[2], il ne contribue en rien à nous faire croire les choses.

Dans la première sorte des vérités, comme tout y est nécessaire, rien n'est vrai qu'il ne soit universellement vrai; et ainsi nous devons conclure qu'une chose est fausse, si elle est fausse en un seul cas.

Mais si l'on pense se servir des mêmes règles dans la croyance des événements humains, on n'en jugera jamais que

1. C'est-à-dire les vérités nécessaires.

2. Ce qui ne nous est pas connu, c'est l'ordre immuable et non pas Dieu; c'est la pensée de l'auteur; on pourrait s'y tromper.

faussement, si ce n'est par hasard, et on y fera mille faux raisonnements.

Car ces événements étant contingents de leur nature, il serait ridicule d'y chercher une vérité nécessaire; et ainsi un homme serait tout à fait déraisonnable, qui n'en voudrait croire aucun que quand on lui aurait fait voir, qu'il serait absolument nécessaire que la chose se fût passée de la sorte[1].

Et il ne serait pas moins déraisonnable, s'il voulait m'obliger d'en croire quelqu'un, comme serait la conversion du roi de la Chine à la religion chrétienne, par cette seule raison que cela n'est pas impossible; car un autre, qui m'assurerait du contraire, pouvant se servir de la même raison, il est clair que cela ne pourrait me déterminer à croire l'un plutôt que l'autre.

Il faut donc poser pour une maxime certaine et indubitable dans cette rencontre, que la seule possibilité d'un événement n'est pas une raison suffisante pour me le faire croire; et que je puis aussi avoir raison de le croire, quoique je ne juge pas impossible que le contraire soit arrivé; de sorte que de deux événements je pourrai avoir raison de croire l'un et de ne pas croire l'autre, quoique je les croie tous deux possibles.

Mais par où me déterminerai-je donc à croire l'un plutôt que l'autre, si je les juge tous deux possibles? Ce sera par cette maxime :

Pour juger de la vérité d'un événement, et me déterminer à le croire ou à ne pas le croire, il ne faut pas le considérer nûment et en lui-même, comme on ferait une proposition de géométrie; mais il faut prendre garde à toutes les circonstances qui l'accompagnent, tant intérieures qu'extérieures. J'appelle circonstances intérieures celles qui appartiennent au fait même, et extérieures celles qui regardent les personnes par le témoignage desquelles nous sommes portés à le

1. Il y a des vérités dont le contraire implique contradiction, mais il y en a d'autres non moins certaines, quoiqu'elles n'excluent pas la possibilité du doute. Il suffit qu'elles excluent le doute lui-même. Il y a une école de mathématiciens qui restreignent la certitude au premier genre de vérités, et ne regardent les autres que comme probables. C'est une manière d'arriver au scepticisme historique.

croire. Cela étant fait, si toutes ces circonstances sont telles qu'il n'arrive jamais, ou fort rarement, que de pareilles circonstances soient accompagnées de fausseté, notre esprit se porte naturellement à croire que cela est vrai, et il a raison de le faire, surtout dans la conduite de la vie, qui ne demande pas une plus grande certitude que cette certitude morale, et qui doit même se contenter en plusieurs rencontres de la plus grande probabilité.

Que si, au contraire, ces circonstances ne sont pas telles qu'elles ne se trouvent fort souvent avec la fausseté, la raison veut ou que nous demeurions en suspens, ou que nous tenions pour faux ce qu'on nous dit, quand nous ne voyons aucune apparence que cela soit vrai, encore que nous n'y voyions pas une entière impossibilité.

On demande, par exemple, si l'histoire du baptême de Constantin par saint Sylvestre est vraie ou fausse. Baronius la croit vraie; le cardinal Du Perron, l'évêque Sponde, le P. Pétau, le P. Morin et les plus habiles gens de l'Église la croient fausse. Si l'on s'arrêtait à la seule possibilité, on n'aurait pas droit de la rejeter, car elle ne contient rien d'absolument impossible; et il est même possible, absolument parlant, qu'Eusèbe, qui témoigne le contraire, ait voulu mentir pour favoriser les ariens, et que les Pères qui l'ont suivi aient été trompés par son témoignage; mais si l'on se sert de la règle que nous venons d'établir, qui est de considérer quelles sont les circonstances de l'un ou de l'autre baptême de Constantin, et qui sont celles qui ont plus de marques de vérité, on trouvera que ce sont celles du dernier : car, d'une part, il n'y a pas grand sujet de s'appuyer sur le témoignage d'un écrivain aussi fabuleux qu'est l'auteur des Actes de saint Sylvestre, qui est le seul ancien qui ait parlé du baptême de Constantin à Rome; et de l'autre il n'y a aucune apparence qu'un homme aussi habile qu'Eusèbe eût osé mentir en rapportant une chose aussi célèbre qu'était le baptême du premier empereur qui avait rendu la liberté à l'Église, et qui devait être connue de toute la terre, lorsqu'il l'écrivait, puisque ce n'était que quatre ou cinq ans après la mort de cet empereur.

Il y a néanmoins une exception à cette règle, dans laquelle on doit se contenter de la possibilité et de la vraisemblance; c'est quand un fait, qui est d'ailleurs suffisamment attesté, est combattu par des inconvénients et des contrariétés apparentes avec d'autres histoires : car alors il suffit que les solutions qu'on apporte à ces contrariétés soient possibles et vraisemblables; et c'est agir contre la raison que d'en demander des preuves positives, parce que le fait en soi étant suffisamment prouvé, il n'est pas juste de demander qu'on en prouve de la même sorte toutes les circonstances; autrement, on pourrait douter de mille histoires très-assurées, qu'on ne peut accorder avec d'autres qui ne le sont pas moins, que par des conjectures qu'il est impossible de prouver positivement.

On ne saurait, par exemple, accorder ce qui est rapporté dans les livres des Rois et dans ceux des Paralipomènes, des années des règnes de divers rois de Juda et d'Israël, qu'en donnant à quelques-uns de ces rois deux commencements de règne, l'un du vivant, et l'autre après la mort de leurs pères. Que si l'on demande quelle preuve on a qu'un tel roi ait régné quelque temps avec son père, il faut avouer qu'on n'en a point de positive; mais il suffit que ce soit une chose possible, et qui est arrivée assez souvent en d'autres rencontres, pour avoir droit de la supposer comme une circonstance nécessaire pour allier des histoires d'ailleurs très-certaines.

C'est pourquoi il n'y a rien de plus ridicule, que les efforts qu'ont fait quelques hérétiques de ce dernier siècle, pour prouver que saint Pierre n'a jamais été à Rome. Ils ne peuvent nier que cette vérité ne soit attestée par tous les auteurs ecclésiastiques, et même les plus anciens, comme Papias, saint Denis de Corinthe, Caïus, saint Irénée, Tertullien, sans qu'il s'en trouve aucun qui l'ait niée; et néanmoins ils s'imaginent pouvoir la ruiner par des conjectures, comme, par exemple, que saint Paul ne fait pas mention de saint Pierre dans ses Épîtres écrites de Rome; et quand on leur répond que saint Pierre pouvait être alors hors de Rome, parce qu'on ne prétend pas qu'il y ait été tellement attaché qu'il n'en soit souvent sorti pour aller prêcher l'Évangile en d'autres lieux, ils répliquent que cela se dit sans preuve; ce qui est impertinent, parce que le fait qu'ils contestent étant une des vérités les plus assurées de l'histoire ecclésiastique, c'est à ceux qui le combattent de faire voir qu'il contient des contrariétés avec l'Écriture, et il suffit à ceux qui le soutiennent de résoudre ces prétendues contrariétés, comme on fait celles de l'Écriture même, à quoi nous avons montré que la possibilité suffisait[1].

CHAPITRE XIV.

Application de la règle précédente à la créance des miracles.

La règle qui vient d'être expliquée est sans doute très-importante pour bien conduire sa raison dans la créance des faits particuliers; et, faute de l'observer, on est en danger de tomber en des extrémités dangereuses de crédulité et d'incrédulité.

Car il y en a, par exemple, qui feraient conscience de douter d'aucun miracle, parce qu'ils se sont mis dans l'esprit qu'ils seraient obligés de douter de tous s'ils doutaient d'aucun, et qu'ils se persuadent que ce leur est assez de savoir que tout est possible à Dieu, pour croire tout ce qu'on leur dit des effets de sa toute-puissance.

D'autres, au contraire, s'imaginent ridiculement qu'il y a de la force d'esprit à douter de tous les miracles, sans en avoir d'autre raison, sinon qu'on en a souvent raconté qui ne se sont pas trouvés véritables, et qu'il n'y a pas plus de sujet de croire les uns que les autres.

La disposition des premiers est bien meilleure que celle des derniers; mais il est vrai néanmoins que les uns et les autres raisonnent également mal.

Ils se jettent de part et d'autre sur les lieux communs. Les premiers en font sur la puissance et sur la bonté de Dieu, sur les miracles certains qu'ils apportent pour preuve de ceux dont on doute, et sur l'aveuglement des libertins, qui ne veulent croire que ce qui est proportionné à leur raison. Tout cela est fort bon en soi, mais très-faible pour nous persuader d'un miracle en particulier, puisque Dieu ne fait pas tout ce qu'il peut faire; que ce n'est pas un argument qu'un miracle

1. C'est peut-être vrai pour la conduite de la vie, mais la critique historique a besoin de règles plus assurées pour se guider.

soit arrivé de ce qu'il en est arrivé de semblables en d'autres occasions, et qu'on peut être fort bien disposé à croire ce qui est au-dessus de la raison, sans être obligé de croire tout ce qu'il plaît aux hommes de nous raconter, comme étant au-dessus de la raison.

Les derniers font des lieux communs d'une autre sorte : « La vérité, dit l'un d'eux[1], et le mensonge ont leurs visages conformes, le port, le goût et les allures pareilles; nous les regardons de même œil. J'ai vu la naissance de plusieurs miracles de mon temps. Encore qu'ils s'étouffent en naissant, nous ne laissons pas de prévoir le train qu'ils eussent pris, s'ils eussent vécu leur âge : car il n'est que de trouver le bout du fil, on dévide tant qu'on veut, et il y a plus loin de rien à la plus petite chose du monde, qu'il n'y a de celle-là jusqu'à plus grande. Or, les premiers qui sont abreuvés de ce commencement d'étrangeté, venant à semer leur histoire, sentent, par les oppositions qu'on leur fait, où loge la difficulté de la persuasion, et vont calfeutrant cet endroit de quelque pièce fausse. L'erreur particulière fait premièrement l'erreur publique, et à son tour après, l'erreur publique fait l'erreur particulière. Ainsi va tout ce bâtiment, s'étoffant et se formant de main en main, de manière que le plus éloigné témoin en est mieux instruit que le plus voisin, et le dernier informé mieux persuadé que le premier. »

Ce discours est ingénieux et peut être utile pour ne pas se laisser emporter à toutes sortes de bruits; mais il y aurait de l'extravagance d'en conclure généralement qu'on doit tenir pour suspect tout ce qui se dit des miracles; car il est certain que cela ne regarde au plus que ce qu'on ne sait que par des bruits communs, sans remonter jusqu'à l'origine; et il faut avouer qu'il n'y a pas grand sujet de s'assurer de ce qu'on ne saurait que de cette sorte.

Mais qui ne voit qu'on peut faire aussi un lieu commun opposé à celui-là, qui sera pour le moins aussi bien fondé? Car, comme il y a quelques miracles qui se trouveraient peu assurés si l'on remontait jusqu'à la source, il y en a aussi qui s'étouffent dans la mémoire des hommes, ou qui trouvent peu de croyance dans leur esprit, parce qu'ils ne veulent pas

1. C'est Montaigne, *Essais*, III, 2.

prendre la peine de s'en informer. Notre esprit n'est pas sujet à une seule espèce de maladie, il en a de différentes et de toutes contraires. Il y a une sotte simplicité qui croit les choses les moins croyables; mais il y a aussi une sotte présomption qui condamne comme faux tout ce qui passe les bornes étroites de son esprit. On a souvent de la curiosité pour des bagatelles, et l'on n'en a point pour des choses importantes. De fausses histoires se répandent partout, et de très-véritables n'ont point de cours.

Peu de gens savent le miracle arrivé de notre temps à Faremoustier, en la personne d'une religieuse tellement aveugle, qu'il lui restait à peine la forme des yeux, qui recouvra la vue en un moment par l'attouchement des reliques de sainte Fare, comme je le sais d'une personne qui l'a vue dans les deux états.

Saint Augustin dit qu'il y avait, de son temps, beaucoup de miracles très-certains qui étaient connus de peu de personnes, et qui, quoique très-remarquables et très-étonnants, ne passaient pas d'un bout de la ville à l'autre. C'est ce qui le porta à faire écrire et réciter devant le peuple ceux qui se trouvaient assurés, et il remarque, dans le XXIIe livre de la *Cité de Dieu*, qu'il s'en était fait dans la seule ville d'Hippone près de soixante et dix depuis deux ans qu'on y avait bâti une chapelle en l'honneur de saint Étienne, sans beaucoup d'autres qu'on n'avait pas écrits, qu'il témoigne néanmoins avoir sus très-certainement.

On voit donc assez qu'il n'y a rien de moins raisonnable que de se conduire par des lieux communs en ces rencontres, soit pour embrasser tous les miracles, soit pour les rejeter tous, mais qu'il faut les examiner par leurs circonstances particulières et par la fidélité et la lumière des témoins qui les rapportent.

La piété n'oblige pas un homme de bon sens de croire tous les miracles rapportés dans la *Légende dorée*, ou dans Métaphraste[1], parce que ces auteurs sont remplis de tant de fables qu'il n'y a pas sujet de s'assurer de rien sur leur témoignage seul, comme le cardinal Bellarmin n'a pas fait difficulté de l'avouer du dernier.

1. Compilateur et hagiographe byzantin du xe siècle; la plupart des ses biographies ont été insérées dans les *Acta sanctorum*.

Mais je soutiens que tout homme de bon sens, quand il n'aurait point de piété, doit reconnaître pour véritables les miracles que saint Augustin raconte dans ses *Confessions* ou dans la *Cité de Dieu* être arrivés devant ses yeux, ou dont il témoigne avoir été très-particulièrement informé par les personnes mêmes à qui les choses étaient arrivées, comme d'un aveugle guéri à Milan en présence de tout le peuple, par l'attouchement des reliques de saint Gervais et de saint Protais, qu'il rapporte dans ses *Confessions*, et dont il dit, dans le XXIIe livre de la *Cité de Dieu*, chapitre VIII : *Miraculum quod Mediolani factum est cum illic essemus, quando illuminatus est cæcus, ad multorum notitiam potuit pervenire; quia et grandis est civitas, et ibi erat tunc Imperator, et immenso populo teste res gesta est, concurrente ad corpora martyrum Gervasii et Protasii;*

D'une femme guérie en Afrique par les fleurs qui avaient touché aux reliques de saint Étienne, comme il le témoigne au même lieu;

D'une dame de qualité, guérie d'un cancer jugé incurable, par le signe de la croix qu'elle y fit faire par une nouvelle baptisée, selon la révélation qu'elle en avait eue;

D'un enfant mort sans baptême, dont la mère obtint la résurrection par les prières qu'elle en fit à saint Étienne, en lui disant, avec une grande foi : *Saint martyr, rendez-moi mon fils. Vous savez que je ne demande sa vie qu'afin qu'il ne soit pas éternellement séparé de Dieu.* Ce que ce saint rapporte comme une chose dont il était très-assuré, dans un sermon qu'il fit à son peuple, sur le sujet d'un autre miracle très-insigne qui venait d'arriver en ce moment-là même dans l'église où il prêchait, lequel il décrit fort au long dans cet endroit de la *Cité de Dieu*.

Il dit que sept frères et trois sœurs d'une honnête famille, de Césarée en Cappadoce, ayant été maudits par leur mère pour une injure qu'ils lui avaient faite, Dieu les avait punis de cette peine, qu'ils étaient continuellement agités, et dans le sommeil même, par un horrible tremblement de tout le corps, ce qui était si difforme, que, ne pouvant plus souffrir la vue des personnes de leur connaissance, ils avaient tous quitté leur pays pour s'en aller de divers côtés, et qu'ainsi l'un de ces frères, appelé Paul, et l'une de ses sœurs, appelée

Paladie, étaient venus à Hippone, et s'étant fait remarquer par toute la ville, on avait appris d'eux la cause de leur malheur; que le propre jour de Pâques, le frère, priant Dieu devant les barreaux de la chapelle de Saint-Étienne, tomba tout d'un coup dans un assoupissement pendant lequel on s'aperçut qu'il ne tremblait plus; et s'étant réveillé parfaitement sain, il se fit dans l'église un grand bruit du peuple, qui louait Dieu de ce miracle et qui courait à saint Augustin, lequel se préparait à dire la messe, pour l'avertir de ce qui s'était passé.

« Après, dit-il, que les cris de réjouissance furent passés et que l'Écriture sainte eut été lue, je leur dis peu de chose sur la fête et sur ce grand sujet de joie, parce que j'aimai mieux leur laisser, non pas entendre, mais considérer l'éloquence de Dieu dans cet ouvrage divin. Je menai ensuite chez moi le frère qui avait été guéri; je lui fis conter toute son histoire, je l'obligeai de l'écrire, et le lendemain je promis au peuple que je la lui ferais réciter le jour d'après. Ainsi le troisième jour d'après Pâques, ayant fait mettre le frère et la sœur sur les degrés du jubé, afin que tout le peuple pût voir dans la sœur, qui avait encore cet horrible tremblement, de quel mal le frère avait été délivré par la bonté de Dieu, je fis lire le récit de leur histoire devant le peuple, et je les laissai aller. Je commençai alors à prêcher sur ce sujet *(on a le sermon, qui est le* 323e), et tout d'un coup, lorsque je parlais encore, un grand cri de joie s'élève du côté de la chapelle, et on m'amène la sœur, qui, étant sortie de devant moi, y était allée et y avait été parfaitement guérie en la même manière que son frère; ce qui causa une telle joie parmi le peuple, qu'à peine pouvait-on supporter le bruit qu'ils faisaient. »

J'ai voulu rapporter toutes les particularités de ce miracle pour convaincre les plus incrédules qu'il y aurait de la folie à le révoquer en doute, aussi bien que tant d'autres que ce saint raconte au même endroit; car, supposé que les choses soient arrivées comme il le rapporte, il n'y a point de personne raisonnable qui n'y doive reconnaître le doigt de Dieu, et ainsi tout ce qui resterait à l'incrédulité serait de douter du témoignage même de saint Augustin, de s'imaginer qu'il a altéré la vérité pour autoriser la religion chrétienne dans l'esprit des païens; or, c'est ce qui ne peut se dire avec la moindre couleur :

Premièrement, parce qu'il n'est point vraisemblable qu'un homme judicieux eût voulu mentir en des choses si publiques où il aurait pu être convaincu de mensonge par une infinité de témoins, ce qui n'aurait pu tourner qu'à la honte de la religion chrétienne. Secondement, parce qu'il n'y eut jamais personne plus ennemi du mensonge que ce saint, surtout en matière de religion, ayant établi par des livres entiers, non-seulement qu'il n'est jamais permis de mentir, mais que c'est un crime horrible de le faire, sous prétexte d'attirer plus facilement les hommes à la foi.

Et c'est ce qui doit causer une extrême étonnement de voir que les hérétiques de ce temps, qui regardent saint Augustin comme un homme très-éclairé et très-sincère, n'aient pas considéré que la manière dont ils parlent de l'invocation des saints et de la vénération des reliques, comme d'un culte superstitieux et qui tient de l'idolâtrie, va à la ruine de toute la religion; car il est visible que c'est lui ôter un de ses plus solides fondements que d'ôter aux vrais miracles l'autorité qu'ils doivent avoir pour la confirmation de la vérité; et il est clair que c'est détruire entièrement cette autorité des miracles que de dire que Dieu en fasse pour récompenser un culte superstitieux et idolâtre. Or, c'est proprement ce que les hérétiques font, en traitant, d'une part, le culte que les catholiques rendent aux saints et à leurs reliques, d'une superstition criminelle; et ne pouvant nier, de l'autre, que les plus grands amis de Dieu, tel qu'a été saint Augustin, par leur propre confession, ne nous aient assuré que Dieu a guéri des maux incurables, illuminé des aveugles et ressuscité des morts pour récompenser la dévotion de ceux qui invoquaient les saints et révéraient leurs reliques.

En vérité, cette seule considération devrait faire reconnaître à tout homme de bon sens la fausseté de la religion prétendue réformée.

Je me suis un peu étendu sur cet exemple célèbre du jugement qu'on doit faire de la vérité des faits, pour servir de règle dans les rencontres semblables, parce qu'on s'y égare de la même sorte. Chacun croit que c'est assez pour les décider de faire un lieu commun, qui n'est souvent composé que de maximes, lesquelles, non-seulement ne sont pas universellement vraies, mais qui ne sont pas même probables, lorsqu'elles sont jointes avec les circonstances particulières des faits que l'on examine. Il faut joindre les circonstances et non les séparer, parce qu'il arrive souvent qu'un fait qui est peu probable selon une seule circonstance, qui est ordinairement une marque de fausseté, doit être estimé certain selon d'autres circonstances; et qu'au contraire, un fait qui nous paraîtrait vrai selon une certaine circonstance, qui est d'ordinaire jointe avec la vérité, doit être jugé faux selon d'autres qui affaiblissent celle-là, comme on l'expliquera dans le chapitre suivant.

CHAPITRE XV.

Autre remarque sur le même sujet de la créance des événements.

Il y a encore une autre remarque très-importante à faire sur la créance des événements. C'est qu'entre les circonstances qu'on doit considérer pour juger si l'on doit les croire, ou si l'on ne doit pas les croire, il y en a qu'on peut appeler des circonstances communes, parce qu'elles se rencontrent en beaucoup de faits, et qu'elles se trouvent incomparablement plus souvent jointes à la vérité qu'à la fausseté; et alors, si elles ne sont point contre-balancées par d'autres circonstances particulières qui affaiblissent ou qui ruinent dans notre esprit les motifs de croyance qu'il tirait de ces circonstances communes, nous avons raison de croire ces événements, sinon certainement, au moins très-probablement : ce qui nous suffit quand nous sommes obligés d'en juger; car, comme nous nous devons contenter d'une certitude morale dans les choses qui ne sont pas susceptibles d'une certitude métaphysique, lors aussi que nous ne pouvons pas avoir une entière certitude morale, le mieux que nous puissions faire, quand nous sommes engagés à prendre parti, est d'embrasser le plus probable, puisque ce serait un renversement de la raison d'embrasser le moins probable.

Que si, au contraire, ces circonstances communes, qui

nous auraient portés à croire une chose, se trouvent jointes à d'autres circonstances particulières qui ruinent dans notre esprit, comme nous venons de dire, les motifs de créance qu'il tirait de ces circonstances communes, ou qui même soient telles qu'il soit fort rare que de semblables circonstances ne soient pas accompagnées de fausseté, nous n'avons plus alors la même raison de croire cet événement; mais, ou notre esprit demeure en suspens, si les circonstances particulières ne font qu'affaiblir le poids des circonstances communes; ou il se porte à croire que le fait est faux, si elles sont telles qu'elles soient ordinairement des marques de fausseté. Voici un exemple qui peut éclaircir cette remarque.

C'est une circonstance commune à beaucoup d'actes d'être signés par deux notaires, c'est-à-dire par deux personnes publiques qui ont d'ordinaire grand intérêt à ne point commettre de fausseté, parce qu'il y va non-seulement de leur conscience et de leur honneur, mais aussi de leur bien et de leur vie. Cette seule considération suffit, si nous ne savons point d'autres particularités d'un contrat, pour croire qu'il n'est point antidaté; non qu'il n'y en puisse avoir d'antidatés, mais parce qu'il est certain que de mille contrats, il y en a neuf cent quatre-vingt-dix-neuf qui ne le sont point : de sorte qu'il est incomparablement plus probable que ce contrat que je vois est l'un des neuf cent quatre-vingt-dix-neuf, que non pas qu'il soit cet unique qui entre mille peut se trouver antidaté. Que si la probité des notaires qui l'ont signé m'est parfaitement connue, je tiendrai alors pour très-certain qu'ils n'y auront point commis de fausseté.

Mais, si à cette circonstance commune d'être signé par deux notaires, qui m'est une raison suffisante, quand elle n'est point combattue par d'autres, d'ajouter foi à la date du contrat, on y joint d'autres circonstances particulières, comme que ces notaires soient diffamés pour être sans honneur et sans conscience, et qu'ils aient pu avoir un grand intérêt à cette falsification, cela ne me fera pas encore conclure que ce contrat est antidaté, mais diminuera le poids qu'aurait eu sans cela dans mon esprit la signature des deux notaires, pour me faire croire qu'il ne le serait pas. Que si, de plus, je puis découvrir d'autres preuves positives de cette antidate, ou par témoins, ou par des arguments très-forts, comme serait l'impuissance où un homme aurait été de prêter vingt mille écus en un temps où l'on montrerait qu'il n'aurait pas eu cent écus vaillants, je me déterminerai alors à croire qu'il y a de la fausseté dans ce contrat; et ce serait une prétention très-déraisonnable de vouloir m'obliger, ou à ne pas croire ce contrat antidaté, ou à reconnaître que j'avais tort de supposer que les autres où je ne voyais pas les marques mêmes de fausseté, ne l'étaient pas, puisqu'ils pouvaient l'être comme celui-là.

On peut appliquer tout ceci à des matières qui causent souvent des disputes parmi les doctes. On demande si un livre est véritablement d'un auteur dont il a toujours porté le nom, ou si les actes d'un concile sont vrais ou supposés.

Il est certain que le préjugé est pour l'auteur, qui est depuis longtemps en possession d'un ouvrage, et pour la vérité des actes d'un concile que nous lisons tous les jours, et qu'il faut des raisons considérables pour nous faire croire le contraire, nonobstant ce préjugé.

C'est pourquoi un fort habile homme de ce temps ayant voulu montrer que la lettre de saint Cyprien au pape Étienne, sur le sujet de Martien, évêque d'Arles, n'est pas de ce saint martyr, il n'en a pu persuader les savants, ses conjectures ne leur ayant pas paru assez fortes pour ôter à saint Cyprien une pièce qui a toujours porté son nom, et qui a une parfaite ressemblance de style avec ses ouvrages.

C'est en vain aussi que Blondel et Saumaise, ne pouvant répondre à l'argument qu'on tire des lettres de saint Ignace pour la supériorité de l'évêque au-dessus des prêtres dès le commencement de l'Église, ont voulu prétendre que toutes ces lettres étaient supposées, selon même qu'elles ont été imprimées par Isaac Vossius et Ussérius sur l'ancien manuscrit grec de la bibliothèque de Florence; et ils ont été réfutés par ceux même de leur parti, parce qu'avouant, comme ils font, que nous avons les mêmes lettres qui ont été citées par Eusèbe, par saint Jérôme, par Théodoret et même par Origène, il n'y a nulle apparence que les lettres de saint Ignace, ayant été recueillies par saint Polycarpe, ces véritables lettres soient disparues et qu'on en ait supposé d'autres dans le temps qui s'est passé entre saint Polycarpe et Origène, ou Eusèbe; outre que ces lettres de saint Ignace, que nous avons maintenant, ont un certain caractère de sainteté et de simplicité si propre à ces temps apostoliques, qu'elles se défendent toutes seules contre ces vaines accusations de supposition et de fausseté.

Enfin, toutes les difficultés que le cardinal Du Perron a proposées contre la lettre du concile d'Afrique au pape saint Célestin, touchant les appellations au saint-siége, n'ont point empêché que l'on ait cru depuis, comme auparavant, qu'elle a été véritablement écrite par ce concile.

Mais il y a néanmoins d'autres rencontres où les raisons particulières l'emportent sur cette raison générale d'une longue possession.

Ainsi, quoique la lettre de saint Clément à saint Jacques, évêque de Jérusalem, ait été traduite par Ruffin, il y a près de treize cents ans, et qu'elle soit alléguée comme étant de saint Clément par un concile de France, il y a plus de douze cents ans, il est toutefois difficile de ne pas avouer qu'elle est supposée, puisque ce saint évêque de Jérusalem ayant été martyrisé avant saint Pierre, il est impossible que saint Clément lui ait écrit depuis la mort de saint Pierre, comme le suppose cette lettre.

De même, quoique les commentaires sur saint Paul, attribués à saint Ambroise, aient été cités sous son nom par un très-grand nombre d'auteurs, et l'œuvre imparfaite sur saint Matthieu sous celui de saint Chrysostome, tout le monde néanmoins convient aujourd'hui qu'ils ne sont pas de ces saints, mais d'autres auteurs anciens engagés dans beaucoup d'erreurs.

Enfin, les Actes que nous voyons dans les conciles de Sinuesse sous Marcellin, de deux ou trois de Rome sous saint Sylvestre, et d'un autre de Rome sous Sixte III, seraient suffisants pour nous persuader de la vérité de ces conciles, s'ils ne contenaient rien que de raisonnable, et qui eût du rapport au temps qu'on attribue à ces conciles; mais ils en contiennent tant de déraisonnables et qui ne conviennent point à ces temps-là, qu'il y a grande apparence qu'ils sont faux et supposés.

Voilà quelques remarques qui peuvent servir en ces sortes de jugements; mais il ne faut pas s'imaginer qu'elles soient de si grand usage qu'elles empêchent toujours qu'on ne s'y trompe. Tout ce qu'elles peuvent, au plus, est de faire éviter les fautes les plus grossières, et d'accoutumer l'esprit à ne pas se laisser emporter par des lieux communs qui, ayant quelque vérité en général, ne laissent pas d'être faux en beaucoup d'occasions particulières, ce qui est une des plus grandes sources des erreurs des hommes.

CHAPITRE XVI.

Du jugement que l'on doit faire des accidents futurs.

Ces règles, qui servent à juger des faits passés, peuvent facilement s'appliquer aux faits à venir : car, comme l'on doit croire probablement qu'un fait est arrivé, lorsque les circonstances certaines que l'on connaît sont ordinairement jointes avec ce fait, on doit croire aussi probablement qu'il arrivera, lorsque les circonstances présentes sont telles, qu'elles sont ordinairement suivies d'un tel effet[1]. C'est ainsi que les médecins peuvent juger du bon ou du mauvais succès des maladies; les capitaines, des événements futurs d'une guerre, et que l'on juge dans le monde de la plupart des affaires contingentes.

Mais, à l'égard des accidents où l'on a quelque part, et que l'on peut ou procurer ou empêcher en quelque sorte par ses soins, en s'y exposant ou en les évitant, il arrive à bien des gens de tomber dans une illusion qui est d'autant plus trompeuse qu'elle leur paraît plus raisonnable. C'est qu'ils ne regardent que la grandeur et la conséquence de l'avantage qu'ils souhaitent, ou de l'inconvénient qu'ils craignent, sans considérer en aucune sorte l'apparence et la probabilité qu'il

1. Les jugements sur l'avenir dépendent d'une induction dont la valeur est très-variable, et qui repose sur l'expérience du passé. La probabilité d'un fait peut s'exprimer numériquement, toutes les fois qu'on peut comparer le nombre des chances qu'il a de se produire au nombre des chances contraires. Une partie de jeu interrompue, où chacun des joueurs avait un nombre inégal de points, et dont il fallait partager l'enjeu, mit, dit-on, Pascal dans la voie de la découverte du calcul des probabilités, qui touche à la Logique par son point de départ, mais appartient en fait aux plus hautes spéculations des mathématiques.

y a que cet avantage ou cet inconvénient arrive, ou n'arrive pas.

Ainsi, lorsque c'est quelque grand mal qu'ils appréhendent, comme la perte de la vie ou de tout leur bien, ils croient qu'il est de la prudence de ne négliger aucune précaution pour s'en garantir, et si c'est quelque grand bien, comme le gain de cent mille écus, ils croient que c'est agir sagement que de tâcher de l'obtenir si le hasard en coûte peu, quelque peu d'apparence qu'il y ait qu'on y réussisse.

C'est par un raisonnement de cette sorte qu'une princesse ayant ouï dire que des personnes avaient été accablées par la chute d'un plancher, ne voulait jamais ensuite entrer dans une maison sans l'avoir fait visiter auparavant; et elle était tellement persuadée qu'elle avait raison, qu'il lui semblait que tous ceux qui agissaient autrement étaient imprudents.

C'est aussi l'apparence de cette raison qui engage diverses personnes en des précautions incommodes et excessives pour conserver leur santé. C'est ce qui en rend d'autres défiantes jusqu'à l'excès dans les plus petites choses, parce qu'ayant été quelquefois trompées, elles s'imaginent qu'elles le seront de même dans toutes les autres affaires. C'est ce qui attire tant de gens aux loteries : Gagner, disent-ils, vingt mille écus pour un écu, n'est-ce pas une chose bien avantageuse? Chacun croit être cet heureux à qui le gros lot arrivera; et personne ne fait réflexion que s'il est, par exemple, de vingt mille écus, il sera peut-être trente mille fois plus probable pour chaque particulier qu'il ne l'obtiendra pas, que non pas qu'il l'obtiendra.

Le défaut de ces raisonnements est que, pour juger de ce que l'on doit faire pour obtenir un bien, ou pour éviter un mal, il ne faut pas seulement considérer le bien et le mal en soi, mais aussi la probabilité qu'il arrive ou n'arrive pas, et regarder géométriquement la proportion que toutes ces choses ont ensemble; ce qui peut être éclairci par cet exemple.

Il y a des jeux où dix personnes mettant chacune un écu, il n'y en a qu'une qui gagne le tout, et toutes les autres perdent; ainsi chacun des joueurs n'est au hasard que de perdre un écu, et peut en gagner neuf. Si l'on ne considérait que le gain et la perte en soi, il semblerait que tous y ont de l'avantage; mais il faut de plus considérer que si chacun peut gagner neuf écus, et n'est au hasard que d'en perdre un, il est aussi neuf fois plus probable, à l'égard de chacun, qu'il perdra son écu et ne gagnera pas les neuf. Ainsi chacun a pour soi neuf écus à espérer, un écu à perdre, neuf degrés de probabilité de perdre un écu, et un seul de gagner les neuf écus; ce qui met la chose dans une parfaite égalité.

Tous les jeux qui sont de cette sorte sont équitables, autant que les jeux peuvent l'être, et ceux qui sont hors de cette proportion sont manifestement injustes : et c'est par là qu'on peut faire voir qu'il y a une injustice évidente dans ces espèces de jeux qu'on appelle loteries, parce que le maître de loterie prenant d'ordinaire sur le tout une dixième partie pour son préciput, tout le corps des joueurs est dupé de la même manière que si un homme jouait à jeu égal, c'est-à-dire, où il y a autant d'apparence de gain que de perte, dix pistoles contre neuf. Or, si cela est désavantageux à tout le corps, cela l'est aussi à chacun de ceux qui le composent, puisqu'il arrive de là que la probabilité de la perte surpasse plus la probabilité du gain, que l'avantage qu'on espère ne surpasse le désavantage auquel on s'expose, qui est de perdre ce qu'on y met.

Il y a quelquefois si peu d'apparence dans le succès d'une chose, que, quelque avantageuse qu'elle soit, et quelque petite que soit celle que l'on hasarde pour l'obtenir, il est utile de ne pas la hasarder. Ainsi, ce serait une sottise de jouer vingt sols contre dix millions de livres, ou contre un royaume, à condition que l'on ne pourrait le gagner, qu'au cas qu'un enfant arrangeant au hasard les lettres d'une imprimerie, composât tout d'un coup les vingt premiers vers de l'*Énéide* de Virgile : aussi, sans qu'on y pense, il n'y a point de moment dans la vie où l'on ne la hasarde plus qu'un prince ne hasardera son royaume en le jouant à cette condition.

Ces réflexions paraissent petites, et elles le sont en effet si on en demeure là; mais on peut les faire servir à des choses plus importantes, et le principal usage qu'on doit en tirer est de nous rendre plus raisonnables dans nos espérances et dans nos craintes. Il y a, par exemple, beaucoup de personnes qui sont dans une frayeur excessive lorsqu'elles entendent tonner. Si le tonnerre les fait penser à Dieu et à la mort, à la bonne heure; on n'y saurait trop penser; mais si c'est le seul danger de mourir par le tonnerre qui leur cause cette appréhension extraordinaire, il est aisé de leur faire voir qu'elle n'est pas raisonnable; car de deux millions de personnes, c'est beaucoup s'il y en a une qui meure de cette manière, et on peut dire même qu'il n'y a guère de mort violente qui soit moins commune. Puis donc que la crainte du mal doit être proportionnée, non-seulement à la grandeur du mal, mais aussi à la probabilité de l'événement, comme il n'y a guère de genre de mort plus rare que de mourir par le tonnerre, il n'y en a guère aussi qui nous dût causer moins de crainte, vu même que cette crainte ne sert de rien pour nous le faire éviter.

C'est par là non-seulement qu'il faut détromper ces personnes qui apportent des précautions extraordinaires et importunes pour conserver leur vie et leur santé, en leur montrant que ces précautions sont un plus grand mal que ne peut être le danger si éloigné de l'accident qu'elles craignent; mais qu'il faut aussi désabuser tant de personnes qui ne raisonnent guère autrement dans leurs entreprises qu'en cette manière : Il y a du danger en cette affaire, donc elle est mauvaise; il y a de l'avantage dans celle-ci, donc elle bonne; puisque ce n'est ni par le danger, ni par les avantages, mais par la proportion qu'ils ont entre eux, qu'il faut en juger.

Il est de la nature des choses finies de pouvoir être surpassées, quelque grandes qu'elles soient, par les plus petites, si on les multiplie souvent, ou que ces petites choses surpassent plus les grandes en vraisemblance de l'événement, qu'elles n'en sont surpassées en grandeur. Ainsi, le moindre petit gain peut surpasser le plus grand qu'on puisse s'imaginer, si le petit est souvent réitéré, ou si ce grand bien est tellement difficile à obtenir, qu'il surpasse moins le petit en grandeur que le petit ne le surpasse en facilité; et il en est de même des maux que l'on appréhende, c'est-à-dire que le moindre petit mal peut être plus considérable que le plus grand mal qui n'est pas infini, s'il le surpasse par cette proportion.

Il n'y a que les choses infinies, comme l'éternité et le salut, qui ne peuvent être égalées par aucun avantage temporel, et ainsi on ne doit jamais les mettre en balance avec aucune des choses du monde. C'est pourquoi le moindre degré de facilité pour se sauver vaut mieux que tous les biens du monde joints ensemble; et le moindre péril de se perdre est plus considérable que tous les maux temporels, considérés seulement comme maux.

Ce qui suffit à toutes les personnes raisonnables pour leur faire tirer cette conclusion, par laquelle nous finirons cette Logique, que la plus grande de toutes les imprudences est d'employer son temps et sa vie à autre chose qu'à ce qui peut servir à en acquérir une qui ne finira jamais, puisque tous les biens et les maux de cette vie ne sont rien en comparaison de ceux de l'autre, et que le danger de tomber dans ces maux est très-grand, aussi bien que la difficulté d'acquérir ces biens.

Ceux qui tirent cette conclusion et qui la suivent dans la conduite de leur vie sont prudents et sages, fussent-ils peu justes dans tous les raisonnements qu'ils font sur les matières de science; et ceux qui ne la tirent pas, fussent-ils justes dans tout le reste, sont traités dans l'Écriture de fous et d'insensés, et font un mauvais usage de la logique, de la raison et de la vie.

FIN DE LA LOGIQUE.

TABLE ANALYTIQUE

DE LA LOGIQUE.

Le premier chiffre désigne la page, et le second, s'il y a lieu, la note.

A

B

C

D

E

F

G.

H

I

J

K

L

M

N

O

P

Q

R

T

U

V

W

FIN DE LA TABLE ANALYTIQUE.

TABLE

DES

DISCOURS ET CHAPITRES.

PREMIÈRE PARTIE.

CONTENANT LES RÉFLEXIONS SUR LES IDÉES OU SUR LA PREMIÈRE ACTION DE L'ESPRIT QUI S'APPELLE CONCEVOIR.

SECONDE PARTIE.

CONTENANT LES RÉFLEXIONS QUE LES HOMMES ONT FAITES SUR LEURS JUGEMENTS.

TROISIÈME PARTIE.

DU RAISONNEMENT.

QUATRIÈME PARTIE.

DE LA MÉTHODE.

FIN DE LA TABLE.

PARIS. — IMPRIMERIE DE J. CLAYE, RUE SAINT-BENOIT, 7. — [366]